KB123021

녹색평론선집 2

녹색평론선집 2

통권 제7호 (1992년 11-12월호) ~ 제26호 (1996년 1-2월호)

김종철 엮음

녹색평론사

책머리에

《녹색평론선집》제1권이 처음 출간된 것은 1993년 3월, 즉 지금부터 15년 전이다. 그 책은 1991년 11월에 창간된 격월간 《녹색평론》에 첫 1년 동안 실렸던 글들 가운데서도 특히 중요하다고 생각되는 글들을 뽑아서 엮어낸 것이었다. 《녹색평론》초창기에 독자들은 그렇게 많지 않았으나, 발간 1년이 넘어가면서 늘어난 새로운 독자들 가운데서 지난호를 보고 싶어하는 사람들이 꽤 있었다. 그러나 이미 대부분의 지난호들이 절판되었기 때문에 우리는 그러한 독자들의 요구에 응할 수가 없었다. 그래서 궁여지책으로 우리가 고안해낸 것이 《녹색평론선집 1》이었던 것이다. 그리고, 당초 《선집 1》이라고 제목을 붙였던 것에서 이미 드러나듯이, 우리는 잡지발간이 계속되면 조만간 선집 후속편을 발간하지 않으면 안될 상황이 올 것이라고 예견하였다.

다행히, 아까운 종이를 헛되게 쓰지는 않았는지, 《선집 1》은 출간 이후 꾸준히 독자들이 찾는 책이 되었다. 그 결과, 잡지를 구독하지는 않으면서도 이 책을 보고, 《녹색평론》의 존재를 알게 된 사람들이 많았다. 그렇게 해서 《녹색평론》이 지향하는 가치에 공감하게 된 독자들의 입에서 입으로의 전언(傳言)을 통해서 《선집 1》은 여러 학교의 교재로, 시민단체 활동가들의 지침서로, 다양한 풀뿌리 주민조직이나 모임의 권장도서로, 그리고 무엇보다도 독서인들의 교양서로서 지금까지 계속해서 읽혀져왔다.

그러한 과정에서, 우리가 원래 예견했던 것처럼, 후속선집들의 발간을 기다리는 독자들이 많이 생겨났다. 그리고 《녹색평론》 편집실의 우리들도 해가 갈수록 그 필요성을 느껴왔다. 행인지 불행인지, 5년, 10년, 15년이 경과하는 동안 어쨌든 《녹색평론》은 이 사회의 중요한 공적 매체의 하나가 되었고, 그 사이에 특히 《녹색평론》을 뒤늦게 알게 된 독자들 가운데서 절판된 지난호들을 보고 싶어하는 사람들이 계속해서 증가하고 있었던 것이다. 그럼에도 불구하고, 《선집》의 후속편을 발간하는 일은 자꾸 미루어져왔다. 까닭은 단순했다. 극히 한정된 편집실의 인적, 물적 여건 속에서 우리들은 두 달에 한번씩 정기적으로 《녹색평론》을 펴내는 작업만으로도 늘 숨이 찼던 것이다.

그러나 이제 더는 미룰 수 없는 상황이 되었다. 《녹색평론》은 다음호 (2008년 5-6월)로 100호를 발간하게 되었는데, 100이라는 숫자는 단순한 기호에 불과한 것일 수도 있지만, 인간사의 뿌리깊은 관행에 따라 우리는 이것이 하나의 매듭이 될 수밖에 없음을 느낀다. 어쩌다가 100호까지 발간을 계속하게 되었는지 모르지만, 우리는 이 시점에서 우리가 해온 일에 대해서 미약하게나마 자기를 되돌아볼 필요가 있다는 생각을 하지 않을 수 없는 것이다. 그래서 우리는 우선 오래 미루어왔던 일, 즉 《선집》 후속편들을 발간하는 일을 서둘러서 재개하기로 했다. 이 작업을 진행하는 동안 우리 자신이 먼저 지난호의 글들을 다시 체계적으로 읽지 않을 수 없고, 그 과정은 필연적으로 자기반성을 수반하지 않을 수 없을 것이기 때문이다.

그러나 물론, 《녹색평론선집》 후속편의 발간작업은 일차적으로는 절판된 잡지의 지난호들을 보고 싶어하는 독자들의 요구에 부응하기 위한 것이다. 나아가서, 우리는 이 새로 엮어진 선집들로 해서, 《녹색평론》의 친숙한 독자이든 아니든 관계없이, 오늘날 악화일로에 있는 이 나라의 사회적, 생태적 현실에 깊이 우려하고 있는 사람들 사이에 좀더 견고한 공감의 끈이 형성될 수 있기를 충심으로 원한다.

　오래된 독자들은 대개 알고 있지만, 《녹색평론》은 단순한 '환경잡지'가 아니다. 《녹색평론》은 지난 17년 동안 편집방향에서 약간의 미묘한 변화를 거쳐온 것은 사실이지만, 기본적으로는 늘 확고한 목표를 지향해왔다고 생각한다. 즉, 우리는 오늘날 세계전역에 걸쳐 풀뿌리 공동체와 그 공동체의 자연적 토대에 대한 끊임없는 공격을 통해서 소수 기득권층의 배타적인 이익실현을 도모할 뿐인 이른바 '세계화'니 '경제성장'이니 혹은 '선진화'니 '진보적 기획'이니 하는 권력엘리트 중심의 논리를 거부하고, 진정으로 인간다운, 지속가능한 공생(共生)과 자치의 논리를 모색하는 데 기여하려고 노력해왔다. 《녹색평론》은 이러한 노력에 의해서, 자본주의 산업문명 체제 자체의 근원적인 '어둠'을 근저(根底)로부터 묻고, 그럼으로써 살아있는 인간정신을 끊임없이 증언하고자 하는 자유로운 정신들 사이의 상호교류에 이바지하는 참된 의미의 비판적 공기(公器)이기를 지향해왔던 것이다.

　우리는 이러한 《녹색평론》의 의도가 얼마나 구체적으로 실현되어왔는지 자신있게 말하지 못한다. 하지만 이런 우리의 의도를 감안해서 눈밝은 독자들이 《녹색평론선집》 시리즈를 읽고 공감해주면서, 동시에 기탄없는 비판적 조언을 보내주기를 기다리면서 우리는 이 시리즈의 발간작업을 재개한다.

2008년 4월
녹색평론 발행인 김종철

목 차

교육이냐 폭력이냐

과학의 녹색화

삶과 죽음의 신비

타르코프스키의 日記 (抄)

農을 살리는 세계로

공생두레농 – 농업위기와 그 대안

천규석

왜 우리 농업이 위기인가

　시장에는 철없는 전천후 농산물들이 넘치다 못해 썩어나고, 요즘에는 중국 농산물들까지 합세해서 농산물들이 지천을 이루고 있는데 우리 농업이 위기라면, 대다수의 도시인들은 고개를 갸우뚱거릴 것이다. 하긴 농업 문제뿐 아니라 사람이 영위하는 모든 일들이 보는 시각에 따라 어느 때든 위기일 수도 있고, 무사태평연월일 수도 있다. 농산물도 물량적 측면에서만 보면 과거 어느 때도 맛보지 못한 태평연월임에 틀림없다. 그러나 필자처럼 농업문제를 환경적, 생태적, 공생적 측면에서 전체 삶의 문제로 보는 사람에게는 바로 이 썩혀 내버리는 시장적인 풍요가, 더구나 그것이 과거의 보릿고개 같은 상대적 결핍과는 전혀 달리 수입개방에 따른 결핍적 과잉이란 점에서 일찍이 경험한 바 없는 위기로 파악된다.

　우리 농업을 위기로 몰고가는 첫번째 요인은 흔히 공업사회에서 피할 수 없는 운명처럼 받아들이고 있는 화학농법, 기계영농, 단일작물의 밀집,

---

천규석 – 대구한살림·공생농두레 이사. 《쌀과 민주주의》, 《유목주의는 침략주의다》, 《소농 버리고 가는 진보는 십리도 못 가 발병난다》 등 저자.

연작농법 등 한마디로 부존에너지 파괴적 규모지향의 농업에 있다. 이같은 파괴적 농업생산양식으로서의 근대농법이 지금과 같이 농산물의 양적 풍요를 일시적으로 몰고온 것을 부인할 수야 없겠지만, 그러나 우리에게 허용된 이 지나친 풍요의 대가가 우리로부터 무엇을 뺏아가고 있는지를 두려워하지 않을 수 없다. 가장 앞서는 두려움은 먹을거리의 안전성에 대한 철저한 불신이다. 도시의 소비자뿐 아니라 생산자 자신도 자기 농산물의 안전성을 믿지 않는다. 농약과 비료라는 화학물질에 절여낸 농산물을 안전하다고 믿고 맛있게 먹는 사람은 이제 아무도 없다. 농약은 말할 것도 없고, 유기농으로 지은 농산물보다 무려 열배 이상 질산염을 축적시킨다는, 비료로 기른 농산물이 인체의 소화흡수 과정에서 청색증을 일으키고 니트로소아민이란 강력 발암물질을 만든다는 외국의 연구사례는 국내 학계에서도 단국대의 손상목 교수에 의해 확인되어 우리에게 또하나의 충격을 더해주고 있다.

특정작물의 연차적 또는 계기적 과잉생산에 따른 또하나의 두려움은 시장경쟁에서 언제나 약자인 농민의 농산물 값에 대한 만성적 불안이다. 시장성과 경제성에 따라 다품목 소량생산을 기피하고 단일작물을, 그것도 자연의 섭리보다 인간의 기술에 의존하여 전천후적으로 대량생산한 결과 특정작물의 과잉생산이 필연적이며 그에 따른 가격불안은 농민의 가슴을 언제나 짓누르고 있다.

이보다 더 본질적인 두려움은 부존에너지 의존형 농업의 환경파괴로 인한 자원의 한계에 있다. 어차피 농촌분해와 환경파괴가 목적인 공업생산이야 가외로 쳐놓더라도 농업마저 공업적 생산양식을 그대로 따라간대서야 이 세상에 살아남을 것이 무엇 하나 있겠는가.

땅도 면적에서만 한계가 있는 것이 아니라 질적 면에서도 분명한 한계가 있다. 사람들이 전천후적으로, 그래서 고마움도 맛도 없이 먹어치우는 참외와 수박의 하우스 재배 주산지인 경북 성주에 가면 평당 5만원 이상 하는 논값보다 산흙값이 몇곱절이나 비싼 기이한 현상을 알게 될 것이다. 단일작물을 연작하게 되면 아무리 퇴비나 다른 유기물질을 많이 넣어도 3년거리로 생흙을 객토하지 않으면 농사가 전혀 되지 않는다. 이 죽어버린 참외, 수박 밭에 객토용으로 그 산흙을 팔아먹기 위해서 그렇다고 한다.

벼농사도 마찬가지다. 그래서 당국에서는 모든 논에다 몇년거리로 번갈아 객토사업이란 것을 벌이고 있다. 화학물질과 기계 자체도 분명히 제한된 에너지요 자원이겠지만, 설사 그것이 상대적으로 무한하다 해도 그것만으로 영원한 증산, 다수확을 기약할 수 없다. 그렇다면 오늘의 부존에너지 의존형 다수확은 결국 농토에 남은 지력과 농토 아닌 산 등 다른 흙의 이동을 통하여, 곧 생태계의 대량학살의 한도 안에서만 한시적으로 얻어진 다수확일 뿐이다. 산도, 강도, 반드시 거기에 있을 생명질서의 정합성에 따라 있는 것이지 자연에 불필요한 잉여물은 어디에도 없다.

우리 농업 위기의 두번째 요인은 이런 농업의 여러 문제에 대응해야 할 농업정책의 부재에 있다. 정책의 부재라기보다 위에 열거한 먹을거리 안전성, 농산물 가격불안, 농업생태환경 파괴를 미리 방지하고 해소하기보다 오히려 부추기는 반농정에 있다고 해야겠다.

이 나라에도 농정이 있긴 있는가? 오로지 산업화만이 살길이라고 공업발전과 그 자본축적을 위해 농업과 사람을 제물로 바쳤던 지난날의 개발전체주의 시대야 그렇다 치더라도, 대선공약을 '돌아오는 농촌'으로, 이 나라를 신한국으로 만들겠다고, 그 모든 정책에 신자(新字) 갓을 씌운 신한국의 신농정의 실체는 무엇인가?

《신동아》 93년 7월호 〈르뽀 농민후계자〉에는 그 들머리에 다음과 같은 기사를 싣고 있다.

정운천 씨. 우리나라 나이로 마흔한살의 젊은 농민이다. 전라남도 해남에서 '한국 참다래 유통사업단'이라는 독특한 형태의 생산자 단체를 이끌어가고 있는 그는 시쳇말로 요즘 잘 나가고 있는 '농민스타'이다.

정씨는 지난 4월 6일 과천 정부 제2종합청사에서 허신행 농림수산부 장관을 비롯한 8백여명의 농림수산부 관리들을 상대로 '특강'을 했다.

주제도 거창했다. 한국농업의 진로에 관한 것이었으니까. 그는 1시간 20분 동안 농업 전반에 관한 그의 소견을 피력했는데 관리들은 별다른 거부감을 느끼지 않는 것 같다고 했다. 보름쯤 뒤인 4월 24일 이번에는 허신행 장관 등이 전남 해남군 화산면에 있는 한국 참다래 유통사업단을 찾았다. 이 날은 이 유통사업단의 농민교육장과 저온창고 준공식 날이었다.

정씨가 회장으로 있는 한국 참다래 유통사업단은 허신행 장관이 부르짖고 있는 '신농정(新農政)'의 방향과 일치하는 대표적인 성공사례. 생산자들이 스스로 협동하여 생산과 출하를 조절하는 한편, 저장과 가공 등의 유통기능을 확대하고 부가가치를 높여야 한다는 것은 '신농운동'의 주요 골자 중 하나다. 한국 참다래 유통사업단은 바로 그러한 기능을 가지고 있는 주식회사 형태의 생산자 조직이다.

모처럼 탄생한 농민스타에 대해 시기하는 심보에서 남의 글을 옮겨베끼는 지루함을 무릅쓰고 이렇게 긴 글을 인용한 것은 아니다. 이 기사내용이 사실이라면, 이것으로 허신행 농림수산부장관의 이른바 신농정의 방향을 보다 구체적으로 가늠해볼 수 있는 자료이기 때문이다.

농민도 개인적으로는 다른 분야에 종사하는 사람들처럼 남이 미처 생각 못한 기발한 착상을 먼저 실행에 옮겨서 성공한 스타가 얼마든지 될 권리가 있다. 그러나 예전에 그것 없이도 잘 살았던 새로운 종류의 농산물을 남의 나라에서 수입하거나 재배하여 한때 반짝 재미나 보고 사라져갈 농민스타를 농정의 모델로 삼아 "이런 사람이 신한국인이다" 또는 "모든 농민이 이렇게만 하면 잘살 수 있다"는 허위의식을 조작하는 것이 한 나라의 농정이 되어서는 안된다.

한 나라의 농정은 개인보다 농민 전체의 안정된 생활뿐 아니라 국민 모두의 건강한 삶에 필요한 식품의 안전하고 안정적인 생산과 소비를 총체적으로 조정하여 자급자족시키는 데 그 목적을 두어야 한다. 그런데 참다래로 이름을 바꾼 키위가 우리 국민에게 대체 무엇이란 말인가? 우리 국민의 배가 고무풍선이 아닌 한 키위가 수입되고 재배되는 동안 그것으로

득을 보는 사람만큼의 다른 과수 생산 농민이 보는 손해를 도외시하는 농정은 이미 농정이 아니다. 우리 국민이 열대산 냉성식물인 키위를 못 먹어 무슨 염병에라도 걸렸단 말인가? 특정 농민의 특정 성공사례를 농정이 정책적으로 확대시키고, TV 등 모든 매체들이 맹목적으로 선동한 결과 소, 돼지, 닭, 하우스 채소, 고추, 양파, 마늘 등 거의 모든 농산물들이 차례로 또는 동시에 과잉생산되어 시장에서는 한때의 파동으로 지나가지만, 생산 농민에게는 고통과 죽음인, 지난날의 과잉생산 교훈을 그새 잊었단 말인가?

먼저 치고 달아나는 약삭빠른 극소수의 농민의 경제적 이익을 제외하고, 국민 건강생활에 오히려 없어서 좋을 식물들을 그 생산과 가공 유통 등의 방식이 순전히 경제적 합리성을 갖고 있다고 해서 정부까지 나서서 부추길 이유가 없다. 농민끼리 하는 생산, 가공, 유통의 협동적 방식만 해도 우리에겐 새롭고 없는 것보다 혹시 나을지 몰라도, 이른바 선진국에서는 이미 실험을 통해 그 한계를 드러내고 있는 낡은 방식이지 결코 새로운 삶의 방식은 아니다.

먹을 소비자들의 의사는 한마디도 물어보지 않고 단지 그 농작물이 농민 개인 대신 협동으로 생산된다고 해서 그 생산의 일방성이 면제되는 것은 아니다. 일방적으로 과잉생산한 농작물을 제조, 가공해서 저온창고에 보관해두고 출하 유통만 조절한다고 해서 자원낭비의 경쟁적 과잉생산 자체가 원천 해소되는 것도 아니다.

소비자의 생물학적, 정신적 건강보다 경쟁적 대량생산과 소비충동 이기주의에 빠지기 쉬운 생산자만의 단체들 — 이 땅의 대표적인 농민생산자 단체라 할 농협이 지금까지 해온 일은 무엇인가. 농민의 이름을 팔아 정부에 의해 거대화된 이 제도는 농협관료 이기주의와 권력 이기주의의 관철을 위해 농민 이기주의는 고사하고 반농민적 경영을 확대해가고 있다. 이번 국회의 농협감사에서도 지적됐듯이 농협은 삼양식품 등의 재벌식품 회사에 농산물수입 추천이나 해주고, 올해만도 7억4천만원어치의 수입쇠고기를 그 직영 슈퍼마켓에서 팔고, 자신의 투자로 만든 산하 법인을 통해 농산물의 수출보다 수입에 더 열올리는 반농민극을 연출하고 있다. 변명이야 농축수산물의 안정된 수급조정을 위해서라고 하겠지만, 쇠고기 모자라서 시장파동이야 일어나도 소비자가 배탈날 일 없는데도 농협관료를 위한 돈벌이에 나선 것이다. 그렇게 해서 농민을 위해 있어야 할 농협은 오히려 자기 조합원조차 짓밟는 관료체제의 본질을 드러내었다.

보라! 사회주의 국가의 계획경제란 것조차 인간집단의 끝없는 탐욕을 어쩌지 못해 침몰하고 있지 않느냐? 물량의 풍성한 수급을 위해 시장체제를 넘어설 다른 대안이 있거든 어디 한번 내놓아보라. 수출을 하자면 수입을 해야 상호주의에 맞지 않느냐? 수출이든 수입이든 시장을 키우지 않고 GNP를 키울 수 없지 않느냐? 그러니 얼씨구 시장확대만이 우리가 잘 사는 길이로다!

그렇다고 개인이나 국가가 사는 데 도움은커녕 오히려 해로운 반민족 생명적인 농산물까지 함부로 수입, 개발, 재배하는 기업이나 생산자 조직을 키워, 시장을 경쟁적으로 확대시키는 것만이 참으로 사람을 잘 살리는 길인가? 시장의 확대란 자원(생명)파괴의 확대의 다른 말이다. 생태계의 파괴가 긴박성을 더해가고 생명자원의 바닥이 훤히 들여다보이는데도 시장의 확대 — 욕망의 확대·충동만이 잘사는 길이라는 환상조작은 결코 미래를 바라보는 한 나라의 농정이 될 수 없다.

이른바 선진국의 첨단기술농업, 수입을 전제한 수출농업, 고품질농업, 규모영농(기업농) 등을 열심히 모방하고 있는 지금의 신농정으로서는 소수 기업농, 학사 영농후계자, 정운천같이 한때 반짝이다 사라지는 농민스타 등을 탄생시킬 수는 있어도, '돌아오는 농촌'을 만들겠다던 대선공약과는 정반대로 대다수의 농민을 농토로부터 추방시키는 반농정이 될 수밖에 없다. 이같은 신농정 내용 전반에 대한 필자의 견해는 《녹색평론》 1993년 7-8월호(통권 제11호)에서 비교적 상론한 바 있기에 여기서는 그 원칙에 따라 구체적 모습을 드러내고 있는 신농정의 엘리트주의에 관해서만 한마디 하기로 한다.

대학출신에게 1억원의 농촌정착금을 주어 귀농시킨다는 발상은 이 농정의 엘리트(농민스타)주의를 전형적으로 드러낸다. 필자도 농정당국과는 다른 생각에서 대학출신 젊은이의 귀농을 열렬히 권장하고 있고, 영원한 정착은 두고 봐야 알겠지만, 실제로 몇 사람을 귀농시키기도 했다. 필자가 생각하는 학사의 귀농은 다른 농민이나 업종과의 경쟁에서 이기는 농민을 만들기 위해서가 아니라 이 농업파괴 — 생명에너지파괴형 화학 기계적 경쟁농업을 인류공생의 본디 농업으로 살리는 데 헌신하는 것이 보통 농민들보다 많이 배웠다는 것만도 기득권자인 학사들로서는 당연히 짊어져야 할 고난의 길이라고 믿기 때문이다. 못 배운 무식이야 어쩔 수 없다지만 배웠다는 무식이야 구제불능으로, 이 세상 망치는 화근의 불씨다. 농업을 파괴한 산업화만이 잘사는 것이라고 잘못 배운 자 마땅한 속죄의 길은 농업을 살리는 것밖에 더 있겠는가?

농촌과 농업을 지키기 위해서는 학사든 박사든 젊은이가 돌아가지 않으면 안된다. 파괴적 도시의 삶과 교육이 잘못임을 깨닫고 돌아가는 젊은이에게 그 많은 비용을 들여야 하는 영농에 정착금을 주는 것은 바람직한 일이지 나쁠 것은 없다.

그러나 어느날 〈한겨레〉에 투고한 농촌독자의 분노처럼 수십년간 농촌에서 온갖 풍상 겪으며 묵묵히 농사지어온 기존 농민과 차등지게 (기존 영농후계자가 받는 정착금 액수가 얼마인지 필자는 정확히 모른다) 정착금을 준다는 것은 참으로 부당하다. 중요한 것은 학사고 국졸이고가 아니라 그 후계자가 본질적으로 공생적인 농업을 지키고 살리기 위해서인지 아니면 경쟁적 환경파괴로 한때 스타가 되는 반농업을 하거나 그도 아니면 다른 사업자금을 마련하기 위한 편법인지 그 태도의 진위를 판별해서 지속적으로 뒤를 보살펴주는 일이다.

실지로 농촌정착금을 탄 영농후계자가 그 돈으로 농사는 눈가림으로 짓고 농약방과 종묘상을 경영하는 경우가 있는가 하면, 심지어 시골에서 유선방송사를 운영하는 사람도 없지 않다. 정착금을 타서 농사 대신 딴 짓을 한다는 것은 다른 산업은 물론 농업끼리의 경쟁에서도 농사짓는 것만으로는 버티기가 어렵다는 사실의 확인이자, 정착금을 학벌, 나이, 체제에 대한 충성도에 따라 줄 게 아니라 농업에 임하는 사람의 태도가 기준이 되어야 한다는 사실을 입증한다.

새 농지법 제정을 통해 농업생산 법인 제도를 도입해서 이 회사에 여의도 면적의 3분의1 정도인 최고 30만평까지의 농지소유를 허용하겠다는 방침 또한 전통의 가족농들을 포기시키고 국토 넓은 소수 나라의 규모영농에 대한 열등의식에 빠진 이 나라 농정의 소수 엘리트주의의 변형된 표현이라 할 수 있다. 가족농은 비효율적이다, 그러니 능력있는 소수의 기업농민만 농촌에 남아 농사지어라!

물론 규모 큰 기계기업농이 양적인 경쟁에서 유리할 수 있다. 정책이 현실의 반영뿐이라면 우리 영농규모도 키울 필요가 있다. 그러나 우리가 규모를 아무리 키워봐야 광역국토의 대규모 농장과 규모로서는 경쟁상대가 아니다. 패배가 뻔한 경쟁인데도 시도도 안해 보고 미리 단념하는 것을 패배주의로 간주하고, 영원히 남의 흉내나 내는 (패배를 전제한) 경쟁을 시도한다는 것은 진짜 패배주의다.

이때야말로 발상의 대전환이 요청되는 것이다. 양적 경쟁에서 패배할 수밖에 없다면, 질적 경쟁으로 — 누구의 패배를 딛고 넘는 죽임의 경쟁이 아니라 더불어 사는 협동공생으로 가치의 대전환을 모색하는 길밖에 없다.

지속적 삶의 대안 — 공생두레 농업공동체

이같은 삶의 근본가치 전환을 물론 한 나라의 농정이 모두 감당할 수야 없다. 정치, 경제, 사회, 문화, 교육 등 우리의 삶을 제약하는 모든 체제의 가치전환과 함께하지 않고 농업의 여러 문제와 위기를 농정이 홀로 풀고 넘어가기는 불가능할 것이다. 더구나 공업개발 지상주의가 완강하게 지배하는 우리 정부 안의 농정의 위상이 공업개발과 그 시장확대로 변형·붕괴되는 우리 농업과 농민의 딱한 처지를 그대로 반영한다는 사실을 모르는 바 아니다.

그렇다고 언제까지나 농민과 소비자의 눈치나 보고 경제부처, 청와대 등의 개발기류에 휩쓸리는 무소신 부품농정으로서는 진정한 생명의 농업은 영원히 되살리지 못할 것이다.

농정은 다른 어떤 기류보다 농업의 특수성 — 그 생명성에 먼저 눈을 돌리고 거기에다 무게중심을 잡아야 한다. 적어도 공개적으로는 농업의 중요성을 아무도 부인하지 못한다. 문제는 농업을 보는 입장이고 시각과 태도이다. 공업개발론자들은 농업의 공업에 대한 예속을 농업발전이라고 우긴다. 그러나 삶의 문제를 환경과 생태계와 공생의 전체 전망에서 보는 우리들은 그것을 농업의 부정이자 생명의 부인이라고 본다.

그러나 이제까지 공기나 물처럼 너무 당연한 생명요소여서 오히려 무시되고 천시된 농업, 개발의 회오리 속에서 시장종속과 파괴의 대상이었던 농업, 이제 외면할 수 없이 환경과 자원위기의 벼랑에 서고서야 지속가능한 삶의 유일한 방식으로서 농업, 특히 공생농업의 중요성이 그 파국의 유일한 대안으로 떠오르고 있다. 농업부활이 역사적으로 필연적이라 해도, 그 실천의 1단계를 위해 그 누가 먼저 저 고양이 목에 방울을 달아줄 것인가.

악순환은 약한 고리부터 먼저 끊어져야 비로소 반전이 기약된다. 개발성장의 고리 중에 가장 약한 고리는 말 안해도 '농'자 붙은 사람과 농정당국이다. 농생활로 일관해온 필자의 기나긴 신고(辛苦)는 농업살림의 근본이고도 구체적인 대안으로 공생두레농업의 현재적 재건밖에 없다는 결론에 도달하게 했다는 것을 다른 지면을 통해 여러 차례 상론한 바 있다. 그러므로 여기서는 중복의 낭비를 줄이기 위해 될수록 요약하기로 한다.

공생두레농이란, 지금의 비료와 농약과 농기계가 출현하기 전에 농업부산물과 인근 산야의 풀과 나무를 거름으로 해서 사람과 소의 재생가능한 에너지로 먹을거리를 자급했던 농사다. 그래서 힘들 수밖에 없던 농사일들이 마을의 총경작지를 하나의 경작단위로 하고 마을 주민의 공동노력으로 이루어졌던 두레농업은 다른 어떤 민족도 일찍이 경험해보지 못한 우리 민족 고유의 독특한 생활양식이다. 그러나 아무리 아름다운 우리 전통이었다 해도, 모든 사람이 농민이었던 전통시대와는 달리 이미 도시화가 되돌릴 수 없는 현실이 된 오늘날에 와서 자급자족이 원칙이었던 전통두레농의 부활은 불가능할 뿐 아니라 바람직하지도 않다. 이미 구조화된 도시의 축소는 모르되 전면 해체가 불가능한 이상, 자급자족의 전통공생농으로는 우선 농민을 제외한 도시인은 모두 굶어 죽을 수밖에 없고, 제한된 토지가 부양해야 할 식구도 너무 많이 늘어났다.

이래서 도시의 소비집단을 전제하지 않고 농민끼리 자급자족하는 오늘의 공생두레농은 설사 가능하다 해도 농민의 위상과 권익 회복을 위한 도시인 길들이기 농민운동 과정일 수는 있어도 그것 자체가 목적일 수는 없다. 그렇지만 자급자족이 불변의 원칙일 수밖에 없는 공생농으로 도시 소비자까지 같이 살자면, 인구에 반비례하는 경지면적도 문제지만 가장 어려운 문제는 농업사회적 덕목으로 생활양식과 가치가 대대적으로 먼저 전환되어야 하고, 농산물 소비자가 소비관계로만 참여하는 데 그치지 않고, 자기 소비량만큼의 농업노동과 영농자금까지 농민과 함께하지 않으면 안된다. 그렇게 하지 않고 지금처럼 도시에서 돈만으로 구입하는 이른바 무공해 농산물은 또하나의 생명파괴적이고 독점적인 생산형태라고 할 수 있는 대규모 축산의 부산물, 즉 쇠똥, 닭똥, 돼지똥으로 양산된 유기농산물일지는 몰라도 지속가능한 공생농산물일 수는 없다.

새로운 공생두레농을 재건하는 구체적인 방법으로는 이미 공생농을 시도하고 있는 농촌마을이 있다면, 조직된 소비집단이 같은 구성원으로 동참하는 것이 가장 손쉽겠고 소비집단 스스로 주체가 되어 두레농지를 구입해서 뜻있는 현지 농민과 더불어 점진적으로 온 마을에 확대시켜갈 수도 있다. 불가능한 일은 아니다. 필자가 이사의 한 사람으로 관계하고 있는 대구한살림에서는 이 일을 위해 모금운동을 오래전부터 전개중이고, 이 글을 쓰고 있는 중에 대구의 어느 고등학교 교사들이 두레농지를 사서 농사를 짓고 싶은데 의논을 좀 하고 싶다는 전화가 걸려와서 만날 약속을 해두고 있다.

그러나 일찍이 없었던 새로운 모형의 도농공동체가 별난 소수 농민과 시민들만의 현실개혁적 운동차원으로 정착되고 지속적으로 확대되기란 쉽지 않다. 바람직한 인간사회의 모습은 운동으로 시작해서 제도로 정착시키고 개혁으로 되살려가고 다시 운동으로 확대시키지 않으면 안된다.

그렇다면 이같은 공생적 삶의 전부를 모두 담아낼 수는 없다 해도 비슷하게나마 수용해낼 현존의 제도적 틀이 있긴 있는가. 다급해서 지푸라기라도 잡는 심정으로, 필자는 몇해 전 농축수산물의 전면 수입개방에 대비하여 우리 농업·농민을 보호하겠다고 특별히 제정한 농어촌발전 특별조치법에 따라 시행되고 있는 영농조합법인의 한계에 대한 안타까움을 다시 토로하고자 한다. 이 법인은 물론 3년 이상 농사에 종사한 농민만이 할 수 있는 생산자 단체다. 생산자든 소비자든 또다른 어떤 것이든 특정 목적에 국한된 단체는 원칙적인 의미의 공동체는 아니다. 공동체는 구성원 모두에게 필요한 모든 것들을 자율적으로 자급자족시키는 전인성과 공생성이 철칙이다.

협업이나 공동노동을 가능하게 하는 농민생산자 단체는 생산에 관한한 농업노동력이 턱없이 부족한 지금 농촌에서 개인 농민보다 유리할 수도 있다. 하지만 개인보다는 크다 해도 대기업보다 작은 생산자 단체들이 서로 경쟁적으로 생산량을 늘린다고 한들 그보다 더 큰 기업―예컨대 앞으로 시행 예정인 영농기업법인이나 외국 대기업농과 물량 면에서는 경쟁할 수 없을 것이고, 더구나 소비가 보장되지 않는 경쟁적 과잉생산은 우리가 가장 우려하는 자원 파괴, 쓰레기 생산밖에 대체 무슨 의미가 있는가. 들일 것 다 들이고 할 짓 못할 짓까지 다 해놓고 썩혀버리는 농사, 안 지어본 사람 그 처참한 심사 알 리 없다. 더구나 그것이 비료와 농약으로 땅을 소금밭, 빙초산밭으로 만들어 죽이는 일이라고 할 때 땅에 맨살 대고 살아보지 못한 사람, 그 끔찍한 전율 모를 것이다.

생산효율주의 원칙만 살린 생산자 단체의 경쟁적 조직은 생산 이기주의에 빠져 오늘의 농업위기를 오히려 더 확대시킬 수도 있다. 거듭 말하거니와 오늘의 모든 농업위기는 물량의 과소보다 경쟁적 과잉 낭비체제에서 비롯한다. 공동체는 원칙적으로 농업중심이라야 하고 특히 작아야 한다는 측면에서는 영농조합법인도 공동체적인지는 몰라도 자급자족의 원칙 즉 생산과 소비의 통합 원칙이 배제된 한에서 그것은 공동체와 한참

먼 거리에 있다. 하지만 현존의 제도 가운데서 그나마 가장 공동체적인 (농업중심의 작은 규모라서) 이 영농조합에 대한 미련을 떨치지 못한 필자는 여기에 기대를 걸고 지면을 통해, 그리고 농수산 당국에다 직접 전화를 통해 이 영농조합에 소비자의 참여도 개방할 것을 몇차례나 역설한 바 있다.

이 제도에서 소비자(도시인)를 배제한 가장 큰 이유는 경자유전 원칙과 도시인의 농지투기 방지를 위해서라고 한다. 지난날 자신이나 선대가 농민 아닌 도시인이 대체 얼마나 되는가. 도시인도 농사지으면 경자이지 어디 경자의 씨종자가 따로 있는가. 그런데도 이런 주장은 주로 농업과 농민을 스스로 위한다는 농업학자들과 농민운동권이 거세게 하고 있다. 그런데 그들이 언제 교수직이나 운동 버리고 스스로 농업을 살리기 위해 생산농민으로 신분전환을 해 보인 적이 있는가? 그럼에도 농민끼리만 농토를 사고 팔라니 — 지금 농민이 농사 좋아서 짓는 사람 누가 있는가. 엄청난 농토값 상승으로 농민이 땅 사기는 다 틀린 세상이다.

더 값이 오르면 팔아 언제든지 전업할 속셈으로 마음이 이미 농촌을 떠난 현실농민을 두고 농지개혁 때의 낡은 경자유전 원칙을 명분으로 농민끼리만 땅을 사고 팔라고 되뇌이는 것은 농업포기를 의도한 것이 아니면 결과적으로 선의의 귀농도시인의 농지소유를 억제해서 탈법적 투기꾼에게 농토를 독점시키는 반농지정책이 될 수도 있다. 투기의도가 있는 힘있는 도시인은 이번 공직자 재산공개에서 드러났듯이 이미 토지를 지나치게 독점하고 있다. 또 이번의 금융실명화를 통해 검증되고 있듯이 토지의 독점투기는 의지만 있다면 법과 제도로 얼마든지 막을 수 있다. 무슨 특별명령으로라도 독점은 막아야 한다.

도시 소비자의 출자로 구입한 농지는 영농공동체법인의 소유로 해서 공생농업 목적 이외에는 영원히 전용도 매매도 못하게 법제화하면 된다. 도시인의 농지매입은 이러한 법인을 통한 소유밖에는 사유를 못하게 하면 된다. 이 법인의 소유면적도 여기에 참여하는 구성원의 자급범위 안에서 제한하면 될 것이다.

농지투기를 걱정해서 영농조합법인에 도시 소비자 참여를 봉쇄하고 있는 당국이 무슨 영문인지 2백평 이내의 이른바 농림지역 밖의 농지를 도시인에게 개별 주말농장으로 허용하는 내용의 농지법 제정을 논의하고 있고, 잘못하면 그것이 곧 실현될 단계에 있다. 그러나 이런 개인 주말농장이야말로 안 그래도 너무 작게 분할된 우리 농토를 2백평 이하로 다시 동강냄으로써 이른바 경작효율성을 떨어뜨리고, 현지 농민과 여유있는 도시인 사이의 위화감이나 조장하고, 쓸모없는 관상수 식재와 관리사, 농막이란 이름의 별장 등, 실질적 농지전용을 통하여 투기의 대상으로 전락시켜 그나마 상대적으로 깨끗하게 보존된 상류지역 농토를 황폐화시키는 등 농업적, 정신적, 생태적 파괴를 가속화시키는 해악이 더 클 것이다.

스스로 파괴해 놓고서도 염치없이 그리워하는 모순된 도시사람들의 농촌지향 정서를 이런 개인 주말농장 소유로 분산시키는 농지법은 거둬들이고, 그 대신 기왕에 있는 영농조합법인에 이를 유도 통합시키는 영농공동체의 조직은 법적으로 허용해야 한다. 농민과 도시인이 함께 일하고 거기서 나온 농산물을 모두 책임지고 적정한 값에 소비시켜주는 도농공동체말고는 더 심화될 농촌 노동력 부족, 농산물시장파동, 먹을거리 안전성 문제, 도시적 삶의 특징인 신체적·정신적 불구 등 만성적으로 중첩된 우리 삶의 위기를 동시에 근원적으로 해소해갈 다른 방도는 없을 것이다.

이런 도농공동의 두레농장은 여기 참가한 도시소비자들이 도시쓰레기의 3분의 1을 차지하는 음식 찌꺼기와 자기 분뇨 등 유기물이 될 수 있는 모든 쓰레기를 발효시키고 가져와서 거름으로 쓰는 대신 화학물질은 전혀 쓰지 않는 진짜 유기공생농장이 되어야 한다는 조건을 붙이면 더 좋겠다.

지금 온 국토를 뒤덮어가는 쓰레기 문제로 대통령이 몸소 국토 대청결운동에 앞장서고 있지만, 글쎄 쓰레기 생산체제인 공업중심의 도시적 삶의 양식을 이대로 두고, 쓰레기의 공간적 이동과 시간적 유예에 지나지 않는, 눈앞에서 안 보이게 다른 곳으로 치우는 청결운동만으로 국토가 근본적으로 청결해질 수 있을까?

쓰레기 정책의 근본은 쓰레기를 원칙적으로 만들지 못하게 하는 것이다. 현실적으로 만부득이한 쓰레기는 그것을 만든 자가 책임지고 수거 재활용이라도 하게 하는 생산자 부담원칙을 관철시켜야 한다. 좀더 구체적으로 말하면 공업쓰레기는 그 생산업체로 하여금 모두 책임지고 회수 재활용시킨다. 도시의 음식 쓰레기와 인체 배설물은 도시 소비자가 책임지고 거름으로 만들어 반드시 그 농산물이 나온 땅으로 되돌려주게 해야 한다.

일회용 이쑤시개 때문에 음식물 쓰레기조차 거름으로도, 가축사육용 짬밥으로도 사용할 수 없다면, 이쑤시개의 생산과 사용을 금지시켜야 한다. 이같이 원인을 추적해 잘라내지 않고 만들어 버리는 사람 따로, 여기 것을 저기 땅 속에 감추는 사람 따로라는 식으로, 눈가리고 아웅 식의 쓰레기 수거 매립정책은 문제의 해결이 아니라 보다 큰 파멸을 예비하는 우둔일 뿐이다. 그렇지 않아도 할 일 많은 이 땅의 대통령이 스스로 도덕적-자연적인 삶의 모범만 보여주면 됐지, 쓰레기 치우는 일에까지 몸소 나서고서야 언제 이 난마보다 더 얽힌 부도덕-반자연의 무질서를 바로잡아 미래지향적인 개혁적 새 삶을 열어보일 것인가?

법제는 없을수록 자유롭고 아름다운 것이지만 자연의 자정법을 파괴하는 폭력적 인간에게 꼭 필요한 보편타당한 도덕적 법제란 바로 이런 것이다. 다시 말하면 정부는 자연의 자정법에 따라 그 공정한 대행자 구실만을 맡는 대신 쓰레기를 치우는 일로부터 완전히 손을 떼야 한다. 그래서 자연법칙을 무시한 온 도시와 농촌에 쌓이고 썩어가는 쓰레기만으로도 우리의 분수 모르는 이 풍요가 얼마나 허망한 도깨비 방망이이고, 지금의 삶 자체가 얼마나 절박한 벼랑 끝인가를 개개인 스스로가 깨닫게 하지 않고서는 절대로 쓰레기 문제를 해결할 수 없다. 만일 그렇게 하지 않고 지금처럼 광란적으로 생산해내는 공업쓰레기 처리와 시민의 뒤닦기까지 정부가 모두 해주기로 든다면, 이 지구상의 모든 정부는 모두 쓰레기 분뇨 수거 대행사업만 하다가 지구와 함께 사라질 것이다.

기업이 지금도 비용절감을 위해 이미 설치된 오염방지 시설도 가동 안하고 있는 이 판국에 그렇게 되면 아무도 기업을 안할 것이고 경제성장은 당장 뒷걸음치거나 끝장날 것이라고 모든 성장론자들이 벌떼처럼 들고 일어날 것이다. 아니 무슨 잠꼬대냐며 차라리 묵살할 것이다. 이것이 두려워서 온갖 환경기술주의, 환경개량주의가 다투어 창궐하고 있다. 그러나 환경을 기술만으로 해결하려는 그 기술개량주의가 다시금 환경을 파괴하는 악순환을 자초하고 있다. 생명을 파괴하는 기술, 그 파괴를 방지한다는 기술, 쓰레기 성장을 위한 성장이 우리의 삶에 무슨 의미가 있는가? 바로 이런 물음으로부터 삶의 근본가치-도덕적 삶의 문제가 등장하게 된다.

김영삼 정부의 개혁을 통한 도덕정치가 국민 80퍼센트의 압도적 지지를 받고 있는 반면에, 부도덕한 쓰레기 양산 부패세력으로부터 문민독재니 깜짝쇼니 하는 음해성 여론에 부딪치고 있다. 그러나 사실은 부패한 기득권을 보호해주리라 기대했던 이 정부가 예상을 뛰어넘어 이제 언론의 재산공개까지 요구하는 수준에 이르러, 인쇄쓰레기의 주범이란 점만으로도 이미 부패체제인 언론은 개혁보다 건설과 경제성장 쪽으로 국민의 관심을 분산시키는 여론조작을 연출하는 것으로 보인다. 여론이란 이름의 이 시대의 여의봉으로 남을 비판하면서 자기 비판은 수용할 수 없는 무소불위의 현대판 우상으로 등장한 거대언론이야말로 대중의식을 붓끝으로 조작하는 진짜 문민독재인 것이다.

침묵하는 다수보다 비록 소수라 해도 언제나 시끄러운 여론을 의식하지 않을 수 없는 현실정치의 고뇌와 한계를 이해 못할 바 아니로되, 사실 지금의 개혁정치에는 만인을 공감으로 침묵시킬 확실한 잣대와 기준이 없다. 우리가 지금 살고 있는 이 사회체제와 산업구조가 무엇이든 상관없이 그것이 땅을 딛고 땅과 더불어 영위되는 한에서, 땅의 질서와 자연의 정합성을 무시한 어떤 인간의 영위도 결코 도덕적인 것이 될 수 없다. 만일 이 정부가 언제나 말많은 소수 기득권자들이 주도하는 당파적 여론에 굴복하여 땅의 질서, 자연의 정합성에 기초하는 도덕적 정치를 중도 포기하고, 오늘 우리가 마땅히 치러야 할 도덕사회를 위한 비용을 치르지는 않고, 자손만대가 공유해야 할 국토를 당대에 모두 파괴하는 공업성장 위주의 바겐세일 정치로 돌아간다면, 한때의 개혁은 진짜 깜짝쇼로 끝날 것이고 그 정치적 전망은 도덕적 공생의 미래가 아닌 성장쓰레기 속의 파멸일 것이다.

그럽다고 옛날로 되돌아갈 수는 없다. 어제가 옛날의 세상이 되고 말았다. 농업공동체 시대만 사라진 게 아니라 개발성장의 독점시대도 이미 끝이 났다. 잠자던 제3세계 모두도 개발의 광기를 뿜어내고 있다. 자원은 한계를 드러냈고 맹목이 된 인간의 기술은 이미 진보도 발전도 아닌 전면파괴로 질주하고 있다.

공업화는 쓰레기장화와 같은 말이고 도시화란 사막화 자체이다. 도덕적 원칙 없는 쓰레기 성장사회가 물리적, 도덕적으로 부패하지 않을 수 없다. 부패 자체인 쓰레기 양산 구조를 이대로 두고 전국토공간의 질산화, 부영양화, 중금속화, 폐질화로부터 우리의 생명을 지켜갈 수 없고 경제적, 정치적, 사회문화적 부정부패로부터 정의와 도덕을 바로세울 수 없다. 도덕성 없는 기술모방으로는 뱁새가 황새를 따라잡는 날이 오기는커녕 가랑이만 찢어지는 영원한 예속으로부터 결코 벗어나지 못할 것이다. '삶의 진보'는 고사하고, 다가오는 생명위기로부터 결코 구원받지 못할 것이다.

구원과 진보의 여명은 오히려 새로운 공생두레 농업공동체로부터 비쳐오고 있다. 땅으로 돌아갈 자격 있는 생명쓰레기의 부패만 있는 공생농업두레의 재건을 위한 '반혁명'이 불가능하거든, 쓰레기라도 최소화시켜 철저한 재활용이라도 할 수 있는 재생순환의 경제, 정치개혁을 지속적으로 추진해야 한다. 그러나 말이 쉬워 개혁이지 무엇을 어디로부터 어떻게 개혁해야 할지 실로 막막할 만큼 우리 모두는 총체부패의 소용돌이에 휩쓸리고 있다. 보는 관점과 서는 입장에 따라 개혁과제의 우선순위는 다를 수밖에 없지만, 개혁의 종착점이 정의와 도덕이 바로 실천되는 인간사회라고 보는 우리로서는 가장 기본적으로 앞서는 개혁과제가 욕망 축소의 제도화라고 감히 주장한다. 그 중 구체적 대안 하나가 필자가 실현의 그 날까지 거듭 주장하게 될 농민과 시민이 자기 쓰레기까지 함께 책임지는 공생두레농업의 제도적 허용이다.

그러나 도시 소비자가 유기물화할 수 있는 자기 쓰레기와 함께 참여하는 그같은 도덕적 내용의 두레공생농 법인의 법제화만으로 우리 농업의 문제가 다 해소되고 우리 밥상이 금방 되살아나고, 이 광란적인 파괴행위가 모두 끝날 것인가? 우선은 이러한 새로운 삶의 방식의 모범을 통해, 모든 도시인들이 본래의 농심을 회복한 도덕적 인간으로 거듭나야겠지만, 얼마쯤의 도시인을 실제로 농촌에 되돌리지 않으면 안된다.

오늘의 농촌문제를 농민의 힘만으로 해결할 수 없듯이 도시문제 — 쓰레기문제를 비롯한 교통문제, 주택문제, 교육문제 등 일련의 반환경, 반생명적인 모든 도시적 삶의 위기는 도시 안에서 도시인만으로는 절대로 해결할 수 없다. 일방적, 강탈적으로 도시에 집중되고 있는 부, 권력, 교육, 나름대로의 안일과 소비문화 등의 도시적 기득권 중에서 적어도·본디 농업에 속한 부(富)만이라도 농촌에 실지로 되돌려주지 않고서 도시문제는 절대로 못 풀 영원한 수수께끼가 될 것이다. 농사에 속한 일들을 빼앗아 생명을 죽이는 공업의 일자리는 이제 그만 늘리고 사람 살리는 농사에다 일자리를 다시 돌려줘야 한다. 다시 말하면 공업이 모두 뺏아간 농사일을 농업에 되돌림으로써 그 농사일과 함께 도시인을 농촌으로 되돌아가게 하라. 농사일의 공업화를 강요하는 지금의 신농정은 돌아오는 농정이 아닌 축농정책일 뿐이다.

농촌과 도시 간에 줄어든 소득격차로 도시인을 귀농시킴으로써 도시문제도 축소하면서 시민과 농민이 이웃으로 함께 사는 참으로 건강한 도농 두레밥상을 차리기 위한 가장 구체적이고 핵심적인 관건은 현행의 규제 일방통행으로 거대기업의 기득권만 보장해주고 있는 농축수산물의 제조, 가공, 유통 등의 모든 농축수산 관련 산업을 개별 농민과 이 영농공동체에게 실질적으로 되돌려주는 법제의 전면적 개혁에 있다. 물론 지금의 어떤 법제에도 농민 개인이나 생산단체에 이를 규제하는 대목은 없는 줄 안다. 앞서 말한 영농조합법인의 모범정관의 제5조 6항에는 농산물의 가공 및 판매를 특별히 명기해놓고 있다. 그러나 이 정관이 무슨 소용인가? 그 모든 법규의 외형적 평등성에도 불구하고 실제로는 특별한 사람이나 대기업이나 감당할 수 있는 규제와 규모 일변도의 '산 넘어 산'인 관련법규

모두를 이 영농조합들도 똑같이 넘지 않으면 안된다.

영농조합법인과는 비교할 수 없이 막강한 정부지원을 받고 있는 농협 (경북 울릉)이 호박엿 공장 하나 만드는 데도 30여개가 넘는 관계법령과 40여개의 인허가 절차를 뛰어넘기 위해 1년 여섯달이 걸렸다고 한다. 그 동안 소요된 공식·비공식의 비용을 걱정하기 전에 그 길고도 복잡하고 험난한 법령의 관문을 통과하는 기간만으로도 농민은 이미 주눅이 들어 나가떨어지고 있다. 호박엿이 무엇인가. 호박 심은 농민이 호박조청 고아 서 물 바른 손으로 써먹던 그 엿 만드는 데 이렇게 까다롭게 훼방만 놓는 법령은 대체 누구를 위한 법령인가? 이래가지고서야 제조, 가공과 유통이 본 농사인 식품기업과 돈놀이라도 하는 농협 같은 관변단체는 모르되, 스 스로 일 많은 농사를 직접 짓는 농민이나 영농법인의 가공유통 참여는 그 야말로 낙타가 바늘귀를 통과하기보다 더 불가능한 일이다.

60년대 말에 민간기업으로서는 우리나라에서 최초로 과채류의 저온저 장으로부터 출발하여 그 가공업에까지 사업을 확대해온, 필자가 잘 아는 중소기업이 있다. 그러나 이 중소기업의 가공품은 이제까지 전량 일본 등 지에 수출만 할 수 있었고 독자적인 자기 상표로 국내시장에는 진출할 수 없었다. 거대식품기업의 생리와 논리가 해외수출을 할 만큼 비교적 안전 한 중소기업의 가공식품도 내수시장 진출을 원천적으로 봉쇄해버린다고 한다. 예컨대 일화식품의 '맥콜'이 시장에서 자리를 잡아가자 대기업 식 품이 개발한 유사제품들로 집중 포화를 퍼부어 하루아침에 중소기업 하나 를 침몰시킨 것에서 보듯이 이 나라에서는 '작은 것'은 공존의 대상이 아 닌 파괴의 대상이고, 오로지 큰 것만 생존할 수 있는 규모의 약육강식만 관철되고 있다. 그러니 이 중소기업도 최근에 수출이 여의치 않자 자기 스스로 개발한 양질의 사과즙과 딸기잼 등의 가공품을 대기업에 납품하여 대기업의 저질상품과 희석시켜주지 않고는 존립 자체가 불가능한 것이 이 땅 농산물 가공유통의 실상이고 허상이다.

공산품이야 생명없는 많은 부품들로 조립된 것이기에 그 많은 부품들 은 대기업이 다 생산하지 못해 중소기업의 하청으로 조립생산해도 별 문제가 없다. 그러나 그것 자체로 완결된 생명의 생산인 농산물과 그 가공을 하청으로 대량생산해서 단지 대기업이란 상표만으로 장기간 유통시킨다는 것은 있어서 안될 생명파괴행위인 것이다.

이같은 농수산물, 그 가공품, 음료수 등 모든 시판 식품의 안전성과 건강성에 의문을 품고, 이를 극복하기 위해 그동안 단절되어온 생산자와 소비자 사이에 유기농 직거래운동을 통해 종국에는 도농공동체를 지향하고 있는 한살림공동체가 있다. 이 공동체에서는 경북 일월산 뒤편 깊은 오지에서 어려운 자연농을 하는 농민형제에게 생계에 보탬도 줄 겸 스스로 안전한 음료수를 마시고자 산기슭에 자생하는 야초와 유기농 채소로 효소음료를 만들게 하여 공급받고 있다. 그런데 이것이 식품가공위생법인가의 위반으로 경찰에 고발당했다. 그러나 그게 시판 목적이 아니라 생산자 자신도 회원인 비영리 소비조합에다 자기의 인건비 정도나 받고 공급한 회원용인 줄 알게 된 경찰의 정상참작으로 다행히 벌금형으로 처리되긴 했다.

같은 한살림 회원이 5회 이하의 저농약 사과를 생산하고 있는데, 그러다 보니 부실과와 병충과가 너무 많이 나기 마련이다. 공들인 유기농 사과를 버리자니 너무 아깝고 팔자니 상품이 안되어 고심하던 우리는 이것을 즙으로 가공하여 나누어 먹고 있다. 야채효소 생산회원의 경찰 연행 소식을 전해 듣고 겁이 난 사과 생산자는 그날 당장 도청에 들어가 사과즙 생산 허가요건과 절차를 알아보았다. 그러나 허가요건 시설을 갖추기 위한 엄청난 자본금도 문제지만, 그 절차를 다 거쳐 허가를 얻자면 농사는 그만두고 가공업으로만 나서면 모를까 직접 농사를 짓는 농민으로서는 결코 못 해내겠더라며 풀이 죽어 되돌아갔다.

설사 가공을 전업으로 시작한들 앞서 말한 이미 자리잡은 중소기업의 실상이 그러한데, 하물며 농민의 영세가공이야 대기업의 십자포화 한방에 침몰할 수밖에 없는 것이 이 나라 생명산업의 과거이고 현재이다.

그러므로 농민 개인이나 소비자가 자주관리적으로 참여하는 영농법인의 식품제조, 가공, 유통을 실질적으로 보장하기 위해서는 지금의 산 넘어 산인 식품가공위생법 등의 법적·행정적 규제를 완전히 철폐하는 일대 개혁이 이뤄져야 한다. 실현의 그날까지 거듭 말하지만 식품의 진정한 안전성과 건강성은 법이나 당국이 보장해주는 법규나 생산업체의 시설규격이 아니라 소비자들의 생산동참과 필요할 때 즉석 제조해서 먹는 직거래만이 보장해줄 것이다. 식품의 시장유통은 식품의 죽임밖에 아무것도 아니다. 소비자의 자주관리적 생산, 가공 참여로 일체의 반생명적 화학첨가물을 쓰지 않고 정말로 안전하게 제조한 가공식품은 자연조건에 따라 변색, 변취, 변미 등의 자기 변질을 통해 스스로 시장유통을 부정하게 된다. 이 변질이 그 식품 본래의 생명성과 안전성을 역설적으로 반증할 것이다.

그러나 자급용과 공동체 내의 직거래 이외의 시장유통에 따른 식품의 안전성을 위해서, 그리고 버려질 자원낭비를 미리 예방하기 위해 농민과 영농공동체에서 하는 가공뿐 아니라 모든 식품가공은 반드시 일정규모 이하로 제한시킬 필요가 있다. 그 일정규모는 우리들의 직거래 경험에 비추어 농민 개인의 경우 동참 소비자 20세대 이하, 소비자와 함께 하는 영농조합법인의 경우는 농민 5세대에 동참 소비자 2백세대 이하가 적정선일 것 같다. 20세대의 소비자가 십시일반으로 농민 1인의 모든 생계를 책임지는 공동체적 삶의 회복이 없는 한, 농산물의 가격안정, 소비자의 먹을거리 안전, 농토의 사막화 방지 등은 결코 보장받지 못할 것이다.

이처럼 제조, 가공, 유통 등 농산물의 부가가치를 농촌 농민에게 분산, 되돌리지 않고, 농민이 뼈빠지게 지은 본디 농산물의 생명가치를 규모의 경제라는 약육강식의 논리에 종속시켜서는 '돌아오는 농촌'은 고사하고, 이나마 남아있는 우리 밥상인 농촌을 온전히 잃고, 마침내 닥치고 말 지구파멸로부터 아무도 안전을 지키지 못할 것이다.

욕망확대 → 생산확대 → 시장확대 → 생명자원파괴가 마침내 제 생명 파괴를 통한 욕망해방은 실현할 수 있을지 모르겠지만, 살아있는 생명을 결코 자유롭게 해방하지는 못할 것이다. 시장 자체인 도시가 현존하는 한 시장은 필요악이다. 그렇지만 바로 그렇기 때문에 기초적 생명필수 농산물들은 오히려 작은 도농공동체의 자급자족적인 생산 소비에 맡기고, 공동체가 스스로 자족 못하거나 남을 수밖에 없는 생필품과 적정기술의 공산품만의 시장으로 축소되지 않으면 안된다. 끝없는 욕망확대, 시장확대로 얻을 것은 생명축소·파멸과 지구의 황폐화밖에 없다.

뒷이야기

위 글은 지난 10월 30일 단국대 학생회관에서 한살림공동체가 주최한 농업정책토론회의 발제문을 보완한 것이다.

이 토론회에 초청된 농림수산부 구조조정 국장이란 관리는 다음과 같은 요지의 반대토론을 했다.

최 박사(최양부 농촌경제연구원 부원장)의 발제에는 별로 할 말이 없고, 천규석 선생의 발제에 대해 말하겠다. 한마디로 몽유병자가 본 환상의 잠꼬대를 들은 느낌이다. 모든 생산단체의 구성원은 인근지역에 있지 않으면 안된다. 그런데 거리가 멀리 떨어진 도시 소비자를 영농조합법인에 참여시키자는 것은 아무리 좋게 봐줘도 실현 불가능한 이상주의다.

본인은 오랜 기간 일본 등지에서 해외파견 근무를 해왔는데 우리나라에는 도대체 토론문화가 정착되어있지 않다. 이곳은 토론장이 아니라 농정의 일방적 성토장으로 끝날 뻔했다.

우리 농업이 위기라니 말도 안된다. 이렇게 시장에 농산물이 풍부하고, 또 농산물 없이 어떤 시대도 사람이 못 사는 한 농업은 지속될 것인데 농업이 왜 위기이고 또 어떻게 파괴되어 없어진다는 것인가?

2백평 이하의 주말농장 소유를 도시인에게 허용한다고 농업과 생태계를 파괴하거나 위화감을 조성하지 않을 것이다. 그것은 도시인의 퇴직뒤의 노후보장 차원에서도 오히려 적극적으로 도입이 검토되고 있다.

농산물 가공 유통문제는 구라파의 경우에 생산농민이 직접 하는 가내공업규모가공이 일찍부터 정착되어왔지만, 우리는 미국식의 대규모 기업형 농산물 제조 가공 유통이 일본을 통해 들어와 이미 정착되어있기 때문에 안타깝지만 그대로 수용할 수밖에 없다.

약정된 토론시간을 이미 1시간 정도 넘기고 있는 시점에서 이 반대토론에 대한 반대가 더이상 허용되지 않는 분위기 때문에 쫓기듯 간신히 얻어낸 짧은 발언기회를 통해 행한 다음과 같은 필자의 반론으로 이 토론 없는 토론회는 끝이 났다.

본인의 발제가 몽유병자의 환상과 잠꼬대로 취급당했는데, 그러나 직접 농사지으며 농촌에서 살아남기 위한 수없는 고민과, 농민회·한살림 등의 자구, 자생활동의 축적에 따르면 결코 그것은 실현 불가능의 환상이 아니다. 우리가 요구하는 것은 정부가 나서서 소비자가 참여하는 영농조합법인 등을 온 농촌에 타율적·획일적으로 조직해달라는 것이 아니라 농민이나 시민의 자구, 자생노력을 제도적으로 막지 말고 자유롭게 허용해달라는 것뿐이다. 그리고 농축수산물의 가공, 제조, 유통은 생산 농민이 직접 하는 유럽식의 가내공업방식이 바람직하다면, 일제 지배 이전까지 우리 농촌에서도 자생했던 가내공업적 자가 가공을 인허가 등의 제도적 제약 없이 자유롭게 할 수 있도록 당국이 긍정적으로 검토 허용하겠다는 뜻으로 받아들이겠다.

필자에게 주어진 발제와 반론의 시간이 겨우 30여분. 이 시간 동안에 기회 있을 때마다 온몸으로 간곡히 되풀이해온 이 한마디를 겨우 하고, 발제 도중 꾸벅꾸벅 졸고 있던 사람으로부터 깬 사람이 되려 몽유병자 취급이나 당하려고, 석유자원 태우고 대기오염의 주범인 자동차와 기차를 번갈아 타며 왕복 8시간 더 걸리는 그 지긋지긋한 서울을 오가야 했던가? 밤 11시 20분에 서울역을 출발하여 다음날 새벽 3시 넘어 대구역에 도착한 밤기차간에서 다른 승객들은 잘도 자는데 나는 이 땅의 한심한 관료주의, 패권주의, 성장주의로부터 우리 농업과 모든 생명·환경문제를 어떻게 구출해야 할지를 골몰하느라 벌겋게 뜬 눈으로 자신을 소모하며 참을 수 없는 분노와 슬픔을 씹어야 했다. 그리하여 나는 원님행차 뒤의 나발이라도 불어야 했고, 아무도 없는 대숲에라도 가서 임금님 귀는 당나귀 귀라고 외치지 않고는 견딜 수가 없다.

그래, 중인환시의 연단 위에서 참으로 배짱 편하게 졸고 있던 사람이, 한평생 고통스런 농업생활에 부대끼고 찌든 농민이 모처럼 주어진 기회에 들려주는 현장의 목소리를 몽유병자의 잠꼬대라니 적반하장이라도 분수가 있지 않은가? 등뼈 휘어지는 농사일과 개발독재에 찢어지고 깨어지는 이 땅 생명산업의 회생과 세상의 민주화를 위해 우리 농민들이 수없는 하얀 밤과 검은 낮을 갈망과 통곡과 감시의 폭압과 신음 속에 지새우는 동안 국내에서, 해외에서 오로지 태평연월과 출세가도만을 추구했던 독재체제의 기술관료가 아직도 백성을 우습게 보는구나. 고통과 갈망으로 이 평생 다 보낸 세월 끝에 맞은 '문민정부'라는데도, 청와대 주변말고 이 땅의 관료주의는 하나도 달라진 게 없구나.

농사창고 하나 짓는 데 제 땅이라 해도 3미터 진입로와 창고터의 농사 전용에 허가를 받게 한 것은 무분별한 농지 파괴가 계속 자행되는 이 시점에서 그 규제를 위해 바람직한 일이다. 그러나 아득한 옛날부터 사람이 다닌 길이라서 지적도면상에도 있는, 따라서 합법적인 길의 도랑(溝)에 내 돈 들여 토관을 묻는데도, 이유와 절차를 설명해주는 대신 '구사용허가' 없이 절대 안된다는 면서기의 위압적 관료주의는 어디에 있는 법이고, 그 법 절차를 통과하기 위해 1년이 넘게 걸리게 하는 법은 무슨 법인가?

주민 동태를 손바닥처럼 알 수 있는 시골 면소재지에서 명색 인간문화재인 사람이 와병 때문에 노인들에게 주는 버스표를 받으려고 자녀를 두 번씩이나 면사무소에 대신 보냈는데도, 상부 지시라며 본인이 직접 안 오면 절대 못 준다는 담당 면직원의 관료주의는 무슨 법으로 다스려야 하는가?

재벌이나 중소기업보다 농민이 내는 직접세액이 작다고, 두레노동과 자급자족의 농업공동체의 살림경제를 모르는 서양의 경제학에 잡히는 GNP의 수치가 낮다고, 더 솔직히 말해 관료 개인에게 기업이나 상인처럼 별도의 국물과 떡고물을 못 챙겨주는 농민의 목소리라고 귀막아 토론문화의 싹을 아예 키우지 않은 장본인은 누구인가? 외국유학이나 파견 근무가 무슨 자랑이라고 앞세우며 남의 땅 농업이론모형을 사다가 내 땅의 자생 토착농업에 억지로 두들겨 맞춰 죽이고 있는 농업관료, 학자, 정치인이 그들이 아닌가? 이 정부가 내세우는 개혁을 통한 정의사회 실현과 도덕정치란 법과 제도에 앞서 사람의 양심과 도덕성에 기초한 공동체적 삶의 질서의 창조일 터인데, 그렇다면 이런 도덕사회 건설이란 것도 그들에겐 청와대 몽유병자들이 본 환상의 잠꼬대로밖에 안 들리겠구나.

우리는 이미 한살림 등의 생명농산물 직거래운동을 통해 도농공동체의 가능성 실험을 축적해가고 있고, 옛 농촌마을의 동답처럼, 그러나 지금의 시민사회에서는 시민과 농민이 함께 지어 먹을 도농두레답을 사기 위해 뜻있는 시민으로부터 비록 아직은 많이 모자라지만 얼마쯤의 모금을 이미 해두었고, 보다 많은 시민의 동참운동을 전개 호소하고 있는 중이다. 이미 저질러놓은 일, 작든 크든 두레답을 사지 않을 수 없는데, 이의 법적 소유권을 누구에게 귀속시킬 것인가가 우리에겐 농장구입 기금의 모금 못지않게 당면한 골치아픈 문제다. 옛 농촌의 마을답처럼 대표성있는 현지 농민 개인이나 전체 농민에게 증여 또는 위탁 소유시킬 수도 있으나 그렇게 되면 증여세법에 걸리고, 현행의 명의신탁제도조차 재산은닉 토지투기 방지 차원에서 법개정의 필요성이 논의되고 있지 않는가?

사실상의 도농공유지를, 도시인의 농지소유를 금하는 법 때문에 농민 개인에게 명의신탁시키는 데는 법률적인 문제뿐 아니라, 고전적 자산성밖에 옛날과 달리 상품성, 투기성까지 부가된 농토를 신뢰하고 맡길 농민이 있는 시대도 이미 아니다. 그럼에도 우리가 굳이 도농공유지를 만들어서 함께 농사를 짓고자 하는 데는, 우리 당대만의 식품안전을 위한 일시적 장난이 아니라, 우리 선대들의 가장 아름다운 두레전통을 지금 이 시대의 우리가 할 수 있는 최선의 삶의 모형으로 재창조해서 우리 후대를 영원히 사회화시키자는 데 보다 큰 궁극의 목적이 있다.

그런데 아무도 묘수를 찾지 못하고 아무런 대안 없이 갈팡질팡하고 있는, 우리의 농업 농촌 문제에 자발적 시민 참여로 중지를 모을 수 있는 기회를 제도적으로 허용 유도할 수 있도록 하자는 영농조합법인 법개정에 타부처도 아닌 농정당국이 춤을 췄으면 췄지 앞장서 반대할 이유가 대체 무엇인가? 농번기엔 공무원, 학생, 예비군, 현역군인까지 동원할 만큼 심각한 농촌 일손 부족을 시민 참여의 제도화로 해소시켜서는 안될 이유가 어디에 있는가? 영농자금 부족으로 농민들이 농정당국을 향해 늘상 아우성치고 있는데, 시민들이 제 돈으로 땅 사주고, 영농자금 거들어주고, 부족한 대로 농사일도 함께 거들고, 그 생산물까지 책임지고 사먹어 주겠다는데 – 그래서 장사 못해 배 아파 소리지를 소수 힘센 사람이야 있겠지만, 그러나 누가 무슨 권리로 이같은 시민과 농민의 자구 자생요구를 법률적으로 제약할 수 있는가?

올해도 벼냉해 문제로 농민과 농정의 갈등이 첨예화되어 있고, 시민과의 사전 소비약속 없이 농민과 자연조건이 일방적으로 과잉생산한 배추파동은 대부분의 배추를 밭뙈기째 수매 폐기시켜야 할 만큼 끔찍한 자원파괴와 재정낭비를 자초했다. 역시 소비자의 동참 없는 농협들이 농산물의 부가가치를 높여 UR의 극복대안으로 삼겠다고, 농산물의 가공 공장들을 덩달아 설립하고 있지만, 자금난으로 공장 준공도 하기 전에 경매처분을 하거나 경영난에 허덕임으로써 뒤이은 신규설립계획을 백지화하는 해프닝을 연출하고 있다.

그러나 한살림 형태의 시민 참여로 소비가 미리 약속된 농민들의 모든 농산물은 그 나름의 어려움이 없지야 않지만, 적어도 그같은 파동과 낭비의 단계는 이미 넘어서고 있다. 그런데도 시민모금으로 사는 두레농지를 합법적으로 귀속시키고, 거기서 시민과 농민이 함께 지은 농산물을 자주관리적으로 자유롭게 가공해서 자급자족할 수 있는 도농공동체적 영농조합법인 법 개정 호소가 몽유병자의 잠꼬대인가?

쌀까지 포함한 농축수산물의 전면 개방이 피할 수 없는 물결이라면, 농촌 초토화와 그로 인한 민족생명문제에 대한 무슨 대안이라도 세워두고 개방이란 말을 입에 올려야 한다. 아쉬운 대로 한살림에 참여한 농민과 도시 소비자들만큼의 공동체적 신명이라도 불러일으키지 못하는 지금 상태의 수동적 개방은 공업수출, 선진국화와 세계화란 허상 아래 돈 벌 사람이야 따로 있겠지만, 그러나 민족생명의 마지막 동질성마저 포기하는 돌이킬 수 없는 역사적 과오를 기록할 것이다.

이번 한살림 농정토론회 때도 우리가 바란 참가 범위는 실무국장 한 사람이 아니라 가능하다면 농수산부 장관과 국회 농수산위원 전원이었다. 그러나 모처럼 나오기로 약속한 민주당 이길재 의원마저도 토론 중반에 나와 자기 소개만 잠깐 하고 남의 말은 한마디도 안 듣고 다음 일정을 향해 사라졌던 것이다.

우리 농업의 위기 문제만 해도 발제문에 약술됐듯이 생산과 가공, 제조와 유통과정에 중첩되는 화학물질의 남용을 누가 부인하고, 따라서 먹을거리의 안전성, 농업의 생명성 위기를 누가 외면할 수 있는가? 지나친 에너지 남용과 토양 파괴를 전제한 공업적 과잉생산과 같은 방식으로 생산된 수입농산물의 개방으로 가세된 농산물의 시장 범람도 제한된 부존자원 탕진만 가속하는 삶의 위기였으면 위기였지 그게 어찌 농업발전인가?

"식량은 산술급수적으로, 인구는 기하급수적으로" 어쩌고 하는 맬더스의 인구론을 굳이 반대 토론자가 끌고 오지 않더라도 제한된 토지 자원의 한계를 누구보다 위기적으로 체험하고 있기 때문에 바로 그 위기 극복의 유일한 전망으로 욕망축소의 공생두레 농업공동체 재건의 법제화를 거듭 호소하고 있는 것이다. 거듭 말하지만 더불어 함께 살아남기 위한 공생두레농 공동체의 전망은 지금처럼 모든 생산에 몸으로 직접 참여하지 않거나, 일부 부품생산에만 극히 제한적으로 참여할 수밖에 없어, 결국 생산이란 이름의 생명파괴에 아무도 책임을 안 지고, 오로지 단순한 소비자가 됨으로써 생명의 존귀성, 자연-자원의 생명성을 전혀 모르고 파괴만 하는 소비생활양식을 이대로 두고는 전망할 수 없다는 조건을 우리는 언제나 앞세우고 있는 것이다. 따라서 지금의 생명자원 파괴적 소비양식과 모든 삶의 가치문제를 근본적으로 검토해보는 일과 함께하지 않는 공생두레 농업공동체 논의는 무의미한 것이다. 이것이 몽유병자의 환상이고 도덕주의자의 이상이라면 내일 너 죽고 나 죽고 모두 죽는 한이 있어도 오늘 왕창 다 써버리자는 당신들은 자식도 없는 당대주의자인가 찰나주의자인가?

과거의 생명자원파괴 양태는 국지적이고 지상적이었기 때문에 이른바 인류문명 발전이란 탈을 쓰고 이나마 지속이 가능했다. 그러나 지금은 다르다. 온 주거지와 길은 시멘트, 아스팔트 사막이 돼가고, 우리 밥상 자체인 농토가 화학물질 덩어리로 되었고, 식수는 비료, 농약과 매연 중금속의 비와 폐수와 하수로 부영양 중금속물이 되었고, 하늘에는 수천 개의 인공위성이라는 쇠붙이 파편들이 언제 떨어질지 모르는 날벼락으로 떠돌고, 바다 밑과 땅 밑이 핵저장과 실험장이 되고, 6천5백 미터의 심해까지 비닐포장쓰레기와 핵쓰레기 투기장이 되어 생선 한 마리 마음놓고 먹을 수 없게 됐고, 심지어 올림픽이 무엇이길래 그것의 자국 유치가 좌절됐다고 핵실험으로 화풀이나 하는 반이성적 광기가 설쳐대고 있다. 오늘의 위기는 이처럼 지상의 농업은 물론 지하와 하늘까지 전지구적, 전우주적으로 확대되었기 때문에 농업위기에 그치지 않고, 조금의 가식도 과장도 아닌 총체파국 그 자체이다.

잠자던 제3세계까지 도시화와 시장화의 광기에 휩쓸림으로써 우리 시장의 확대 가능성을 낙관하고 즐거워할 게 아니라 핵쓰레기와 비닐, 폐수로 끝나버린 황해와 동해를 탄식하고 창공 대신 회색 먼지로 시야를 가로막는 저 하늘을 우러러 통곡할 일이다.

날마다 쏟아지는 일회용 정보로 살찐 간지(奸智)들과 입 속에 밥술이 들어갈 만하게 되니까 제 밥숟갈 크기만한 각양각색, 중구난방의 논리들로 오히려 적막강산이 된 이 시장바닥의 우상과 허위의식을 걷어내고 참다운 중지를 이끌어 모을 의인과 진인의 지혜가 아쉬운 세상이다. 온몸 던져 구하던 예언자들에게나 진리를 드러내어 보여주었던 적막한 광야가 그리운 시절이다.

恨에서 희망으로
한 유기농업 실천 농민의 手記

정경식

나는 현재 전라북도 부안군 변산면의 한 마을에서 자연농법으로 농사를 짓고 있는 농사꾼이다. 내가 이 마을에 정착하여 농사를 짓기 시작한 지는 십년이 된다.

다 알고 있다시피 농사는 힘겨운 일이다. 그러나 나는 그 속에서 자연과 생명의 순환원리를 어렴풋이나마 깨달을 수 있었기 때문에 즐거운 마음으로 농사를 짓고 있다.

그런 반면, 오늘날 우리사회는 개발과 성장이라는 미명하에 농업을 몰락시켜 나가는 작업을 진행하고 있다. 산업화의 물결을 타고 우리 농민은 한 사람 한 사람 농업을 버리고 산업문명이란 거대한 구조 속으로 편입되고 있다. 겉으로 볼 때, 우리 농민도 그 물결 속에 참여하게 된 이후, 참으로 편리한 문명의 혜택을 누리면서 살고 있는 듯이 보인다. 우리 농민뿐만 아니라, 모든 사람들의 의식구조가 알게 모르게 "산업화가 곧 행복

정경식 ─ 농민. 2002년 '우리쌀지키기 100인 100일 걷기운동'을 이끌었으며, 저서로 《21세기 희망은 農에 있다》가 있다. 현재 전북 부안에서 농사를 짓고 있다.

한 삶의 보장"이라는 등식으로 굳어버린 듯하다. 이러한 잘못된 생각으로 가난한 사람이나 부자나, 배운 자나 못 배운 자나, 누구 한 사람 예외없이 산업문명의 혜택을 누리려고 온갖 노력을 다한다.

우리들은 소위 기술제일주의, 권력제일주의, 또 이를 뒷받침해주는 과학제일주의에 알게 모르게 오염되어 있다. 이러한 시각으로는 공장의 굴뚝에서 솟아오르는 시커먼 연기나, 길거리를 질주하며 뿜어대는 자동차의 매연으로 인한 문제점을 제대로 파악할 수가 없다. 합성세제로 인한 물의 오염문제, 가공 인스턴트 식품으로 인한 질병의 문제, 화학비료나 농약의 남용으로 인한 토질 오염의 문제들 또한 심각하게 고려할 겨를이 없다. 정치는 정치판에서, 경제는 경제판에서, 기술은 기술판에서 "산업화 곧 진보"라고 믿고 있으니, 하늘은 구멍이 뚫리고(오존층 파괴 현상), 땅은 죽어 시멘트마냥 굳어가고, 그 사이의 공기는 우리의 숨통을 조이며, 안심하고 마실 물이 없어져도, 그 심각성을 깨닫지 못한다.

그러나 한편에서는 다행스럽게도 이래선 안되겠다 하여 깨달은 이들이 여기저기 나타나고 있다. 이들은 아직 소수에 불과하지만 우리들의 막힌 생명의 숨통을 터주는 일이 아닐 수 없다. 나 또한 농업을 통해 이들 소수의 한 일원으로 평생을 보내기로 작정한 사람이기에 용기를 내서 지나온 삶을 더듬어보고자 했다.

아버지의 한

나는 조상 대대로 농사를 지으며 살아온 집안의 오형제 중 둘째로 태어났다. 그리 큰 농사는 아니었으나 형제 모두가 어릴 때부터 아버지 밑에서 농사일을 배우며 자랐다. 학교 가는 일 빼고는 모든 시간을 아버지를 도와 농사일에 매달려야 했다. 그러다 보니 농사일이 친숙해지기는 했지만, 그 일이란 것이 한도 끝도 없는 일인지라 힘에 겨울 때가 많았다. 그럴 때는 짜증이 나기도 하고 일이 싫어지기도 했다. 젊은 놈들이 나이 많은 이 애비보다도 힘을 못 쓴다고 꾸중을 하실 때엔 공연히 화가 치밀기도 했다.

이렇게 온 식구들이 농사에 매달려도 집안 형편은 가난을 벗어나지 못했다. 우리는 이렇게 뼈마디가 쑤시도록 일을 해도 가난한데 다른 사람들은 저렇게 놀면서도 잘사는 까닭은 무엇일까? (당시에는 농사일을 하지 않는 사람은 모두 노는 사람으로 생각했다.) 왜 우리는 이렇게 죽도록 일만 해야 할까? 왜 나는 여유있게 놀고 다니는 저들이 미울까? 하는 것이 나의 첫 의문이었다.

나는 성격이 점점 내성적으로 변해갔다. 그러다 보니 친구를 사귈 수가 없었고 학교공부에도 흥미를 느낄 수 없었다. 학교는 결석 한번 안하고 착실히 다녔지만, 성적은 하위권을 벗어나지 못했다. 그야말로 시계추처럼 왔다갔다 했을 뿐이었다. 자연히 인문계 고등학교에는 진학을 못하고 시험과 관계없는 시골의 농업고등학교에 입학해 다니게 되었다.

공부 못하는 자식에 대해서 아버지께서는 실망을 크게 하신 듯했다. 남들마냥 자식들이 공부를 잘해서 좋은 직장에 취직하여 성공하는 것이 아버지의 꿈이었다. 공부만 잘하면 논밭 다 팔아서라도 어느 학교든 보내주겠다는 것이 아버지의 일관된 생각이었다. 못 배워 그 힘든 농사를 지을 수밖에 없었고, 그래서 가난을 벗어나지 못한 아버지에게 자식들이 공부 잘하여 출세하는 것은 가장 큰 희망이요 보람이었다.

나는 그런 아버지의 기대에 미치지 못하는 자식이었다. 누구는 공부 잘해서 공무원 시험에 합격했고, 또 누구는 좋은 회사에 취직을 했으며, 누구는 기술을 배워 공장에 들어가 돈을 많이 번다는데 너는 도대체 뭐하는 놈이냐고 한탄하곤 하셨다. 나는 아버지를 되도록이면 피하려 하였고, 그런 나를 아버지께서는 매우 못마땅해 하셨다. 식구들이 모여 식사를 할 때에도 가족적인 분위기를 기대할 수가 없었다. 아버지는 나에게 관계되는 일이면 아무리 사소한 것이라 하더라도 언성을 높이셨고, 나는 밥을 어떻게 먹었는지도 모를 정도로 숟가락 놓기 바쁘게 자리를 물러나오곤 했다. 집안 분위기가 이러하니까 명절 같은 때에도 명절 기분이 나지 않았다.

나는 열등감에 빠져 사람들 만나기를 되도록이면 피하려 했고 친구를 사귀기도 꺼려했다. 농사를 돕는 정도의 일 이외에는 어떤 것에도 관심을 두지 않았다. 앞으로의 삶의 설계나 계획 같은 것은 생각하기도 싫었다. 나는 점점 반항적으로 변해갔다. 나에게 언성을 높이시는 아버지께 말대꾸도 하고 심지어는 대들기까지 했다. 아버지 편도 들 수 없고 자식 편도 들 수 없는 어머니만 중간에서 애를 먹었다. 아버지께서 나에게 화를 내실 때마다 어머니께서는 "지 머리가 나빠 공부 못허는 걸 어떡하노" 하며 은근히 내 편을 들어주는 정도가 고작이었다.

심한 열등의식과 반항심으로 나날을 보내면서도, 무언가 한 가지만은 내 일을 꼭 해야 하겠다는 오기가 한편으로 싹트기 시작했다. 그러던 어느날 하릴없이 밖을 내다보고 있노라니까, 저 멀리 내다보이는 산이 나를 부르는 것이었다.

"경식아, 경식아, 산으로 오라, 산으로 오라."

틀림없이 들렸다. 그런데 아무도 없었다.

"그래, 나는 산으로 가야 해, 산으로 …."

내 입에서는 이런 말이 저절로 흘러나왔다.

이후, 나는 고향산천을 떠나지 않고 농사를 지으며 살겠다는 마음의 각오를 다졌다. 당시 시골에서는 하우스 붐이 일어나 너도나도 하우스 재배에 열을 올렸는데, 나도 조그마한 하우스를 지어 첫 농사를 시작했다. 아버지 눈을 피해 한밤중에 일어나 하우스를 지어 토마토, 오이, 무 등을 심었다. 심은 모종이 그럭저럭 커가 열매를 맺을 무렵, 이 사실을 안 아버지께서는 노발대발하셨다.

"자 봐라, 이 동네에서 너하고 같은 또래가 열명이나 되는데, 단 한명이라도 집에 붙어있는 놈이 있는가. 이 미친 놈아! 너 혼자만 천덕꾸러기가 되어 이 짓거리를 하고 있을 거냐?"

극도로 흥분하신 아버지는 낫을 들고 하우스로 달려가 내가 그동안 애지중지 키운 오이, 토마토 등을 마구 쳐버렸다. 농사꾼으로 평생을 보내면서 맺힌 한이 분노로 폭발하신 것이다. 나는 대들지도 못하고 골방에 처박혀 울기만 했다. 울면서 한편으로는 고향을 등지고 떠나버린 친구들이 공연히 미워졌다. 왜 친구들은 농사를 지으려 하지 않고 모두 객지로 떠나버릴까? 이것이 그 당시 나의 또다른 의문이었다.

이런 일말고 또다른 일로 나는 더욱 아버지의 미움을 사게 되었다. 그때 나는 비닐하우스 재배 이외에도 염소 스무 마리, 돼지 서너 마리, 소 한 마리를 키우고 있었다. 그런데 어느날, 이웃 아주머니가 우리집 염소가 콩밭을 다 망쳐놓았으니 어떡할 거냐며 항의를 하러 오셨다. 내가 염소를 몰고 다니면서 꼭 자기 집의 콩밭에 콩잎을 뜯어 먹게 한다는 것이었다. 시골구석에 남아 농사나 짓겠다는 것도 못마땅한데 이젠 이웃의 손가락질까지 받고 다닌다며 아버지는 노발대발하셨다. 아버지는 극도로 흥분하셔서 염소고 뭐고 다 때려죽인다는 것이었다. 하도 어처구니가 없어 나도 막 달려들었다. 그러고 나서 장대비가 내리는 가운데 염소떼를 몰고 나와 들판을 헤매고 다녔다. 비를 많이 맞고 다닌 탓인지 염소는 그후 죽은 새끼를 낳았다. 거기다 엎친 데 덮친 격으로 돼지와 소값이 폭락하는 파동이 일어났다. 돼지와 소를 기르던 많은 농민들이 새끼들을 강물에 던져버리는 일까지 있었다. 나는 크게 실망했다.

나는 더이상 아버지와 다투고 동네사람들에게 손가락질까지 받아가면서 버티기 힘들겠다는 생각이 들었다. 나는 집 떠날 결심을 어머니께만 밝혔다. 어머니는 아버지 몰래 약간의 돈을 마련해주셨다. 나는 난생 처음으로 객지를 향해 발길을 옮겼다.

처음 나는 부산에 자리를 잡았다. 그곳에서 약 일년간 공사판의 잡부노릇, 고물장수, 공장 노동자 등 닥치는 대로 이 직업 저 직업을 전전했다. 공장 노동자로 일할 때, 톱니바퀴에 손가락이 끼어 절단당하는 고통도 겪었다. 그 바람에 군대에 가는 것은 면제받았다. 휴일 같은 때는 대화할 수 있는 친구가 없었기 때문에 부산 근교의 낯선 시골길을 둘러보는 것으로 하루를 보냈다. 그러면서 한편으로는 생활비를 아껴 잡지나 농업서적을 사서 열심히 읽었다. 지금은 어쩔 수 없어 도시에 있지만 기회만 오면 다시 농촌으로 가야 된다는 생각을 버리지 않았기 때문이었다. 그러다가 어느날 우연히 《신동아》를 보게 되었다. 《신동아》의 한 페이지에는 쟁기질을 하고 있는 노인의 사진과 함께, "있는 자나 없는 자나, 배운 자나 배우지 못한 자나, 건강한 자나 건강하지 못한 자나 누구든지 함께 살자"라는 내용의 설명이 붙어있었다. 나는 오랫동안 쟁기질하는 노인의 사진을 들여다보았다. "맞아! 내가 갈 곳은 이곳이야." 막혔던 가슴이 탁 트이는 느낌이었다. 경기도 양주에 있다는 '풀무원 공동체'로 갈 결심을 굳혔다. 나는 부산에서의 생활을 될 수 있는 대로 빨리 정리하였다.

제2의 인생

경기도 양주의 풀무원 공동체에는 약 삼십명의 식구들이(어린이, 젊은이, 노인네 모두) 사만평의 땅을 가지고 즐겁게 농사일을 하면서 생활하고 있었다. 남자들은 물론 여자들까지 즐겁게 농사일을 하고 있었다. 농사가 싫어 고향을 떠난 내 남녀 친구들과 너무 대조적이었다. 내가 찾던 곳이 바로 이곳이라는 생각이 절로 들었다.

풀무원에서의 생활은 즐겁고 희망에 찬 하루하루의 연속이었다. 하루 일과 — 새벽 가족집회 및 기도회(산 노동, 기독교를 바탕으로 한 무교회), 아침, 점심, 저녁 현미밥에다 채소를 주로 하는 식사, 오전 4시간, 오수 4시간, 8시간 노동 — 는 힘들었으나 매우 즐거웠다. 공동체의 식구들과 함께 이야기를 나누면서 꿈에도 소원인 농사일에 대해 깊고 폭넓은 이해를 하게 되었다. 이제 비로소 농업에 대한 말문이 어느 정도 열린 것이다. 친구가 생겼다. 형제가 생겼다. 스승이 생겼다. 농업에 관한 책을 마음껏 볼 수 있었고 공부도 열심히 할 수 있었다. 일등, 꼴등, 백점, 영점이라는 숫자놀이에 구속받지 않아도 되는 공부였다. 공부는 유기농업으로 이어졌고 유기농업은 다시 생명농업으로 이어지면서 본연의 농업 자세를 키워나갔다. 농한기 때에는 외부 강사를 초빙하여 민족사, 세계사, 신앙과 신학, 철학에 관한 특강을 들었으며, '정농회'란 농민단체(조직)를 통해서는 전반적인 무농약 농사의 중요성, 그리고 무농약 농법의 사례 발표 등을 듣고 공부했다. 농업의 소중함을 깊이 깨달은 많은 사람들을 만나 사람이 사람답게 살 수 있는 생활방식이나 방법을 배우고 찾아내면서 생활하였다.

또한 그곳에서 나는 나보다 2년 정도 먼저 들어와 생활하고 있던 전북 임실군 운암 출신의 여성을 만나 가정을 이루게 되었다. 결혼 이후 3년 동안의 풀무원 공동체 생활을 떠나 삶의 터전을 전북 부안 변산으로 옮겼다. 1983년 우리 부부는 아직 개발되지 않은 어촌 겸 산촌인 이곳 – 변산에 터를 잡고 무농약 농사를 시작하게 되었다.

아버지의 한이 서려있는 농촌, 자기 자식만은 농사를 절대 시키지 않으려는 농촌, 젊은 사람들은 다 떠나고 노인네들만이 어쩔 수 없이 살아가는 농촌, 뼈빠지게 농사지어 봐야 빚만 남는 농촌, 빚 때문에 농약 먹고 자살하는 농촌, 총각들이 장가도 못 가는 농촌, 그래서 희망이란 찾아볼 수 없는 농촌으로 나는 되돌아온 것이다. 천하지대본인 농업을 살리지 못하는 한, 정치도 경제도 문화도 문명도 모두 파괴되고 말리라는 믿음을 가지고.

무농약 농사의 출발

1983년 한겨울, 낯선 곳 – 전북 부안군 변산면 도청리 산촌 지역에 정농회원 한분의 소개를 받아 약 2천여평의 땅(오래 전부터 이 지역에서 농민운동을 하고 있는 분이 농사지어온 논과 밭), 그리고 거처할 집을 빌려 간단한 이삿짐을 풀었다. 괭이, 삽, 호미 등의 농기구와 씨앗, 소 한 마리, 쌀 두 가마, 염소 한 마리, 닭 세 마리가 이삿짐의 전부였다. 25만원 정도의 임대료를 관에 지불해야 하기 때문에 처음부터 무농약 농사를 한다는 것은 당시 나의 형편상 큰 도전이 아닐 수 없었으나, 그동안 공동체생활에서 배웠던 유기농법, 즉 무농약 농사를 실천하기로 한 것이다.

우리가 맨 처음 시작한 것은 주위에 있는 나무 찌꺼기, 마른 소나무 잎, 겨울 억새풀 등을 모아서 작두로 썰어 논에도 깔고, 그것을 인분과 섞어 퇴비를 만드는 작업이었다. 손님이 오면 오줌을 아무 데나 배설하지 못하게 하여 철저하게 인분을 받을 수 있도록 했다. 또한 오염되지 않은 흙을 파서 상토흙을 만들기도 하고 방에 뗄 나무를 하기도 했다. 봄에 씨앗 뿌릴 모든 준비를 갖춘 다음, 벼, 고추 등 자급자족할 수 있는 곡류, 채소류를 골고루 심었다. 그 중 경제 작목으로 벼와 고추를 주로 심었다. 과연 무농약 농사가 가능할까, 무농약 농사라 해서 땅을 그냥 방치하는 농법이 아닌데…. 주위 사람들의 염려 가운데 무농약 농사는 시작된 것이다.

정성을 다하여 기르는 나를 버릴 것인가, 버리지 않을 것인가, 이 농사가 주위 사람들의 비웃음으로 끝날 것인가, 아닌가를 염두에 두지 않고 시작했다. 모종은 그럭저럭 탈없이 자랐다. 속성 퇴비를 만들어 볏모를 키워 모내기를 끝내고 고추 모종을 키워 밭에 정식(定植)을 했다. 아내는 어린아이를 업거나 방에다 가두어두고, 때로는 통에다 넣어 나오지 못하게 하고선 온종일 풀매는 작업을 도왔다. 매고 또 매어도 끊임없이 새로 돋아나는 풀매기 작업은 결코 쉽지 않았다. 게다가 땅이 굳어있어 제초작업은 더욱 어려웠다. 논을 일구는 작업 역시 마찬가지였다. 논에 물을 가두어 두었는데도 흙이 굳어있어 잡초가 그냥 뽑히지 않았다. 그래서 밭에 풀을 매듯이 호미로 일일이 흙을 뒤적거려가면서 풀매기를 하였다. 허리, 손, 온몸 어디고 쑤시지 않는 데가 없이 힘이 들었다. 이렇게 해도 모자라는 노동력은, 좀 여유가 있을 때 동네사람들과 품앗이를 하였다가 그 품으로 메워나갔다. 날씨가 좋으면 밭에서, 날씨가 좋지 않으면 논에서 호미와 괭이로 서너번 땅을 파헤친 셈이었다.

지금 그때를 돌이켜보면 지난날들이 꿈만 같다. 아내는 애기를 업고 하루종일 일을 해야 할 때가 한두번이 아니었다. 산골에서 태어나 어릴 때부터 남자도 감당하기 어려운 힘든 지게질이며 모든 농사일을 해와서 웬만한 농사일이면 거든하게 감당해내던 아내도 이 일은 정말 힘들어 했다. 심지어 한여름 뙤약볕 아래에서 김을 맬 적에는 눈물인지 땀물인지 분간하기 어려울 정도였다. 특히 아내 경우에는 농사일 이외에도 가사일을 동시에 해야 했기 때문에 더욱 힘이 들었을 것이다. 아내가 둘째아이를 가졌을 때에는 식량 부족으로 한끼는 밀가루로 한끼는 풀떼죽으로 연명하던 시기였으므로 영양실조에 걸릴까 봐 늘 조심해야 했다. 둘째아이를 낳고 난 뒤에는 가사일 하랴 아이 둘을 보살피랴 농사일 하랴 아내는 이래저래 더 심한 중노동에 시달려야 했다. 이렇듯 잠시도 쉴 수 없는 혹심한 중노동을 견디며 무농약 농사를 실천할 수 있었던 것은 젊은 혈기, 그리고 올바른 농민의 길을 함께 가겠다는 아내와 나의 정신 때문이 아니었나 하는 생각이 든다.

힘들고 고된 나날이 지나는 가운데, 벼는 건강하게 자라 모개가 나오고 알맹이에 물이 생기기 시작했다. 그런데 어느날 갑자기 벌레가 잎을 몰기 시작하면서 잎 전체를 갉아먹기 시작했다. 주위 논밭의 농민들은 농약치기 바빴다. 하루, 이틀 잎이 하얗게 변해갔다. 벌레 먹기 전까지는 우리 논을 보고 "허허, 농약 안 써도 농사가 잘되는구면" 하며 신기해 하던 동네사람들의 입에서 "역시 농약 안 치면 농사가 안된다니까. 에이 이 사람아, 저래도 농약 안 칠 건가? 빨리 농약 사다 치소. 일주일만 지나 보소. 볏잎을 모조리 다 갉아먹어 버릴 테니. 그렇게 되면 어떻게 먹고살려고 그러는가? 굶어 죽으려고 그러는가? 참 젊은 사람이 안됐어, 안돼. 지금도 시꺼먼 밥이나 풀떼죽으로 연명하지 않나? 이 사람아, 그렇게 못 먹어가면서 뼈빠지게 농사 잘 지어놓고 벌레 좋은 일 시키자고 그러나?" 하는 소리가 나오기 시작했다. 저 친구 머리가 어떻게 된 거 아니냐는 둥, 심지어는 혹시 간첩이 아닌가 하는 엉뚱한 소리까지 소문의 소문을 통해 우리 귀에까지 들려왔다. 어느날인가는 형사가 우리집을 두번이나 찾아와서 이것저것 물어보고 가기도 했다. "도대체 나락이 저 지경이 되었는데도 농약을 왜 안 치냐 말이야! 정신이 나가도 보통 나간 것이 아니지. 풀약(제초제)을 안 치는 것까지는 이해가 다소 되지만 벌레가 나락을 저렇게 모조리 먹어 치우는데도 약을 안 쳐! 미쳤어, 미쳤군" 하는 것이 동네 주민들이 이구동성으로 하는 말이었다.

아내와 나는 어찌해야 할지 방법을 찾지 못해 전전긍긍했다. 당시 내가 알고 있는 벌레 퇴치 방법으로는 막걸리, 효소, 식초, 그리고 생선 곤 물을 섞어 나락에 뿌려준다는 것이 전부였다. 이 정도의 방법으로는 벌레가 죽을 리 없었다. "일주일이면 저 나락이 전멸될 거요. 그러면 식량도 남기지 못해 굶어 죽는 수밖에 없어" 하는 동네 아저씨의 말이 귀를 스쳐갔다. 그러나 또 한편으로는 정농회 선생의 말씀이 내 귓전에 울려왔다. "정농회 정신은 십자가 정신이오. 굶어 죽는다는 각오를 가질 때 무농약 농사는 가능한 것이오. 자고로 정농민(바른 농민)이 되겠다 각오했으면 3대 굶어 죽을 각오, 3대 매맞을 각오, 3대 얼어 죽을 각오를 가지시오. 그러고 나서는 모든 것을 하늘의 뜻에 맡기시오. 그리하면 그대가 십자가를 지고 가는 것이 아니라 십자가가 그대를 지고 갈 것이오."

이러한 신념과 현실의 괴리 때문에 잠을 쉽게 이룰 수 없었다. 밤낮으로 온 정신이 나락으로 집중되었다. 나락을 어루만져 보았다. 벌레도 잡아서 만져 보았다. 이 벌레도 한 생명이므로 죽일 수 없었다. 그렇다고 나락잎을 갉아먹는 것도 눈 뜨고 볼 수 없었다. 조금씩 조금씩 내 살점을 갉아먹는 것같이 느껴졌다. 처음에는 조금씩 통증이 느껴지더니 하루 이틀, 날이 지나갈수록 통증은 더욱 심해졌다. 초조하고 불안했다. 누군지는 몰라도 지금의 내 심정을 이해해줄 사람의 발자국 소리가 들려오는 듯할 때도 있었다. 그렇지만 발자국 소리만 들릴 뿐, 아무도 오지 않았다. 또다시 귀를 통해서 선생님의 목소리가 들려왔다.

"오늘의 농법은 땅을 죽이고 생명을 죽이는 죽임의 농법이니 생명농법으로 전환시키자면 그 정도의 통증이 뒤따르지 않으면 안됩니다. 어머니들이 견디기 어려운 진통을 겪은 후 비로소 한 생명을 잉태하는 것과 마찬가지 이치요. 지금 당신들의 그 통증은 새로운 생명농업을 잉태하기 위한 축복받은 진통인 것이오. 그러니 모든 걸 자연에 맡기시오. 자연은 자연의 순환법칙을 통해 그대의 그 통증을 치유해줄 것이오."

달빛이 환하게 세상을 비추고 있었다. 달빛을 받아 반짝이는 나락은 벌레가 먹었는지 먹지 않았는지 확실히 구분하기가 힘들었다. 선생님의 목소리와 달밤의 아름다움으로 조금의 위안은 받았지만 다시 아침이 오고 따스한 햇살에 비친 벼의 몰골을 보았을 때, 나는 또다시 낙담하지 않을 수 없었다. 병충해의 정도가 심해져 안타까울 정도로 잎이 하얗게 변해있었다.

벌레가 잎을 갉아먹기 시작한 지 5일째가 되었다. 그때 그동안 침묵만 지켜온 아내가 "여보, 태영이 아빠! 딱 한번만 농약치는 것이 어때요?" 하고 눈물을 흘렸다. 먹고살아야 할 문제를 생각하니 눈앞이 캄캄해져 하는 수 없이 내린 결론인 듯싶었다. 내 마음 한구석에 절망이 다가왔다. 그 절망감은 마치 사랑하는 사람이 병으로 죽어가는데 돈이 없어 그냥 쳐다보고만 있을 때의 심정과 비슷할 것이라는 생각이 들었다. "그래, 당신 생각 잘했어. 가자, 가서 농약 한병 사오자." 그 길로 나는 단숨에 농약방으로 뛰어갔다. 약 십리 정도 되는 길을 어떻게 뛰어갔으며, 어떻게 농약을 사왔는지 기억이 잘 나지 않지만 아무튼 잎새약(벌레약)을 한병 사가지고 왔다. 그것을 물에 섞어 분무기에 넣어 지고 논으로 올라갔다. 논둑에 서서 나락을 바라보았다. 마침 해가 막 질 무렵이었다. 붉은 노을 아래 펼쳐져 있는 나락은 유난히도 붉게 보였다. 나락은 바람에 흔들거리면서 춤을 추고 있었다. 순간적으로 내 시야에 들어온 나락이 그렇게도 아름답게 보일 수가 없었다. 저렇게 아름다운 나락에 어떻게 벌레가 있을 수 있을까? 하얗게 변한 나락잎이 깨끗하게만 보였다. 그 순간 나는 "살아있는 생명, 깨끗한 나락, 아름다운 저 나락, 저게 내 생명인데 어찌 이 독을 저기에 뿌릴 수 있나, 말도 안돼! 그래, 내가 정말 미쳤나보구나" 하는 반성이 일었다. 먹고살아야 한다는 현실적인 문제 때문에 내 본래의 신념과 의지를 꺾고 손쉬운 해결책을 찾으려 했던 나는 오히려 논의 아름다운 그 풍경을 보고 생명의 아름다움을 느낀 것이다. 나는 도저히 그 아름다운 생명체에 농약을 뿌릴 수가 없었다. 나는 농약통을 걸머진 채 논둑에서 무릎을 꿇고 크게 반성했다.

논에서 내려와 농약을 산기슭 한쪽 구석에 땅을 파고 묻었다. 마음이 편안했다. 마음의 갈등이 사라지는 것 같았다. 생명의 아름다움을 느끼고 나서 농약을 쳐야 되겠다는 생각이 완전히 사라져버렸다. 물론 그 아름다운 광경이 나락을 치유해준 건 아니었다. 벌레가 갑자기 죽어버린 것도 아니었다. 하얗게 된 나락잎이 갑자기 파랗게 된 것도 아니었다. 순간적으로 본 그 생명들이 그저 아름답게 보였을 뿐이었다. 그러나 나는 이러한 체험을 통해 마음의 평화를 얻었다. 하늘이 나의 신념과 의지를 한번 시험해본 것이 아닌가 생각되었다. 마음의 평화를 얻고 나니 서서히 자신감이 생기기 시작했다.

일주일이 지났다. 그런데 이상하게도 더이상 잎새에 피해가 오지 않았다. 병충해의 주기가 빨리 지나가는 것 같았다. 극적인 피해는 잠깐이었다. 벌레가 극성을 부리는 시기만 넘기면 나락 스스로 힘을 만들어 자연치유를 시작하는 듯싶었다. 자연순환의 법칙은 스스로 치유하도록 되어있는 것이었다. 그때 내가 만약 참지 못하고 농약을 쳤다면 나락에 더 큰 피해를 주었을는지도 모른다. 농약을 안 쳤기 때문에 스스로 먹고 먹히는 공생의 관계가 이루어진 것이었다. 벌레가 먹는 시기가 지나면 먹지 않는 시기가 온다는 자연의 순환법칙을 깨달을 수 있었다.

현대 관행농업의 관점으로는 일주일이면 전멸한다는 나락이 그렇게 되지는 않았다. 벌레먹지 않은 나머지 잎으로 탄소동화작용을 하여 치유를 시작함으로써 사람을 굶어 죽게 하지는 않았다. 그 사이에도 잎말이나 벼멸구, 세균이 침입하여 발생하는 도열병 등의 피해를 입긴 했지만 수확을 전혀 못하지는 않았다. 오히려 해가 갈수록 수확이 늘게 되었다. 다시 건강하게 살아난 땅에서 자라는 나락의 잎은 강한 태양광선과 흙 속의 미생물을 흡수하여 엽맥이 두터워지고 왁스층이 단단해지면서 병충해의 피해를 견딜 수 있는 힘이 생긴 것이다. 해마다 수확이 조금씩 조금씩 증가하면서 맛과 영양도 두드러지게 향상되었다. 무농약 농사를 시작하여 삼년까지는 농약을 치며 하는 농사에 비해 절반 정도의 수확에도 못 미쳤지만, 삼년이 지난 후에는 점점 늘어나 관행농업 못지않은 수확을 내다볼 수도 있게 된 것이다. (물론 모든 무농약 농사가 그런 것은 아니다.) 이토록 우여곡절을 겪은 벼농사를 통하여 나는, 자연은 결코 우리 인간을 굶어 죽게 내버려두지 않을 뿐 아니라, 인간이 감당할 수 없을 정도의 시련도 주지 않는다는 걸 깨달았다.

그 다음 고추농사를 하는 과정에서도 웃지도 울지도 못할 사연이 하나 더 있다. 무농약 농사를 시작한 지 이년째 되던 해였다. 고추모종을 키우는 과정에서 일어난 일이었다. 상토흙에서 바이러스균이 침범했는지 고추모종 잎이 세 잎 나올 때쯤, 모종상 전체에 '탄저병'이 온 것이다. 고추에는 이 탄저병 때문에 농약을 칠 수밖에 없는데 우리 고추모종 역시 탄저병이 발생한 것이었다. 이 병은 시간이 지날수록 잎 하나에 그 다음 잎 그리고 줄기, 뿌리로 균이 번져 고추모종 전체가 시들시들하다 죽어버리는 무서운 병이다. 알고 있는 민간요법을 동원해보았다. 그러나 균은 더욱 극성을 부렸다.

역시 일주일을 넘겼다. 별 수가 없었다. 나락과는 또 다르구나. 일주일이 넘었으니 좀 괜찮아지겠지. 그런데 그게 아니었다. 이젠 고추모종 자체가 시들시들하다 죽어버리기 시작했다. 아직 어린 묘라서 병충해에 대한 면역이 형성되기 이전이었기 때문에 자연치유가 불가능한가 보았다. (본 밭에 고추를 정식하고 난 이후에도 이 병이 왔다 하면 전혀 수확을 못한다는 것을 나중에야 알았다.) 또한번 시련이 온 것이다. 농약을 쳐야되지 않겠는가 하는 마음과 농약을 치면 안된다는 마음으로 갈등이 생기기 시작했다. 아내도 역시 불안한 표정을 감추지 못했다. 심적으로나 육체적으로 나보다 더 고달프게 농사일을 해온 아내의 편에서 보면, 힘들게 키운 생명이 눈앞에서 죽어가는 것을 본다는 것이 견디기 어려운 일이었으리라. 더욱이 훗날에 대한 특별한 대책 없이 씨앗 값조차 못 건진다는 것은 안타까운 일이었다. 농약을 한번쯤 치는 것은 괜찮지 않을까 하는 약한 마음이 들기도 했다. 그러나 농약을 한번 치는 것쯤 독이 안된다 하더라도 한번 치는 것을 용납했을 때 한번이 두번 되고 두번이 세번 되는 것이 아니냐. 그렇다면 무슨 자격으로 오늘의 관행농법을 문제시할 것인가 하는 자문이 한편으로 일었다. 그렇지만 별 뾰족한 대책이 없었으므로 감정만 격해져 아내와 나는 툭하면 티격태격하는 일이 잦아졌다. 그렇게 괴로운 날을 보내던 어느날 나는 내 감정을 못 이겨 고추 묘상에 주려고 준비한 물동이를 들어 사정없이 아내에게 쏟아부었다. 마침 아내는 아이를 업고 있었기 때문에 아이도 함께 물 세례를 받았다. 아내는 너무도 갑작스런 일에 당황하는 기색이 역력했다. 아이도 놀라 울음을 터뜨렸다. 3월경이라 약간 쌀쌀한 날씨였다. 아내와 아이는 두려움과 추위에 몸을 덜덜 떨었다. 한편 나는 물동이의 날카로운 부분에 베어 손가락 살점이 툭

떨어져나갔다. 순간적으로 온 바닥에 물과 피가 범벅이 되었다. 아내와의 다툼은 단 몇초 만에 끝이 났다.

그날 밤 욱신욱신 쑤시는 손가락 때문이 아니라 마음 깊은 곳에서 일어나는 이러저러한 상념 때문에 잠을 이룰 수가 없었다. 아내도 역시 마찬가지인 듯했다. 둘 다 침묵으로 그날 밤을 뜬눈으로 보냈다. 밤새 여러가지를 생각했다. 살과 피, 피와 물, 물과 내 아내, 아내와 내 아이, 아이와 영혼, 영혼과 생명 등등의 갈피를 제대로 잡을 수 없는 문제로 머릿속이 터질 것 같았다. 마음의 번민으로 고통스러웠다. 간단하게 농약 한번 뿌리면 해결될 텐데, 간단하게 한번 제초제를 뿌리면 편할 텐데. 왜, 무엇 때문에 어린 영혼과 생명에까지 물 세례를 주어야 하는가?

그 난리를 겪은 후 아내와 나는 각오를 새로이 다졌다. 고추모종을 몇 포기라도 살릴 수 있는 대안을 마련하기 위하여 백방으로 노력했다. 그 첫 단계로서 속성 상토흙을 새로 만들었다. 전혀 오염되지 않은 흙에 만들어놓은 퇴비를 치고 약간의 발효제를 섞었다. 같은 부락의 한 젊은 부부와 함께 고추모종을 살펴보아 생존 가능한 것은 골라 가위로 탄저병 부위를 도려내고 생존 불가능한 것은 버리고 하여 새로운 상토흙을 넣어 만든 모종상에 옮겨 심었다. 우리는(아내와 나, 그리고 젊은 부부 4명) 꼬박 이틀간의 작업 끝에 고추모종 1만2천 포기에서 3천 포기 정도 건질 수 있었다.

지금도 그렇지만 무농약 농사를 하기 시작한 초기에는 유기농법에 대한 기술이나 정보가 없었기 때문에 어느 누구도 선뜻 무농약 농사를 짓겠다고 나서는 사람이 없었다. 기술이나 정보 이외에도 무농약 농사에 감히 엄두를 내지 못하게 하는 요인으로는 여러가지가 있었다. 첫째, 농촌의 많은 땅이 정부의 다수확정책으로 인해 중병에 걸려있다는 점이었다. 수년간 농약과 화학비료를 무절제하게 뿌려댔기 때문에 땅 속에 있는 온갖 생명있는 미생물들이 모두 죽어버렸다. 뿐만 아니라 그 흙 속에는 농약과 화학비료의 독약성분이 다량으로 잔류해있고, 그 독약 속에서 견딜 수 있는 나쁜 박테리아, 온갖 균들만 서식하게 되었다. 따라서 점점더 강한 농약을 뿌리지 않으면 농사를 지을 수 없는 땅이 되어버린 것이다. 둘째, 유기농법으로 농산물을 어렵게 생산한다 한들 대부분 생산원가를 보장받지 못하는 것은 물론, 판매할 수 있는 길이 막혀있다는 점이다. 나의 경우에도 남의 땅을 빌려 임대료까지 부담하며 생산한 농산물을 판매할 길이 없어 막막했던 적이 한두번이 아니었다. 셋째, 유기농법이나 그것에 근거한 농사를 둘러싸고 잡다한 논란이 제기되었다는 점이다. 과학적 근거도 없는 쓸데없는 발상이 아닌가, 그런 농산물은 소위 특별한 사람이 생산하여 소수의 사람들, 즉 부자들만 먹는 것 아닌가, 식량안보 차원에서 보더라도 되도록이면 많은 수확을 하여 국민 대중이 굶주리는 배를 채워야 하는데, 무농약 농사를 하게 되면 수확이 감소될 것 아닌가, 그러니 무농약 농사는 사상적으로도 의심스러운 것이 아닌가, 등등의 비판과 반론, 의혹이 끊임없이 일었다.

그럴 때마다 나는 '신토불이(身土不二)'라는 말의 참뜻을 일깨워주려고 노력했다. ― 사람의 몸과 땅은 둘이 아니고 하나입니다. 땅을 살려야 하는 진정한 뜻은 땅에서 나는 식물을 사람이 먹지 않고는 살 수 없기 때문입니다. 사람의 몸이 살아있는 한 생명체라면 땅 역시 살아있는 무수한 생명의 집합체라 할 수 있지요. 거미, 지렁이, 개구리, 메뚜기 등 눈에 보이는 작은 것들도 하나의 생명체이지만, 흙 1그램에 생존하고 있는 수천 수억 마리의 눈에 보이지 않는 박테리아 등 수많은 미생물들도 하나의 생명체입니다. 생명체인 미생물을 통해서 식물이 자라게 되면, 그 식물을 사람이 먹음으로써 건강한 생명체를 유지할 수 있는 것입니다. 이것이 자연의 법칙이며 우주의 원리입니다. 이러한 자연의 순리에 역행하지 않을 때 비로소 사람은 건강한 삶을 누릴 수 있을 것입니다. 그런데 오늘날 우리가 좋다고 좇아가는 다수확정책의 농법은 어떻습니까? 농약 살포나 화학비료에 의존하는 현재의 농사는 당장은 수확을 다소 높일 수 있을지 모르지만 얼마 안 가서 금방 한계점에 이를 것이며 한계점에 도달했을 때에는 수확 체감을 초래하게 될 것입니다. 뿐만 아니라 무절제한 화학비료의 사용과 농약의 남용으로 인해 우리 농민은 현재 얼마나 큰 고통을 당하고 있습니까? 농약중독 증세를 보이거나 생명을 잃는 농민이 얼마나 많습니까? 흙 또한 생명력을 점점 잃어 죽은 땅이 되어가고 있으며, 그 땅에서 자란 동식물들은 우리 인간에게 먹고살 수 있는 영양분을 제공해주는 것이 아니라 오히려 독극물을 공급하고 있는 실정입니다. 농약과 화학비료의 독성이 함유된 흙에서 자란 수확물을 먹게 될 때, 우리의 모습이 기형적으로 변할 것은 뻔한 이치입니다.

다음은 이러한 생각을 주위 사람들에게 역설하던 당시 내 일기의 한 부분이다.

살이 찢어져 피가 나고 아프면 진통제를 먹고 약을 바르고 살 꿰매는 치료를 해야 한다. 그러나 고통스럽더라도 병원이나 약국에 가지 않고 참으면 흐르던 피는 얼마 안 가서 멈추게 되고 통증도 사라지게 된다. 이보다 더 좋은 약이 어디 있고 이보다 더 좋은 처방이 어디 있겠는가. 무식하기 짝이 없는 치료법이라 말할 수도 있겠지만, 자신과 이웃의 건강을 위해, 자연의 생태계를 파괴하지 않기 위해, 또한 조그마한 땅이라도 지키기 위해, 나는 이 미련한 치료법과도 같은 태도를 견지해야 한다. 농약을 사용하지 않고 농사를 짓겠다는 것은 피가 뚝뚝 떨어지는 상처를 입고서도 자연치유가 되기를 기다리는 자세와 같다. 흐르는 피가 저절로 멎어 아물 때까지 상처의 고통을 참고 견뎌야 하듯이, 무농약 농사를 실천하기 위해서는 외적 조건과는 물론 자기자신과의 끊임없는 싸움의 고통을 감수해야 하는 것이다. 고추가 병에 걸려 썩어 문드러질 때, 잎말이 또는 멸구, 도열병 등이 극성을 부릴 때, 내 가슴은 미어지는 것만 같다. 농산물 수입개방이나 저곡가 정책 등 농민을 둘러싸고 있는 어려움으로부터 농사과정에서 끊임없이 몰아닥치는 병충해에 이르기까지 무농약 농사를 가로막는 요인은 너무도 많다. 농약 한번 치면 될 텐데, 할 일 없이 며칠이고 품을 버리니 미쳤군 미쳤어, 내 평생 고추 면도시키는 것 처음 보네 하던 이웃사람들의 조롱도 돌이켜본다. 그러나 참고 견뎌야 한다. ― 한톨의 쌀알이라도 농민의 피와 땀과 정성이 깃들어있다는 사실을 명심하게 하소서. 더 많은 피와 땀만이 생명을 위협하는 모든 공해로부터 탈출케 하나니 …

당시 나는 이러한 묵상과 기도로 착잡한 심경을 달랠 수 있었다. 고추
묘를 살려내고 고추를 조금이라도 수확할 수 있었던 것은 물과 피와 영혼
의 아픈 상처 때문이었으며, 이러한 상처를 통해서만 생명농업의 관문을
통과할 수 있음을 깨닫게 되었다. 그후 수확한 고추를 차에 실어보낼 때
에는, 사랑하는 자식을 키워 먼 곳으로 시집 보내는 부모의 마음이 혹 이
렇지 않을까 싶도록 마음이 허전했다. 저 농산물을 먹고 사는 이들에게
그 속에 자연의 소중함, 생명의 소중함, 그리고 농민의 살과 피와 땀이 섞
여있다는 것을 알게 해서, 부디 건강한 삶을 키워나가게 해달라고 빌고
싶었다.

한의 농업에서 희망의 농업으로

나는 농업에 우리의 희망과 진정한 생명이 있다는 신념으로 온갖 어려
움을 견디며 십년이란 세월을 보냈다. 그동안 같은 동네사람들과는 품앗
이를 통해 관계를 맺어왔다. 품앗이는 대등한 조건하에서 하는 것인데 나
는 가리지 않고 아주머니들과도 맞품앗이를 하였다.

또한 나는 농민회 조직의 일원으로 회원들과 함께, 부안 소몰이 시위사
건, 수세·의보싸움, 고추파동 사건, 쌀 적재 싸움 등 농민운동에도 열심
히 참여하였다. 시위 도중 경찰에 붙잡혀 유치장에 갇혀있었던 적도 있었
고, 전경이나 백골단들에게 얻어맞아 졸도하여 병원 신세를 진 적도 있었
다. 농민운동에 참여하면서, 뜻을 같이했던 동료 농민들의 진실성과 성실
성을 볼 때, 나는 한없는 부끄러움을 느끼기도 했다. 그러면서 나는 한편,
아버지의 한, 농민들의 한, 그리고 고향을 떠나면서 내가 가졌던 의문에
대한 해답을 얻을 수 있었다.

농민은 옛날부터 지배자들의 수탈의 대상이었다. 조선조 시대도 그랬고
일제치하에서도 그랬다. 해방 후에도 통치자들은 끊임없이 농민들에게
'복합영농으로 복지국가 건설'이라는 구호를 외쳐댔지만, 농민들은 수출

주도형 경제정책에 밀려 하나둘씩 농업을 포기하고 농촌을 떠나게 되었다. "잘살아 보세, 잘살아 보세"를 끊임없이 외쳐댔지만 농촌은 이제 사람이 살지 못할 곳으로 변해버렸다. 이러한 모순을 해결하기 위해 시행한 저곡가 정책이나 다수확 정책은 일시적인 미봉책에 불과할 뿐이었다.

다수의 농민들도 "그것 좋지, 우리나라가 잘살려면 개방해야지, 공장 많이 지어서 상품을 많이 수출해야지, 뿐만 아니라 콤바인도, 이앙기도, 트랙터도 만들어 기계로 농사지으면 얼마나 좋은가? 뼈빠지게 퇴비 안 만들어도 화학비료와 농약이 손쉽게 농사를 짓게 해주니 얼마나 좋은 세상인가"라고 생각하는 것이 오늘의 현실이다. 이렇듯 이른바 '공업적 사고방식', '공업적 가치관'에 지배를 당하게 된 오늘날 우리 농민에게 남은 것은 무엇인가?

농약과 화학비료로 땅은 이미 죽어가고 있고, 물과 공기는 모두 오염되어 마음대로 마시거나 숨쉴 수조차 없게 되었다. 농약 중독으로 우리 농민은 오늘도 건강한 삶을 서서히 잃어가고 있다. 여기다 설상가상으로 빚에 쪼들려 음독자살, 야반도주를 해야 하는가 하면, 농촌 총각은 장가도 못 가는 형편에 놓여있다. 이 사실을 아는지 모르는지 정부는 밀, 고추, 소, 돼지 등 수백가지 농산물의 수입을 허용하는가 하면, 이젠 마지막 남은 쌀까지도 수입하려고 시도하고 있으니, 아버지의 한, 농민의 한은 분노로 변해 피땀 흘려가며 지은 쌀에 불을 지르고 있는 실정이다.

공업을 중심으로 하는 산업화는 우리들 생명의 원천인 농업을 천대해 왔다. 오늘날의 우리사회는 비유해서 말한다면, 산업화라는 암적 세포에 침범을 당해 죽음을 당할 것이냐 아니면 이를 극복하고 건강한 생명을 키워나갈 것이냐의 기로에 서있다고 할 수 있다. 우리의 자연이, 우리의 땅이, 우리의 식탁이, 우리의 생명이 암적 존재로부터 침범을 당하고 있다.

현대 농업에서 주로 쓰이는 것은 제초제와 각종 농약, 화학비료, 기타 성장촉진제이다. 이들은 원래 1, 2차 세계대전 당시 독일이 화학무기로 사용했던 물질이다. 종전 후, 화학무기 공장이 농약 공장으로 바뀌면서, 이들을 생산해 농사에 사용하게 된 것이다. 이른바 "다수확 할 수 있다.

돈벌이 할 수 있다"라는 구호를 내걸고 ….

잡초를 손으로 매지 않고 쉽게 제거할 수 있다는 '제초제'의 주성분은 '다이옥신'이라는 물질이다. 이것은 월남전 때 사계청소를 위해 사용했던 화학물질이다. 이 다이옥신은 청산가리의 1만배나 되는 강한 독성을 지니고 있다. 이것은 1마이크로그램으로 체중 50킬로그램 나가는 사람을 2만 명 죽일 수 있는 위력을 가지고 있다고 한다. 이런 제초제와 함께 사용하는 살충, 살균, 방지제, 낙치제, 성장촉진제, 전착제 등 380여종의 농약 대다수가 최기형성, 또는 강력한 발암성분을 가지고 있다. 이런 발암물질은 오랫동안 땅 속에 잔류하면서 농작물 깊숙이 침투한다. 발암물질이 잔류된 농작물은 농약뿐 아니라 화학비료인 질소비료에서도 반응을 일으킨다. (극소량의 비료와 퇴비를 함께 사용했을 때는 아무 해가 없다고 함.) 질소비료가 땅에 뿌려지면 농작물은 질소비료를 빨아들이므로 초산염이 잔류하게 된다. 이때 농작물은 아초산과 아밍을 동시에 섭취하게 되는데, 초산염과 이것들이 합성되어 '니트로소아민'이라는 아주 무서운 발암물질을 발생시키는 것이다. 특히 임산부가 이 성분을 섭취하는 것은 태아에게 폭탄을 던지는 꼴이 된다고 한다. 이런 화학 질소비료와 농약의 피해는 해가 지날수록 더욱더 심각해지고 있다. 수많은 생명의 목숨을 앗아가는 사건들이 보도되는가 하면, 어린아이들의 등이 굽는 현상, 암이 늘어나는 현상, 기형아가 늘어나는 현상 등은 분명코 쉽게 넘길 성질의 것은 아닌 듯싶다.

또한 농독(농약의 독)은 자연 생태계를 파괴하여 간접적인 피해를 주기도 한다. 흙 속의 온갖 이로운 미생물들이 농독으로 인해 죽임을 당하여 황무지가 되고 있으며, 우리 생명의 젖줄인 물이 오염되고 있다. 여름철 시골에 가보라. 마음놓고 숨을 쉴 수 있는가를. 농약의 독한 냄새가 코를 찌르는 것을 느낄 수 있을 것이다.

우리나라만 하더라도 380여종의 각종 농약을 사용하고 있는데, 그 사용 총량이 무려 십만 톤에 이른다고 한다. (1990년 농수산부 통계 자료에 의거) 이러한 엄청난 양의 농약을 뿌려댄 지금 정말로 다수확을 하고 있는가?

정말로 농민이 돈을 벌고 있는가? 우리 농민들은 다시 생각해보아야 할 것이다. 아름다운 금수강산, 기름진 옥토는 이젠 옛말이 되어버렸다. 천하지대본은 이제 허사에 불과하다. 그들의 달콤한 구호 아래 덩달아 춤추고 장구치고, 북을 쳐온 결과는 뭔가? 기름진 땅이 죽음의 땅으로 바뀌었으며, 내 어린시절만 해도 목이 마르면 논물도 마신 기억이 생생한데 이젠 물마저 마음대로 마실 수 없는 세상이 되어버렸다.

심각한 문제를 안고 있는 위기의 시대에는 올바른 가치관과 판단력으로 전심전력의 결단이 필요한 것인데, 오늘날의 현대 산업문명을 낳은 가치관으로써는 이러한 문제를 해결할 수 없다. 문제를 근본적으로 해결하기 위해서는 현대 산업문명적 사고와 인식의 대전환이 필요하다고 나는 믿는다. 자연에 맡겨야 한다. 자연 치료법을 찾아야 한다. 자연은 분명코 암에 걸려있는 우리사회를 치료할 수 있다는 확신을 가져야 한다. 그러자면 잘못된 오늘날 우리들의 삶, 생활방법, 태도를 바꾸어 나가겠다는 결단이 필요하다. 결단과 함께 믿음과 실천행위가 필요하다. 우선 나부터 믿음이 서야 하고, 행위(실천)가 뒤따라야 한다.

나의 경우, 자연을 떠나서는 살 수 없다는 믿음으로 농업을 지켜야 되겠다는 결단을 내렸다. 그 실천으로서 무농약, 자연농사를 지금까지 해왔다. 이 과정에서 뜻을 같이하는 동지들을 만났고, 이 모든 것을 이해해주고 믿어주고 뒷받침해주는 도시 소비자들과도 만났다.

살아있는 땅에서 자라나온 온갖 농작물들, 그리고 방부제나 화학첨가제 등을 전혀 섞지 않은 자연식품들을 섭취하는 것만이 건강한 생명을 유지할 수 있는 길이며, 우리가 건강할 때만이 우리 후손들에게 불행한 유산을 물려주지 않게 된다. 어린아이들에게는 더불어 자라고 더불어 먹고 더불어 살아가는 삶의 지혜를 물려주어야 한다. 자연이란 눈에 보이지 않는 온갖 생명체들로부터 눈에 보이는 생명체들에 이르기까지 어울려 사는 공간임을 알려주어야 한다고 나는 믿는다. 땅이 살아나고 대기가 신선해지고 물이 맑아져, 그야말로 인간다운 삶이 보장되는 터전을 우리 아이들에게 남겨주어야 하지 않겠는가.

인간은 자연을 떠나서는 한시라도 살아갈 수 없다는 믿음으로 농사꾼이 되었다. 부모님께서는 그렇게 농사를 짓지 말라고 말렸건만, 외동딸인 내 여동생마저도 농민에게 시집을 보내 농사일에 뛰어들게 했으니, 나는 부모님께 두말 없는 불효자가 된 셈이다. 나에 대한 부모님의 배신감과 실망은 보지 않아도 크셨을 것이라 생각된다. 아버지의 눈으로는 농업이란 희망도 없는 일이었기 때문이다. 끝없이 한만 쌓이는 일이었기 때문이다.

그러나 나는 또다시 슬픔과 배신감을 나의 자식에게까지 물려줄 수 없다고 생각한다. 나는 오기로라도 끝까지 농업에 희망을 걸고자 한다. 농사를 포기하고선 인간이 인간다운 건강한 삶을 지탱할 수 없다는 것, 농사를 포기하고선 나라와 민족이 바로 설 수 없다는 것을 보여주고자 한다. 앞으로는 농업이 절망과 한의 구렁으로 빠지는 길이 아니라 행복한 삶을 보장하는 희망의 길임을 보여주고자 한다. 나는 이런 믿음과 희망을 가지고 오늘도 농사를 짓고 있다.

또한 농법에 있어서도 농약과 화학비료에 의존하는 현재의 관행농법을 끝까지 거부할 것이다. 지금 이 순간에도 농약과 화학비료로 인해 자연과 더불어 살아가야 될 생명체들이 고통스런 신음소리를 내면서 죽음으로 내몰리고 있다. 나는 끝까지 유기농법, 즉 자연농을 포기하지 않겠다. 유기농의 실천만이 인간다운 삶을 보장해준다는 확신을 가지고 살아가겠다. 그리하여 나는 이 농업을 나의 자식에게도 떳떳하고 확실하게 말해주리라. 농업, 유기농업을 결코 포기하지 말라고.

커서 훌륭한 농부가 되겠다는 내 아들을 생각하면, 몸에 더욱 기운이 솟는 느낌이다.

벼농사에 뿌리박은 삶

일본의 생활자치운동

후루사와 코유

값싼 수입식품에 의해 농업이 위협받고 있는 때에 유기농업의 부활은 일본사회 안에 주류에 맞서는 흐름이 있다는 것을 말해준다. 현대화·국제화를 지지하는 사람들과 인간적 규모의 비집중화된 경제를 확립하려고 노력하는 사람들 사이의 분열은 점점더 날카로워지고 있다. 대기업은 보다 많은 제조상품을 수출하기 위해서 일본농업을 기꺼이 희생시키려고 하는 것으로 보인다.

일본의 농업을 생각할 때 어떤 경우이건 우선적인 관심사가 되어야 하는 것은 주곡인 쌀이다. 벼농사는 모든 일본적인 것의 핵심에 있다. 벼농사는 일본에서 2300년 전에 시작되어 빠른 속도로 전파되었다. 일본의 강우량은 세계 연평균 강우량 700밀리미터보다 많은 1000밀리미터이다. 풍부한 강우량은 하나의 축복이기는 하지만, 토양비옥도에 나쁜 영향을 미

후루사와 코유(古沢広祐) ─ 일본 국학원(國學院)대학 교수. 《협동사회를 향하여》, 《지구문명 비전》, 《공생시대의 식과 농》 등 저서가 있다. 이 글의 출전은 *Resurgence* 1989년 11-12월 호이다.

칠 수 있다. 왜냐하면, 비가 많이 오면 토양침식이 일어나고 영양분의 상실과 토양의 산성화가 초래될 수 있기 때문이다. 그런데 논은 토양의 비옥도를 보호한다. 조그만 연못들 속에 물을 저장함으로써 비바람이 심해도 토양침식이 거의 일어나지 않는다. 물이 땅을 덮고 있으면 공기가 차단되어 유기물이 보존되는 것이다. 동시에 상류 삼림지대로부터 관개수로를 따라 흘러내려온 물은 많은 영양분을 포함하고 있는데 이것이 논 속에 갇혀서 흙을 기름지게 한다. 그리하여 농부들은 쉽게 농토를 경작가능한 상태로 유지할 수 있었다.

경사가 아주 심한 산간지대에서 홍수피해는 상존하는 위험이지만 논이 범람을 막아주는 자연적인 댐 역할을 한다. 논에 저장되는 물은 76억 톤인데, 이것은 600개 이상의 댐에 갇혀있는 물의 총량의 1.7배나 되는 것이다. 만약 논에 담겨있는 만큼의 물을 모두 댐에 저장하려고 한다면 연간 9600억 엔(77억 달러)의 비용이 들 것이다. 그 금액은 현재 농부들에게 정부보조금으로 주어지는 약 2000억 엔(16억 달러)을 훨씬 넘는 돈이다.

벼베기의 방법은 두 가지가 있다. 그 중 오래된 방법은 이삭만 자르는 것이다. 그 방법은 나중에 벼의 뿌리 윗부분에서 자르는 방법으로 대체되었는데, 볏짚이 그 문화의 중요한 부분이 된 것이 바로 이때였다.

볏짚은 지붕을 덮는 데 이상적이었다. 그런데 초가지붕은 오늘날에까지 높이 평가되고 있다. 집의 흙벽도 짚에 의해서 강화되었다. 짚을 쉽게 사용할 수 있도록 납작하게 눌러 부드럽게 만들면 새해의 장식물 노릇을 하는 신성한 짚수술이 되기도 한다. 여러개의 짚을 함께 꼬아서 신전에 늘어놓는 커다란 상징물을 만들기도 한다. 짚으로 새끼를 꼬기도 하고 다다미를 만들기도 하고 멍석이나 아기를 담아가지고 다니는 바구니를 만들기도 했다. 의복 중에도 볏짚으로 만들어지는 것이 많이 있었다. 벙거지나 도롱이, 장갑, 샌들, 눈신 등이다. 다시 말해서 볏짚은 머리에서 발까지를 모두 감싸는 데 사용되었다. 사람들은 짚 사이에서 태어나고 짚으로 만든 물건들 가운데서 자라고 짚으로 만든 기구로 음식을 먹었으며, 짚에 감싸여 일을 하고, 짚으로 된 이불 속에서 잠을 자고, 신에게 제물을 바치고 기도를 드리는 것도 짚을 통해 하였으며 죽은 뒤에는 영혼이 되어 짚 태운 연기를 타고 선조들의 고향으로 돌아갔다. 삶의 모든 영역이 벼에 깊이 뿌리를 내리고 있었다.

오늘날 일본에서 쌀에 관련된 부분을 제외하고 삶의 거의 모든 면이 경제적 합리성의 지배를 받고 있다. 쌀도 같은 운명을 겪을 것처럼 보이지만 어쩌면 일종의 르네상스가 있을지도 모른다. 즉 일본문화의 근원에 대한 반성과 이 문화의 가치를 재평가할 필요에 대한 인식이 있다는 것이다. 이것은 단지 농업생산 그 자체만이 아니라 논농사가 갖는 생태적 중요성에도 주의를 기울이는 것을 뜻한다. 논농사는 효율성의 관점에서, 그리고 그 속에서 사회·문화적 관계가 생태적으로 순환하는 다양한 문화체계의 의미에서 생각되어야 한다.

미국이 일본정부에 대하여 국내의 쌀시장을 개방하라고 압력을 가하고 있다. 쌀을 수입하게 되리라는 사실이 충격의 파문을 일으켰다. 일이 이렇게까지 되리라고 누가 예견할 수 있었겠는가? 일본의 농업은 현재 절망적인 상황에 있다. 사람들은 2천년의 쌀문화가 사라지려는 위기상황에 처하여 슬픔에 잠겨있다.

일본농업의 위기는 미국과 유럽과 제3세계의 농업위기와 긴밀하게 관련되어있다. 80년대에는 과잉생산과 그에 따른 국제적인 곡물시장의 불안정이 주된 경향이었다. 그 결과로 대규모 농업생산자와, 대자본과 자체적인 운송수단, 그리고 국제적인 정보망을 가지고 있는 농업관련 기업들은 시장에 대한 통제력을 강화하였고 중소 농민들은 뒤떨어지기 시작했다. 일본 전역에 걸친 이러한 상황과 싸워나가기 위해 농민들에게 높은 값을 지불해서 그들의 수입을 안정시키려는 정책으로 소비자들과 소규모 농업생산자들 사이에 직접적인 연결이 성립되었다. 이것은 장기적인 안목으로 보아서 토양이 약탈당하지 않는 안전한 환경을 만들어낸 것이다.

약 2만5천 가구가 유기농업으로 재배한 식품을 생산자로부터 직접 공급받고 있다. 여러 규모의 생산자-소비자 협동조합이 있다. 작은 규모의 예로는 한 사람의 농민과 열 개의 소비자 가정이 친밀한 관계를 맺고 있는 시모사토 농장이 있다. 히로시 오히라의 '젊은 잎사귀들'은 거의 400명의 소비자들이 11명의 생산자에게서 농산물을 공급받는 단체이다. 더 큰 규모로는, 계속 생존하기 위해서 유기농법으로 전환한 미요시촌(村)이 있다. 약 30명의 농민들이 그 마을에서 멀리 떨어진 곳에 사는 도시거주자들에게 농산물을 공급한다. 이곳에서는 농민들이 스스로 생산물을 배달해야 하는 어려움이 있다. '쓰고 버리는 시대를 생각하는 모임' 같은 그룹이 자체의 배달체계를 세운 것은 이러한 문제를 처리하기 위해서이다. 이런 것들은 비즈니스로서 운영되고 있지만, 그러나 그것들이 노동자협동조합으로 조직된 소집단으로 구성되어 있기 때문에 진정하게 대안적이라고 할 수 있다.

'쓰고 버리는 시대를 생각하는 모임'은 간사이 지방의 60명 이상의 농부들과 1,500 이상의 회원가구로 구성된 대표적인 중간크기의 집단이다. 물론 '생활클럽'에 비해서는 훨씬 작은 규모이다. 마지막으로 준(準)정부기관인 농업협동조합 중앙회가 있다. 일본의 거의 모든 농가가 이 그룹의 회원이며, 그것이 보수적이기는 하지만 그 속에 유기농업을 하기 위한 협동조합을 만드는 작은 새로운 그룹들이 있다.

일본에는 식품을 구매하는 협동조합이 약 660개 있는데 전체 조합원의 수는 일천백만 정도이고 연간 150억 달러 이상의 매상고를 올리고 있다. 이 협동조합 중에는 정당과 관련되어있는 것들도 있으며 다수는 독자적이다.

독자적인 협동조합 중에서 가장 영향력이 있는 것이 '생활클럽'인데 조합원이 15만 가구이고 일본 전역에 지회가 있다. 주로 여성으로 이루어진 작은 봉사자 모임이 2만 개 이상 있어서 그들이 기본적인 핵심을 이루고 그밖에 700명 가량의 전임 직원이 있다. 이 조직은 1년에 평균 5만 엔을 내는 회원들의 회비로 운영된다. 총자산은 거의 70억 엔(약 5천5백만 달러)

이고 연간 총매출액 약 400억 엔(3억 달러 이상)에 각 가정은 매달 2만 엔 이상의 물품을 산다.

1965년에 도쿄의 세타가야구(區)에 사는 한 주부가 비싼 우유를 싸게 살 수 있는 방법을 찾기로 결정했다. 그는 스무명의 다른 소비자들과 함께 우유공급자로부터 직접 공동구매를 하려고 생각했다. 이것이 '생활클럽'의 시작이었고, 그 다음 1, 2년 동안에 의류, 화장품, 식품 등도 도매로 사게 되었다. 1968년에는 그 모임이 생활협동조합을 이룰 만큼 커졌고 계간으로 《소리》라는 출판물을 내게끔 되었다.

1971년에 클럽회원들은 직접 농민들과 거래를 하고 배달을 스스로 담당했다. 다음해에는 쌀에 대해서도 농민들과 합의를 보았고 이어서 고기와 생선까지 취급하게 되자 조합은 더욱 활기를 띠었다. 2년 후에 조합원들은 호수와 강을 오염시키는 합성세제를 대신할 가루비누를 주문하기 시작했다. 1978년에 세타가야에 새 본부가 세워졌고 처음의 '생활클럽' 주부가 다음해에 지방의회 의원으로 선출되었다.

현재 수도권 지역의 지방의회에 의원으로 진출한 '생활클럽' 회원이 서른한명 있다. 합성세제에 반대하는 운동이 한창일 때 여성회원들이 합성세제의 위험에 관한 증거를 지방정부에 제시했으나 남성 관리들이 그것을 묵살해버렸다. 이 경험은 주민들 자신이 요직을 맡지 않는 한 그들의 노력이 아무런 소용이 없으리라는 것을 분명히 보여주었다. 그래서 그들은 기득 이해관계와 기성 정당들과는 상관없이 움직이고, 정치는 나날의 생활에서 시작된다는 것을 강조하면서 독립세력으로서 정치에 들어섰다. "부엌으로부터의 정치개혁"이라는 슬로건을 내걸고 그들은 안전한 식품, 자연보존, 여성의 권리, 평화와 풀뿌리 민주주의의 문제에 대중의 관심을 끌어내는 데 성공했다.

다른 소비자모임과는 달리 '생활클럽'은 전국규모로 확장되었고, 정치에 개입했으므로 일본사회에 근본적인 영향을 미칠 수 있는 수와 조직을 가지고 있다. '생활클럽'은 또 탁월한 뉴스망을 가지고 있고 각 지역에 기존의 것에 대체될 수 있는 문화센터를 세웠으며 광범위한 영향력을 행사할 수 있는 전국적인 캠페인을 수행했다. 그런 캠페인 가운데 하나가 "집단구매에서 생활의 모든 것까지"라는 기치 아래 사람들과 도시들을 모두 변화시키기 위해 1986년에 시작되었다. 이것은 자유학교와 노동자 협동조합의 설립으로 연결되었고, 그럼으로써 사람들은 중앙집권화된 경제의 손아귀에서 벗어날 수 있는 기회를 갖기 시작했다.

소수의 생태활동가들과 보다 싸고 안전한 식품을 얻는 데 관심이 있는 다수의 가정주부들이 함께 공존하고 있다는 것이 '생활클럽'의 힘이다. 오직 값싼 식품을 확보하려고 참여한 사람들은 넓은 지구적인 관점을 가지고 있는 활동가들과의 접촉을 통해서 생태학적인 의식을 깊게 할 기회를 갖는다.

바로 지금 '생활클럽'은 정체성의 위기에 직면하고 있다. 그 대규모의 운영이 더 작은 그룹들은 겨룰 수 없는 이익을 보수적인 가정주부들에게 제공해왔다. 그러나 유기농업의 붐과 이러한 시장에 대한 대규모 백화점들의 참여로 인해 이번에는 '생활클럽'이 자기보다도 더 큰 규모의 거대 상업이익에 밀리고 있는 형편이다. 또 한편으로 더욱 선진적인 생태적 의식을 가진 소비자들은 '생활클럽'보다 더 비타협적인 좀더 작은 모임을 더 좋아한다. 이러한 좀더 소규모의 협동조합들은 예컨대 자연상태에 더 가깝고 더 고급인 저온살균 우유를 재활용 가능한 병에 넣어 제공한다. 결과적으로 '생활클럽'은 슈퍼마켓과 더 작은 그룹들 사이에 끼어있는 형편이다. 새로운 전략을 개발해내지 않으면 '생활클럽'은 협동조합운동 내에서 영향력을 잃어버릴 것이다.

일본의 생산자-소비자 협동조합은 신뢰 관계에 기초를 두고 있으며, 농민과 소비자 사이의 직접적인 접촉을 크게 중요시한다. 이런 이유로 그룹이 너무 커지는 것을 반기지 않는 경향이 있다. 대표적인 것으로 볼 수 있는 소규모 협동조합 하나는 히로시 오히라의 '젊은 잎사귀들'이다.

오히라는 도쿄 세타가야구(區)에서 농사짓고 있는 농부이다. 오히라의 선조들은 350년 이상 동안 이곳에서 농사를 지어왔고 그의 아버지는 일본에서 처음으로 온실농사를 지었던 사람이다. 그러나 온실이라는 조그만

폐쇄된 공간에서 살포된 살충제가 위험한 화학물질을 쉽사리 누적되게 하였고, 이로 인한 화학물질 중독이 오히라의 아버지가 때이른 죽음을 맞이하게 된 원인이었는지 모른다. 그래서 이러한 건강에 대한 염려 때문에 오히라는 농사에 대한 산업적 접근방식을 포기하고, 근원으로 돌아가서 전통적인 유기농업 방법을 발견했던 것이다. 일본사람들과 외국인들이 오히라의 농사방법에 관심을 갖는 까닭의 하나는 그의 퇴비 만드는 방법이다. 화학비료를 쓰지 않고 땅을 비옥하게 만들기 위하여 오히라는 낡은 다다미의 짚, 정원식물, 관목, 나무의 줄기와 가지, 음식 찌꺼기 등을 사용한다. 도시에서 얻을 수 있는 것을 무엇이든지 사용하여 효과적인 퇴비를 만들 수 있으며, 극히 집약적인 수준의 경작이 실현된다.

16년 전에 오히라는 안전한 식품을 먹고자 하는 소비자들을 모으기 시작했고, 지금 '젊은 잎사귀들' 협동조합에는 400가구와 11개 농가가 들어 있다. 오히라의 농장은 채소를 공급하고, 도쿄 바깥의 농부들이 쌀이나 근채류, 과일 같은 식품을 공급한다. 자원봉사체제로 회원들이 분배하는 것을 돕고, 물건이 배달지에 도착하면 분류하고 오히라 농장에서 일을 거들기도 한다. 오히라 가족도 도쿄 바깥의 농산물을 받아서 그것을 회원들에게 배달해준다. 그 협동조합은 다시 작은 독립적인 그룹으로 나뉘어져 각 그룹이 매주 한번이나 두번 식품을 공급받는다. 회원들은 보통 그들이 소비하는 식품의 75퍼센트를 '젊은 잎사귀들'을 통해 구입한다. 가격은 해마다 있는 생산자와 소비자 연석회의에서 결정하는데, 지난 2~3년간 가격의 변동이 거의 없었다. 많은 품목이 정상적인 시장가격보다 평균 10~15퍼센트 비싸지만 어떤 생산품은 시장가격과 같거나 더 싸다. 소비자들이 만들어내는 월간 소식지가 있고, 그 체계가 어떻게 돌아가고 있는지를 서로 상대편에게 알리기 위하여 생산자와 소비자 대표들의 모임이 매달 열린다.

'젊은 잎사귀들' 같은 협동조합에서 소비자들은 여러 면에서 이익을 얻는다. 농작물은 거의 다 익었을 때 수확되고, 통상적인 경로로 분배될 때보다 훨씬 빨리 소비자들에게 도달한다. 이것은 더 맛있을 뿐만 아니라 건강에도 더 좋은 음식을 제공받는다는 것을 의미한다. 제철에 나는 것을 먹고 자기 지방에서 자란 음식을 먹으면 보다 큰 영양적 가치를 얻는 것이다.

　대규모로 생태학적 관심을 보여준 인상적인 예는 일본의 소비자단체들의 식품 수입에 대한 반대운동이었다. 전국적 규모의 18개의 소비자단체가 "일본의 소비자들은 값싸고 안전하지 못한 식품보다는 더 비싸더라도 안전한 식품을 선호한다"는 성명을 공동으로 발표했다. 도정하지 않은 미국쌀은 1백만분의 1(1ppm)만큼의 화학물질 파라티온을 함유하고 있을 수 있는데, 일본에서는 파라티온은 전혀 허용되지 않는다. 게다가 미국으로부터의 장기간 수송을 위해서 작물은 인(燐)을 포함한 농업용 화학물질로 훈증된다. 그것은 시력감퇴나 신경계통의 손상 등을 포함하는 심각한 부정적 영향을 끼칠 수 있다. 미국에서 일본까지 수송되어오는 밀에 살포되는 약품의 양은 일본의 현미에 허용되는 양을 훨씬 넘는다. 이런 이유들 때문에 일본의 소비자단체들은 수입된 미국쌀이 더 싼값인데도 그것에 반대한다.

　우리는 모두 생활의 질에 관심이 있으며 이러한 관심을 가진 일본사람의 수는 꾸준히 증가하고 있다. 해마다 하는 정부조사를 보면, 1978년 이전에는 50퍼센트 이상의 응답자가 물질적인 것이 그들의 생활에서 가장 중요한 관심사라고 생각했는데 그 이후로 그 수는 30퍼센트로 떨어지고 있다. 나는 이것이 희망적인 징조라고 생각한다.

아미쉬 ─ 살아있는 생태공동체

토머스 포스터

미국이라는 산업사회의 한복판에 지배적인 산업문화와 반대되는 가치를 구현하고 있는 공동체가 존재하고 있다. 이 사회에서는 개인주의보다 공동체 정신이, 경쟁보다 협동이, 물질적 소유보다 영성(靈性)이, 능률적인 노동보다도 건강한 일이 더 높이 평가되고 있다. 그리고 이 사회에서는 농업중심의 생활과 적정(適正)기술의 이용에 대한 도덕적인 헌신이 있고, 그와 함께 도시적 생활양식과 공장기술에 대한 도덕적 거부가 있다.

전통적인 검은 옷을 입고 말이 끄는 마차를 타고 그림 같은 모습으로 달리는 이 아미쉬 사람들은 흔히 시대에 뒤떨어진 사람들로 여겨지고 있다. 그러나 그들은 산업사회의 문제 대부분을 피해왔으며, 장래에 우리가 살아남을 수 있는 대안적인 생존방식을 제시하고 있다.

미국인들은 에너지 의존, 환경훼손, 그리고 생태적 불균형에 관련된 많은 사회문제들을 점점더 인식하고 있다. 이러한 인식은 여러가지 방식으

토머스 포스터 (Thomas Foster) ─ 아미쉬 공동체에 관하여 광범위하게 저술해온 미국의 사회학자. 이 글의 출전은 *New Roots* 1982년 겨울호에 실린 "Learning from the Amish"이다.

로 증명되고 있다. 예를 들어, 전국적인 여론조사에 의하면, 일반대중은 물과 공기의 오염, 화학물질의 처리방식, 천연자원 보존문제에 관하여 점점더 예민해지고 있다. 한 조사에서 응답자의 대다수가 물질소비의 수준을 낮추고, 더 단순한 생활방식을 채택하는 것이 좋을 것이라는 데 의견을 같이했다. 이러한 새로운 의식을 보여주는 또하나의 증거는 실제로 '자발적인 간소함'이라는 원칙에 입각한 생활양식을 택하는 사람들이 늘어가고 있다는 사실이다. 2000년까지는 미국에서 6천만명이 '완전히 자발적인 간소함'이라고 분류될 수 있는 생활을 할 것이며, 그밖에 6천만명이 그러한 운동의 취지를 부분적으로 받아들이게 될 것이라고 이 문제를 여러해 동안 연구해온 두에인 엘긴과 아놀드 밀러가 말하고 있다.

어떤 학자들과 사회과학자들은 지금 미국에서 일어나고 있는 이러한 일은 서구사회의 가치와 목표에 커다란 역사적 변화가 일어나는 것을 반영하는 것이라고 믿는다. 산업화된 국가들이 산업혁명 이래 사회, 경제, 문화제도를 지배해온 물질중심의 성장지향 철학을 떠나기 시작하고 있다는 것이다.

예를 들어, 사회철학자 헨릭 스콜리모프스키는 '21세기 생태철학'의 대두에 관해서 말하였다. 이 철학은 환경적으로 또 생태적으로 의식적이고, 삶의 질에 민감한 관심을 가지며, 영성적으로 살아있고, 소비주의와 물질주의에 반대한다.

이러한 생태철학을 구현할 수 있는 실제적인 사회의 가장 순수한 형태는 아마도 프리츠 슈마허가 말하는 '검소한 공동체'일 것이다. 그러나 슈마허의 이상적인 공동체 개념이 미국과 같은 거대한 산업국가 속에, 의미 있을 만큼 오랫동안 존재할 수 있는가? 아니면 슈마허는 그의 비판자들이 주장하듯이 단순히 이상향을 꿈꾸는 사람에 지나지 않는가?

그러나 아미쉬 공동체야말로 슈마허의 '검소한 공동체'의 살아있는 예를 제공하고 있는 것이다. 게다가 이 사회는 단명한 실험으로 끝나는 이상향이 아니라 미국 땅에서 240년이나 넘게 존재해왔고, 현재 평균 이상의 인구증가율과 지리적 확장을 계속하고 있는 오래된 종교적, 인종적 공동체이다. 내가 말하고 있는 이들, 흔히 '말과 마차의 아미쉬'라고 일컬어지는, 아미쉬 '구파'에 속하는 사람들은 여러 세대 동안 주류의 미국사회가 60년대 이후에나 조금씩 '발견'하기 시작한 생태학적 이상과 실천에 부응하는 삶을 영위해왔다. 소로우가 《월든》을 쓰기 300년 이전부터 '구파' 아미쉬들은 검약과 자발적인 간소함이라는 개념에 기초한 농업적 생활방식을 확립하였다. 거대한 에너지 낭비형의 공장식 농장의 발전과 더불어 미국의 농업이 광범위하게 기계화·화학화의 과정을 밟아온 현대에 와서도, 아미쉬들은 꾸준히 소규모 농장 농사를 계속하여, 슈마허적인 '적정기술'을 이용하면서 유기농법을 성공적으로 실천해왔다.

아미쉬 문화와 사회

아미쉬들은 미국의 20개 주, 캐나다의 한 지방, 라틴아메리카의 몇몇 나라에 살고 있는데, 미국에 있는 인구는 8만5천명으로 추정되고 대다수가 '구파'에 속해있다.

아미쉬들은 17세기 스위스의 재침례파 지도자였던 제이콥 암만의 가장 정통적인 추종자들이다. 그들이 여타 기독교 메논파(Christian Mennonites)들과 구별되는 것은 그들 자신의 종교적 보수주의에 의해서이다. 그들은 구원에 이르려면 믿음을 가진 자는 세상의 방식으로부터 떨어지지 않으면 안된다고 확신한다. 아미쉬들에게 있어서 '세상과의 격절'은 자발적인 간소함의 생활방식, 즉 높은 수준의 소비와 물질적 부와 소유 혹은 '진보된' 기술 따위로 복잡하게 되지 않는 생활을 의미하였다.

아미쉬들은 여전히 말과 작은 마차를 타고 여행을 하고, 그들의 17세기 조상들이 입었던 것과 비슷한 검은 옷을 입고 있으며, 집에 전화나 가스나 전기를 허락하지 않는다. 집은 전형적으로 나무를 때는 난로와 프로판이나 기름을 때는 난방기로 덥히고, 불은 기름이나 가솔린 램프로 밝히고, 아마도 풍차의 힘으로 움직이는 펌프로 우물물을 길어 쓴다. 단 한 개의 공동체신문 — 〈예산〉 — 말고는 대개 신문도 없으며, 라디오나 텔레비전 수상기가 없는 것은 말할 것도 없다.

농경주의와 '세상과의 격절'이 반드시 재침례파 신앙의 기초였던 것은 아니었지만, 그러나 그것은 그들이 유럽에서 혹심한 박해를 겪어온 역사 속에서 진화한 것이었다. 무엇보다도 그들의 평화주의와 무기 소지의 거부(거기 따른 군복무의 거부)로 인하여 아미쉬들은 조직적으로 고문당하고 살해되었으며, 마침내 여러 나라에서 차례차례로 추방되어 오늘날 유럽대륙에 아미쉬들은 전혀 남아있지 않다. 대다수는 18세기 말과 19세기 초에 걸쳐 미국으로 이민하여, 펜실베이니아주 랭카스터군과 오하이오주 홈즈군에 집중적으로 정착하였다.

아미쉬들은 '진정한 일이 갖는 치료적 가치'라고 하는 슈마허의 믿음에 완전히 동의한다. 그들은 힘든 일과 정교한 솜씨가 요구되는 일을 높이 평가하고, 문자 그대로 이마의 땀으로 스스로의 빵을 버는 것은 반드시 필요하고 즐거운 일이라고 믿는다. 육체노동에 기쁨을 느끼지 못하는 사람들은 정신적인 질환을 앓고 있다고 생각되기도 한다. 노동의 혜택에 대한 이러한 강한 믿음으로 말미암아 아미쉬들은 슈마허와 같이 노동절약적인 모든 새로운 기계나 장치를 축복으로 보지 않는다. 슈마허는 주장하기를, 경제정책은 상품생산 그 자체를 목적으로 해서는 안되고 사람들의 필요를 강조해야 한다고 했다. 그래서 그는 자동화를 통하여 노동을 줄일 것이 아니라 오히려 노동을 여섯배로 늘릴 것을 제안하기도 하였다.

"아이들도, 노인들도 쓸모있는 존재가 될 수 있는 여건이 허락되어야 한다"라고 슈마허는 말했다. "현재의 생산성의 6분의 1로, 우리는 지금과 같은 수준의 생산을 이루어내어야 한다. 우리가 떠맡고자 한 여하한 일을 위해서도 여섯배의 시간이 있을 것이며, 그것은 정말 좋은 일을 하고, 스스로 즐기며, 물건다운 물건, 심지어 아름다운 물건들을 만들어내기에 충분한 시간일 것이다."

대부분의 아미쉬들은 아마도 슈마허에 대해 들어본 바가 없겠지만, 그들의 생각은 아주 비슷하다.

각기 독립적인 대가족 단위로 살며, 개별적으로 집과 재산을 소유하고 있지만, 아미쉬들은 진정한 공동체생활을 누리고 있다. 이것은 이들이 헛간을 짓는 모습을 본 사람이라면 누구든지 증언할 수 있을 것이다. 그들의 뿌리깊은 공동체 지향성으로 말미암아 아미쉬들은 도시·산업사회에서 중시되는 것과 흔히 반대되는 특징들을 높이 평가한다. 겸손, 수수함, 자발적 순종, 사회적 순응 등이 기본적인 미덕으로 여겨지는 반면에 자만심, 부박함, 개인주의, 경쟁심 등은 인간의 특성 중 가장 나쁜 것들로 생각되고 있다.

아미쉬의 생활철학은 가급적 자연스럽게 살고, 자연정복이 아니라 자연의 힘들과 더불어서 일하도록 가르친다. 자연적인 것에 대한 이러한 공경(恭敬)은 오늘날의 기준으로 대부분 '유기적'이라고 할 수 있는 아미쉬의 전형적인 농사법에 분명히 드러난다.

아미쉬 사회가 슈마허적인 이상적인 '보존사회'의 개념에 일치하려면, 거기에는 생태적으로 균형잡힌 보존사회의 특성들이 포함되어 있어야 한다. 즉, 자치, 자급자족, 적정기술의 이용, 화석연료에 대한 비(非)의존, 인구분산, 소비지향 교육으로부터의 자유로움, 그리고 구조적 실업으로부터의 자유로움과 같은 특성들 말이다.

자치

대니 슈록은 유쾌한 성품을 가진 쉰살의 아미쉬 사람인데, 그는 수공예 가구를 설계하고 만든다. 그는 "우리 아미쉬들은 다 똑같이 생각하는 건 아닙니다. 의견이 다른 경우가 많아요. 그러나 공동체가 어떤 일에 투표를 하면 모두 그 결정에 따르지요"라고 말했다.

아미쉬들은 이 나라에서 가장 법을 잘 지키는 사람들이지만, 그들의 충성은 첫째로 세속의 법에 대한 것이 아니라 그들 자신의 불문율(Ordnung)에 대한 것이다. 이 불문율은 지역적으로 공동체의 지도자들이 공식화하고 공동체의 구성원들이 민주적으로 재가하는 경로를 거친 것이다. 실제에 있어서, 아미쉬들은 미국법이 그들의 종교적 믿음이나 관습에 피할 수 없이 상치된다면 비폭력적인 방식으로 그 법률을 고의적으로 어기는 데 망설이지 않을 것이다.

대부분 이 불문율은 성서와 오래된 관습에 대한 지도자들의 이해에 기초를 두고 있지만, 그러나 이러한 권위의 원천에 대한 해석은 지역에 따라 현저한 차이들이 있다.

아미쉬 공동체들의 정치적 지도권은 해당 지역의 종교 지도자들에게 속한다. 지도자들은 개인생활에서 모범을 행함으로써 지도해나간다. 아미쉬들은 위선을 혐오한다. 지역에서 가장 지위가 높은 지도자는 비숍(bishop)인데, 그는 성찬식, 세례, 결혼, 파문에 관한 문제 등을 다룬다. 그러나 비숍은 마음대로 권력을 행사할 수는 없다. 중요한 결정의 경우에 그는 먼저 지역민들의 투표에 의한 동의를 얻어야 한다. 모든 아미쉬 지도자들은 직업적인 성직자가 아니고 다른 사람들처럼 생활한다. 그들은 신학교나 대학의 공식적인 교육을 통해서가 아니라 직접 체험을 통해서 종교적 지식과 정치적 기술을 습득한다. 아미쉬 사회에는 독립적인 교회건물이 있는 것도 아니고, 성직제도가 있는 것도 아니다. 예배와 종교모임은 지역 구성원들의 집에서 돌아가며 열린다. 대개 격주마다 열리는 이 모임은 종교행사이면서 동시에 사교적인 행사인데, 이 모임은 아미쉬 공동체생활의 축이라고 할 수 있다.

자급자족

아미쉬 가장(家長)의 절반 정도는 농부들이고, 대부분의 가족들이 적어도 얼마간의 자기소유의 땅을 가지고 있다.

가족들은 일반적으로 과일과 야채를 손수 키우고 저장하며, 닭을 기르고, 꿀벌을 치고, 고기와 낙농제품을 위하여 가축을 기른다. 항상 그런 것은 아니지만 흔히 옷과 가구와 아이들 장난감은 손으로 만드는데, 이러한 점도 산업경제에 대한 아미쉬의 의존도를 줄이는 데 기여한다. '낭비하고 버리는 사회'의 온갖 폐품을 재생, 수리, 활용하는 데 몹시 능숙한 솜씨를 가지고 있는 아미쉬들은 일상적으로 중고품 할인매장과 시골의 경매장이나 쓰레기 하치장에 잘 다닌다.

아미쉬들은 흔히 '영국인들(전형적인 미국 백인들을 일컫는 아미쉬 용어 - 역주)의 낭비벽'에 놀라움과 근심을 표현한다. 그들에게는 특히 '완전히 훌륭한 건물들'을 부수어버리는 관행이 충격적이며, 그래서 종종 그들은 해체하기로 예정된 건물들을 건져서 자기들이 재활용 가능한 건축재료들을 다시 쓰거나 판매할 수 있게 해달라고 요청한다. 그러한 재생순환된 재료들을 가지고 아미쉬들은 헛간과 농산물 창고, 심지어 살림집까지도 짓는다.

아미쉬들은 여하한 종류의 정부농업보조금이나 복지금도 받기를 거부한다. 아마도 그들은 대표들을 의회로 보내어 사회보장제도에서 자기들을 제외해달라는 청원을 하여 그것이 받아들여진 미국의 유일한 집단일 것이다. 그들은 자신들을 스스로 보살피는 것이 옳다고 믿고 있다. 그래서, 노인들이나 신체장애인들은 양로원이나 공공기관으로 보내어지지 않고 아미쉬의 대가족 구성원들에 의하여 집에서 보살펴지는 것이 관습화되어 있다. 아미쉬들은 교육이나 직업에서 편협한 전문화를 피하는 까닭에 전문가의 도움을 빌리지 않고 스스로 다양한 과업을 수행할 준비가 되어있다. 거의 모든 성인 남자는 농사일에 대한 지식을 가지고 있을 뿐만 아니라 공동체 모임을 이끌 수 있고, 설교를 할 수 있으며, 배관수리를 할 수 있거나 집을 지을 수가 있다. 마찬가지로, 사실상 모든 아미쉬 여성은 텃밭 가꾸기, 식품저장, 양재, 조각이불 만들기를 할 수 있고, 말 몰기나 그밖의 일을 할 수 있다.

이러한 비전문화는 농사일에도 적용된다. 전형적인 아미쉬 농장은 다양성을 특징으로 하는데, 여러가지 식물과 동물종을 균형있게 기르고 있다. 만약 농작물들이 충해를 입거나 악천후 때문에 손상을 당하더라도 아미쉬 농부들은 단작에 의존하는 농부들보다도 작물 전체를 잃어버릴 가능성이 적다.

그럼에도 불구하고, 아미쉬들은 완전히 자급자족적이거나 바깥세계의 사회경제세력으로부터 고립되어 있는 것은 아니다. 예를 들어, 그들도 농산물의 주요 부분을 지역 시장에 내다팔아야 하고, 농장운영을 위하여 돈을 — 시중 금리대로 — 빌려야 한다. 그리고 가장 중요한 것으로, 그들도 다른 농부들처럼 땅을 사기 위하여 높은 값을 지불해야 하는 것이다.

적정기술

아미쉬들이 자급자족을 유지할 수 있는 가장 중요한 요인 중의 하나는 그들이 적정기술에 의존하고 있다는 점이다. 즉, 그들은 풍력, 수력, 마력, 태양에너지, 목재를 쓰는 난로, 인력 등을 지속적으로 또 실제적으로 이용하는 것이다. 소규모의 노동집약적 기술은 자본투자와 운영비용을 크게 줄인다. 이 때문에 예를 들어 디젤 트랙터와 기타 값비싼 현대기술을 이용하는 오하이오의 다른 농부들이 두배 이상의 땅을 가지고도 수지를 맞추지 못할 때에도 아미쉬 농부들은 겨우 75 내지 150에이커의 땅에서도 이득을 낼 수 있는 것이다.

화석연료로부터의 해방

말들을 이용하고, 퇴비와 기타 적정 농업기술을 이용함으로써 화석연료에 대한 의존도가 낮아질 뿐만 아니라 에너지를 훨씬 효율적으로 쓰면서 어떤 유형의 농장을 운영할 수 있게 된다. 아미쉬들의 노동집약적인 농법이 관행농법보다 항상 더 효율적인 것은 아니지만(아직까지 대규모 곡물 농사에는 덜 효율적인데), 한 대학의 종합적인 연구에 의하면, 펜실베이니아에 있는 한 아미쉬 낙농장에서는 다른 일반농장보다 평균에너지를 83퍼센트나 덜 쓰고도 단위면적당 더 많은 우유를 생산하였다. 연구자들은 연구결과를 검토한 뒤에, 만일 아미쉬의 모범이 광범위하게 모방된다면 노동력의 투입은 더 많이 필요하게 되며, 이것은 특히 장차 에너지 부족 사태로 인해 경제의 다른 분야에서 고용감소가 발생할 때 경제 전체에 큰 도움을 줄 것이라고 결론지었다. 과학자들은 더 나아가서, 아미쉬의 경험을 따른다면, 관행농부들은 에너지효율을 높이면서 생산성을 유지하는 것이 가능할 것이라고 추정하였다.

인구분산

아미쉬 정착지들은 미국 전역에 넓게 흩어져있다. 그리고 정착지 안에서도 개개의 가정은 통상적으로 아미쉬가 아닌 주민들의 집과 섞여있다.

중서부 농촌지역에 여전히 가장 많은 아미쉬 정착지가 있지만, 그 지역의 땅값 상승은 젊은 가족들로 하여금 뉴욕 주 북부나 캐나다나 라틴아메리카에서 새로이 정착지들을 개척하게 하는 데 기여하고 있다. 아미쉬 신문, 〈예산〉에 실린 독자들의 편지에 의하면, 아미쉬의 여론은 '개척'을 강하게 지지하고 있다. 어떤 통신원들은 정착지의 인구과밀현상이 초래할 수 있는 무서운 ― 사회적, 경제적 ― 결과에 대해 경고하기도 한다.

소비지향 교육으로부터의 자유

아미쉬들은 공립고등학교가 그들의 젊은이들에게 직업상으로도 쓸모없고, 그들의 전통적 가치에 대하여도 파괴적인 작용을 한다고 본다. 마찬가지로 종합국민학교와 중학교에 대해서도 그들은 불만을 느꼈기 때문에, 제8학년 이상의 의무교육에서 그들을 면제시키기로 1972년의 미국 최고법원의 결정이 내려지자 아미쉬들은 많은 정착지에서 자기들 나름의 교구학교들을 세웠다.

아미쉬 학교들의 주요 목표는 기본교육을 실시하고, 전통적 가치를 전수하며, 받아들일 수 없는 외부가치들, 즉 개인주의, 물질주의, 소비주의로부터 아동들을 단절시키는 것이다.

교구학교의 교과과정은 소비상품에 입맛을 들이도록 부추길 수 있는 영향들을 배제하게끔 세심하게 고안되어 있다. 교과서들은 아동들에게 필수적인 사실과 기술을 가르치는 것과 동시에 받아들일 수 있는 도덕적 가치들을 전달하고자 한다. 아미쉬 아동들은 또한 집에서나 학교에서나 상업 라디오, 텔레비전, 그리고 잡지광고로부터도 단절되어 있다.

일반적으로, 물질중심주의와 소비주의에 대한 아미쉬의 태도는 슈마허의 태도와 매우 닮았다. 사람들이 끊임없이 많은 물건을 원하도록 부추김을 받는 한 결코 만족이란 것은 없지만, 그러나 사람이 자기의 욕구를 제한하도록 교육된다면 만족이 가능하다는 사실에 대하여 그들은 아마 의견일치를 보였을 것이다.

실업이 없는 사회

실업 그 자체는 아미쉬들에게 주요한 문제가 아니다. 대다수는 농장에서 일하거나 혹은 농업공동체를 위해 봉사하는 일을 하고 있다. 어떤 사람들은 아미쉬 소유이거나 메논파 교인 소유의 가내공업이나 사업체에서 일하고 있고, 또다른 사람들은 자영 청부업자로서 혹은 정규 고용인으로서 외부인들을 위해 일하고 있다.

아미쉬들의 빠르게 확장되고 있는 가내공업에는 흔히 공동체 내에서 사용되는 - 그리고 점점 많이 외부에서도 사용되는 - 적정기술품들을 제조하는 일이 들어있다. 예를 들어, 말이 끄는 농사장비는 오하이오주 북중부에서는 이제 아미쉬가 아닌 농부들이 더 많이 구매한다. 미국사회의 주류에서 '자발적인 간소함'을 향한 운동이 계속됨에 따라서 가내공업 생산품의 수요는 계속 증가할 가능성이 크다. 이러한 발전은 설사 아미쉬들이 농장을 살 여유가 없어도 자기들의 전통적인 생활방식을 고수할 수 있게 할 것이다. 가내공업 일은, 농사일처럼, 부모들로 하여금 일을 하면서도 아이들과 함께 있을 수 있게 한다. 뿐만 아니라 그 일은 그들의 옛 조상들의 장인(匠人)전통을 계승하도록 고무한다.

미국의 광대한 인구를 당장 탈(脫)산업화로 나아가게 할 사회학적 청사진으로서 아미쉬 사회가 제시될 수는 없다. 그러나 그 사회와 슈마허의 '검소한 사회' 사이에 그릴 수 있는 유추(類推)는 산업화된 민주국가의 경계 안에서 제한된 수의 보존 중심의 소규모 공동체들을 발전시키는 것이 실현가능하다는 것을 분명히 예시하고 있다. 그 내용이 똑같지는 않더라도 아미쉬와 닮은 정신과 형태의 문화에 적극 참여하려는 사람들이 그러한 공동체들의 구성원이 될 수 있을 것이다. 앞을 내다보는 국민정부라면 그러한 실험적 공동체들의 설립을 지원하는 것이 무엇보다 그 자신에게 큰 이익이 된다는 것을 발견하게 될 것이다. 이러한 원형(原型)들이 만약 이론적으로 슈마허가 권장한 것과 같은 방향으로 - 그것은 이미 아미쉬들에 의해 경험적으로 증명되었지만 - 조직된다면, 그것들은 본질상 미래의 에너지와 천연자원의 위기 속에서도 농업생산과 소규모 제조업의 존속을 보장할 수 있을 것이다.

쿠바의 유기농업운동

피터 로세트

1959년 쿠바혁명 이후 1980년대 말 사회주의권과의 교역관계가 붕괴될 때까지 쿠바의 농업은 라틴 아메리카의 전형적인 '미니푼디오'보다도 캘리포니아의 '센트럴밸리'에 더 닮은 대규모의 자본집약적 단작영농에 기초해 있었다. 미국의 봉쇄정책은 쿠바의 교역이 사회주의권으로 향하게 하였고, 석유와 산업장비는 물론 비료와 살충제 및 식량과 같은 농업관련 물자의 구입에 있어서 쿠바가 사회주의 교역 상대국들에게 의존하도록 만들었다. 식량의 경우는 아마도 전체 소비 열량의 57% 가량이 수입에 의존하였다. 설탕과 기타 수출품의 무역조건은 쿠바에게 유리했기 때문에 쿠바로서는 충분한 식량의 국내 생산보다도 설탕을 수출하고 식량을 수입하는 편이 더 경제적이었다.

1990년에 사회주의 블럭과의 무역관계가 무너졌을 때 식량수입은 반

피터 로세트 (Peter Rosset) ─ 농업생태학자. 캘리포니아에 있는 Institute for Food and Development Policy의 연구원으로 일하고 있다. 이 글은 1992년 후반기에 20명의 미국인 농업전문연구자들 및 농민들과 함께 쿠바를 방문했던 경험에 기초하여 집필된 책 *The Greening of Cuba : A National Experiment in Organic Agriculture* (1994)에서 발췌·번역한 것이다.

이하로 줄어들고, 살충제 수입은 60% 이상 떨어지고, 비료는 77%로, 농업용 석유는 50%까지 떨어졌다. 농업시스템은 이중적 도전에 직면하였다. 즉, 반 이상으로 떨어진 '투입물'을 가지고 식량생산을 두배로 해야 할 필요성이 있었고 그와 동시에 나라의 외환사정의 악화를 필사적으로 막기 위하여 수출작물의 생산을 유지해야 할 필요성이 있었다. 주민의 칼로리 및 단백질 섭취량은 현저하게 떨어지기 시작하였고, 수십년 만에 처음으로 영양실조의 신호가 나타났다. 식량안전이야말로 본래 혁명의 아킬레스건이었다.

그 결과, 쿠바는 지금까지 세계에서 유례가 없었던 큰 규모로 관행농업에서 유기농법 또는 반(半)유기농법으로의 전환을 경험하고 있다. 미국이나 기타 지역의 경험을 보면, 유기농법으로의 전환 이전의 생산성 수준을 달성하려면 3년 내지 5년이 걸린다. 토양의 상실된 생명력을 회복하고 해충에 대한 자연적 통제를 재확립하는 데 시간이 걸리는 것이다. 그러나 쿠바는 3년이나 5년을 기다릴 여유가 없다. 그 주민은 단기간 내에 배를 채워야 하는 것이다. 그래서 쿠바의 과학자와 계획가들은 새로운 유기농법의 개발에 정교한 '첨단' 생명기술을 이용함으로써 이러한 과정을 단축시키고자 한다. 만약 이러한 시도가 성공한다면, 쿠바식의 지속가능한 농업은 다른 개발도상국들뿐만 아니라 미국과 유럽에 대해서도 뜻깊은 암시를 줄 것이다.

쿠바농업의 배경

콜럼버스 이전에 자원관리 원리에 대한 정교한 지식에 기초하였던 쿠바농업은 생태학적인 면에서 굉장히 선진적이었다. 이 '저투입' 농업은 높은 수확고를 기록하였고, 이 섬에 새로 도착한 스페인 사람들을 여러해 동안 먹여살렸다. 그러나 이러한 시스템은 스페인 사람들이 토착 농부들을 제거하고, 지역 식량체계를 식민지 상업농체계로 대체함에 따라 곧 파괴되었다.

콜럼버스의 두번째 항해 때에 도입된 사탕수수는 19세기가 시작될 즈음에 이 섬의 가장 중요한 작물이 되었다. 설탕 단작영농은 쿠바경제를 지금까지도 벗어나지 못하는 길로 이끌어 갔다. 1959년 혁명전야에 쿠바는 연간 약 6백만 톤의 설탕을 생산하였다. 사탕수수가 전 경작지의 반이상에 심어져 있었던 것이다. 쇠고기, 담배, 파인애플이 그 나머지 주요 수출작물들이었다.

라틴 아메리카의 전형적인 농업체계, 즉 농민들이 거대한 농장들 사이의 틈바구니에서 겨우겨우 생존을 영위하는 패턴에 밝은 독자들은 쿠바를 생각할 때는 그러한 이미지를 버려야 한다. 혁명 전에도 커피와 담배부문을 제외하고는 개별 농민 생산자들의 숫자는 상대적으로 소수였다. 농촌경제는 수출을 지향하는 대농원과 식민자들에 의해 지배되어 있었고, 인구는 크게 도시화되어 있었다. 1959년의 첫 농업개혁은 대부분의 대규모 목장과 사탕수수 농원을 국영농장으로 전환시켰다. 1962년의 두번째 농업개혁 밑에서 국가는 모든 농경지의 63%에 대한 통제권을 장악하였다. 잇따라 도시화가 심화되었고, 1980년대 후반에는 섬인구의 69%가 도시에서 살게 되었다. 이 나라의 농토의 약 80%는 비교적 규모가 큰 국영농장으로 구성되어 있다. 오직 전체 농지의 20%만이 농민 생산자들의 손에 있는데, 식량생산에 매우 중요한 역할을 하는 이들은 개별 소유자와 조합들로 거의 대등하게 나뉘어져 있다.

국영농장부문과 많은 조합들은 고도로 현대화되어 있어서 기계화, 비료 및 살충제, 대규모의 관개가 적용되고 있다.

1989년에 작물이 심어진 쿠바 땅(초지가 아닌)의 60%는 사탕수수밭이었는데, 이것은 세계 전체 설탕무역의 7.4%를 차지하는 것이었다. 1980년대 초기에 사탕수수의 중요성이 약간 감소되었지만, 그러나 설탕과 그 관련제품은 여전히 쿠바의 수출벌이의 75%를 차지하였다.

설탕은 이 나라의 가장 기름진 땅 ─ 식량이나 기타 값나가는 현금 작물(예컨대 감귤류)을 위해 쓸 수 있는 땅에 심어져 있다. 설탕에 대한 계속적인 의존 때문에 쿠바로서는 결정적으로 중요한 수입품의 비용이 오르면서 국제시장에서 설탕이 값이 떨어지는 작물로 변할 가능성이 언제나 있다. 또, 쿠바의 사탕수수 생산비가 세계 평균보다 높다는 몇몇 증거도 있다.

쿠바인들은 설탕 가격은 낮을지라도 설탕관련제품들의 가격은 그렇지 않다는 것으로 이 문제를 해결하려고 한다. 그리하여 그들은 원래 원료설탕보다도 한결 높은 가격을 가진 제품을 수출할 수 있도록 설탕생산과 산업을 연계하는 개발 계획에 초점을 맞춘다. 설탕생산과 그 과정에서 나오는 부산물을 선용하는 방법에 관하여 많은 연구가 이루어졌다. 그리고 많은 설탕공장에서는 설탕생산 과정에서 나오는 깍지들을 전력을 생산하는 에너지로 이용하고 있다.

이 섬을 괴롭히는 또다른 딜레마는 농업부문이 너무나 크게 수입에 의존하고 있는 점이다. 1980년대 후반에 비료의 48%와 살충제의 82%가 수입되었다. 이러한 수입물자의 '수입계수'에 대한 자료는 더 심각한 의존성을 보여준다. 쿠바에서 만들어진 비료의 52%가 수입원료로 생산된 것이다. 쿠바에서 사용된 전체 비료의 전체적 수입계수는 실제로 94%에 이르고 있는 것이다. 제초제와 동물사료에 대한 수치는 각각 98%와 97%이다. 유동적인 상품가격, 환률변동, 그리고 세계시장에 있어서 식량과 사료의 불안정한 공급 — 이 모든 것들의 결합에 의해서 수출과 식량 사이의 적절한 균형을 잡기 위한 정책결정이 극히 어려운 것이 된다.

소련과의 교역의 붕괴 — 농업 및 식량 안전의 위기

쿠바경제의 전망은 1980년대 말 몇몇 동유럽 국가들이 무역협정을 어기고, 소련이 석유가격을 올려 무역조건의 악화를 초래함에 따라 어두워지기 시작하였다. 그 직접적인 결과는 외채의 급속한 증가였다. 쿠바에서 물가는 고정되어 있기 때문에 일반적으로 인플레이션은 일어날 수 없다. 그 대신에 국민의 전체적 구매력에 비해서 상대적으로 소비재가 희소해진다. 그리하여 대부분의 소비자들은 그들이 받은 급료를 쓸 충분한 상품을 가게에서 찾을 수 없었다. 그리하여 저축이 급속히 늘고, 암시장이 활개를 띠기 시작하였다.

1990년 소련과의 무역관계가 붕괴되자 상황은 급박해졌다. 소련은 쿠바 무역의 70%를 차지하였고, 나머지 사회주의권을 합하면 그 전체는 85%에 육박하였다. 그러하였던 만큼 이들과의 무역에 의존적이었던 쿠바경제는 위기로 곤두박질쳤다. 석유수입에 있어서 53%의 감소는 연료 공급에 영향을 주었을 뿐만 아니라 쿠바가 석유의 재수출을 통해 획득해오곤 했던 외환을 고갈시켜 버렸다. 식량용의 밀과 기타 곡물의 수입이 50% 이상이나 떨어지는 한편으로 대부분의 다른 식품들은 그 이상으로 줄어들었다. 쿠바농업은 비료와 제초제 공급에 있어서 80% 이상의 감소에 직면하였다.

급작스럽게 쿠바는 연료의 심각한 부족에다가 화학물질이 거의 결핍되었다. 식량의 거의 60%를 수입에 의존해왔던 이 나라는 그 수입물이 반 이상으로 떨어진 것을 보았다. 하루 평균 열량 및 단백질 섭취는 1980년대에 도달했던 수준으로부터 거의 30%나 떨어졌다. 이것은 라틴 아메리카의 평균 열량 섭취량보다 25% 떨어진 것이고, 평균 단백질 섭취량보다 16% 떨어진 것이었다.

쿠바는 예컨대 소말리아가 직면한 것보다는 덜 심각하다 하더라도 식량위기에 직면해있다. 그런데도 쿠바 사람들이 좋은 건강을 누리고 있다는 사실은 놀라운 일이다. 그것은 주어진 식량이 분배되는 공평한 방식의 결과이다. 우리는 쿠바에서 불룩 튀어나온 배를 가졌거나 그밖으로 달리 굶주림을 암시하는 외부 흔적을 가진 아이들을 보지 못했다. 유아사망률도 증가하지 않았다. 그러나 사실상 모든 쿠바인들은 그들이 적어도 상대적 박탈감을 느끼고 있다고 논평하였다.

몇몇은 '음식 노이로제'에 관하여 말하였다. 왜냐하면 사람들의 식단을 구성하는 먹을거리들이 거의 매일 변하고, 먹을 것을 구하는 일이 하루하루의 일거리가 되어있기 때문이다.

이제 정부는 식량과 사료를 위하여 밀과 쌀, 옥수수와 콩을 수입에 의존하는 것을 중지하고 이 나라를 좀더 자급자족적으로 만들지 않으면 안 된다. 이것은 소비와 생산의 패턴을 바꾸어야 한다는 것을 의미한다. 쿠바 정부는 소비패턴의 변경을 위해서 다른 대부분의 정부보다도 강력한 입장에 있다. 정부는 배급체계를 통한 식량공급을 조절하고, 교육활동을 위하여 미디어를 통제한다. 그러나 이러한 일은 언제나 매우 미묘한 정치적 문제를 이루어왔다. 대부분의 사람들처럼 쿠바 사람들도 뿌리깊은 입맛을 가지고 있다. 그리고 설사 물자 부족의 상황하에 살고 있더라도 사람들로 하여금 자발적으로 습관을 바꾸게 한다는 것은 사실상 불가능하다. 식량은 주민들의 첫째 가는 불만거리이다. 쿠바인들은 언제나 그들의 식단의 다양성의 결핍을 불평해왔지만, 이제 그들은 충분한 식량의 결핍에 불만을 말하고 있는 것이다. 다가올 오랜 시간 동안 쿠바는 그동안 식량공급을 대외적으로 의존해온 것에 대하여 비싼 대가를 치를 것이다.

대부분의 제3세계 국가들이 직면한 상황에 대조적으로 쿠바인들은 국제적 노동분업을 통하여 현실적으로 상당한 혜택을 누려왔다. 사회주의권의 붕괴 이전에 쿠바는 일인당 GNP에 있어서나 영양상태, 평균수명, 고등교육의 혜택을 받는 여성의 숫자에 있어서 높은 수준을 기록하였고, 의사의 수와 낮은 유아사망률, 주택, 중등학교 등록수준, 주민의 문화활동의 참여도에 있어서는 라틴 아메리카에서 첫째 가는 나라였다. 실제로, '해외개발회의'의 '물리적 생활의 질의 지표' ― 이것은 유아사망률과 문맹률과 평균수명을 포함한다 ― 에 의하면 쿠바는 라틴 아메리카에서 제1위를, 세계에서 제11위를 기록하였다. 미국은 제15위였다.

쿠바가 설탕을 수출하고 식량을 수입함으로써 그 주민들에게 풍부하고 다양한 식품을 제공할 수 있었다는 것을 고려한다면, 그러한 전략은 합리적이고 효율적인 것이었다고 말할 수 있다. 상대적으로 유리한 교역조건이었던 만큼 쿠바경제가 외국의 이해관계에 의하여 '갉아 먹혀'지지는 않았다. 쿠바는 '저개발의 개발'이라는 덫을 부분적으로 모면할 수 있었다. 게다가 사회적 평등과 인간자본의 형성, 하부구조의 개발에 헌신해온 혁명정부의 노력은 부패의 상대적인 결핍과 더불어 쿠바의 주민과 경제로 하여금 국제무역으로 얻어진 축적으로부터 혜택을 누릴 수 있도록 허용하였다. 그러나 사회주의권과의 교역이 붕괴되면서, 본질적으로 단작영농에 기초한 쿠바의 농업은 커다란 약점으로 판명되었다.

관행농업에서 유기농법으로

관행농업은 화학비료, 살충제, 기계화, 가축사육장, 석유 및 석유부산물, 각종 작물의 변종, 그리고 신용 형태의 자본의 집중적인 이용에 의존한다. 그것은 규모의 경제를 이용하기 위하여 대규모 농지에 걸친 단작에 기초하고 있다. 관행농업은 토양침식, 토양수축, 염화, 침수, 환경오염, 살충제에 대한 해충의 면역, 그리고 걷잡을 수 없는 해충의 창궐을 초래하였다. 그리고 또한 기계가 인간노동을 대체함에 따라 농촌지역으로부터의 대규모 인구이동이 있어 왔다. 관행농업은 갈수록 값비싼 것이 되어 왔다. 왜냐하면 농지에 투입되는 비용이 상승하고, 농민들은 침식되어가는 토양의 비옥도와 해충에 대한 천적의 소멸을 벌충하기 위하여 갈수록 많은 자본을 투입해야 하기 때문이다. 개발도상국에서는 이러한 농법은 훨씬더 불리한 것인데, 왜냐하면 그것은 빈약한 외환을 고갈시켜버리는 수입에 대한 의존도를 크게 하기 때문이다.

쿠바의 대안적인 농법은 단작 대신에 작물의 다양성을, 화학비료 대신에 유기비료와 '생물비료'를, 그리고 합성살충제 대신에 생물학적 조절과 '생물살충제'를 장려한다. 트랙터에 대체하여 동물을 이용하고, 관개에 대한 의존도를 줄이기 위하여 계절에 따른 강우패턴을 이용하여 파종을 계획한다.

지역 공동체들은 생산과정에 좀더 긴밀하게 참여하여, 도시로의 인구이동에 제동을 걸도록 기대되고 있다. 무시 못할 양의 식량이 사적부문에 의해 생산되고 있으므로 '국가 식량계획'은 그들 — 개별 농민들과 조합원들 — 의 활동을 장려하는 데, 다시 말하여 본질적으로 가족농으로 되돌아가는 데 강조점을 두고 있다. 하나의 대안으로서 유기농법은 현재 개발도상국뿐만 아니라 미국을 위해서도 제안되고 있는 것과 매우 비슷한 것이다. 핵심적인 차이는 쿠바에서 유기농법은 현재 공식적인 정부정책이 되어있는 반면에 다른 곳에서는 광범위한 유기농의 실천은 꿈으로 남아있을 뿐 아직은 다만 고립된 개별적 사례에 지나지 않는다는 사실이다.

미국 농업에서 '전환'이라고 하면, 그것은 일반적으로 여태까지 화학비료와 살충제를 사용해온 — 그렇게 함으로써 토양의 자연적 생산력을 떨어뜨려온 — 농장에서 토양비옥성과 자연적 해충통제를 회복하는 상당히 장기간의 과정을 말한다. 관행농법에서 농부들은 토양의 심화되는 쇠약화를 갈수록 증대되는 화학물질의 투입으로 벌충하려고 한다. 그리하여 생산성의 유지를 위하여 필요한 생산비용은 갈수록 더 높아지는 악순환이 계속되는 것이다. 여러 연구에 의하면 한 농부가 유기농으로 전환하여 그의 관행농법의 마지막 해에 달성되었던 생산성과 이윤 수준에 도달하려면 일반적으로 3년 내지 5년이 걸린다. 그 이후에는 유기농산물은 소비자들이 특별가격을 지불하기 때문에 흔히 관행농에서보다도 더욱 높은 수익을 얻게 한다. 그 전환기 동안에 농부는 토양구조와 유기물을 일으켜 세우고, 해충에 대한 천적과 지피(地被)를 재건하기 위하여 적극적 조치를 취하지 않으면 안된다.

쿠바 전역에 걸쳐 광범위하게 유기농으로 전환하는 과정에 다음과 같은 농업요소들이 포함되어 있다.

해충의 통합적 관리

쿠바의 새로운 농업방식 밑에서 작물보호를 위한 기초는 옛 동유럽 사회주의 국가들을 제외하고는 가장 포괄적인 대규모의 해충 감시체계 위에 세워지고 있다. 가장 중요한 것은 기생적 또는 약탈적 곤충들의 대량 방출과 생물살충제의 이용에 기초한 생물학적 통제이다. 생물살충제 분야에서 쿠바는 라틴 아메리카에서 가장 선진적이고, 미국에도 못지않은 농업조합과 국영농장에 위치한 총 218개의 지역 센터들에서 지역적 용도를 위한 생물기술의 산물들이 생산되고 있다. 쿠바는 또한 흙을 매개로 한 식물질병을 퇴치하는 미생물 천적을 대규모로 이용하는 서반구의 유일한 나라이다. 잡초관리에 있어서 쿠바가 취하는 새 방향은 특정한 잡초의 종(種)을 억제하기 위하여 과학적인 윤작을 계획하는 데 기초해 있다.

토양관리

이것은 관행농에서 유기농으로의 성공적인 전환에 핵심이다. 쿠바는 최근 몇해 동안에 토양의 염화를 정지시키고, 토양침식과 유기물 고갈을 역전시키는 데 실속있는 진보를 이룩하였다. 전통적인 농업기술이 토양보호 계획의 등뼈를 이루면서 유기적 토양개선과 혁신적 생물비료가 토양비옥성을 회복하기 위하여 광범위하게 이용되고 있다. 유기적 토양개선은 가축의 분뇨와 윤작에 따른 녹색작물거름, 도시 쓰레기와 기타 폐기물의 퇴비화, 그리고 가장 인상적으로는, 지렁이를 이용한 고품질의 부식토를 산업적 규모로 생산해내는 일을 통해서 이루어지고 있다. 더욱이, 상업농에 생물비료를 이용하는 데 있어서 쿠바에 필적할 만한 나라는 없다. 여기에는 콩과식물을 위한 표준적인 뿌리박테리아뿐만 아니라 다른 작물들에게도 공기 중의 질소가 주어지게 하는 살아있는 박테리아도 포함된다. 아마도 다른 개발도상국들을 위해서 가장 중요한 것으로서 들 수 있는 것은, 쿠바가 작물이 흡수할 수 있는 인(燐)을 만드는 가용성 박테리아를 대량으로 생산하고 있다는 사실이다. 마지막으로 쿠바인들은 그들의 낙농을 뉴질랜드에서 인기를 누리고 있는 저투입(低投入)의 방목체계인 '보이진시스템'으로 전환시키고 있다.

간작(間作)

이것은 같은 농장에 두 개 내지 그 이상의 작물종을 함께 기르는 것을 말한다. 전통적으로 쿠바의 소농들은 다양한 작물을 간작하는 것이 보통이었다. 예를 들어, 옥수수와 콩, 옥수수와 카사바, 커피와 질경이, 그리고 그밖의 다양한 조합이 있었다. 현대화 기간 동안에 이러한 전통 기술에 대한 고려가 별로 없었다. 그러나 유기농 운동과 더불어 다시금 간작법이 부활하고 있다.

재식림(再植林)

이것은 쿠바의 토양관리에 있어서 핵심적인 요소이다. 스페인 사람들이 처음 쿠바에 도착하였을 때 섬의 80%가 숲으로 덮여있었다. 1959년 혁명 무렵에는 숲은 오직 섬의 17%만을 덮고 있었다. 쿠바혁명 이후 산림황폐화와 토지침식이라는 심각한 문제에 주의가 기울여졌다. 1970년대에 지역 묘목장 개발 계획이 전국적으로 시작되었는데, 그 목적은 씨앗을 수집하고 묘목을 기르며, 그것을 농촌에 심기 위한 것이었다. '마나티 플랜'이라는 이름 밑에서 쿠바 정부는 황폐화된 지역에 나무를 다시 심고, 광산 활동에 의해 손상된 지역을 복구하는 사업을 계속해왔다. 1989년에서 1990년 사이에 20십만 헥타르에 나무가 다시 심어졌다. 오늘날 쿠바의 18%가 숲으로 덮여있는데, 이것은 벌목으로 인해 시달리고 있는 라틴 아메리카의 나머지 지역에 비하면 괄목할 만한 성취이다.

전통지식의 회복과 과학의 새 방향

새로운 농법에로의 전환에 있어서 중심적인 요소의 하나는 쿠바 농민들이 국영농장의 기술자 및 관리자들과 함께 보다 새로운 기술을 창출하고 전파하는 일에 적극적으로 참여하는 것과 동시에 전통 농사 기술에 관한 농민들의 지식을 되살려내는 일이다. 이러한 목적을 향하여, 농업부는 농촌 전역에 걸쳐 농민과 농민 그리고 농민과 과학자로 구성되는 워크숍을 후원하고, 여기서 서로 다른 지역 출신의 농민과 과학자들은 그들이 직면한 비슷한 문제들을 논의하고 아이디어와 해결책을 교환한다. 쿠바는 라틴 아메리카 전인구의 2%를 차지할 뿐이지만 과학자는 11%를 차지하고 있고, 잘 발달된 과학연구의 하부조직을 가지고 있다. 그리하여 해외로부터의 물품반입의 감소에 대한 대책으로, 정부는 '지식집약적인' 기술혁신을 요청할 수 있었다. 여러해에 걸쳐 쿠바 정부는 인간자원의 건설을 강조하였고, 그 결과 혁신적인 아이디어를 가지고 위기에 맞설 수 있는 중견 과학자와 연구자들을 갖게 되었다. 이미 1982년에 '대안적인 농업' 운동은 쿠바의 연구자들 사이에 자리잡았고, 언제라도 광범위하게 시행할 수 있는 많은 유망한 연구결과들이 준비되어 있었다. 쿠바의 과학자들도 역시 그들의 새로운 연구를 그와 같은 새로운 방향으로 재빨리 전환시킬 수 있었다.

선진 기술에 대한 값비싼 과학투자도 젊은 과학자들에 의한 대안적 농업에 대한 연구도 1989년까지에는 별다른 사회적 이익을 가져다주지 못했지만, 이제 그들은 1990년대에 농업이 직면한 문제를 해결하는 데 동원될 수 있는 결정적인 자원을 제공하였다. 쿠바의 지도층은 쿠바의 농업을 재편하고 그것을 보다 독립적인 것으로 하기 위하여 지역 기술에 바탕을 둔 '지식집약적' 전략을 전개해왔다.

노동력의 동원

새로운 농업은 쿠바의 계획가들에게 노동공급의 딜레마를 제시하고 있다. 쿠바 사회는 고도로 도시화되어 있고, 유기농은 관행농업보다 많은 노동력을 필요로 한다. 이것은 트랙터 대신에 숫소를 이용하는 데 분명히 볼 수 있는 사실인데 그밖의 다른 면에 있어서도 보다 노동집약적이다. 이 문제에 대처하기 위한 단기적인 전략에는 도시 노동자들의 단기 내지 중기적인 자원봉사가 있고, 도덕적 및 경제적인 인센티브가 있다. 좀더 장기적인 노력은 도시에서보다도 더 좋은 주택을 제공하는 매력적인 새로운 공동체를 시골에 창조하는 일이다. 그리고 그것은 실제로 농촌-도시 사이의 인구이동 경향을 역전시키지는 못한다 하더라도 적어도 농촌인구를 안정시킬 것으로 기대되고 있다.

관행농법에서는 기계화가 크게 강조되었다. 그것은 다른 이유도 있지만 쿠바 인구가 고도로 도시화되었기 때문이었다. 그 기계화로 인하여 노동력 위기라는 상황이 '전환기'에 만들어진 것이다. 지금까지의 기계화 활동의 많은 부분이 석유 부족 때문에 줄어들지 않으면 안되었고, 동물 이용으로 되돌아가지 않으면 안되었다. 여기에 추가하여, 새로운 지속가능한 농업기술을 위해서는 상당한 양의 일손이 반드시 필요하였다. 쿠바는 농업노동력의 확보라는 이 새로운 필요성에 대해서 몇가지 방식으로 응답해왔다.

농촌지역 전체에 걸쳐서 임시적인 캠프가 2주 내지 2년 동안 '자원봉사'에 참여하는 도시 노동자들을 위하여 세워졌다. 단기적인 자원봉사자들은 한번에 15일간 봉사하기 위하여 도시의 일자리와 학업을 일시 중단하고 농촌 캠프에 있는 기숙사에서 산다. 이러한 두 주일의 동원이 이루어진 첫해인 1991년에 하바나 주민 146,000명 가량이 참여하였다.

2년 동안 계속하는 자원자들은 '콘틴젠테스'라는 작업대로 조직되어, 거기서 그들은 흔히 하루에 12시간이라는 긴 시간 동안 일하지만 평균보다 높은 급료와 주거조건을 제공받는다. 2년이라는 할당된 기간이 끝나고 난 뒤에도 계속 머무르도록 노동자들을 설득하기 위하여 정부는 의료시설과 스포츠 및 레크레이션 시설을 갖춘 매력적인 농업공동체를 국영농장 주변에 세우고 있다. 노동자들을 농촌에 머물도록 유인하는 실험적 방법의 하나는 같은 노동력이 전체 농업순환 기간 동안 같은 곳에 있도록 하는 것이었다. 이전에는, 대규모의 중앙집중적으로 관리되는 농장의 작업팀들은 한 곳에서 작물을 심고는 거기로 되돌아가지 못하였다. 그들은 다른 팀들이 심었던 땅에서 잡초를 제거하고 수확을 하였다. 그러나 지금의 목표는 생산자가 땅과 맺고 있었던 좀더 전통적인 관계를 재창조하려는 것이다. 국영농장은 보다 소규모의 경영단위로 쪼개어지고 있고, 작업팀들은 주어진 토지에 대하여 책임을 맡게 되었다. 기본 급료가 생산실적(양과 질에 있어서)에 따라 증가되는 상여금제도가 세워지고 있다. 라스 마리아스에서 우리와 회견하였던 노동자들은 이러한 보너스가 지난해에 자기네의 급료의 두배나 되었다고 말하였다. 그들은 또 이 제도가 시행된 이후 수확도 두배로 늘었다고 주장하였다. 우리와 이야기를 나눈 대다수 사람들은 나라에 대한 봉사로서 그들이 캠프에서 살고 있다고 말하였고, 대부분은 현재의 할당기간이 끝나면 또다시 2년을 더 머물겠다고 말하였다. 이러한 인상적이리만큼 대규모의 노동력 동원이 가능한 것은 주로 물질적 인센티브와 도덕적 인센티브의 결합에 의한 것이지만, 겉으로 보기에는 후자가 큰 비중을 차지하고 있다.

관리들에 의하면 이러한 임시조치들로서 현재의 특별한 노동수요가 충족되고 있다. 그러나 노동의 질과 수송, 주택, 식량 등의 비용이 특히 단기적인 자원자들의 경우에 심각한 문제이다. 2년을 기간으로 하는 자원자의 경우가 좀더 나은 해결책이 되지만, 이러한 장기적인 자원자가 충분한 숫자로 계속될 것인가 하는 것은 앞으로 더 두고 보아야 할 일이다. 현재로서는 물품과 에너지 공급의 결여로 인해 하바나에서 빈둥거리고 있는 노동자들이 농촌지역에서 제공되는 주택이나 생활편의시설을 이용하려 들 가능성이 큰 것 같지 않다.

증가된 농촌 노동력 수요에 대한 또다른 접근은 '투르키노 계획'이라고 알려진 것인데, 이것은 군복무를 마쳐야 하는 청년들에게 농업일을 의무적으로 하게 하는 것이다. 이 계획에는 자원 여성을 위한 고려도 포함되어 있다. 많은 젊은이들이 의무연한이 지난 뒤 농촌에 영주하고 싶을 만큼 농촌생활에서 매력을 느끼게 하자는 것이 이러한 계획의 희망이다.

지역사회의 텃밭

식량의 대외의존 문제에 대처하기 위하여 정부는 1989년에 야심적인 '국가 식량계획'을 출발시켰다. 이 계획의 주된 초점은 식품과 과일 생산을 신속히 증가시키려는 것이다. 또다른 우선적인 목표는 하바나 주변 지역을 가능한 한 자급자족적으로 만들자는 것이었다. 왜냐하면 하바나 시와 그 주변 지역은 전인구의 약 30%를 차지하고 대부분의 식량조달을 위하여 전통적으로 타지역에 의존해왔기 때문이다.

도시근교 농토의 결여, 도시문화의 편견, 그리고 농촌에서의 출세기회의 부족의 결과로 쿠바의 도시들은 식량을 위하여 농촌지역에 의존해왔다. 농촌지역에 대한 의존은 복잡한 냉장, 수송, 저장, 분배체계를 요구하였고, 이것은 또 그 모든 단계에 있어서 석유를 필요로 하였다. 이제 쿠바는 극단적인 석유의 결핍에 직면하였고, 그것은 도시에서의 식품공급을 심각하게 감소시키는 원인이 되었다. 그 영향은 하바나에서 가장 절실하게 느껴졌다.

도시의 텃밭은 이러한 식량부족이라는 압력을 줄이는 데 상당한 기여를 할 수 있다. 지역화된 생산은 수송과 수확 후의 저장 문제를 줄인다.

소규모 생산은 무거운 기계와 기타 에너지 다소비 방식과는 달리 인간자원에 의존한다. 비타민과 미네랄이 매우 부족한 쿠바인의 식단에서 도시 텃밭에서 생산된 농산물은 이러한 결핍을 줄여줄 수 있다. 소규모 텃밭농사에 공통적인 작물다양성은 또한 병충해를 크게 줄인다. 마지막으로, 개인들은 텃밭을 통하여, 국가나 암시장에 기대는 대신에 식량문제를 스스로 해결할 수 있다는 자신감을 얻는다.

도시의 텃밭은 세 개의 기본적인 조직으로 이루어져 있다. 첫째 유형은 개인이나 가족이 자기들의 사유토지에서 가꾸는 텃밭이다. 이러한 텃밭에서 생산된 것은 모두 개인적 소비를 위한 것이다. 종자 값은 일반적으로 저렴하고 '아그로메르카도스'라고 하는 가게나 하바나의 국립종자회사에서 구할 수 있다. 둘째 유형은 개인들이 공공토지에서 집단으로 조직한 텃밭이다. 이 경우 토지는 정부기관이나 '쿠바 여성연맹'이나 '혁명 방위위원회' 같은 조직과의 접촉을 통하여 얻는다. 일단 토지사용권을 획득하면 텃밭을 가꾸는 그룹들은 스스로 무엇을 언제 심을 것인가를 결정하고, 생산물도 스스로를 위해 이용한다. 세번째 종류의 텃밭은 학교, 공장, 또는 대중조직과 같은 기관들이 조직한 것이다. 무엇을 심을 것인가 하는 문제, 작업스케줄과 책임 등에 관한 결정은 하나의 그룹으로서 참여자들에 의하여 이루어진다. 생산물은 그 기관의 카페테리아를 위해 쓰여지거나 지역 탁아소나 재활원 또는 병원을 위해 분배된다. 그러나 어떤 경우에는 참여자들이 자유롭게 그 농산물을 집으로 가지고 가서 자기자신들이나 가족의 식품으로 쓰기도 한다. 도시 거주자들을 포함하여 쿠바의 주민들은 농업지식에 비교적 밝다. 쿠바혁명은 사람들이 농사 및 식량생산에 늘 친숙을 유지할 수 있게 하려 하였다. 이러한 목표는 쿠바의 민족영웅, 호세 마르티의 근원적인 철학, 즉 사람은 누구나 자기가 쓰는 물품의 생산이 어떻게 이루어지는지를 알고 있어야 한다는 철학으로부터 연유한다. 그리하여, 흔히 쿠바의 젊은이들은 시골에 있는 중학교를 다니면서 학교 공부의 일부로서 매일 농사일을 한다. 뿐만 아니라, 많은 쿠바 사람들은 두 주일의 자발적인 농사일에 매년 참여하며, 소규모의 저투입 텃밭일에 관련된 지식이 현재 일주일에 두번 방송되는 텔레비전 쇼를 통해 보급되고 있다. 종이의 부족 때문에 정보물의 대량인쇄가 어려운 때에 텔레비전을 통한 대중보급의 방법은 결정적인 중요성을 갖는다. 도시 텃밭 가꾸기는 이 나라의 다른 지역뿐만 아니라 하바나 시 전역에 걸쳐 매우 활기를 띠어왔다. 불행하게도, 생산 실적이라는 면에서 도시 텃밭의 중요성을 측정하기는 불가능한 일이다. 우리는 예산 감축 때문에 어떤 정부기관도 그러한 통계를 유지하지 못하고 있다는 말을 들었다. 그럼에도 불구하고, 새로운 농촌공동체의 개발을 통하여, 그리고 농촌 노동자와 토지 사이의 관계의 재창조를 통하여, 이 새로운 유기농업운동은 농촌 생활의 재생을 겨냥하고 있다. 동시에 도시 텃밭 운동은 도시의 '녹색화'에 기여하고 있는 것이다.

결론 — 세계가 주목해야 할 현실

1989년 이후 쿠바가 겪은 것과 같은 충격에 대량기아 없이 맞설 수 있는 나라는 드물 것이다. 이런 점에서, 쿠바에서 열량 섭취가 30% 이하로 떨어지지 않았으며, 불룩 튀어나온 배를 가진 아이들도 없고, 기타 건강지표들이 여전히 좋은 상태로 남아있다는 것은 놀라운 일이다. 우리는 이것이 쿠바의 계획과 조직 덕분이라고 믿는다. 계획경제가 아니었다면, 새로운 농경제 연구결과들이 그렇게 신속하게 시행될 수가 없었을 것이다. 우리는 쿠바에서 현대적 관행농법이 그 생산능력을 보존하면서 식량과 외환을 제공하는 데 실패하였던 것은 대규모의 계획의 결과가 아니라고 믿는다. 그렇다기보다는 오히려 그것은 대규모의 단작 수출작물에 기초한 시스템의 실패라고 우리는 본다. 그러한 농업체제는 행정가와 농부와 농촌노동자들을 심리적으로나 물리적으로 땅으로부터 분리시키며, 농업상황에 대한 지역적 지식의 세밀한 관리를 불가능하게 한다. 방대한 농장을 관리할 수 있는 유일한 방법은 — 그것이 캘리포니아의 기업 소유 농장이든 쿠바의 국영농장이든 — 예컨대 살충제나 비료와 같은, 전체 농지에 동시에 적용가능한 처방을 내리는 것일 뿐이다. 토양의 비옥성과 토양구조를 조심스럽게 돌보는 것은 처음부터 불가능한 일이다.

유기농법은 이러한 문제에 대응한다. 많은 국영농장은 보다 작은 규모의 관리 단위로 쪼개어졌고, 농장들 사이의 또 농장 안에서의 다양성이 다시 도입되었으며, 생산팀들은 이제 파종에서 수확에 이르기까지 같은 땅에서 일한다. 그러나 이러한 것은 대개 아직 실험적이며, 우리는 더욱 많은 변화가 이 방향으로 이루어질 필요가 있다고 느낀다. 미국에서의 유기농 경험은 이런 유형의 생산에는 관행농에서보다도 농민이 더욱 친밀하게 땅과 접촉을 유지할 필요가 있다는 것을 보여주고 있다. 농민이나 관리자는 흙의 정보 — 유기물이 풍부한 곳이 어디이고, 토양 구조가 빈약한 곳은 어디이며, 농장의 어느 쪽에서 해충이 침범해 들어오고, 어디에 개미집이 있는가 — 를 제대로 알아야 하는 것이다. 그래서 우리는 대규모 생산 단위를 좀더 사람이 다루기 쉬운 단위로 해체함으로써 생산을 분산시키는 과정을 계속할 것을 쿠바의 동료들에게 권한다. (이러한 맥락에서, 우리는 독립 소농들에 대한 고려가 증대된 것을 환영한다.) 동시에 그들은 희소자원을 효율적으로 이용하기 위해 필요한 중앙계획을 포기해서는 안된다. 연구 전략들은 이루어져야 하고, 식량 생산지와 운송과 저장시설 사이의 관계가 제정되어야 하며, 강우량에 따른 계절별 작물수확이 미리 계획되어야 한다. 요컨대, 관리와 생산 단위는 좀더 작아져야 하지만, 전략적 계획은 물자 부족의 시기에 혼란을 막기 위하여 필수적이다.

세계의 여타 지역에서, 유기농업은 이론으로 존재하지, 실제로는 하나의 꿈이다. 오늘날 쿠바인들은 그들의 역사에서 가장 엄혹한 위기의 복판에서 대담한 실험을 시도하고 있다. 궁극적으로 그들이 성공할 것인지 지금 말하기는 불가능하지만, 극단적인 역경 속에서 그들이 이미 성취한 것은 인상적인 것이다. 농민의 아들과 딸들이 문자 그대로 농장에서 첨단 생물기술을 생산하고, 그들의 부모들과 이웃들에게 유독성 살충제와 화학비료 대신에 유기물을 공급하고 있는 모습을 우리는 보았다. 우리는 젊은 농업과학자들의 열광과 "지성과 땀으로 기적을 성취하려는" 단호한 결심을 기억한다. 우리는 그들이 다만 굶주린 쿠바인들을 위해서뿐만 아니라 농업위기에 직면해있는 우리들 모두를 위하여 기적을 성취하기를 바랄 뿐이다.

쿠바의 실험은 이른바 현대의 관행농법으로부터 유기농 또는 반(半)유기농으로 전환하는 가장 대규모의 시도이다. 우리는 쿠바의 성공뿐만 아니라 쿠바의 실패로부터도 교훈을 얻을 준비가 되어있어야 한다. 이 실험은 우리 모두에게 잠재적으로 중요한 것인 만큼 우리는 이것을 지원해야 할 의무가 있다.

현재 쿠바에서 진행 중에 있는 대안적 농업의 실험은 선례가 없는 것이며, 관행농업이 갈수록 지속불가능한 것이 되고 있음을 느끼고 있는 다른 나라들에게 이것은 잠재적으로 엄청난 암시를 주고 있다. 우리는 국제 과학 및 농업공동체들이 농업을 좀더 독립적이고 지속가능한 형태로 재편하려는 쿠바의 농민과 과학자와 계획자들의 노력을 지원하고, 쿠바의 성공과 실패 어느 쪽이든 거기서 얻을 수 있는 교훈에 면밀한 주의를 기울일 것을 요청하고 싶다. 쿠바의 현재의 경제위기가 그 주민들에게는 '두 걸음 후퇴'일지는 모르지만, 유기농업의 실천이 언젠가는 커다란 일보 전진으로 나타날지도 모른다.

가이아의 얼굴

삶의 도량에서

장일순

세상에 태어난다는 사실은 대단한 사건 중에서도 대단한 경사입니다. 태어난 존재들이 살아간다는 것은 거룩하고도 거룩합니다. 이 사실만은 꼭 명심해야 할 우리의 진정한 과제라고 생각합니다.

나는 가끔 한밤에 풀섶에서 들려오는 벌레소리에 크게 놀라는 적이 있습니다. 만상(萬象)이 고요한 밤에 그 작은 미물이 자기의 거짓없는 소리를 들려주는 것을 들을 때 평상시의 생활을 즉각 생각하게 됩니다. 정말 부끄럽다는 이야기입니다.

이럴 때면 내 일상의 생활은 생활이 아니고 경쟁과 투쟁을 도구로 하는 삶의 허영이었다는 사실을 깨닫게 됩니다. 삶이 삶이 아니었다는 것을 하나의 작은 벌레가 엄숙하게 가르쳐줄 때에 그 벌레는 나의 거룩한 스승이요, 참생명을 지닌 자의 모습은 저래야 하는구나라는 것을 가슴 깊이 새기게 됩니다.

나는 귀천(貴賤)이나 남녀노소를 가릴 것 없이 많은 사람들과 일상생활

장일순(張壹淳, 1928~1994) — 생전의 글과 강연, 대담 등을 엮은 《나락 한알 속의 우주》, 이현주 목사와의 대화로 된 《장일순의 老子이야기》 등이 있다.

을 즐기고 생활을 나누며 삽니다. 저녁으로는 대체로 박주일배(薄酒一杯)를 나누는 형편인데 집으로 돌아오는 길에 혼자 걷는 방축(防築)길은 나의 도량(道場)이나 다름이 없습니다.

저녁밥과 술자리에서 나누었던 좋은 이야기와 못마땅했던 이야기를 반추합니다. 이런 것 저런 것을 생각하다가 문득 걸어가는 발 밑의 풀들을 접하게 되는 순간 나는 큰 희열을 맛봅니다. 수많은 사람들이 짓밟아서 풀잎에 구멍이 나고 흙이 묻어있건만 그 풀은 의연하게 대지에 뿌리를 내리고 있습니다. 상처와 먼지에 찌들린 풀잎이 하늘의 달과 대화를 하고 있는 모습을 볼 때, 형편없는 나의 그날의 생활이 떠오릅니다.

그 밥자리에서 술 한잔에 거나해가지고 제대로 생활화하지 못하고 다만 머리에 기억만 남아있는 좋은 글귀를 동학(同學) 또는 후배들에게 어른처럼 말했던 몇시간 전의 나의 모습을 생각할 때 창피하기 이를 데 없음을 누가 짐작하겠습니까. 정말 부끄럽기 한이 없습니다.

그러나 그 길가의 짓밟힌 풀들이 말없는 나의 위대한 스승님들이라는 사실을 취중에 알게 되었을 때 그 기쁨은 말로는 표현이 되지 않습니다. 그것을 맛본 후로는 길가의 모든 잡초들이 나의 스승이요, 벗이요, 이 미약한 사람의 도인(道人)이라는 것을 알게 되어서 길 걷는 동안 참 행복한 세상에 살고 있구나 하고 즐겁게 길을 걷습니다.

나는 아침에 일찌감치 손님을 전송하기 위해서 역이나 고속버스터미널에 가는 때가 있습니다. 오신 손님을 전송하고 나서는 가끔 근처에 있는 젊은 친구를 만납니다. 젊은 친구들은 오래간만이라고 차 한잔이나 대포 한잔을 권하는 일이 많습니다. 대개는 아침이라 사양하지만 같은 이에게 번번이 사양하면 미안한 마음이 듭니다. 여러번의 권고가 되는 경우에는 부득이 사양을 하지 못하고 응합니다.

아침부터 대폿집에 들어가서 두홉들이 소주를 각기 한병씩 나누면 오전중에 이미 거나해서 노상(路上)에 나옵니다. 나는 술을 마시면 주로 걷습니다. 술도 깨고 운동도 되기 때문입니다.

그러다가 보면 70대가 넘는 노선배님들을 노상에서 만나뵈웁게 됩니다.

"청강(青江, 제 아호임)께서 백주에 이렇게 대취하면 어떻게 되는 거요" 라고 노선배는 걱정 반 애정 반으로 물으십니다. 나는 그렇게 걱정하시는 선배님께,

"치악산 밑에서 이 청강이 백주에 취하지 않으면 누가 취하겠습니까?" 하고 대답하곤 합니다.

"그건 그래! 그러나 청강이 건강해야 되지 않아?"

노선배께서는 웃으시며 애정어린 말씀을 주십니다.

역 앞에서 대포를 한잔 하자고 권하는 젊은 친구의 대접도 애정이고 노선배님의 말씀도 애정입니다.

언젠가 원주에 있는 지하상가에서 있었던 일입니다. 지하상가를 거쳐 필방(筆房) 앞을 지나자니까 필방 주인 박형이 "선생님, 잠깐만 저 좀 보고 가세요" 하기에 필방에 들렀습니다. 그는 옛날 편지 하나를 내놓고 초서(草書)로 써서 도무지 알 수 없는데 편지내용이 무엇이냐고 물어왔습니다.

들여다보니 친구가 병환중에 있는 벗에게 약재와 그 처방을 자세히 일러주고 복용법까지 어떻게 하라는 사연의 편지였습니다. 원체 나도 단문(短文)하고 무식한 사람이라 그 편지에서 다섯 글자를 알 길이 없었습니다. 모르는 다섯 글자를 초서에서 해서(楷書)로 고쳐 써주면서 옥편을 보라고 하였습니다.

필방 주인은 고맙다고 하였는데 느닷없이 고등학생이 그 편지를 필방 주인인 박형한테서 받아들었습니다. 그 학생은 옆에 있는 소파에 나를 앉으라 하더니 그 편지를 다시 풀이해달라고 요청했습니다. 박형에게 일러준 대로 다시 풀어서 일러주고는 다섯 글자를 모르니 옥편을 찾아보라고 말했습니다.

그 순간 학생은 "그것도 모르면서 서예가예요. 에잇" 하고는 횡하니 필방을 나가는 것이었습니다. 필방 주인은 무안해서 미안하다고 두번 세번 인사를 하는데 나는 멍한 순간이 지나자 통쾌함을 느꼈습니다. 저런 젊은 학생이 아니면 누가 이 바닥에서 시원하게 나를 혼낼 것인가 하고 생각하였습니다.

지하상가를 나와 대로를 걸으면서 나는 생각했습니다. 살아가면서 배운다는 것이 노소(老少)가 없을진대 아까 그 학생이 선생님이고, 이 못난 사람이 학생 중에서도 덜 떨어진 학생이로구나 하는 것을 선연히 느끼게 되는 기쁨을 맛보았습니다.

나는 어려서 '상하소반(上下所反)'이라는 말을 많이 들었습니다. 아무짝에도 쓸모가 없다는 말로, 우리집에서 어른들이 말씀하신 것으로 압니다. 특히 그것은 나에게 잘 들려주신 말씀이기에 지금까지 생생하게 기억하고 있습니다.

어릴 적 일인데 아버님께서 싸리나무를 여러 단 장에서 지게꾼을 시켜서 사가지고 오셨습니다. 아버님께서는 나와 동생에게 뒤뜰 안 채마밭에 병아리들이 들어가 어린 배추와 무를 뜯어먹으면 김장은 낭패니 너희 형제들이 싸리바자를 엮어서 울타리를 치라고 말씀하셨습니다. 그때 내 나이가 열두살이었고 동생은 아홉살이었습니다. 그런데 어린 동생이 엮은 바자는 꼿꼿하게 서있고 내가 엮어 세운 것은 서있지를 못하고 학춤을 추고 있었습니다. 밖에서 돌아오신 아버지께서 보시고,

"이놈아, 네가 해놓은 것은 그게 무엇이냐, 병아리들이 다 드나들게 만들었으니 동생만도 못하고 참 답답하구나. 무엇에나 상하소반이니 이 다음에 무엇을 제대로 하겠느냐."

아버님의 말씀이 지금도 기억에 생생합니다. 지금 생각하니 참 고마운 말씀이었다는 것을 잊을 길이 없습니다.

어려서 나는 학교에 다닐 때 1등을 해본 적이 없습니다. 한껏 해야 3등, 그렇지 않으면 5~8등 정도에서 맴돌았습니다. 그런데 옛날에 돌아가신 형님과 누님은 매번 1등만 하셨습니다. 우리 집안에서의 별명은, 특히 아버지로부터 얻은 내 별명은 먹통이었습니다.

그러나 조부님께 성적표를 보이면 "잘했다. 앞으로 더 잘해라" 하시면서 격려해주셨습니다. 형님이 15세에 이 세상을 떠난 후 조부님께서는 둘째손자인 나에게 한문과 붓글씨 쓰는 것을 가르쳐주셨습니다.

아마도 내가 5세 때인 것 같습니다. 조부님 앞에서 천자문의 한 구절을

외우는데 수십번을 가르쳐주셔도 단 넉 자를 외우지 못하니까 이렇게 말씀하셨습니다.

"옛날에 아주 머리가 둔한 아이가 있었는데 천지현황(天地玄黃)을 삼년 동안 꾸준히 익혔었단다. 그래서 나중에 문장을 지었는데 '천지현황(天地玄黃)을 삼년독(三年讀)하니 언재호야(焉哉乎也)는 하시독(何時讀)일고'라고 했단다. 너도 근해에나 그러면 된다. 책 덮고 나가 놀아라."

지금도 잊을 수 없는 말씀입니다. 아이들이 밖에서 놀자고 부르는 소리를 조부님도 알고 계셨기에 사정을 보아서 해방을 시켜주신 것이라고 지금에서야 생각합니다.

이렇게 미련한 나에게도 낮에는 하늘의 태양이 밝게 비추어주시고 밤에는 달이 자정(慈情)의 빛을 주시며 땅은 필요한 만물을 제공해주십니다. 이 못난 남편을 아내는 주야로 걱정하면서 건강하게 좋은 일 하기를 바랍니다. 내 자식 삼형제는 훌륭한 아비 되기를 항상 마음에 간직하고, 내 아우들은 이 무능한 형을 공경하며, 세상의 많은 선배·후배·친지들은 건강하고 도통하여 세상만민에게 많은 복을 베풀기를 바라니 나의 인생이 이 이상 더 행복하고 기쁠 수 있겠습니까?

삶의 진실

박경리

　벌써 여러 날째 수고양이 두 마리가 뜰에서 힘겨루기를 하고 있었다. 힘겨루기라 하니까 뭐 대단한 격투라도 벌인 듯 생각하겠지만 그렇지는 않고 서로가 바싹 다가서서 울어대는 단순한 행동이었다. 아무튼 꽤 오랫동안 그랬었는데 수고양이 한 마리가 보이지 않게 되었다. "기어이 밀려 났구나. 어디 가서 뭘 먹고 사는지…" 밥을 주면서 혼자 중얼거리는데 가슴이 아팠다. 그러나 그들의 질서는 내 영역 밖의 일이다. 사실 나는 그들의 주인은 아니었다. 여러해 동안 들고양이들에게 밥을 제공해왔지만 그들은 나를 주인으로 인정하지 않았고 나 역시 그들이 무슨 못된 짓을 했는지 이웃에서 항의가 있으면 들고양이라 하여 책임을 지지 않았다. 다만 이 세상에 생을 받은 모든 것의 가장 큰 슬픔이 배고픔이기 때문에, 배고픔은 목숨을 부지할 수 없는 것이기 때문에 밥을 주는 이유는 그것뿐이었다.

　숲속이랑 뒤란 광 속, 지붕 밑, 우리집 둘레에 제각기 보금자리를 마련

박경리 (朴景利) — 소설가. 이 글은 원래 《계간 연세 — 진리·자유》 1991년 여름·가을호에 실렸던 것을 전재한 것이다.

해놓고 상주하는 들고양이는 대강 열 마리쯤 된다. 암고양이들이 줄줄이 새끼를 낳았거나 이따금 몰래 들르는 뜨내기까지 합하면 어떤 때는 스무 마리 가까이 되기도 했다. 그럴 때에는 큰 냄비에 밥을 그득하게 지어도 두끼가 불안해진다. 개구리, 메뚜기도 없는 겨울엔 한층 먹성이 좋아서 아예 정부미를 몇 포대 들여놓고 밥 따로 국 따로 끓여 먹이자니 여간 힘드는 일이 아니다. 그러나 내 자신이 생각해도 이상한 것은 짜증이 나지 않는 일이다. 밥때가 좀 늦거나 하면 내 방 앞에 와서 들고양이들은 울고 아우성인데 그 소리를 들으면 가슴이 두근거린다. 아파 누워있다가도 할 수 없이 나가서 밥을 챙겨주고 이게 다 내 업이거니 생각하며 드러눕는다. 그럼에도 불구하고 그들은 내 가까이 맴돌 뿐 결코 다가오는 일이 없다. 서운한 생각이 들지만 그보다 그들을 존경하는 경우가 더러 있다. 먹는 것 때문에 싸우는 것을 보지 못했다. 그들 나름의 순위가 있는 모양이며 우선권은 항상 새끼들에게 주어지는 것 같았다. 어쩌다 멸치 같은 것을 던져주면 가로채는 것은 새끼들이었고 아줌마뻘 아저씨뻘 되는 고양이들은 못 이긴 척 멋쩍은 척할 뿐이었다. 사람이 나타나지 않는 이상 그들은 평화스럽고 자연 그대로다. 암고양이가 숲속에서 새끼를 낳으면 다른 암고양이가 봐주는 동안 어미는 밥을 먹으러 오곤 했다. 새끼가 어려서 젖을 먹을 때 어미는 늘 경계태세지만 밥을 먹게 될쯤이면 장난질하는 새끼를 대견하고 느긋한 표정으로 바라본다. 언젠가 한번 낯선 사람을 보고 놀랐는지 새끼를 물고 이층 베란다로 올라가다가 새끼를 떨어뜨린 일이 있었다. 어미는 죽은 새끼를 옆에 두고 울부짖었다. 섬세하고 애틋하며 또한 처절한 들고양이들의 행동과 분위기를 보고 있노라면 사람의 심성과 별반 차이가 없는 것같이 느껴진다.

삶의 환희! 삶의 슬픔!

그것은 생과 사와도 같고 어둠과 빛과도 같다. 극과 극이 등을 맞대고 혹은 서로 마주보는 자리에 생명을 받아 나타난 것은 예외없는 상반된 두 여울 사이를 오가며 휘말리며 무상의 길을 지나가야 한다. 사람의 마음 깊은 곳에서도 상반된 삶의 방식을 두고 모순과 갈등이 지칠 줄 모르게 일렁인다. 정착에서 벗어나려 하고 인연의 질곡을 물어 끊으려 하고 원심을 향해 치닫고자 하는데, 그런가 하면 주어진 자유에서 고립을 느낀 영혼은 또 구심점을 찾아 헤매기도 한다. 조직 속으로 기어드는가 하면 해방을 꿈꾸며 틀에서 빠져나오려 하고 균형을 본연으로 삼는가 하면 자유분방을 갈구하고, 쉴새없이 떠나고 밀려오는 물결 같은 군상, 우리들의 모습이며 인류의 모습이며 어제도 그러했고 오늘도 그러하며 내일 또한 그럴 것이다. 그러나 탄생(만남)하면서 죽음(이별)을 잉태하는 생명의 본질, 삶의 진실을 과연 우리는 얼마만큼 생각하며 살고 있는 걸까.

태어나면서 죽음에 이르는 생명, 그 원초적 숙명에 심어진 것이 한(恨)이 아닐까. 만남과 이별에서 제기되는 왜(?)라는 물음표 자체가 한(恨)일 것이다. 그러나 우리는 '왜'라는 의문 때문에 절망하지 않으며 '왜'라는 물음이 역사를 관류해왔기 때문에 우리는 중단하지 않았던 것이다. 한은 절망이 아니며 체념이 아니다. '왜'라는 물음에 대한 해답의 요구일 수도 있고 추구, 출발일 수도 있을 것이기 때문이다. 다시 만날 것을 소망하며 이루어지기를 기원하며 현세에서뿐만 아니라 내세까지, 생명이 간 곳을 향해 뻗어가는 염원이기 때문이다. 못 배운 것이 포한(抱恨)이 되어 자식만은 가르치겠다던 어버이의 눈물, 배고픔이 포한이 되어 대처로 나가 돈 벌어서 땅 사겠다며 보리밭을 등지고 떠난 젊은이, 약 한첩 써보지도 못하고 보내야만 했던 그리운 사람에 대한 포한 때문에 칠월 백중이면 절을 찾는 소복의 여인, 이들은 모두 내 어릴 적의 이웃들이며 우리 민족의 자화상이다. 한의 슬픔은 불확실성에 있다. 영신지향이기 때문이며 무한의 존재이기 때문이다. 물질이 유한이면 그것은 현재이고, 무한은 미래다. 눈앞의 것은 보이지만 먼 곳은 보이지 않는다. 그러나 보이는 확실한 것만이 우리를 구제해준다는 것은 망상이며, 가시적인 것이 결코 전체는 아니다. 가시적인 것, 현재만을 믿고, 보이지 않는 것, 미래를 망각한다면 개인의 경우도 그러하지만 민족과 인류 모두의 욕망은 일그러질 것이다. 죄악은 물론 역사, 진실, 신까지 모든 것은 목적의 도구가 될 수밖에 없다. 오늘은 물질이 신과 같이 숭상되는 시대다. 그리고 현대인은 불확실성을 배격한다. 하지만 신과 같이 숭상되고 확실한 물질로 인하여 생명들이 죽어가고 또 죽는다는 사실을 우리는 타성적으로 인식하고 있는 것 같다. 쓰레기 속에서 허우적거릴 미래의 생명들, 방사선에 오염되어 괴물로 변한 인간들의 모습을 상상하기 어렵지 않은 시대에 우리는 지금 살고 있는 것이다.

한을 우리 민족의 퇴영적 정서로 보고 매도하거나 비웃는 사람이 더러 있는 것 같다. 한은 본연적인 것으로 우리 민족의 삶과 더불어 가는 것이며 퇴영될 수 없고 다만 버린다는 데 문제가 있다. 그것은 자기부정일 수도 있고 민족과의 절연을 의미하기도 한다. 1920년대 이 나라 계몽파의 오류가 그것이었다. 내부에서의 각성과 외부에서의 자주에 대처하는 데 조급하여 많은 것을 내다버렸던 것이다. 철저하게 순식간에 우리의 것을 무너뜨린 장본인은 물론 일제였지만 그 당시 해외유학의 새로운 지식층이 합류했고 기독교문화도 가세했다. 목적은 서로 달랐지만 결과에 있어서 너무 많은 것을 잃었다. 시간은 무의미한 것은 아니다. 시간의 퇴적이 역사이며 역사는 축적된 경험이다. 한민족이 수천년 세월을 지내는 동안 남보다 뒤진 것이 있을 수 있고 앞선 것도 있을 터인데 성급하게 수천년 자란 나무 밑둥을 잘라버리고 남의 씨앗 하나 얻어서 과연 수천년 이어가는 그들을 따라잡을 수 있겠는지. 이광수의 《민족개조론》도 그와 같은 맥락에서 나온 것이다.

역사도 진실도 신까지도 효율성에 치중하여 쓰고 있는, 세계에서 가장 유물적인 민족 일본은 그들 것을 버리지 않았다. 천조(天照)의 왕통계승의 선언 이외 단 한 줄의 계명도 없는 신도(神道)라는 텅 빈 상자에 한때는 신불습합(神佛褶合)이라 하여 불교를 곁들였고 또 한때는 유교와 합치더니, 왈 일본은 세계의 종주국이요 후지산(富士山)은 세계의 진수(鎭守)라, 두말할 것도 없이 그것은 군국주의의 모태이며 세계정복의 원형으로 만들어진 것이었다. 최첨단을 가는 과학기술의 보유국인 일본은 그야말로 내다버려야 옳은 신국, 신도의 낡은 상자를 현재까지 움켜쥐고 있다. 왜 우리는 신나게 버리면서 선망해 마지않는 일본이 원죄의 상자를 움켜쥐고 있는 사실을 그냥 보고 넘기는지. 36년간 일제는 근대화 물결을 타고 구습타파라는 명분으로 우리 것을 박살냈는데 그들은 구습타파를 못했던지 조선의 산봉우리에 쇠기둥을 박았다. 구습타파도 방편이요 구습보존도 그들에겐 방편이다. 용감무쌍한 신국의 백성들, 뭐가 두려워 우리 강산에 쇠기둥을 박았을까? 민족의 얼을 두려워했을 것이다. 믿지 않으면서도 믿는 그들, 현인신을 믿지 않으면서도 믿는 그들의 특이한 발상법 때문이리라.

이야기가 옆길로 많이 빠진 것 같다. 한을 퇴영적 민족의 정서로 보는 것은 아마도 일제 36년의 영향이 아니었나 싶다. 일본에는 한에 걸맞는 말이 없다. 굳이 찾아보면 모노노아와래(物の哀れ)가 있는데, 그러나 한과는 상당히 거리가 있다. 그것은 덧없다는 뜻이 포함된 허무주의로서 존재의 슬픔을 말하고 있다. 공리를 위해선 어떠한 죄악 살생도 용납되는 칼의 문화에 대한 가냘픈 저항에 불과한 것이다. 한(恨)을 일본에서는 우라미(うらみ)라 읽는다. 우라미는 원한이며 증오, 저주, 복수심리가 강하게 깃들어있다. 문학은 인생의 축소이며 또 인생의 확대라 생각하여 일본의 에도문학(江戶文學)을 살펴보면 그 기조를 이루는 것이 우라미다. 우라미 때문에 칼(그로테스크)이 등장하고 삼각·오각의 애욕은 우라미를 조성한다. 사상의 성찰이 없는 살인극, 패륜극은 인생에 있어서 한갓 넌센스에 지나지 않았다. 그것은 칼 밑에 있는 민중들의 허무주의의 발산으로도 보여지며 죽음의 충동, 죽이고 죽임을 당하는 기폭제가 우라미였다. 일본의 기나긴 동족상쟁 약탈의 역사는 명치유신 이후 그 칼바람이 밖으로 쏟아져나감으로써 달려져 갔다. 그들에게 비하여 얼마 되지 않는 우리 문학을 보면 핏빛 칼바람은 보기 드물다. 복수보다 보은이 많은 편이며 무엇보다 두드러진 특색은 비극을 해학으로 중화시킨 일이다.

죽음(〈심청전〉)과 억압(〈춘향전〉)과 가난(〈흥부전〉)에서 우리는 참 많은 해학과 풍자를 보게 된다. 이와 같이 일본의 문학과 우리의 문학의 차이, 그 뿌리는 어디에 있는 걸까. 왕권을 확립하기 위하여 만들어진 일본의 《고사기(古事記)》는 오랜 세월 날조되고 삭제하고 가필된 흔적이 역력하지만 내용은 인간의 얘기, 권력쟁탈의 기록으로서, 신국·신도의 근거가 된 그 속에는 앞서도 말했듯이 상속의 문제 이외에 단 한마디도 신의 메시지는 없다. 일본의 이 무렵보다 훨씬 앞선 한민족에겐 무엇이 있었을까? 샤머니즘을 들 수 있다. 그것을 본으로 삼았고 의지했으며 어떤 권력도 개입하지 않는 생명주의였으며, 생명의 평등은 비단 사람에 한한 것은 아니었고 모든 생명에 대한 평등사상이었다. 모든 생명에는 영성이 있다고 보았기 때문이며 영성이 있을진대 생명과 생명 사이의 교신을 믿은 것이다. 또 영성의 불멸을 믿었기 때문에 영계와의 교신을 끝없이 시도했던 것이다. 이런 상황은 친화를 의미한다. 상반된 것과의 친화, 죽음과 생의 상반된 것과의 만남은 영원한 염원이었을 것이다. 희망이기도 했을 것이다. 여기서 우리는 죽임의, 상쟁의 흔적을 찾을 수 없다. 불교가 들어온 후에도 그것은 진리의 탐구였으며 올바른 삶의 규범이 되었다. 유교는 정치이념으로 도덕정치를 구현하려 했고, 물론 그런 것들에 폐단도 따랐고 실리 앞에선 허약하기도 했을 것이며 현실과 유리되는 측면도 있었을 것이다. 그러나 우리는 어떤 경우에도 생명이 죽임을 당하는 문명은 배격해야 하고 옳지 않은 욕망을 위하여 개인이든 집단이든 간에 그들 욕망을 위해 진실이 기만의 깃발이 되어 인류가 파국으로 가는 것을 긍정해도 안되며 애매하게 넘겨도 안될 것이다.

이박삼일의 남도기행

박완서

　작년 가을이었다. 시골바람을 쐬러 가자는 친구가 있었다. 시골바람이란 소리가 어쩌나 듣기 좋던지 선뜻 그러자고 했다. 어디를 언제 어떻게 갈 것인가는 묻지 않았다. 그 친구가 다 알아서 해주려니 믿는 마음에서였다. 그전에도 가끔 그 친구로부터 그가 가본 고장 얘기를 들은 적이 있는데 정말 그렇게 좋은 고장이 이 땅에 있는 것일까 싶게 비현실적으로 들렸던 것도 한번 따라가보고 싶은 유혹이 되었다. 나에게 시골이란 말은 고향과 거의 같은 뜻을 지니고 있었다. 동산이 있고 개울과 시내와 논밭과 작은 마을과 두엄 냄새와 그리고 무엇보다도 땅 파는 사람들이 있는 곳이면 되었다. 그 중 어느 하나도 유난스러울 필요는 없었다. 고향이 북쪽이라 못 가게 되고 나서도 관광이나 휴가라는 이름으로 여행을 한 적은 많지만 시골맛을 본 것하곤 달랐다. 나에게 시골맛이란 완전한 평화와 안식을 의미했다. 좋은 계절 골라잡아 이름난 휴양지나 명승고적을 찾아가서 사람에 부대끼고 나서 현지 사정이나 주머니형편에 따라 민박이나 여관에 묵는 걸 시골맛이라고 볼 수는 없었다. 더군다나 근래에는 세상도

박완서 － 소설가.

좋아지고 내 경제사정도 넉넉해져 호텔 아니면 콘도에 묵는다. 그렇다고 만약 나에게 시골에 사는 가까운 친척이 있어 거기에 묵을 수 있다면 귀향과 닮은 맛을 볼 수 있었을까. 아마 그래도 아닐 것이다. 관광지 주변과 고속도로나 국도 주변의 인심과 마을 풍경은 해마다 달라졌다. 그것이 근대화라는 것이었다. 도시사람이 눈에 불을 켜고 돈과 편리를 추구하는데, 농촌이라고 그러지 말란 법이 없었다. 다 같이 고루 잘살자는 데 불만을 품는다면 그야말로 도둑놈의 배짱이 아니고 무엇이랴. 그렇게 농촌의 발전을 긍정하면서도 도시의 간교함과 농촌의 촌스러움을 조잡하게 뒤섞어놓은 것처럼 어중간한 시골 인심에 접하는 것은 민망하고도 피곤한 일이었다. 국토는 좁고 인구는 많고 어느 한군데 도시인이 휘젓고 다니지 않은 데가 없는데 오염 안된 시골이란 환상에 지나지 않았다. 소위 경제발전이란 명목으로 기를 쓰고 잘살기만을 추구하다가 문득 무슨 속죄의 의식처럼 전혀 발전이 안된 시골을 꿈꾼다는 것 자체가 얼마나 사치롭고도 아니꼬운 도시중심적인 사고인가. 농촌을 대상화하지도 말아야겠지만 속죄양을 만들어도 안된다는 생각으로 어디에도 이제 고향은 없다는 상실감을 달랠 수밖에 없었다.

친구와 약속한 날은 하필 토요일이었다. 토요일 오후의 서울역 혼잡을 무엇에 비길까. 기차도 타기 전에 어질어질 멀미가 났다. 멀미 중 사람 멀미가 제일 고약한 것은 평소 자신에게 있다고 믿었던 인류애니 인도주의니 하는 것이 실은 얼마나 믿을 게 못되는가 하는 자기혐오 때문일 것이다. 그래도 친구가 예매해놓은 기차표는 새마을호였다. 친구 말에 의하면 철저하게 서민적인 여행을 하려고 했는데 마침 목포행 새마을호 표를 예매해놓고 못 갈 사정이 생긴 부부로부터 표를 넘겨받을 수가 있어서 뜻하지 않게 호화여행을 하게 되었노라고 했다. 호남선은 새마을호가 생긴 지도 얼마 안되고 또 하루에 한 차례밖에 운행을 안하기 때문에 표 구하기가 하늘의 별따기라고도 했다. 새마을호가 호화스러워서가 아니라 표 구하기 어려움 때문에 우리 나들이가 호화여행이 된 모양이었다. 그러나 송정까지만 호화여행을 하고 나서 광주로 가 일박하고 다음날 해남 대흥사일지암에서 일박하고 다시 광주를 거쳐 서울로 돌아오기까지는 순전히 시외버스와 시내버스를 이용했다. 친구의 잘못이었는지 고의였는지 광주에서 해남까지의 장거리도 직행버스도 못 타고 수도 없이 정거하는 그냥 시외버스를 타게 됐다. 그러나 그동안이 그렇게 좋을 수가 없었다. 조금도 예기치 못한 일이었다. 내가 지금까지 해온 여행은 과정을 무시한 목적지 위주의 여행이었다. 그게 얼마나 바보 여행이었던가를 알 것 같았다. 어디를 가기로 정하면 먼저 될 수 있는 대로 빨리 갈 수 있는 교통편을 강구하고, 가면서 통과하게 되는 고속도로나 국도변의 풍경은 가능한 한 빨리 스치는 게 수였다. 공업화, 산업화, 관광지화를 꿈꾸거나 이미 이룩한 지방들은 자연도 인심도 도시의 변두리일 뿐 순전한 시골은 어디에도 남아있지 않았다. 휴가라는 명목으로 여행을 갔다 오면 더욱 피곤하고 짜증스러워지는 것은 관광 인파와의 부대낌 때문만은 아니다. 가도 가도, 심지어 산간벽지까지도 골고루 걸레처럼 널려있는 문명의 쓰레기와 상업주의 때문에 이 땅에서 도시적인 걸 벗어나는 건 불가능하다는 걸 인식한 어쩔 수 없는 결과였을 것이다.

마침 좋은 때였다. 설악산엔 단풍이 절정기라 했지만 이곳은 어쩌다 먼저 든 단풍이 드문드문 꽃보다 요염하게 타오르고 있을 뿐 전체적으로는 아직 푸르렀다. 그냥 지나치면서 보았을 뿐인데도 어딘지 범상하지 않게 보였던 것은 월출산뿐, 수없이 거친 산들이 그저 그만그만한 동산들이었다. 그러나 산마다 넓게 또는 수줍게 치맛자락을 펴서 평야를 거느리고 있지 않는 산이 없었다. 아무리 작은 동산도 품안의 들판을 보듬어안고 물과 정기를 대주고 외풍을 막아주고 있는 것처럼 보였다. 산이 많고 사이사이에 평야가 옹색하게 끼어있는 것은 조금도 새로울 게 없는 우리나라의 대체적인 지형이다. 곡창이라 일컫는 평야지대라 해도 좀처럼 지평선을 볼 수가 없지만 아무리 산간지방이라도 일굴 수 있는 밭 몇뙈기는 있게 마련이다. 지역적인 차이가 있긴 하지만 이 나라 도처에 널린 산과 들과 물의 적절한 조화가 그날따라 마음에 스미듯 아름답게 느껴졌다. 감동이라고 해도 좋았고 개안이라 해도 좋았다. 어찌 이다지도 보기 좋을까. 평범한 시골이 마치 신이 정성을 다해 꾸민 정원처럼 보였으니 말이다. 나의 이런 감동에 친구가 찬물을 끼얹었다. 그 고장이 도시인의 마음을 사로잡을 수 있는 것은 그 고장이 개발에서 소외됐기 때문이라는 거였다. 그 말에도 일리는 있었다. 아파트도 공장의 굴뚝도 안 보이고, 문명의 쓰레기도 널려있지 않은 순전한 시골이 거기 있었으니까. 그뿐일까. 분주하게 일하는 농사꾼들이 있었다. 가을걷이가 한창이었다. 시외버스는 포장도로의 길섶을 벼를 널어 말릴 수 있는 멍석으로 내주느라 가운데로 조심조심 달렸기 때문에 나는 마치 문명의 이기가 아닌 달구지를 타고 가는 듯한 기분까지 맛보고 있었다. 벼를 길에 넓게 펴 말리는 이나, 논에서 기계로 벼를 베는 이나, 탈곡기로 벼를 터는 이나, 일손들은 거의 중년의 아낙이나 할아버지 할머니들이어서 마음이 찐했지만 간혹 청년이 눈에 띄면 그렇게 반가울 수가 없었다. 우리는 하루가 멀다하고 터지는 대형 부정과 온갖 비리, 그리고 흥청망청 먹고 마시고 쓰고 버리는 낭비와 사치, 그리고 속속들이 썩어 문드러져가는 부도덕에 거의 불감증이 돼버렸지만, 문득 이러고도 이 세상이 안 망하게 지탱해가는 걸 신기하게 여길 적이 있다. 그건 바로 저들 숨은 의인들 덕이 아니었을까? 나는 염치없게도 우리가 안 망하기 위해서는 의인들이 의인으로 길이 남아있길 바랐다. 그러나 의인하고 속죄양하곤 다르다. 누가 시켜서 되는 것도, 더군다나 경제발전에서 소외된 열등감으로 될 수 있는 건 아닐 것이다. 자유의사와 자존심 없는 의인을 생각할 수 없는 거라면 우리 모두가 의인을 알아보고 공경하고 의인의 땀의 결실을 무릎 꿇어 귀히 여기는 마음 없이는 의인의 소멸 또한 막을 수 없을 것이다. 후졌기 때문에 아름다운 이곳 농촌이 실은 뒤진 게 아니라, 먼저 발전했기 때문에 땅과 인심이 돈맛밖에 모르게끔 천박하고 황폐해진 타고장들이 장차 지향해야 할 미래의 농촌상이길 꿈꾸었다면 내가 너무 철없는 몽상가일까?

　해남에서 다시 버스를 갈아타고 대흥사까지 갔지만 경내에 들어가진 않고 일지암으로 올라갔다. 발이 넓은 친구가 그 암자를 지키는 여연 스님과 연줄연줄로 아는 사이여서 그날 밤 숙소는 그 암자로 우리 마음대로 정해놓고 있었다. 그 전날 밤 광주에서는 사제관에 묵은 생각을 하면 괜히 웃음이 났다. 사제관이라곤 하지만 서울의 큰 성당 사제관처럼 부잣집을 닮은 집이 아니라 방 두칸짜리 작은 아파트였다. 신부님이 마침 시골 공소로 미사를 봉헌하러 출타중이시라 하룻밤 비어있는 동안을 역시 친구의 친구의 주선으로 하룻밤 묵게 된 것이었다. 잠만 잔 게 아니라 아침엔 쌀독과 냉장고를 뒤져 밥까지 해먹고 떠났으니 무전취식에 이골이 난 무전여행이었다. 물론 일지암에서도 거저 얻어 먹고 거저 잘 작정이었다. 낮에 음식점에서 돈 내고 사먹은 점심도 공짜로 나온 게 훨씬 푸짐하고 맛있었다. 값싼 비빔밥을 시켰는데 웬 진한 갈비탕이 한 대접 나왔다. 잘못 나온 줄 알았더니 먼저 속을 풀라고 그냥 주는 거라고 했다. 한참 시장할 때였고 맛도 좋은 데다가 공짜라는 바람에 어찌나 허겁지겁 먹어치웠던지 주인이 큰 양푼에다 국을 가득 더 푸고 국자를 꽂다가 상 한가운데 놓아주고 갔다. 구이나 찜을 할 만하진 않았지만 힘줄과 살이 넉넉히 붙어있는 갈비 건더기도 듬북 들어있었다. 그 별나게 후한 음식인심 때문에 유일하게 돈 내고 먹은 끼니조차 꼭 마음씨 좋은 친척집에서 받은 대접처럼 흐뭇한 기억으로 남아있었다.

대흥사에서 일지암까지 거리상으로는 얼마 안됐지만 오르막길이라 근래에 등산을 해보지 않은 내 걸음실력으로는 상당히 힘이 들었다. 가끔 나오는 800미터니, 500미터니 하는 이정표가 꼭 나를 속여먹는 것 같았다. 구두를 신고 온 것도 나의 등산을 힘겹고 꼴불견으로 만들었다. 그러나 허위단심 도달한 일지암의 단순소박한 꾸밈새와 주인이 있으면서도 없는 듯한 적요는 우리를 말없이 감싸안는 듯했다. 조선 후기의 고승이자 다도의 정립자이기도 한 초의(草衣)선사의 당호인 일지암은 그러나 복원한 것이지 초의선사 때 것은 아니라고 했다. 여연 스님의 자상한 설명에 따르면 고건축에 애정을 가진 건축가가 초의선사가 남긴 문집을 통해 당시의 일지암을 세심하게 고증해서 복원했을 뿐 아니라, 나무 한 그루의 위치까지도 일상의 상념과 정경을 남긴 문집에서 미루어 짐작해낼 수 있는 한도 내에서 최선을 다해 있던 자리에 있도록 했다는 것이었다. 스님의 말씀을 그대로 믿어도 될 것 같았다. 일지암은 복원한 건축물에서 흔하게 볼 수 있는 천격스러운 현대적 가미가 거의 눈에 띄지 않았다. 건축이라기보다는 거기 돋아날 수밖에 없어서 돋아난 버섯처럼 천연덕스럽고도 아무렇지도 않게 자연의 일부가 돼있었다. 초의선사는 그의 저서 《동다송(東茶頌)》에서 좋은 물을 얻어야 좋은 차를 달일 수 있음을 체(體)와 신(神)의 조화에 비유했다고 한다. 체란 물을 말하고 신이란 차를 가리키므로 차는 물의 정신이 된다는 뜻이 된단다. 그러니 일지암에 어찌 좋은 차나무와 맑은 샘물이 없겠는가. 우리는 초의선사 때의 샘물에 목을 축이고 세수까지 했다. 달고 청량한 샘물이 몸과 정신을 상쾌하게 했다. 뜰의 차나무에는 차꽃이 드문드문 피어있었다. 곡우 입하 무렵에 차를 딴다는 소리는 들었어도, 차꽃이 가을에 핀다는 건 처음 알았다. 그러나 지금이 개화기라는 느낌보다는 몇송이씩 오랫동안 연달아 피고지는 게 아닌가 싶게 그 수가 많지 않았고, 오히려 열매를 맺은 가지가 더 많았다. 검푸른 잎 사이에 숨어있어서 그런지 희다 못해 푸르름이 도는 고상하고 그윽한 꽃이 향기는 현란한가, 벌이 떼로 모여들어 잉잉대는데 하나같이 풍뎅이만큼 큰 벌이었다. 그 큰 벌들이 꽃에 앉기 전에 마치 아양을 떨듯이 꽃 위를 맹렬하게 선회하는 날갯짓을 가만히 들여다보고 있으려니 집에서 오디오에 은빛 콤팩트 디스크를 얹고 뚜껑에 달린 조그만 유리구멍으로 들여다보는 것 같은 느낌이 들었다. 스님이 마루 위에서 차를 권했다. 초의선사 시절부터 내려오는 물과 차라고 생각하니 황공하고 그 격식 또한 얼마나 엄엄할까 싶어 나는 지레 몸이 굳었다. 스님은 그러지 말고, 편안히 자기 식대로 마시라고 시범을 보여주었다. 스님의 무엇에도 구애됨이 없는 활달한 모습이 우리를 마음놓게 했다.

공양주를 두지 않고 스님 혼자 거처하시는 암자라 친구가 부엌에 들어가 스님과 함께 저녁을 지었다. 나는 텃밭으로 내려가 고추를 땄다. 어려서부터 빨간 고추만 보면 참을 수 없이 따고 싶은 버릇이 있다. 미처 종댕이를 차고 나가지 않았을 때는 거침없이 치마폭에다 하나 가득 따 담아 와 엄마한테 야단을 맞곤 했었다. 바지를 입고 가 그럴 수는 없었지만 수확의 기쁨은 여전했다. 아쉽게 엷어지는 햇살을 등에 지고 고추를 따면서 아릿하고도 감미로운 향수에 젖었다. 넓지 않은 텃밭에 여러가지 푸성귀를 심어놓아 고추는 한 고랑밖에 안됐지만 새빨간 고추를 조그만 소쿠리로 하나 가득 따 담을 수가 있었다. 그러나 지금 아무리 빨간 고추는 하나도 안 남기고 다 딴 것 같아도 내일 이맘때면 고추밭은 또 오늘만큼 빨긋빨긋해지리라. 먼저 거둔 고추가 가득 널린 툇마루에 내가 딴 한 소쿠리의 고추를 보태면서 옛날 우리 할머니 말씀이 생각났다. 할머니는 기도 같은 건 하실 줄 몰랐지만 "그저 땅이 화수분이란다"라는 소리를 잘 하셨고, 그럴 때마다 경건한 얼굴이 되곤 하셨다. 저녁반찬에 보태려고 고춧잎도 연한 걸로 골라서 좀 땄다. 반찬은 소박했지만 저녁밥은 꿀맛이었다.

손님을 위한 별채에는 벌써 불을 때 놓아 구들이 뜨끈뜨끈했다. 장작을 지핀 구들장에 허리를 지져보기는 실로 몇해 만인지. 오늘의 피로뿐 아니라 온갖 신산한 인생고까지 감미롭게 녹아내리는 것 같았다. 다만 근심이 있다면 밤에 측간에 가고 싶으면 어쩌나 하는 것이었다. 손님방에서 측간까지는 작은 연못과 일지암을 거쳐 텃밭머리를 지나야 하는 험난한 길이었다. 그러나 다행히도 구들장이 식어가고 있다는 아쉬운 느낌 때문에 잠에서 깨어났을 때는 아침이었다. 꿈 없는 숙면이었다. 심신이 날아갈 듯 홀가분했다. 친구와 함께 찬물에 세수하는 동안 일지암 쪽에선 인기척이 없길래 친구하고 둘이서만 산책을 나갔다. 길이 난 데로 걸어가다 보니 우리가 묵었던 손님방과 비슷한 규모의 정자가 또하나 나타났다. 정자에 오르니 두륜산의 늠름한 연봉과 깊은 계곡이 한눈에 들어왔다. 어느 틈에 스님이 옆에 와 계셨다. 우리가 먼저 일어났다고 생각했는데 아니었나 보다. 스님이 북쪽에 솟은 험준한 봉우리를 가리키며 저 산 너머 또 몇겹의 산 너머가 다산 정약용이 오랜 유배생활을 하던 강진이라고 했다. 다산과 초의의 신분을 초월한 우정은 갖가지 아름다운 일화를 남기고 있다. 그러나 스님의 설명으로 다산이 초의가 달인 차맛이 생각날 때마다 밤이건 낮이건 가리지 않고 넘어왔다는 험준한 산을 눈앞에 바라보는 감회는 각별

했다. 어떻게 단지 차를 마시기 위해 저 높은 산을 넘을 수가 있었을까. 믿을 수 없는 일이었다. 그러나 다산을 산 넘어 또 산, 고개 넘어 또 고개를 넘게 한 게 어찌 차맛뿐이었겠는가. 청아한 인품과 고담준론에 대한 갈증이 태산도 높은 줄 모르게 했으리라. 다산이 넘었다는 산빛이 별안간 달라보인 건 밝아진 햇빛 때문만이 아니었다. 뛰어난 영혼, 빛나는 영혼이 교감하고 머물다 간 자취 때문이었으리라. 자연은 위대한 영혼을 낳기도 하지만 위대한 영혼 또한 자연의 정기가 되어 자연을 빛나게 한다. 정기가 없는 자연은 그냥 경치일 뿐이다. 경치는 아무리 좋은 경치라 해도 눈으로 보는 것으로 족하지 마음속으로 스며오진 않는다. 나는 다산이 넘었다는 크고 험한 산을 눈앞에 보는 것만으로 전율에 가까운 행복감을 느꼈다. 그리고 어제 거친 산천이 그리도 유정했던 까닭을 알 것 같았다. 어찌 위대한 영혼뿐이랴. 이름없이 살다간 백성들의 한 많은 사연들이 서리서리 머무는 곳이 우리의 강산이다. 바로 그런 자연의 정기가 지나가는 나그네의 심금을 흔들고, 고향 떠난 이를 죽어서도 뼛골이라도 묻히고 싶도록 끌어당기는 힘이 되는 것이 아닐까.

그날 하산해서 다시 광주에 들렀다. 전날 사제관을 숙소로 내준 신부님을 처음으로 만나뵙고 어려운 부탁을 드렸다. 망월동 묘지에 한번도 못 가본 게 나에게는 숙제처럼 부끄러움처럼 남아있었다. 누가 시켜서도 불러서도 아니었다. 그냥 그랬다. 신부님이 손수 운전하는 차로 처음으로 그곳에 몇송이의 꽃을 바칠 수가 있었다. 가장 어린 죽음 앞에는 따로 준비해 간 붉은 장미 몇송이를 바쳤다. 광주로 돌아나오면서 송강 정철의 시비가 있는 공원도 들르고 느닷없이 내리는 소나기를 맞으며 광주호반에서 무등산을 바라보기도 했다. 무등산을 처음 보는 건 아니었다. 몇해 전에도 광주시내에서 무등산을 바라본 적이 있었다. 그저 그런가 보다 덤덤히 바라보았다. 그러나 인적 없는 광주호반에서 무등산을 바라보니까 전혀 달라보였다. 그 또한 그 산이 굽어본 숱한 사연 때문일 것이다. 나는 그때 그 좋은 경치를 몰라보고 일본 비와호(湖) 유람선상에서 후지산을 바라보면서 천하의 절경처럼 탄성을 지른 나의 천박한 관광여행을 돌이켜보면서 심한 부끄러움을 느꼈다. 어찌 일본여행뿐일까. 80년대 초에 처음으로 유럽구경을 해보고 나서 나는 그쪽 문화뿐 아니라 그쪽 농촌의 풍요한 아름다움에 거의 경도돼 있었다. 그후엔 순전히 나 개인적인 마음고통의 돌파구로서 자주 그쪽을 여행할 기회를 만들었지만 여지껏 어떤 지면에도 기행문 비슷한 것도 쓴 적이 없다. 그쪽 것에 경도된 마음은 우리의 초라한 문화와 엉망으로 훼손되고 오염된 자연에 대한 혐오감과 표리를 이루고 있었기 때문에 섣불리 남 앞에 드러내기가 싫었던 것이다. 그러나 우리 것에 대한 이 정도의 개안이라도 할 수 있었던 것도 생각해보면 여행 덕이었다. 미국은 뭐 볼 게 있을까 싶어 별로 가보고 싶어하지 않았는데도 거기 사는 딸 때문에 두번씩이나 가보게 되었다. 처음에 가보고 놀란 건 과연 잘사는 나라구나 하는 거였다. 딸네가 잘사는 것도 아니고 물론 부자 동네도 아니었는데 잘산다는 걸 실감한 건 그 풍부한 종이와 일회용품의 씀씀 때문이었다. 공공장소에서나 집에서나 새하얗고 부드러운 휴지가 지천이어서 아이들이 콧물만 좀 흘려도 서리서리 아낌없이 풀어내는 것이며, 기저귀 하나도 안 빨고 아이들을 기르는 것이며, 소풍 갈 때뿐 아니라 설거지하기 귀찮을 때마다 아낌없이 내쓰는 일회용 식기하며, 어느 하나 그 편리함과 풍족함이 놀랍지 않은 게 없었다. 천 달러 미만의 장학금으로 사는 유학생 살림이 이러니 부자는 도대체 얼마나 잘살까 상상이 안됐고, 그 넓은 땅의 일부를 며칠 여행해보고 더 질리게 됐다. 면화밭이면 면화밭이, 오렌지밭이면 오렌지밭이 온종일 달려도 끝이 안 보이게 계속되면서 사람의 그림자는 하나도 안 보인다. 땅에 떨어진 오렌지나 레몬이 누렇게 땅을 덮어도 줍는 사람 하나 없다. 정원수로도 오렌지나무는 흔해빠졌다. 채소밭이나 편편히 노는 땅의 광활함도 재 너머 사래 긴 밭을 언제 갈려 하느냐는 우리의 상상력을 초월한다. 넓이가 그쯤 되면 그건 인력의 몫이 아니라 기계의 몫이라는 것이 쉽게 수긍이 간다. 과연 모든 사람이 그 정도 낭비해선 끄떡도 없는 나라구나 싶었다.

그게 불과 몇년 전인데 최근에 다시 한번 미국에 갈 기회가 있었다. 가서 또한번 놀란 것은 그들이 그동안에 더 잘살게 돼서가 아니었다. 그들의 종이와 일회용품의 낭비가 이젠 조금도 놀랍지 않은 나 자신에게 놀라고 만 것이다. 그들은 그대로인데 우리의 소비 수준이 그동안에 그들과 거의 맞먹어 그들 사는 게 조금도 신기하지 않았다. 나는 자주자주 거기가 미국이라는 걸 잊어버렸다. 그동안 수입이 배가 된 딸네가 도리어 더 쩨쩨하게 굴 때마다 아아, 여기가 참 미국이지 하고 겨우 깨달을 정도였으니까 우리가 그동안 얼마나 통큰 부자가 됐나 알 만했다. 우리는 정말 그렇게 부자인가. 기죽게 그 흔한 국민소득 비교할 것 없이 그동안 수단방법 가리지 않고 열심히 벌었으니 한번 본때있게 써 보는데 누가 뭐랄 거냐는 배짱도 좋다. 하긴 그런 배짱이 오늘의 경제발전을 이룩했다고도 볼 수 있다. 개같이 벌어서 정승같이 쓰란 말도 있다. 그러나 누울 자리 보고 다리 뻗으란 말도 있다. 아무의 눈치도 볼 거 없다 해도 자연의 눈치만은 봐야 하는 것은 인간의 최소한의 법도다. 흐르는 큰 강물에는 양심의 가책 없이 오줌을 갈길 순 있지만, 하루 한통이나 고일까 말까 한 웅달샘물에 오줌을 누는 것은 짐승만도 못한 짓이다. 나라마다의 문화와 생활양식은 그 나라의 자연환경의 산물임은 말할 것도 없다. 지구가 한 가족처럼 좁아지고 코스모폴리탄을 자처하는 사람도 늘어난다. 나쁘지 않은 일이다. 이 나라가 답답하면 넓게 살 수 있는 방법도 다방면으로 열려있다. 그러나 이 나라에서 몸담아 사는 한은 이 나라의 자연과 더불어 살지 않으면 안된다. 이 나라의 자연처럼 아기자기하게 아름다운 자연은 지구상에 어디에도 없다. 신이 온갖 좋은 것을 다 모아다가 공들여 꾸민 정원 같다. 하나도 넘치게 준 게 없이 다만 조화롭게 주었을 뿐이다. 거기 몸담고 사는 사이에 인정 또한 근면절약하지 않고는 먹고살기 힘들게, 협동하고 배움에 힘쓰지 않으면 나라를 보전할 수 없도록 형성됐다. 이런 고상한 인품이야말로 어떤 풍요보다 은혜로운 자연의 혜택이다. 가장 후졌다는 시골이 보석처럼 빛나 보였던 것도 인간과 자연의 그러한 그지없이 아름다운 조화 때문이 아니었을까.

이번 미국여행중 요상한 악몽처럼 남아있는 라스베가스 얘기로 이 두서없는 중언부언을 마무리해야겠다. 라스베가스는 누구나 알다시피 도박과 환락의 도시다. 그러나 미국은 워낙 땅덩이가 크니까 이런 환락가도 저 멀리 네바다 사막 한가운데다 격리를 시켜놓았다. 도무지 인가가 나타날 것 같지 않게 끝도 없이 계속되는 사막을 달려 라스베가스에 당도했을 때는 밤이 이슥할 무렵이었다. 멀리서도 하늘이 온통 오렌지빛으로 물들어보일 정도로 그 도시의 전깃불빛은 현란했다. 도시가 온통 깜박이고 돌고 춤추는 요상하고 휘황한 불빛으로 돼있어서 정신이 돌 것 같았다. 얼이 빠진 김에 슬럿머신에다가 25센트를 있는 대로 처넣는 짓거리까지 해보았다. 다음날 아침 맨정신으로 네온의 불빛 대신 햇빛에 드러난 이 도시를 바라보는 느낌은 참혹했다. 도깨비에 홀렸다 깨어나도 이보다 더 황당하진 않으리라. 아무리 호화호텔도 외부에 얽히고 설킨 불꺼진 네온의 잔해 때문에 폐허처럼 보였다. 도시 둘레는 풀 한 포기 안 나는 사막이고 라스베가스는 그 한가운데 서있는 추악한 폐허에 불과했다. 어리둥절한 황당감이 가시자 공포감이 엄습했다. 우리가 조금 잘살게 됐다고 자본주의의 악의 꽃만 들입다 수입해다 정신없이 즐기다가 어느날 문득 불빛이 사위어 주위를 돌아보았을 때 사막화된 황무지 한가운데 서있을지도 모른다는 불길한 예감 때문이었다.

먼저, 마음을 無로 하십시오

환경을 건지는 原點

오시다 시게토

마음의 아픔을 가지고 있는가

사람이 나라는 '자아(ego)'의 입장에서 다른 존재를 보았을 때, 하나하나의 존재는 참된 제 얼굴을 내보여주지 않습니다. 우리들의 욕망이 거기에 반영되기 때문입니다. 참으로 우리가 나만의 세계를 떠나서 마음이 무(無)가 되었을 때, 한 존재, 한 그루 나무의, 그 무엇으로도 바꿀 수 없는 존귀함을 느끼는 것입니다. 무엇으로도 대신할 수 없는 한 그루 나무를 느꼈을 때, 그 나무와 나 자신과의 어우름, 그 나무가 자기에게 목숨을 부지하게 해주고 있다, 산소를 내주고 있다는 그것뿐이 아니라, 그 존재 때문에 나도 삶을 허락받고 있다는 것을 느끼는 것입니다. 그러한 느낌이 있을 때 비로소 환경이라는 말을 할 수 있는 것이며, 그것을 소중히 한다는 것이 곧

오시다 시게토 (押田成人, 1922~) — 일본 남 알프스 信州 八岳 산중에서 다카모리 초암(草庵)을 지어 30년 이상 농업공동체를 이끌며 정진하고 있는 가톨릭 신부. 이 글은 1992년 5월 일본 地湧社의 월간지 《湧》에서 대담한 내용인데, 《경향잡지》 93년 1월호에 번역된 것을 역자의 허락을 얻어 재수록한 것이다.

환경을 소중하게 여긴다는 것을 뜻하게 되는 것입니다. 그러므로 우리들의 나(我)라는 입장이 있어가지고, 이러이러하게 하고 싶다는 마음이 있는 동안에는 환경이라는 것은 우리들에게 얼굴을 내밀어주질 않는 것입니다.

그러니, 무아(無我)가 되지 않는 자리에서 그러한 문제를 토의하려는 것은 환상인 것이며, 거기에는 혼란밖에 나올 게 없습니다. 그러므로 가령 예를 들면 '서미트'에서 정부의 높은 사람들이라든지 운동을 하는 분들이 모일지는 모르지만, 그러한 사람들이 우선 자각하지 않으면 안되는 일, 근본적인 일은 여러가지 단계가 있습니다만, 처음부터 무아(無我)가 되라고 하면 무리한 일이니까, 제일 먼저 사람으로서 누구나 할 수 있는 일로서 걸려드는 문제는 거짓말을 하지 말라는 것입니다. 거짓말을 하고 있는 사람은 일체 그 회의에는 관계하지 말라는 것이에요.

예를 들면 일본정부가 환경회의에 사람을 보낸다든지 하는 일은 당치도 않아요. 일본정부는 미국에서 원자력발전소를 인수해달라는 말을 듣고 이것을 받아들였습니다. 삼십몇개소나 이미 생겨났습니다. 그때 무어라고 했는가? 주민들을 설득시키기 위하여 에너지가 모자란다고 말하면서 선전했지 뭡니까? 그건 거짓말이에요. 긴자(銀座, 도쿄의 제일 번화가. 서울의 명동거리 같은 곳)가 한때 불을 끄고 있었습니다만, 금방 또 환하게 불이 켜졌습니다. 밤새도록 전깃불이 켜져있지 않습니까? 새빨간 거짓말이에요, 그건. 그러한 거짓말쟁이, 사기, 그런 일을 하고 있는 인간이 환경문제에 관여한다는 것은 그럴 자격이 없는 것이지요.

리조트법(法)이라고 하는, 리조트를 위해서는, 예를 들면 수원 보안림(水源 保安林) 같은 것을 지키는 지금까지 있던 법률을 해제한다는 그러한 법률이 가결되고 말았습니다. 일본은 화산지대입니다. 샘물로 생활하고 있는 마을들이 산골에는 있어요. 그 머리 위에다가 골프장을 만들기 시작했어요. 지금까지 오랜 세월을 걸려서 정부도 주민들과 협력하여 식림한 곳이지요. 그 나무를 자르는군요, 글쎄. 그런 짓을 하고 있는 사람이 환경에 관한 것을 말할 자격이란 없는 거지요.

그런 거짓말을 하고 있는 사람은 우선 먼저 거짓말을 하지 말 것, 적어도 거짓말을 할 수 없는 마음의 아픔을 가질 것, 이것이 환경문제의 출발점입니다.

요즘에 저한테 찾아오는 사람들에게는 어떤 경향이 하나 있어요. 그것은 사회의 경제활동, 사회활동의 책임을 지고 있는 분들인데, 그런 분들이 양심의 아픔에 견딜 수 없어서 찾아온단 말입니다. 한분은 커다란 백화점의 식품과장이었어요. 그는 날마다 어느 상품이 잘 팔리는지 식품을 시식하고 있었습니다. 이윽고 그의 몸뚱이가 걸레조각같이 됐지요. 그리하여 그는 회사를 그만두고 침구사(鍼灸師)가 됐습니다. 그러나 그는 그런 사실에 대하여 아직 분명하게 공표는 못할 거예요, 가족이 있는 한은. 인간이 하찮은 가치 때문에 그 손아귀 안에서 놀고 있는 거예요.

어떤 이는 텔레비전 상업방송을 지도하는 책임자였어요. 그가 저에게 찾아와서 말하더군요. "이젠 더이상 거짓말을 할 수 없습니다"라고. "'지구를 부드럽게' 하는 따위의 말을 저로서는 할 수 없습니다. 제 마음은 시커먼 구멍으로 가득 차 버렸습니다" 이러는 거예요. 그는 성당에서 울고 있었습니다. 그저 그냥 자꾸만 울고 있는 거예요. 그러한 아픔으로 견딜 수 없는 사람은 환경회의에 나가도 될 거예요. 그런 사람은 환경에 대해 말할 바탕을 가지고 있어요. 그러나 아무런 가책도 없이 편안하게 거짓말을 하고 있는 사람은 환경회의에 나갈 수 있는 까닭이 없는 거 아니겠어요?

커다란 건축회사의 책임자들로부터 "신부님, 저희들은 이젠 더이상 건축의 원점을 알 수 없게 되었습니다. 저희들이 건축을 하면 할수록 자연과 모순이 생기게 됩니다. 건축이란 무언지 이젠 통 모르겠군요. 신부님 계신 곳에 대한 말씀을 들었습니다. 무슨 말씀을 좀 듣고 싶습니다만, 가뵈어도 되겠습니까?" 이런 전화가 걸려왔어요. 그래서 그들이 흥미를 가지고 찍은 사진은 전부 우리들이 직접 지은 건물들이었어요. 내가 사는 작은 헛간 같은 별채라든지, 본채에 붙여서 지은 작은 집채라든지 그런 것. 목수가 지은 건물도 일부가 있지만 그런 건 전혀 쳐다보지도 않아요.

가령 제 작은 방의 벽은 장방형이 하나도 없는 거예요. 전부 사다리꼴을 하고 있지요. 앞쪽이 보이는 창을 향해서 천장은 비스듬히 경시지게

올라가고 있는 거지요. 옆의 벽은 차츰 넓어지고 있고요. 전부 사다리꼴입니다. 그렇기 때문에 좁은 공간이지만 전혀 압박감이 없어요. 작은 공간으로 만든 것은 성당에서 가이고마가다케(甲斐駒ヶ岳)가 보이도록 지붕을 얕게 했으니까요. 그래도 압박감이 없도록 하기 위해서 그렇게 된 것입니다. 그러한 공간을 보면 전문가는 "참 좋은데" 그렇게 생각한단 말입니다. 마음이 편안해진단 말이지요. 자기 마음이 편안해지는 공간에 있는 거예요, 거기에. 공간에 마음이 있는 거지요. 마지막에는 지붕도 사다리꼴이 되어서, 사다리꼴 기와 같은 건 없으니까 크게 애를 먹었지만요. 그런 집을 짓는 데는 고생이 되지만 전문가들은 할 수 없는 일이지요.

전부 돌아보더니 그들이 감동해서 말이죠, "우리 전문가들도 이런 공간을 만들 수가 있겠는지요?" 이렇게 물어왔어요. 저는 "그건 불가능하지요" 이렇게 대답했습니다. 왜냐하면 그들은 처음부터 이러이러한 공간을 만든다는 규정이 있습니다. 그리고 의식적으로 공간을 설계합니다. 거기에 필요한 자료를 생각합니다. 그리고 돈을 계산합니다. 전부가 의식의 세계 아닙니까? 그렇기 때문에 의식을 넘어선 것과 공감(共感)이란 나오지 않는단 말입니다. 우리들은 달라요. 내버려진 재료가 있습니다. 자기의 필요라는 것이 있습니다. 그래서 거기서 이야기를 나누는 거예요. 이렇게도 해보고 저렇게도 해보고 그러노라면 "아, 그렇군" 하고 만나게 됩니다. 이걸로 됐어, 이러면 되겠어 하는 만남의 연속으로서 무엇인가가 탄생되어가는데, 그것은 의식을 넘어서 있단 말입니다. 예측할 수 없는 것이란 말이지요. 그렇기 때문에 의식을 넘어선 것의 울림이 항상 있는 것이에요. 그러한 건물은 자연과 조화를 이룹니다. 숫자로 계산하고 기하학으로 만든 모양은 절대로 자연과 조화되지 않습니다.

마음의 아픔을 느낀다는 것이 첫째 자격, 그리고 하나하나의 무엇과도 바꿀 수 없는, 자기와 더불어 있는 존재에 대해서도 거짓말을 하지 않는 존재로서 거기에 있는 일이 기본이지요. 그러한 때에 우리들에게 일어나는 일은 무엇으로도 대신할 수 없는 존재의, 하나하나의 구체적인 존재의 목소리가 들려오는 일인 것입니다.

자연에 대한 느낌이 없는 현대인들

오늘의 젊은이들은 흙의 소리와 어우러진다든지, 거기에 있는 동물, 벌레들과의 어우름이라는 것이 무언가 관념적이란 말입니다. 구체적으로 목소리가 들리지 않는가 봐요. 그렇기 때문에 눈에 들어올 경치도 들어오지가 않아요.

논에는 개구리알이 잔뜩 있습니다. 지금 요 시기에 묘판에 개구리가 들어오면 마구 돌아다녀서 짓이겨 놓기 때문에 묘판이 되질 않아서, 그래서 개구리에게 이사를 시켜요. 알을 논에서 가까이 있는 강의 흘러가는 물 속에다가 놓아두면 그 강에 알이 달라붙어서 남을 때가 있어요. 젊은이들이 그것을 보고 거머리가 있다, 거머리 새끼를 보았다고 하는 거예요.

자연을 관찰하고 있으면 옛날 아이들 같으면 개구리알이라는 것을 알 터인데 지금은 대학을 나온 사람이라도 그런 감각이 없어요. 관찰 능력이 없는 거예요. 환경문제를 논하기 이전인 거예요.

논두렁에 진흙 바르기라는 일을 합니다만, 그때 논물대기는 양이 지나쳐도 안되고 모자라도 안됩니다. 그 물의 양과 넣는 방법이라는 건 꽤 까다로운 것인데, 하루는 내가 없을 때 물을 집어넣었나 봐요. 그때 감독하는 이로부터 "물이 지나치니까 곧 물길을 멈춰라"는 말을 들었어요. 한 여성이 뛰어가서 흐르는 물을 판대기를 대서 막으려고 했단 말입니다. 흘러오는 물길을 그렇게 막는다고 멎습니까? 넘쳐나고 말지. 그런 데 대한 감각이 없단 말입니다. 물길이 둘로 나뉘어 있으니까 한쪽을 터주면 되는 것을 양쪽을 모두 막아버린단 말입니다. 그러한 판단력은 참으로 놀라운 일이에요. 우리 같은 사람들에게는 이해가 안 가는 일이지요.

이것은 어제오늘 시작된 일이 아닙니다.

슬프다고 할까, 학교교육을 받으면 그런 인간이 되고 만단 말이에요. 현대문명이라는 것은 그런 사람을 만들어낸단 말이죠. 그렇기 때문에 파괴를 막자는 관념이 있다고 해봤자 거기에 대한 올바른 대처감각이 없는 거예요. 바탕이 없어요. 그런 사람이 아무리 환경회의를 해봤자, 해가 있으면 있지 유익이 없어요. 그러한 로봇 인간, 입력하면 움직이기 시작하는 로봇 인간이 소용이 되는 곳은 기업입니다. 지시한 대로 움직이는 인간이 쓰임을 받고 이것이 환경을 파괴한단 말입니다. 감각이 없으니까, 로봇이니까 슬픔도 아픔도 없는 거예요.

무엇으로도 대신할 수 없는 존재의 얼굴 같은 건 전혀 비쳐오지 않는 거죠. 대신할 수 없는 존재의 대신할 수 없는 삶의 방식, 이런 소리 해봐야 알아듣지 못하고, 그리고 대신할 수 없는 리듬, 그 리듬이 없다면 그 영위(營爲)는 꺼져 없어지고 만다, 병이 나고 만다, 그러한 감각도 없단 말입니다.

하나하나의 살아있는 존재, 흙도 돌멩이도 살아있어요. 하지만 나(에고)라는 입장에서 보면 전부가 물건으로 보이는 거예요. 이것이 현대문명입니다. 무명(無明)의 세계이지요. 이걸 문명이라고 그러고 편리하다고 하고 좋은 것인 줄로 알고 있는 동안에 사람이 모두 그렇게 되어버리고 말았어요. 자연이 무엇과도 대신할 수 없는 존재임을 느끼지 못하는 사람이 되고 말았어요. 무엇으로도 바꿀 수 없는 살아있는 존재임을 느끼지 못하는 사람이 되고 말았어요. 무엇으로도 바꿀 수 없는 살아있는 존재 역시 자아(自我)라는 것이 없어져 무심(無心)이 되었을 때, 비로소 하나하나의, 본래 존재하는 얼굴이 나오게 된단 말입니다. 무엇으로도 대신할 수 없는 존재, 대신할 수 없는 모양, 대신할 수 없는 리듬, 대신할 수 없는 법칙이 나오게 돼요. 그것을 소중히 할 것, 그것이 바로 환경을 지키는 일인 것입니다. 그러므로 거짓말을 안하는 인간으로서, 그것은 자기자신에 대해서도, 하나하나의 대신할 수 없는 존재에 대해서도 거짓말을 안하는 일이지요. 그러한 인간이기 때문에 하나하나 대신할 수 없는 존재들의 대신할 수 없는 목소리들이 들려오는 것이며, 그 음성에 대답하는 것이 환경을 지키는 일인 것입니다.

환상과 야심을 버려야 한다

동시에 구체적으로 말할 수 있는 것은, 환상을 구체적으로 버리는 일입니다. 여러 곳에서 이야기했습니다만, 1+1=2 라는 것은 절대의 진리라고 그렇게 정해버리고 말면 그것이 환상이 되어버립니다. 1+1=2 라는 것은 그런 것 같다는 기분이 들 뿐이라는 자각이 없는 한, 수(數)라는 것이 금같이 귀중해집니다. 그렇게 되면 대량생산할수록 좋은 일이라는 생각이 나오게 되지요. 그리하여 거짓 것을 양산해가지고 "아, 좋구나" 하는 생각을 가지고 있어요. 양산한 것을, 가령 그것이 먹는 음식일 경우에는 많이 만들면 그것을 분배하는 시간이 많이 걸리게 되니까 방부제를 집어넣는다, 그것이 암의 원인이 된다, 그런 것을 깨닫지 못하고 있습니다. 썩어야 할 물건에 썩지 않게 하는 물질을 넣으면 생명의 순환에 해독을 준다는 것쯤은 알 터인데, 머리로 생각하는 놈들은 그것도 몰라요. 천연스럽게 방부제를 넣지요. 자기가 돈을 벌기 위해서.

1+1=2가 진리라는 교육을 하기 때문에 그러한 인간이 형성돼버리는 것이에요. 그런 건 전혀 진실이 아니에요. 그런 것 같은 기분이 들 뿐입니다. 무엇으로도 대신할 수 없는 존재란 셀 수 없는 겁니다. 그것은 서유럽에서 들어온 환상이지요. 수를 절대화하고 기하학을 절대화하는 것은 서유럽적인 환상입니다. 모양이라는 것은 기하학적인 모양이다 ─ 이렇게 생각해가지고 모두 기하학이 보여주는 모양의 건물을 지었습니다. 직선과 사각과 동그란 원으로. 하지만 그런 물건은 자연 속에는 존재하지 않지요. 모양이라는 것은 하나의 역사로, 대신할 수 없는 고유성, 존귀함의 흔적인 것입니다. 바람이 강한 곳에서는 그것에 저항하여서라도 자라나기 위한 저항의 역사가 있습니다. 그것이 모양으로 나타나게 되는 것이며 또한 역사인 것이에요. 기하학의 모양 같은 건 그럴 것 같은 기분이 들 뿐입니다. 거기에는 살아있는 존재의 울림 같은 건 어디에도 찾아볼 수 없단 말입니다. 그러한 것을 교육하지 않기 때문에 모두가 환상 속에 젖어있는 거예요. 그런 인간이 환경문제를 알 리 없어요. 모양을 보고 그 역사를 존중하는 마음이 없다면 환경문제 같은 건 논할 자격이 없습니다.

또하나의 환상은 논리입니다. 나는 꽃이 아니다, 꽃은 내가 아니다 하는 것. 천만의 말씀이지요. 꽃은 내가 그것을 바라보고 있을 때에는 내가 꽃인 거예요. 꽃은 나인 거예요. 나는 학생시절에 요사노 아키코의 손자를 가정교사한 일이 있습니다. 그분은 식물이 부러지거나 하면 슬쩍 손을 내밀어서 그걸 고쳐주고 있어요. 그렇게 하니까 그게 정말로 낫는 거예요. 우리는 식물과 별개가 아닙니다. 우리는 식물을 먹고 목숨을 이어가고 있는 겁니다. 별개가 아니에요. 서로의 생명을 주고받으면서 살아가는, 이루 다 말할 수 없는 상관성을 가지고 있는 거예요. 논리의 세계는 그러한 것을 전부 추상화시키고 말아요.

논리와 기하학과 수로써 파악하려는 환상의 야심이 원자물리학인 것입니다. 그러한 탐구를 하고 있을 때에는 마(魔)의 바람이 부는 겁니다. 무언가 굉장한 에너지가 나올지도 모른다는 마의 바람이 불어서 실현한 것이 원자폭탄이에요, 아니면 인공 방사능. 자연 방사능은 해를 주지 않습니다. 인간이 자연에서 환상으로 끄집어낸 것뿐입니다, 해를 주는 것은. 환상이기 때문에 해를 주는 거예요. 그건 진리도 아무것도 아닌 겁니다. 그러한 환상을 집어치우면 참된 모습을 알게 되지요. 환상을 집어치울 것. 이 문명의 사고방식을 내버릴 것, 그렇게 하는 것말고 환경파괴를 막는 길은 도저히 그 방법이 없는 겁니다. 양을 제한한다든지 그런 문제가 아닌 겁니다. 생각을 근본적으로 고쳐먹는, 환상을 고치는 일인 것입니다. '서미트'에서 지금 무엇을 어떻게 할 것이냐 하는 것을 논의하는 것도 하나의 뜻은 되겠지만, 그런 것으로 문제가 해결될 것으로 생각한다면 그것은 환상입니다. 그게 아니에요. 무심(無心)으로 돌아가라, 인간아. 무엇으로도 대신할 수 없는 존재의 모습으로 돌아가라. 논리의 세계가 아닌, 모든 것이 서로가 서로를 품고 있는 세계로 돌아가라. 양자역학? 양자라고 하지만 그런 게 그렇게 쉽사리 알 수 있는 게 아니지요.

그런 이상한 환상과 이상한 야심 같은 건 버려야 합니다. 탐구를 한다면 신비로, 신비의 깊이로 여행하는 계기를 주심사 하는 경건한 마음으로 탐구해야 합니다. 무엇이나 알며, 자기 손 안에서 처리하고자 하는, 그것은 악마적인 일입니다. 지금의 과학은 환상이라는 것, 지금의 기술은 환상이라는 것을 이해하지 않는 한, 환경파괴는 그치지 않을 겁니다.

논리에도 어느 정도의 뜻은 있다, 기하학에도 수학에도 어느 정도의 뜻은 있다, 그러니까 그 정도로 해두란 말입니다. 조그만 기계들은 얼마든지 많아도 좋아요. 귀여워요. 커다란 기계 같은 건 만들 게 아닙니다. 그렇게 하면 그렇게 파괴하지 않게 됩니다.

교육이라는 것은 근본적으로 사람을 자꾸만 환상 쪽으로 몰아갔습니다. 교육을 반대방향으로 바꾸어가야 합니다. 하나하나의, 대신할 수 없는 존재의 목소리가 들리게 된다든지, 서로간의 존재가, 존재하는 그 양상이 나타나도록 마음이 무(無)가 되는 일, 무엇으로도 대신할 수 없는 존재의 리듬이라는 것을 참으로 스스로 받아들이게 되는 일, 이러한 방향으로 가는 것이 교육의 진정한 모습인데, 지금은 정반대예요. 본래 모습으로 인간이 돌아가는 일, 그리고 본래 궤도로 사람들을, 어린아이들을 이끌어가는 일, 이것 없이 환경문제는 해결될 수 없습니다.

사람이 무엇과도 대신할 수 없는 존재인 것의 하나는 사람으로서 피안(彼岸)의 세계와 교류를 한다는 점입니다. 의식만으로, 무명(無明)의 세계에서 모든 것을 알려고 생각한다든지, 지배한다든지 하는 그것은 본래의 인간세계가 아닙니다. 그것은 다만 야망의, 환상의 도깨비일 뿐인 거예요. 본래의 인간이 되어 겸허해져서 고마운 존재에 손을 합장하는 모습이 되었을 때, 비로소 다른 존재들도 고마운 얼굴을 내밀게 되는 겁니다.

현대에는 환상의 세계가 심화되어가고 있는 반면, 젊은 사람들이 매우 위기감을 느껴서 무엇인가 하지 않으면 안되겠다고 생각하고 있어요. 하지만 교육이 그것을 파괴해가고 있지요. 그러므로 환경문제를 정말로 진지하게 생각한다면 학교는 일제히 폐쇄해야 합니다. 방향을 바꾸어야 합니다.

자연이 번성하는 것을 돕는 것이 개발이다

개발이라는 것도 환상에 올라탄 하나의 가치관인 겁니다. 본래 제일 개발되어 있는 것은 자연 그 자체입니다. 그리고 자연이 번영하는 것을 돕는 행위를 본래의 개발 행위라고 그렇게 말해야 옳을 것입니다. 물도 깨끗해지고 사람도 건강하게 되는 것입니다. 자연의 목소리가 들리게 되면 빈곤하고 물건이 없는 그런 곳에서도 자연적으로 좀더 풍부해질 것입니다. 그러한 방향으로 가야 합니다, 지혜의 빛으로 말미암아서. 자연과 깊게 이야기를 나누는 그러한 방향으로 갔을 때 비로소 개발이 되는 것이에요. 앞서 말한 대로, 환상에 입각한 개발은 파괴를 할 뿐입니다. 이렇게도 저렇게도 할 수 없는 이상한 아주 혐오스런 것을 낳아 놓을 뿐입니다. 양이 많으면 된다는 그런 게 아니에요. 건강하게 살기 위해서는 그 땅에서 무엇으로도 대신할 수 없는 삶의 방식을 발견하는 일이 제일 중요합니다. 그것과 만날 수 있는 그러한 길을, 서로가 다른 존재들이 어우러지는 길을 넓히는 일이지요. 거기에는 니체가 말한 대로, 살아있는 것들 사이의 싸움도 있긴 하겠지만, 목숨이 목숨을 바치는 그러한 일인 것입니다. 하지만 무엇으로도 대신할 수 없는 존재로서 서로가 살려지고 있다는 기본적인 선(線)이 없는 한, 우리들은 서로 합장을 하면서 서로가 고마워하면서 살아가는 그런 삶을 살 수 없어요.

그러한 방향으로 확실하게 나아간다면 결정적인 파괴 없이 다음 세대로 넘어갈 수 있을 겁니다. 만일 그렇지가 않고 이대로 나아간다면 광장한 소리를 내며 지구상의 존재들이 파괴되고, 인류는 그야말로 수세기 동안, 수십세기 동안 무어라고 말할 수 없는 고통 속에서 지내야 할 것입니다. 그 어느 한쪽을 선택할 수밖에 없습니다.

청년들이 벌레가 없는 논을 보고 울게 되기 전에는 희망은 없는 거예요. 벌레들이 가득한 논을 보고 기뻐서 울게 되는 날이 올 때까지 희망은 없습니다. 그런 마음을 빼앗긴 채로 있는 겁니다, 이 문명의 생활이란 것은. 우선 이러한 때에 환경문제를 논할 자격이 있느냐고 하는 출발점을 자각해주었으면 해요. 거짓말을 하고 있는 인간, 무엇으로도 대신할 수 없는 존재를 이해 못하는 인간, 무엇으로도 대신할 수 없는 리듬을 모르는 인간, 무엇으로도 대신할 수 없는 양(量)이라는 것을 느낄 수 없는 인간, 그런 인간은 환경문제를 입에 올려서는 안된다는 것입니다.

"넘치면 흐르나니, 흘러가는 저 울림은 고마울진저 —" 그러한 울림이 들려오게 되어야 합니다. 그런 흐름에는 항상 영원한 목숨을 향하여 있는 산 방향지음이 있는 것입니다. (조형균 옮김)

똥 한짐

존 버저

그의 어느 책 속에서 밀란 쿤데라는 신(神)이 설계한 삶에 똥누는 일이 필수적인 것으로 되어있을 거라고는 생각할 수 없다는 이유로 신의 개념을 부정하고 있다. 쿤데라가 이 말을 하는 투로 미루어보건대, 이것은 단순한 농담으로 한 말이 아니다. 그는 깊이 무례한 태도를 표현하고 있는 것이다. 그리고 그러한 태도는 전형적으로 엘리트적이다. 그것은 하나의 자연스러운 혐오감을 도덕적인 충격으로 탈바꿈시키고 있다. 엘리트들은 이러한 짓을 하는 습관이 있다. 예를 들어, 용기는 모두가 찬미하는 자질이다. 그런데 오직 엘리트들만이 비겁함을 도덕적으로 사악한 것으로 단죄한다. 특권을 가져보지 못한 사람들은 어떤 상황하에서는 누구든지 비겁자가 될 수 있다는 것을 너무나 잘 안다.

한 주일 전에 나는 일년 동안의 똥을 치우고 묻었다. 그것은 우리 가족

존 버저(John Berger) ― 영국 출신 미술비평가, 소설가, 시인. 현재 南佛의 알프스계곡의 산촌에서 살고 있다. 《피카소의 성공과 실패》 등 미술비평 관계 책들이 일부 우리말로 번역되어 있고, 그의 산촌생활에서 나온 《그들의 노동에 함께 하였느니라》 등 소설과 《모든 것을 소중히 하라》 등 정치평론집이 번역되어 있다. 〈똥 한짐〉은 버저의 수필집 *Keeping a Rendezvous*(1992)에서 뽑은 것이다.

과 우리를 방문하는 친구들의 똥이다. 이 일은 일년에 한번 치러야 하는 일이며, 5월이 그때이다. 그보다 이르면 얼어붙기가 쉽고, 더 늦으면 파리들이 날아온다. 여름에는 가축 때문에 파리들이 많다. 얼마 전에 어느 남자가 자신의 외로움에 관해 얘기하면서 내게 말했다. "지난 겨울에는 파리가 그리워지기까지 했지요."

먼저 나는 구덩이를 하나 판다. 대개 무덤 크기지만 그렇게 깊게는 파지 않는다. 짐을 풀 때 손수레가 미끄러지지 않도록 구덩이 가장자리는 잘 다듬을 필요가 있다. 내가 구덩이 속에 서있는데 이웃집 개 미크가 지나간다. 강아지 때부터 나는 그를 잘 알고 있지만, 그는 내가 자기 앞에 난쟁이보다 더 작은 키로 서있는 모습을 본 적이 없다. 크기에 대한 그의 감각이 혼란을 일으켜, 그는 짖기 시작한다.

뒷간의 똥을 치우고, 그걸 손수레로 옮겨서, 구덩이 속으로 쏟아붓는 일을 처음에는 아무런 마음의 동요 없이 시작했다 하더라도 언제나 내 속에서 분노 같은 것이 치밀어오는 것을 내가 느끼는 순간이 온다. 무엇에 대해서 혹은 누구에게 향하는 분노인가? 내 생각에, 이 분노는 격세유전적인 것이다. 모든 언어에서 "똥!"이라는 것은 격분에 차서 내뱉는 욕설이다. 그것은 우리가 떨쳐버리고 싶어하는 그 무엇이다. 고양이는 발톱으로 흙을 긁어서 자기의 똥을 덮는다. 인간은 자기들의 똥을 가지고 욕설을 내뱉는다. 내가 삽질을 하는 물건의 이름을 부르면 마침내 밑도 끝도 없는 화가 나는 것이다. 똥 같으니라구!

쇠똥이나 말똥은 거름으로서 비교적 기분에 거슬리지 않는다. 심지어 그런 것들에 대해서 그리워질 때도 있다. 그것들은 발효된 밀 냄새를 풍기고, 그 냄새의 아득한 저편에는 건초와 풀이 있다. 닭똥은 고약하다. 그것은 암모니아의 양 때문에 목구멍을 자극한다. 닭장을 치울 때는 조금이라도 빨리 끝내고 신선한 공기를 깊이 들이마시고 싶은 마음이 된다. 그러나 돼지와 인간의 배설물이 가장 고약한 냄새가 난다. 인간과 돼지는 육식성이며 그들의 식욕은 닥치는 대로이다. 그 냄새에는 욕지기가 날 만큼 썩는 내음이 들어있다. 그리고 그 냄새의 먼 저편에는 죽음이 있다.

삽질을 하는 동안 낙원의 이미지가 내 마음에 떠오른다. 천사들과 하늘의 나팔이 있는 그런 곳이 아니라 울타리가 있는 정원, 깨끗한 물이 있는 샘, 신선한 빛깔의 꽃들, 풀밭 위에 깨끗한 흰 천이 펼쳐져있고, 암브로시아가 있는 그런 곳 말이다. 순수함과 신선함에 대한 꿈은 온통 거름과 흙 투성이 때문에 나왔다. 이러한 양극성은 인간 상상력에 깊이 뿌리박혀 있음이 틀림없다. 그리고 그것은 피난처로서의 집 ─ 더러운 것도 포함되는 많은 것들에 대하여 우리를 보호해주는 집에 대한 개념과 긴밀히 연결되어 있다.

현대적 위생의 세계에서는 순수함은 순전히 비유적이거나 도덕주의적인 용어가 되었다. 그것은 모든 감각적 요소를 잃어버렸다. 그와 대조적으로, 터키의 가난한 집들에서는 손님을 환대하는 첫 행동이 레몬향수를 가지고 방문객의 손과 팔과 목과 얼굴에 뿌리도록 하는 것이다. 이런 관습은 내게 엘리트에 관한 한 터키의 속담을 연상시켜준다. "그는 세상의 똥 속에서 자기가 파슬리 잎이나 되는 줄로 생각한다."

수레를 뒤집으면 똥이 미끄러져 내려간다. 그러면 더럽고 감미로운 냄새가 코를 찌른다. 썩어가는 냄새, 그리고 이것으로부터 완전히 부패한 냄새. 이건 틀림없는 죽음의 냄새이다. 그러나 그것은 ─ 육체에 대한 혐오감을 가지고 청교주의가 끊임없이 가르쳐온 것처럼 ─ 수치나 죄악이나 사악한 것과는 아무런 관계가 없다. 똥의 빛깔은 반들반들 광택이 나는 황금빛, 어두운 갈색, 까만색, 투구 쓴 알렉산더 대왕을 묘사한 렘브란트의 그림 빛깔이다.

내 아들 이브스가 마을학교에서 듣고 내게 들려준 이야기 한 토막.

어느 가을의 과수원. 붉은 사과 한 알이 풀 위 쇠똥 곁에 떨어진다. 다정하고 정중하게 쇠똥이 사과에게 말한다. "안녕하세요, 사과 부인. 기분이 어떠세요?"

사과는 이 말을 무시한다. 왜냐하면 그런 대화는 자기의 위신을 떨어뜨린다고 생각하기 때문에.

"좋은 날씨지요, 사과 부인?"

침묵.

"여기 풀밭은 매우 정다울 거예요, 사과 부인."

또, 침묵.

이 순간 한 남자가 과수원 속을 지나가다가 붉은 사과를 보고 허리를 굽혀 그걸 줍는다. 그가 사과를 깨물 때, 쇠똥은 여전히 억제를 못하고 말한다. "안녕히 가세요. 사과 부인!"

똥을 가지고 이렇게 어디서나 농담이 이루어질 수 있다는 것은 똥이 우리의 양면성 ― 우리의 더럽혀진 본성과 영광에 이르고자 하는 우리의 의지 ― 을 어김없이 기억하게 하기 때문이다.

세번째 똥을 실은 손수레를 내가 비울 때 푸른머리도요새가 자두나무에서 노래하고 있다. 새들이 어째서 저렇게 많이 노래를 하는지 아무도 모른다. 분명한 것은 그들이 그들 자신이나 다른 것들을 속이기 위해서 노래하는 것은 아니라는 것이다. 그들은 있는 그대로 자기자신들을 말하고자 노래한다. 새들의 노래의 투명함에 비교해서 우리의 이야기는 불투명하다. 우리는 바로 우리가 진실이 되는 대신 진실을 찾아야 하기 때문이다.

나는 내가 그 똥을 운반하고 있는 사람들에 관해 생각한다. 너무나 많은 각기 다른 사람들. 똥은 그들 뒤에 분화되지 않고 남겨진 것이다. 받아들여진 에너지가 타서 남은 쓰레기. 이 에너지는 수많은 형태를 가지고 있다. 그러나 우리 인간에게, 우리 인간의 똥에는, 모든 에너지는 부분적으로 언어적이다. 너무 많은 똥이 바닥에 떨어지지 않도록 조심스럽게 삽을 들면서 나는 혼잣말로 중얼거린다. 분해되는 물질이 아니라 "스스로에게 중얼거릴 수 있는" 인간 능력에 악의 출발이 있는 것이다.

18세기에 그려진 '고상한 야만인'에 관한 그림은 근시(近視)였다. 그 그림에는 인류의 먼 조상과 그 인간이 사냥한 동물들이 혼동되어 있다. 모든 동물들은 그들 종(種)의 법칙과 더불어 산다. 그들은 (사별(死別)의 슬픔은 알지만) 동정심은 아무것도 모른다. 그러나 그들은 심술궂지는 않다. 이런 까닭에 사냥꾼들은 어떤 동물들을 선천적으로 고상한 존재 — 그들의 육체적 품위에 어울리는 정신적 품위를 소유한 존재 — 로서 꿈꾸었던 것이다. 인간의 경우는 그러하지 못했다.

우리 주위의 자연에는 아무것도 사악한 것이 없다. 이 사실은 되풀이될 필요가 있다. 왜냐하면 "중얼거림으로써 잔인한 행동을 할 수 있는" 인간적인 방법 중의 하나가 이른바 자연의 잔인성을 들먹이는 것이기 때문이다.

방금 알을 깨고 나온 뻐꾸기는 아직 눈멀고 깃털도 없는데 그 등에 보조개같이 특별히 움푹한 데를 가지고 있다. 그 움푹한 데가 있어서 동료 뻐꾸기 새끼들이 둥지에서 한 마리씩 차례차례 나올 때 떠받쳐 업어줄 수 있다.

잔인성은 '혼자 중얼거려서' 고통을 입히거나 이미 끼쳐진 고통을 의식적으로 무시함으로써 생겨난 결과이다. 뻐꾸기는 무엇을 하려고 혼잣말을 하지 않는다. 늑대도 그렇게 하지 않는다.

사과(사과 부인이 아니라)를 가지고 이루어진 '유혹'의 이야기는 잘 말하고 있다. " … 뱀은 여인에게 말하였다. 그대는 분명 죽지 않을 것이다." 그녀는 아직 먹지 않았다. 그러나 이러한 뱀의 말은 최초의 거짓말이거나 최초의 공허한 말장난이다(똥같이! 반 삽이나 떨어져버렸다). 순수라는 가면을 쓴 악.

"그 이미지를 마음속에 떠올리지 않고 사물에 이름을 붙이려 한다면 거짓된 말은 불가피하다"라고 조지 오웰이 말하였다.

많은 문화권에서 소를 신성한 것으로 보는 것은 소의 참을성과 평화로움 때문이지만, 이 참을성과 평화로움은 부분적으로 무심한 태도로 똥을 누는 소의 성질과 관계가 있다.

모든 육체적인 것을 악은 혐오한다. 이 혐오의 첫번째 행동은 말의 질서를 그 말이 가리키는 것의 질서로부터 떼어놓는 것이다. 오 한자드여!
(영국 국회의 기록 — 역자)

내가 손수레를 구덩이 있는 데로 끌고가는데 개 미크가 나를 따라온다. "이제 더 양을 죽여선 안돼!" 나는 그에게 말한다. 지난 봄, 다른 개와 함께, 그는 세 마리의 양을 죽였다. 그의 꼬리가 밑으로 내려간다. 양을 죽이고 나서 그는 석 달 동안 사슬에 매여있었다. 반쯤 농으로 하는 내 목소리의 어조와 '양'이라는 말과 사슬에 대한 기억이 그로 하여금 조금 움츠러들게 한다. 그러나 그의 머릿속에서 그는 낭자하게 흐른 피를 다른 어떤 것이라고 부르지 않는다. 그는 내 눈을 빤히 들여다본다.

내가 판 구덩이에서 멀지 않은 곳에, 라일락나무 한 그루가 꽃을 피우고 있다. 바람이 남쪽으로 방향을 바꾼 것이 틀림없다. 왜냐하면 이번에는 내가 똥을 통해 라일락 내음을 맡을 수 있으니까. 그것은 꿀이 듬뿍 섞인 박하 냄새를 풍긴다.

이 향기가 나를 아주 어린 시절로, 일찍이 내가 알았던 최초의 정원으로 나를 데리고 간다. 그리고 불현듯 그 오랜 옛날로부터, 라일락이나 똥이라는 이름이 생기기 훨씬 이전부터 있어왔던 그 두 냄새를 나는 기억해낸다.

가이아의 얼굴

프리먼 다이슨

내 이야기는 1978년에 시작된다. 나는 워싱턴 시(市)에 있는 내무부와 시몬 볼리바의 동상 사이 C가(街)의 어떤 관목덤불 밑에 누워있다. 6월의 토요일 오후 2시다. 내가 볼 수 있는 것이라곤 햇빛 비친 잎새들의 빛나는 초록빛과 짙은 푸른색 하늘뿐이다. 친절한 노상강도 두명이 내 두개골과 턱에 골절상을 입히고 나를 내 지갑으로부터 해방시켜 놓았다. 나는 그들 중 하나가 내가 말을 하지 못하도록 곧 나에게 총알을 박을지도 모른다고 생각하고 있다. 그런데 지금, 이 비현실적인 순간에 내 영혼은 평화로 가득 차 있는 것이다. 초록색 잎새들과 푸른 하늘은 아름답다. 다른 것들은 모두 무의미 속으로 사라져간다. 이 삶은 좋은 것이고 이 죽음도 역시 좋은 것이다. 나는 다른 이들과 마찬가지로 하나의 잎새다. 나는 당장이라도 영원이라는 푸른 물결 위로 떠갈 수 있다.

프리먼 다이슨 (Freeman Dyson) − 우주 진화론에 대한 명저의 하나로 주목된 《무한한 다양성을 위하여》(범양사 신과학총서로 우리말 번역판이 있음)를 쓴 이론물리학자. 미국 프린스턴 고등연구원 교수. 여기 소개하는 글은 그의 저서 *From Eros to Gaia* (1992)에 실려있다.

국립 과학아카데미 위원회 모임을 향해 서류가방을 들고 걸어가던 나에게 닥쳐온 이 경험은 거기 관련된 모든 사람들에게 행복한 끝을 맺었다. 강도는 현금 75달러와 내 딸들의 사진 몇장을 가지고 무사하게 도망쳤다. 나는 극적으로 대리석 바닥에 피를 뚝뚝 흘리면서 국립 아카데미 건물에 들어갔다. 시간이 상처를 낫게 했고 유능한 워싱턴 경찰은 관목덤불에서 내 이중초점 안경을 온전하게 찾아내었다. 삶은 빠른 속도로 보통의 일상으로 되돌아갔다. 그러나 나는 땅과 하늘의 영광이 내게 드러난 그 순간을 잊지 않았다.

　　그런 깨달음을 어떻게 생각해야 하는가? 죽음에 직면했던 사람들 사이에서는 그것이 특별한 경험이 아니다. 톨스토이는 《전쟁과 평화》에서 안드레이 공작이 아우스터리츠 전장에서 부상을 입고, 대부분이 주검인 수천명의 병사들 중 하나로서 전투가 끝난 뒤 남겨져 누워있는 모습을 묘사하고 있다. 공작도 나처럼 자신의 운명에는 관심없이 오직 머리 위에 펼쳐져있는 하늘의 아름다움과 광막함만을 의식하며 푸른 하늘을 바라보고 있다. 톨스토이는 그 자신이 크리미아 전쟁에서 싸웠다. 안드레이 공작의 심리 상태에 관한 그의 묘사는 자신의 경험이 아니라면 아마도 크리미아에서 그 옆에서 다쳤던 사람들의 경험에서 나온 것이리라. 공작이 평화롭게 하늘을 바라보고 있는 것은 자신의 유명한 승리의 현장에 뽐내며 도착한 나폴레옹에 의해 중단된다. 나폴레옹은 그날까지 공작의 영웅이었다. 그러나 지금 그의 우상을 직접 대면하자 공작은 별로 감명을 받지 않았다. 공작은 오직 하늘의 광대함 밑에서 황제의 왜소함을 볼 뿐이다. 그가 죽지 않은 것을 알고 황제가 친절한 말을 건네었을 때 공작은 구태여 대답을 하지도 않는다. 공작은 오직 나폴레옹이 비켜나서 온전히 하늘만 바라보았으면 한다.

　　내가 바라보던 하늘은 나폴레옹이 아니라 C가(街)를 지나가던 한 운전자가 막아섰고, 그는 친절하게 가던 길을 멈추고 나를 관목덤불에서 끌어내어 주었다. 나는 세 블록 떨어진 국립 아카데미까지 태워다 주겠다는 그의 제안을 기쁘게 받아들였다. 나는 빠르게 사람들과 위원회의 세계로 돌아왔다.

그런 경험이 지닐 수 있는 종교적인 의미와는 별개로 (그것에 대해서는 톨스토이의 공작과 마찬가지로 나도 회의적인데), 이러한 깨달음은 인간의 본성에 대하여 중요한 것을 말해준다. 그것은 (우리가 생각하는 것보다), 우리가 정신적으로나 육체적으로나 폭력에 잘 대처하도록 갖추어져 있다는 것을 말해준다. 자연은 인간이 폭력의 세계에서 살도록 고안해 놓았다. 우리는 좋은 시절에나 나쁜 시절에나 잘 기능할 수 있도록 만들어져 있다. 오래 전에 전도서가 말한 것처럼 태어날 때와 죽을 때가 있는 것이다. 모든 사람에게 때때로 그런 것처럼 죽음의 공포가 나를 엄습할 때면 나는 그 초록빛 잎새와 푸른 하늘의 기억으로부터 용기를 얻는다. 아마도 죽음이 올 때는 그것이 다시 한번 친구로서 올 것이다.

내 삶에서 가장 중요한 세 가지는 차례대로 말하면 가족, 친구들, 그리고 일이다. 가족에 대해서 생각하면 나는 푸른 하늘 아래 큰대자로 누워 있던 또하나의 행복한 순간을 회상한다. 이번에도 강도에게 얻어맞은 것이 아니라 내가 서툴러서 그렇게 된 것이다. 오스트리아에서 완만하게 툭 터진 눈밭을 스키를 타고 내려오던 중이었다. 나는 스키 장대며 스키를 마구 흐트리고 곤두박질을 하였다. 내가 눈 속에 널브러져 있을 때 깔깔거리는 웃음소리가 들려왔다. 사랑스러운 막내딸, 일곱살짜리가 온 산에 웃음소리를 울리며 초고속도로 내게 다가왔다. 머릿속에 내가 좋아하는 세익스피어의 한 구절이 떠올랐다.

이것은 그대가 늙었을 때 새로 태어나는 일이다. ―
차갑게 느껴지던 그대의 피가 더워지는 것을 보는 것은.

여섯명의 건강한 아이들이 있는 나는 내 피가 더워지는 것을 볼 기회가 많다. 나는 아이들 없이 혼자서 늙어가는 현대인들을 가엾게 생각한다.

우정에 대하여 생각하면 세번째 이야기가 떠오른다. 과학자에게 생길 수 있는 최악의 수치스러움이 나에게 일어났다. 나는 주요 과학저널에 논문을 실었는데 그것이 출판된 후에 그것이 완전히, 회복할 수 없이 잘못되었음이 드러났다. 나는 참담한 기분이었다. 가치없는 논문을 출판하는 과학자는 그 자신 가치없는 인간일 것이 분명하다. 나는 동료들로부터 조롱과 경멸밖에 기대할 수 없었다. 그때, 내가 수치심으로 얼굴을 숨기고 있는데 나의 친구이며 내가 깊은 존경심을 가지고 있는 스위스의 물리학자 레스 소즈트가 나를 찾아왔다. "기운을 내! 이 세상에서 과학의 명성만큼 무너뜨릴 수 없는 것은 없어"라고 레스가 말했다. 그리고 나는 기운을 내었다. 나는 곧 레스의 말이 옳다는 것을 알게 되었다. 내 친구들은 여전히 친구였다. 아무도 나의 잘못된 논문에 신경쓰지 않았다. 나는 전과 다름없이 과학자 클럽의 일원으로서 굳건한 자리를 유지하고 있었다.

가족은 인류라는 종족보다도 오래된 것이다. 일은 그보다 젊고 우정은 우리 자신과 같은 나이이다. 우리를 인간으로 표시해주는 것은 우정이다. 생물학자 루이스 토머스는 인간과 흰개미를 비교하는 에세이를 썼다. 흰개미는 우리의 성당처럼 정교하고 잘 설계된 둥지를 짓는다. 흰개미 둥지는 하나하나가 모두 아치, 궁형지붕, 통로, 환기장치, 저장실, 육아실이 갖춰진 경이스러운 건축물이다. 그러나 어떤 한 마리의 흰개미도 머릿속에 그 건축계획을 가지고 있지 않다. 둥지를 짓는 일은 집단적인 과정이다. 각각의 흰개미는 작은 진흙덩어리를 굴려와서 다른 흰개미가 굴려온 작은 진흙덩어리에 붙인다. 이 집단적인 진흙굴리기와 붙이기로부터 성당이 자라난다. 토머스는 인간사회도 같은 식으로 자란다고 말한다. 진흙덩어리를 굴리는 대신 우리는 말을 사용한다. 진흙덩어리를 서로 붙여 아치를 만드는 대신 우리는 말들을 붙여서 대화를 만든다. 아치를 겹겹이 쌓아서 둥지를 만드는 대신에 우리는 대화를 쌓아서 문화를 만든다. 단 한 마리의 흰개미는 살아남을 수 없고 단 한 사람 혼자서는 인간이 아니다. 흰개미의 사회는 진흙과 침으로 결속되어 있고, 인간사회는 대화와 우정으로 결속되어 있다. 대화는 인간에게 자연스럽고 특징적인 행동이다. 우정은 우리가 그 안에서 활동하는 환경이다.

일은 인류역사에서 대화보다 나중에 왔다. 우리가 문명화되었을 때 우리는 일을 발명했다. 우정과는 달리 일은 반드시 축복인 것만은 아니다. 가장 나쁜 경우에 일은 고역이고 가장 좋은 경우에 일은 평생 유지되는 대화이다. 일이 만족스럽고 즐거운 것일수록 대화의 성격을 더 많이 띤다. 작업단계에서의 과학은 주로 대화이다. 내가 일하는 건물에는 스무개의 방에 스무명이 있다. 대부분의 문은 열려있다. 아침부터 밤까지 웅웅거리는 말소리가 그치는 일이 별로 없다. 그것이 과학이 행해지는 방식이다. 내가 건물 아래쪽에서 친구들과 얘기를 하고 있지 않을 때에는 세계 각처의 친구들을 위해서 논문을 쓴다. 친구들이 없다면 나의 활동은 무의미할 것이다. 과학자들은 흰개미와 마찬가지로 집단을 이루는 종족이다. 과학자들의 생애가 전체적으로 즐거운 것이라면 그것은 우리의 우정이 깊고 지속적인 것이기 때문이다. 우리의 우정이 지속하는 것은 우리가 집단적인 일에 종사하고 있기 때문이다. 자연의 비밀을 탐구하는 우리의 일은 시작이 없으며 끝도 없을 것이다. 탐구는 인간에게 대화나 마찬가지로 자연스러운 활동이다. 우리의 친구인 탐구자들은 아르키메데스와 유클리드로부터 언젠가 우리의 탐구하는 정신작용의 신비를 이해할, 아직 태어나지 않은 천재에 이르기까지 수세기에 걸쳐 흩어져있다. 우리 종(種)의 운명은 여섯 개의 서로 다른 시간규모(time scale)에서 생존해야 할 필요성에 의해 형성된다. 생존한다는 것은 여섯 가지 시간규모에서 모두 성공적으로 살아남는다는 것을 뜻한다. 그러나 생존자의 단위는 각각의 시간규모에서 다르다. 햇수의 시간규모에서 단위는 개인이다. 10년의 시간규모에서 단위는 가족이다. 100년의 시간규모에서 단위는 종족이나 국가이고 천년이라는 규모에서 단위는 문화이다. 만년의 세월에서 단위는 종(species)이다. 이언(eon, 영겁)규모에서 단위는 지구상의 모든 생명의 거미줄이다. 인간은 모두 여섯 가지 시간규모 전부의 요구에 대한 적응의 산물이다. 그렇기 때문에 우리의 본성 깊이에는 서로 갈등하는 성향이 존재한다. 살아남기 위해서 우리는 우리 자신에게, 우리 가족에게, 우리 종족에게, 우리의 문화에, 우리의 종에, 우리의 행성에 충성할 필요가 있었다. 우리의 심리적 충동이 복잡하다면 그것은 복잡하고 서로 갈등하는 요구들에 의해 형성되었기 때문이다.

우리 본성의 중심적인 갈등은 이기적인 개인과 집단 간의 갈등이다. 자연은 우리에게 우리 개인의 소득을 최대화하려는 강한 욕망, 즉 탐욕을 주었다. 탐욕이 없다면 개인의 차원에서 우리는 살아남지 못하였을 것이다. 그러나 자연은 또 우리에게 여러가지 형태의 사랑을 주었다. 가족의 차원에서 살아남도록 도와주는 아내와 남편과 아이들의 사랑, 종족의 차원에서 살아남도록 도와주는 친구들의 사랑, 문화의 차원에서 살아남도록 도와주는 대화의 사랑, 인류의 차원에서 살아남도록 도와주는 인간 일반의 사랑, 지구의 차원에서 살아남도록 도와주는 자연의 사랑. 탐욕과 사랑이 넉넉히 주어지지 않았다면 인간은 인간일 수 없다.

이제 과거에서 미래로 향한다. 인류진화의 미래는 과거와는 근본적으로 다를 것이다. 좋든 나쁘든 간에 우리는 우리 자신의 진화를 주도할 힘을 갖게 될 것이다. 각각의 세대는 그 자녀들의 유전적 특성을 조정할 수단을 갖게 될 것이며 그것은 오직 법률과 관습에 의해서만 제한을 받을 것이다. 우리가 이러한 힘을 갖게 되자마자 우리는 무겁고 심각한 문제들을 대면하게 될 것이다. 어떤 목적에 그 수단들이 사용될 것인가? 우리는 우리의 과학의 힘을 우리 아이들을 그들의 부모보다 더 행복하게, 혹은 더 건강하게, 혹은 더 영리하게, 혹은 더 유순하게, 혹은 더 성실하게 만드는 데 사용할 것인가? 우리는 그들을 더 지혜롭게 만들고자 할 것이다. 그러나 지혜는 모든 미덕 가운데서 가장 측정하기 어려운 것이다. 미래의 부모들은 그들의 '기적의 아이'의 유전적 특질지정명세서를 쓰면서 300년 전 조지 허버트의 시 〈도르레〉에서 신(神)이 직면했던 것과 같은 문제를 다루게 될 것이다.

신이 처음 인간을 만들었을 때, 축복의 잔을 옆에 세워놓고, "자, 그에게 모든 것을 쏟아부어주자, 흩어져있는 세상의 부(富)를 한 인생 속에 압축시키자"라고 말했다.
그래서 처음에 힘이 쏟아져나오고, 다음에는 미(美)가, 그러고는 지혜,

명예, 기쁨 … 거의 모두가 나왔을 때 신이 멈추었다. 그의 보물 중에 오직 휴식만이, 바닥에 남아있는 것을 보고.

"만일 내가 이 보물도 나의 창조물에게 준다면" 하고 그가 말했다. "그는 내가 아니라 내 선물들을 찬양할 것이다. 그래서 자연의 신이 아니라 자연 속에 머무를 것이다. 그러면 양쪽이 모두 잃게 되는 것이다. 그러나 다른 모든 것을 가지되 쉬지 못하고 안달하며 갖게 하자. 그가 부유하되 지치게 하여, 선함이 그를 내게 인도하지 않으면, 피곤이 그를 내 가슴으로 던져보내도록."

아이의 자질을 선택할 수 있게 되면, 우리 대부분은 개인적인 뛰어남을 선택할 것이다. 우리는 우등생으로 졸업을 하거나 달리기에 일등을 하여 부모로서의 자부심을 가득 안겨줄 그런 아이를 원할 것이다. 만일 부모들이 자유로운 선택을 할 수 있다면 인류의 진화는 개인적인 경쟁의 방향으로 쏠리게 될 것이다. 짧은 범위에서는 그러한 진화의 결과가 만족스러울 수 있다. 그러나 보다 길게 보면 우리는 자연이 수만년 동안 우리 속에 만들어 넣어준 정서적 균형을 파괴할 위험을 무릅쓰는 것이다. 개인적 차원에서 가속화된 진화는 인류의 차원에서는 살아남기는 부적절한 것일지 모른다. 자연은 우리를 사랑과 탐욕의 균형잡힌 혼합체로 만들었다. 자연의 힘을 우리가 손에 쥐게 된다면, 우리는 탐욕의 증가와 사랑의 소멸이라는 치명적인 불균형을 초래할지 모른다. 사회계층의 구분이 심화되고 인류는 유전적으로 상이하고 정서적으로 유리된 아종(亞種)으로 갈라질 위험이 있다. 우리를 자연의 품으로 다시 끌어당겨줄 도르레는 어디 있는가?

인간본성의 중심적인 복잡성은 우리의 지능이 아니라 정서에 있다. 지적 기술은 목적을 위한 수단이다. 정서가 우리의 목적이 무엇이 될지를 결정한다. 지능은 인간 개인에 속하고 정서는 집단, 가족, 종족, 인류, 혹은 자연에 속한다. 정서는 지능보다 더 긴 역사와 더 깊은 뿌리를 가지고 있다. 정서가 담겨있는 것으로 생각되는 우리 두뇌의 변연구조는 우리의 지능을 지니고 있는 대뇌피질보다 더 오래된 것이다. 정서가 우리의 도르레가 되어야 한다. 어떻게 해서든 우리가 우리 아이들의 육체적, 지적 능력을 인공적으로 개선시키기 시작할 때 그들의 정서적 뿌리를 다치지 않고 남겨둘 줄 알아야 한다.

정서적 뿌리를 자르는 것은 너무도 쉽다. 약물중독자는 두뇌변연구조에 화학물질이 작용을 가하여 정서가 교란된 사람이다. 교란된 가치체계가 약물에 대한 지속적인 갈망을 초래하므로 중독이라는 것은 하나의 악순환이다. 우리의 자연적인 가치체계의 어떤 변화라도 그런 악순환을 가져올 위험을 지니고 있다. 가치체계의 회로 차단은 무엇이든 광기의 한 형태이다. 우리의 물려받은 정서에 유전자적 조작을 가하는 일은 무엇이든지 우리사회 모두가 미치광이로 되어버릴 수 있는 위험을 가져온다. 제정신을 지니고 있다는 것은 우리가 모든 시간규모에서 자연과의 조화 속에서 생존할 수 있게 하는 가치체계를 가지고 있음을 뜻한다.

현대사회에서 온전한 정신에 대한 희망적인 표시 하나는 제임스 러브로크가 우리의 살아있는 행성을 의인화하여 만들어낸 가이아(Gaia)의 개념이 인기가 있다는 사실이다. 가이아에 대한 존중이 지혜의 시작이다. 그리고 가이아에 대한 사랑은 나무에 대한 사랑을 포함하고 있다. 내가 살고 있는 프린스턴은 나무로 가득하다. 프린스턴에서 여름에 탑 꼭대기에 올라가면 시가지는 거의 보이지 않는다. 그때에는 프린스턴의 주민들이 실제로 숲속에서 살고 있다는 것을 알게 된다. 살고 싶은 곳을 선택할 수 있을 만큼 부유한, 이 모든 은행가며 주식중매인들은 숲속에서 살기를 선택했다. 나무에 대한 사랑은 우리의 가치체계 속에 깊이 뿌리를 두고 있다. 우리가 주로 숲으로 이루어진 행성에서 사냥과 채취로 살아온 수십만년 동안에 우리 속에 심어진 것이다.

우리 행성의 기후의 균형이 지금 대기 속에 누적되고 있는 이산화탄소의 온실효과로 위협받고 있다. 이산화탄소는 석탄과 석유를 태워서 생겨나고 또 숲의 파괴로 생겨난다. 다행히도 치유방법이 있다. 대기중의 탄소의 양은 살아있는 나무 속의 탄소량과 거의 같다. 이것은 온실효과의 문제가 본질적으로 숲 관리의 문제라는 것을 의미한다. 대규모의 국제적인 재조림계획이 온실효과를 저지할 수 있으며 많은 다른 경제적, 환경적이익을 가져올 것이다. 온실효과를 상쇄하기에 충분한 나무를 키우는 가격은 엄청난 것은 아니다. 오직 그 일을 하는 데 요구되는 의지와 국제적인 합의가 지금 부족한 것이다. 그러나 아마도 온실효과가 기후에 미치는 영향이 명백하고 심각해지면 당장 의지와 합의가 생겨나는 것을 보게 될 것이다. 그런 일이 일어나면 온 세계가 나무를 심기 시작할 것이다. 중국에서, 브라질에서, 네팔에서, 그리고 캘리포니아에서 사람들은 나무를 심을 것이고, 지구가 초록색으로 변해가는 것을 보면서 오래된, 친숙한 기쁨을 느낄 것이다. 그 시점에서 우리는 가이아가 다시 한번 우리를 그의 도구로 사용하고 있다고 말할 수 있다. 오래 전에 그가 우리 속에 심어준 나무에 대한 사랑을 자신이 계속 생존하게 하는 수단으로 사용하는 것이다.

인류가 미래로 나아가며 자신의 진화를 통제하게 될 때 최우선의 일은 가이아와의 정서적 유대를 보존하는 것이 되어야 한다. 그것이 온전하게 유지된다면 그때에는 인류는 근본적으로 온전한 정신상태로 있을 것이다. 만일 가이아가 존속한다면 인간의 복잡성도 역시 존속할 것이다. 내가 워싱턴의 C가(街) 관목덤불 아래 누워있을 때 나에게 온 깨달음은 바로 가이아가 나에게 자신의 얼굴을 보여준 것이라고 할 수 있을 것이다.

인간은 개미가 아니다

루돌프 바로

현재의 역사적 상황을 어떻게 평가하는가?

지금은 산업화로 인하여 세계가 파괴와 죽음으로 가고 있는 과정에 있다. 문명은 자기파멸적으로 되고 있다. 여기에 대한 답변이 에콜로지와 평화운동이다. 핵폭탄은 이러한 자기파멸적인 세력의 가장 직접적인 표현일 뿐이다. 크리스타 볼프가 핵폭탄은 우연도 사고도 아니고, 필연의 산물이라고 한 것은 옳은 얘기이다. 이런 시각에서 볼 때, 산업사회를 기초로 하여 상쟁하고 있는 계급들간의 차이는 이제 더이상 특별한 중요성을 갖지 않는다. 산업국가들에서 노동자들의 투쟁은 결국 산업 메트로폴리스

루돌프 바로(Rudolf Bahro, 1935~1997) ─ 독일 철학자. 본래 동독 공산당원이었으나 1977년에 동구 공산주의체제와 서구 자본주의를 맑스주의적 관점에서 동시에 비판하고 새로운 문화혁명의 필요성을 역설한 유명한 책 《대안》이 출판된 직후 징역형에 처해졌고, 그후 서독에서의 구명운동의 결과 석방되어 서독으로 건너와 서독 녹색당의 창당멤버가 되었다. 녹색당 내부에서도 가장 원칙적인 이념을 견지하던 그는 녹색당이 점차 현실정치 속에서 산업체제와 타협적으로 되어가고 있다고 비판하던 중, 1985년에 녹색당과 결별하여 생태공동체 건설을 위한 운동에 헌신하다가 통일 후 1997년 베를린에서 혈액암으로 사망하였다. 여기 소개하는 것은 1982년에 어떤 진보적 문화운동단체와 나눈 대담이다. 출전은 *Building the Green Movement*(1986)이다.

의 중심적인 지위를 확고히 하고 식민주의적 지배를 강화하는 데 이바지하는 바가 되었다. 이것은 사회민주주의와 노동조합이 이 산업사회의 필수적인 구성부분이 되어있다는 것을 의미한다. 우리는 이러한 사회구성의 전체 논리를 깨뜨리지 않으면 안된다. 좌익기관들조차도 우리가 극복하지 않으면 안될 것들에 소속되어 있는 것이다. 독일의 사민당이나 프랑스의 사회당이나 이탈리아 공산당도 마찬가지이다. 따져보면, 그들이 해결하고자 하는 것은 낡은 문제들일 뿐이다.

오늘날 그들을 비판해야 하는 주된 이유는 그들이 혁명적이 아니기 때문이 아니다. 전통적으로 혁명이라고 하면, 그것은 물질적 생산력을 완전히 해방시키는 계기로서 이해되었다. 그런데 오늘날 개량주의를 비판하는 주요 이유는 그것이 우리가 송두리째 버리고 떠나야 할 체제를 수선하고자 하기 때문이다.

당신의 견해로는 사회민주주의의 정치적 시각이 완전히 잘못되어 있다는 것인가?

그렇다. 그러나 물론 사회민주주의뿐만이 아니다. 예를 들어, 지금 우리가 앉아있는 이 평범한 아파트는 그 하부구조가 조직되는 방식 때문에 믿을 수 없을 만큼 엄청난 물질과 에너지의 소모를 필요로 하고 있다. 이와 같은 생활을 전체 인류가 할 수 있게 하려면 ― 사회정의의 원칙에 따라서 누구든지 우리가 가지고 있는 것을 누리게 할 수 있어야 한다 ― 지금 우리가 가진 것의 20배 이상이 필요하게 될 것이다. 그렇게 되면 자연은 총체적인 파국을 맞이할 수밖에 없다. 부유한 나라들에서 임금노동자들이 갖고 있는 이해관계는 결국 문명의 자기파멸과 밀접히 연관되어 있다. 노동자를 노동자로 남아있게 하고, 기술자를 기술자로 남아있게 하는 데 이바지할 뿐인 시각(視覺)은 어떠한 것이라도 우리가 거부하지 않으면 안된다. 그와 반대로 만약 그들이 인간으로서 살아남기를 원하고, 자기의 아이들에게 미래가 있기를 원한다면, 그들은 자본으로부터 좀더 나은 조건을 따먹는다는 그들의 낡은 역할 속에서 언제까지나 노예생활을 할 것이 아니라 노동자와 기술자로서의 자기자신들의 존재에 의문을 가져야 한다.

당신이 말하는 그러한 시각에서 생산은 어떻게 계속될 수 있는가? 육체적인 욕구를 만족시키면서 동시에 소외를 제거하는 어떤 대안적인 생산양식이 있는가?

오늘날에는 생산은 인간의 필요에 맞춰져있지 않고, 생산 그 자체가 목적이 되어있다. 그 결과로 오늘날 우리는 엄청난 에너지를 소모하고 있다. 한 노동자가 저녁에 맥주 한병을 들고 텔레비전 앞에 앉을 수 있기 위해서는 18세기에 쉴러가 자기의 평생의 작품을 창조하는 데 필요했던 에너지의 열배 이상을 필요로 한다.

노동자가 그렇게 많은 것을 가지고 싶어서가 아니라 총체적인 구조가 그렇게 엄청나게 변화하였다. 예컨대 오늘의 하부구조는 노동자가 출근하는 데 승용차를 필요로 하게 한다. 시장지향의 국제적 분업이라는 이러한 전반적인 메커니즘으로 인하여 소비생활 전체는 우리의 육체적 생존을 재생산하기 위해 원래 필요한 것과는 전혀 상관없이 되어버렸다. 그러므로 생산은 폐기되어야 한다. 이런 의미에서의 노동은 중단해버려야 한다.

수렵채취민들의 사회에는 우리가 이해하는 것과 같은 노동이라는 것은 없었다. 그들은 그들의 삶의 총체적인 과정에 필요한 것을 수행하였다. 만약에 자연조건이 유리한 경우라면 그들은 하루에 네 시간만 활동하면 되었다. 우리 같으면 그들이 하루 네 시간 노동했다고 말할 것이다. 그러나 그때는 노동과 유희가 분리되어 있지 않았고, 그들이 사냥에 나갈 때 그것은 금욕주의를 행하는 것이 아니었다.

그러나 오늘날 이 사회에서 우리가 일에 관해 말할 때 그 일이라는 것은 세계시장을 위한 임금노동을 뜻하는 것이다. 우리는 자동차를 생산해야 한다. 그러나 인간에게 자동차는 필요한 것이 아니다. 이런 점에서 우리는 지난 일만년 동안의 진화과정을 바로잡지 않으면 안된다. 인류는 물질문화라고 하는 제2의 본성을 스스로 창조함으로써 자기자신을 정의하려 하였다. 그리하여 인간의 에너지와 특히 인간적인 여러 능력들이 주로 물질적 확장에 투입되어왔던 것이다.

이러한 확장·팽창과정이 이제 독립적인 것으로 되어버렸다. 그러므로 인간은 지금부터 인간본성의 일부처럼 여겨져온 경쟁심을 비물질적인 영역으로 옮기는 것을 배우지 않으면 안된다. 나는 도덕주의적이거나 종교적인 태도로 말하는 것이 아니다. 물질과 에너지의 무한한 소모를 통해서 만족을 얻으려는 방법이 더이상 계속되지 않아야 하는 것은 필수적이다. 다리 건설을 놓고 경쟁해서는 안된다. 기술적 대상을 두고 엔지니어끼리 경쟁하는 상황은 완전히 종결되어야 한다. 유일한 방법은 개인의 에너지가 의사소통 ― 자기자신 및 다른 사람들과의 ― 영역으로 완전히 옮겨가는 것이다. 그밖의 다른 모든 물질적 재생산의 확대는 중단되지 않으면 안된다.

많은 녹색운동가들이 생각하는, 유명한 순환경제는 기왕의 경제체제 속에 약간의 생태학적 이성(理性)을 도입함으로써 성취될 수 있는 것이 아니다. 리사이클링 등은 모두 개량주의적 아이디어이다. 물론 그런 것은 새로운 투자를 통해 돌파구를 찾아보려는 전략보다는 나은 것이다. 그러나 쉴러의 시대보다 열배, 스무배나 불어난 이것을 약간의 합리성으로 되돌릴 수 있다고 생각하는 것은 환상이다. 생산기계에 더이상 의존하지 않는 새로운 사회를 세우지 않으면 안된다.

거기에 대해 좌파 쪽으로부터 전통적인 비판이 있다. 즉, 당신은 고도로 발달된 기술의 성과를 폐기하고자 한다는 비난이다.

기술의 발전이 어디로 향하는가 하는 문제와 별도로 독립적으로 생각할 수 있는 기술적 성과라는 것은 없다. 테크놀로지를 가지고 무엇인가 다른 것을 해볼 수 있을 거라고 말하는 사람들의 태도는 예를 들어 한 쪽에는 썩은 열매가 다른 쪽에는 성한 열매가 열리는 사과나무를 놓고 썩은 것과 성한 것을 가려보려는 태도와 같다. 실제로 필요한 것은 썩은 열매를 맺는 나무를 베어버리는 일이다. 나는 지난 2천년 동안의 어떠한 기술적 성과라도 그것이 그 자체로서 성과라고 평가받을 수 있다고는 믿지 않는다. 만약 우리의 우선적인 관심사가 "이러저러한 것은 없애고 싶지 않다"라는 것이라면 우리는 낡은 게임을 되풀이할 수밖에 없는 것이다.

당신의 그러한 생각이 자본주의적 생산에 내재되어 있는 자동주의에 맞서서 어떻게 받아들여질 수 있으리라고 생각하는가? 사회라는 것은 필연적으로 자본 소유자들의 선의나 악의에 관계없이 발전한다. 자본가들은 개인으로서 진로를 결정하는 것이 아니고, 자기들도 메커니즘에 종속되어 있다. 이러한 의미의 자동주의에 맞서서 우리가 자본축적의 파멸적 성격을 깨달았다고 해서 어떻게 저항할 수 있겠는가? 당신은 어떤 진정한 변화의 가능성을 보는가? 의회기구를 통해서인가, 아니면 혁명과 그에 따른 프롤레타리아트 독재의 길인가?

해묵은 사회주의적 기대와는 반대로, 자본축적의 과정은 내부로부터의 붕괴가 아니라 외부적인 한계에 부딪힘으로써 정지된다. 따라서, 원리적으로 보면, 지구가 작을수록 어떤 점에서 우리에게는 유리하다. 자본축적 과정은 인간을 자동인형으로 축소시키거나 혹은 적어도 그런 경향으로 나감으로써 산업사회의 대항세력들도 만들어내었다. '거대기계' 속에 객관화된 의식, 즉 죽은 정신, 혹은 맑스가 죽은 노동이라고 부른 것에 원칙적으로 반대하는 세력들 말이다.

따져보면, 일만년 전에 농업혁명이 이루어졌을 때 인간의 기본적 노동능력은 오늘날과 같은 것이었다. 인간은 생물학적으로 변한 것이 없다. 그러므로 우리는 진화의 이러한 초기 시점으로 되돌아갈 수 있다는 것도 생각할 수 있다. 타고나기를 개미집에 묶여있을 수밖에 없는 개미들과는 다르게 우리는 우리가 세운 사회구조에 돌이킬 수 없이 매달려있는 것이 아니다. 그리고 일만년 동안의 역사적 진화를 배경으로 해서 볼 때 자본은 이 모든 팽창의 원인이 아니라 수단이라는 사실도 분명하게 인식할 필요가 있을 것이다.

그러니, 대파국이나 종말의 가능성이 배제될 수 없다는 얘기인가?

내가 보는 바로는 그럴 가능성이 충분히 있다.

당신은 문명에 대하여 거의 절망하고 있는 것 같다.

우리가 종말이 실제로 일어날 수 있다는 사실을 분명히 깨달을 때에만 종말을 피할 수 있을 거라고 나는 생각한다.

그러니까 당신의 견해로는 인간이 외부지향의 노동, 즉 '외면적' 진화에 몰두해왔다는 데 기본문제가 있다는 것이다. 따라서 이것을 바로잡기 위해서 우리는 말하자면 인간의 내면적 능력을 발전시켜야 한다는 말인가?

물론, 그러한 능력들이 이제 깨어나고 동원되어야 한다. 인간은 지금까지와는 다르게 두뇌를 활용하지 않으면 안된다. 부르주아사회가 도구적 세계에 초점을 맞춘 추상적 이성의 최종적 승리라는 것은 우연이 아니다. 명심할 것은, 인간은 아직 자기인식에 도달하지 못했다는 사실이다. 자기통제, 자신의 힘을 통제한다는 의미에서의 자기인식 말이다. 우리는 우리 자신의 힘을 통제하지 못하고 있다. 물질의 재생산과정에서 집단적으로 사회적으로 발생하는 것이 통제되지 않고, 여전히 독립적으로 움직이고 있다. 이런 상황에서는 그 움직임으로부터 우리의 에너지를 거두어들이는 것이 좋은 출발이 될 수 있다. 이러한 가장 일반적인 의미에서의 '탈락'이야말로 대안의 시작인 것이다.

당분간 대부분의 사람들은 체제 내부에 남아있을 것이며, 또 우리도 체제의 협력자로서 일하지 않을 수 없을 것이라는 점을 명심해야 한다. 그러므로 녹색당의 경제정책의 주요문제는 (계속적인 산업확장을 저지하는 반투자 전략과 함께) 체제가 투자하고자 하는 것의 일부를 체제 바깥에서, 즉 임금노동의 체제 바깥에서 새롭게 시작하고자 하는 사람들을 위해 전용하는 일이다. 무엇보다도 녹색당은 실업자들과 그들의 가족들을 위한 방도를 확보하도록 노력하여, 그들이 새로운 생활방식을 건설할 수 있도록 해야 한다.

우리는 완전고용을 기도해서는 안된다. 산업체제가 더이상 일자리를 마련해주지 않는 사람들은 산업체제 바깥에서 새로운 사회를 건립해야 한다. 바로 이 점에서 우리와 종래의 좌파들이 구별된다.

그리고 모든 개량주의적 제안들과도 구별되고 …

우리는 모든 사람이 '임금과 빵'을 위해서 산업체제로 되돌아가기를 원하지 않는다. 우리가 원하고, 마땅히 원해야 하는 것은 산업체제로부터 탈락하고자 하는 노력을 지원하는 일이다.

당신은 이 모든 발전이 실제로 인간 본성에 뿌리를 두고 있다고 보는데 …

그뿐만 아니라 내 생각으로 주된 문제는 하나의 구체적인 형태로서 자본을 우리가 어떻게 극복할 것인가의 문제도 아니다. 그보다 더 주된 문제는 살아있는 정신이 죽은 정신을 어떻게 극복할 수 있는가 하는 것이라고 나는 본다. 실제로 이것이 성공할 것이라는 아무런 보장이 없다. 다른 생물종의 발전과 마찬가지로 인류의 발전도 끝장날 수 있다. 그것은 불가능한 것이 아니라 충분히 상정될 수 있다.

비집중화, 즉 지역분산화가 유토피아적 대안이라고 본다는 말인가?

분권화·분산화는 물질적 관점으로부터도 필요한 것이라고 나는 생각한다. 현재의 국제 분업체제로는 물질과 에너지의 하부구조 및 기타의 수송에 드는 엄청난 비용은 피할 수 없는 것이기 때문이다.

일인당 물질과 에너지 소비가 열배, 스무배나 증가해 있는 오늘의 이 상황이 극복되려면 우리의 기본욕구가 우리 자신이 살고 있는 땅에서 생산된 것으로 채워지고, 교환도 대부분 근린지역 내에서만 이루어져야 한다는 전제에서 우리가 시작해야 한다. 물론 이것이 법령의 포고에 의해서 이루어질 수는 없다. 그러나 물질적으로 인간에게 허용되는 분업이 어느 정도까지 될 수 있는가 하는 것은 최소한의 물질 및 에너지 소비라는 척도에 따라 결정될 것이다.

그러면, 실제적인 문제로서 새로운 사회형태가 자본주의 사회라는 자궁(子宮) 속에서 발전할 것이란 말인가?

그렇게 될 거라고 나는 생각한다. 그렇게 생각하는 까닭은 자본 확장의 가능성은 물질적인 차원에서 보더라도 이제는 한계에 도달했기 때문이다. 자본이 지구의 한계에 맞닥뜨림에 따라서 자본축적은 눈에 뜨이게 치명적으로 되고 있다. 예를 들어, 아마존 유역에서는 2년 반마다 시독 크기만한 지역이 파괴되고 있다. '거대기계'는 지금 그런 식으로 작동하고 있는 것이다.

그러므로 내 생각으로는 지금 제일 중요한 논점은 이 모든 것을 수선하기를 바라느냐 아니면 이 궤도에서 탈락하고자 하느냐 하는 문제이다. 이 점에서 나는 사회민주주의가 우리의 주된 이데올로기적 적수라고 생각한다.

녹색당이 가지고 있는 새로운 정치방식을 망쳐놓을 수 있는 것은 기민당(基民黨)이 아니라는 것을 우리는 알고 있다. 이데올로기적으로나 지적으로 우리의 입장을 망가뜨리고, 제동을 걸 수 있는 것은 사민당(社民黨) 내의 생태개량주의자들이다.

이런 의미에서 에플러(에콜로지와 평화운동을 강조하는 사민당 내 좌파 이론가 – 역주)는 슈미트보다 더 나쁘다고 할 수 있다. 그의 의도로 보면 에플러는 그 정신이 우리와 매우 가깝다. 그러나 에콜로지와 현재의 경제유형이 원칙적으로 화해가능하다고 말하고, 사민당 형의 '현실정치'가 그러한 화해의 도구가 될 수 있다고 말함으로써 그는 이 운동을 망치려고 하는 것이다.

거기에 대항하기 위하여 우리는 우리의 절대적인 독립성을 공식화해야 한다. 개량주의적 생태주의에 맞서는 급진파로서의 입장을 천명해야 한다.

대안적 대항문화에서 당신이 전망하는 구체적인 가능성은 무엇인가? 대안적 생산방식도 시장을 위하여 생산한다는 똑같은 위험에 떨어질 텐데 …

식량이나 옷이나 주택이나 건강문제, 학교와 같은 기본적 필요를 위한 생산이 가능하려면 어떤 규모 이상의 사람들이 있어야 할 것이다. 그러나 무엇보다도 먼저 특히 적극적이고 민감한 개인들이 선도자가 되어, 다만 몇몇 사람이라도 모여서 작은 땅이라도 확보하여 시장에 공급하기 위한 것이 아니라, 자급하기 위한 농사를 짓고, 건물을 짓는다는 것이 중요하다.

당신이 염두에 두고 있는 것은 자급자족인가?

일상생활의 필수품 대부분이 자급자족되어야 한다. 교환을 위해서 얼마간의 잉여도 있어야 하겠지만, 원칙적으로 자급자족체제가 필요한 것으로 생각된다. 노자(老子)의 경제개념에 의하면, 공동체들은 서로 너무 가까이 접근해 있어서는 안된다. 제일 좋은 것은 이웃나라를 방문하지도 않는 것이라고 노자는 말했다. 물론 이것은 과장된 얘기지만, 그러나 그 핵심에는 합리성이 있는 생각이다.

그래서 당신은 이상적인 것은 농업생산이라고 생각하는가?

중요한 것은 식량을 스스로 생산하고, 슈퍼마켓에서 사먹지 않는다는 것이다. 농업생산이 이상(理想)이어서가 아니다. 식량과 주택을 비롯하여 학교와 대학에 이르기까지 사람들이 사회화되고 육체적으로 스스로를 재생산하기 위해서 필요로 하는 모든 것을 가능한 한 넓은 범위에 걸쳐 자기자신의 노동으로 생산한다는 것이 중요하고, 그러기 위해서는 땅이 있어야 하는 것이다. 그러나 또하나의 생산주의적 목적 그 자체를 위한 것이 아니라는 건 말할 필요가 없다.

그러니까, 농업은 하나의 필요조건이라는 뜻인가?

농업은 정말 근원적인 조건이다. 그렇기 때문에 우리는 '땅의 획득'을 필요로 한다. 유럽공동체의 공통한 농업정책으로부터 우리가 어떻든 땅을 탈취해야 할 것이다. 산업체제로부터 해방된 지역을 우리는 건설해야 한다. 다시 말하여, 핵무기로부터 해방되고 슈퍼마켓으로부터 해방된 공간 말이다. 우리는 지금 새로운 사회구성체와 새로운 문명에 관해서 얘기하고 있는 것이다.

성장사회를 넘어서

지방의 활성화를 위하여

김우창

서울과 시골

우리나라가 서울과 지방으로 확연히 나누어져 있고 지방에 비하여 서울이 비대하고 그 비대함으로 인하여 많은 문제가 일어나고 있음은 누구나 인정하는 일이다. 그러나 이것이 문제라는 것을 알면서도 그 문제의 원인이 어디에 있는가, 그리고 그 원인을 제거하는 길이 무엇인가에 대한 답변은 그렇게 분명한 것 같지 않다. 간단히 말할 수 있는 것은, 사람의 하는 일의 근본이 정치와 경제에 있다고 할 때, 서울의 비대와 지방의 수척함은 권력과 경제력의 서울 집중으로 일어나는 것일 것이기 때문에, 이 힘의 분산을 꾀하는 것이 시정책이라고 하는 것이다. 다만 이 분산의 구체적인 방법이 무엇인가는 분명치 아니하다. 물론 그것도 간단하다면 간단하다고 할 수도 있는 일련의 행정조치일 수 있으나 정책의 현실화는 선형(線形)의 운산(運算)을 통하여 이루어지기보다는 관계사항 모두의 상호작

김우창 (金禹昌) — 문학평론가. 고려대 명예교수. 이 글은 민음사에서 나온 김우창전집 제5권 《이성적 사회를 향하여》에 실려있는 글을 필자의 허락을 얻어 발췌한 것이다.

용으로 이루어지기 때문에 현실의 변화를 바라는 방향으로 유도할 방안이 무엇인가를 고안해내기란 쉽지 않은 일일 것이다.

뿐만 아니라 서울과 지방의 불균형에는 합리적으로 설명하고 계산될 수 있는 것이 아닌 여러 요소 — 문화적이라고 요약할 수 있는 요소가 중요한 역할을 한다. 이것은 방금 말한 바대로 불합리적인 것이기 때문에 정책적 행동의 대상이 되기 어렵다. 그러면서도 이것은 그것 자체로 중요한 것일 뿐만 아니라 모든 합리적 정책을 굴절시켜 다른 모습으로 변형시킬 수 있는 것이다. 어쩌면 우리의 생각의 출발은 여기에 있어야 하는 것인지 모른다.

소용돌이의 문화 — 교육의 예

거시적인 관점에서가 아니라 일상적 삶 속의 느낌으로서 느끼는 서울과 지방의 문제를 예를 들어 생각해보자. 사람들은 서울로 서울로만 모여들지만 서울에 사는 사람으로서 서울이 살 만한 곳이라고 느끼는 사람은 별로 많지 아니한 것으로 보인다. 주택문제, 교통문제, 이웃의 문제, 범죄의 문제 — 이런 것들이 서울 살기를 괴롭기 짝이 없는 것이게 한다. 이러한 문제들은 시골에 가면 저절로 사라져버린다. 그런데도 사람들은 서울로 오는 것이다. 서울이 험한 곳이라는 것을 모르는 것은 아니다. 서울로 오는 이유의 하나는 자명하다. 그것은 경제적 이유이다. 그것은 누구나 부정할 수 없는 이유가 된다. 그러나 그다지 자명하지 못한 것은 서울에서의 취업이 경제적 목적을 해결하지 못할 가능성이 많은데도 불구하고 사람들이 시골을 버리고 서울로 온다는 것이다. 경제적 상승의 기회를 보면 서울이 보다 더 높은 가능성을 보여주는 것은 사실이다. 그러나 그러한 기회가, 보이는 것과는 달리, 쉽게 모든 사람에게 열리는 것은 아니다. 그렇다고 하더라도 서울이 시골에서보다는 더 많은 돈을 벌 기회가 많은 것은 틀림이 없다. 그러나 돈을 버는 목적이 적절한 삶의 조건을 확보하려는 것이라고 한다면 서울에서 버는 돈의 의미가 액면가로 생각할 만한 것인가 하는 것은 분명치 않다. 사람들은 서울의 이점이 그 문화적인 혜택에 있다고 한다. 시골의 문화적 빈곤이 사람들로 하여금 서울에 모이게 한다는 것이다. 그러나 서울사람들의 생활에서 연극이나 음악 또는 국립 도서관의 책이 중요하다는 말은 별로 듣지 못하니 서울의 혜택은 결국 교육에 귀착된다고 할 것이다. 참으로 서울의 교육 혜택이 그렇게 큰 것인가? 이것은 조금 자세히 생각하여볼 필요가 있는 일이다. 교육의 문제는 우리 문화나 사회의 상황을 상징적으로 대표하는 것이 될 수 있다.

교육의 관점에서 서울이 좋은 곳인가? 서울의 학교에는 이른바 실력이 있는 교사가 있다고 한다. 또 학교공부란 같은 또래의 학생들과의 우호적이고 경쟁적인 교환작용에서 이루어지는 바가 많은 것이니 서울에 그러한 점에서 상대가 될 만한 학생들이 많다고 할 수는 있다. 그러나 이러한 이점은 다른 악조건으로 상쇄되고도 남는 것이 아닌가 한다.

교육이 지식이나 정보의 전달만을 내용으로 한다고 한다면 오늘과 같은 세상에 교사를 능가하는 지식과 정보의 출처는 얼마든지 달리 있을 수 있는 일이다. 우수한 정보의 교사는 우수한 정보의 저작물에 비할 수 없다. 책의 결점은 그것을 상대로 묻고 답하는 상호작용이 불가능하다는 것이다. 그러나 이것은 컴퓨터로 해결될 수 있다. (물론 컴퓨터가 쉽게 구하여질 수 있는 것은 아니나 여기서는 여러 가능성을 생각해보고 있는 것이다.) 그럼에도 불구하고 교사의 역할이 남아있다면 그것은 교사가 제공할 수 있는 인격적 관계로 인한 것이다. 보이고 헤아릴 수 있는 것만을 계산하는 세상에서 잊어버리는 것이 이러한 보이지 않는 질적 요소이다. 그러나 교육의 핵심은 바로 이러한 인격적 요소에 있다. 대부분의 지식의 흡수에 있어서 정보는 복합적인 통로를 통하여 수용된다. 이런 의미에서 시각에 작용하는 극히 추상화되어 있는 글씨보다는 더 많은 감각에 구체적으로 작용하는 전달방법이 더 효과적이리라는 것은 쉽게 생각할 수 있는 일이다. 다양하고 유연한 전달경로를 제공할 수 있다는 점에서 대체적으로 살아있는 인간 이상의 전달자를 찾기는 쉽지 않은 일이다.

그러나 교사의 중요성은 이러한 전달의 공학으로 설명될 수 있는 것이 아니다. 어떠한 일이든지 사람의 하는 일은 인간 상호관계 속에서 이루어질 때 한층 고양을 얻게 마련이다. 이것은 사람의 어릴 때부터의 성장방식 또는 일반적 사회성에 기인한다. 그러나 교육에 있어서 더 중요한 것은 이러한 점이 아니다. 여기서 우리가 말하고 있는 것은 아직도 지식과 정보의 전달을 핵심으로 하는 교육의 효율성이다. 그러나 교육의 가장 중요한 부분은 지식의 습득이 아니라 지식 습득의 방법 또는 예술이다. 이것은 얻어진 지식이나 정보의 문제가 아니라 그것을 얻는 데 있어서 하나의 주체적 능력이 어떻게 움직이고 있느냐 하는 문제이다. 이것을 시범해 줄 수 있는 것이 교사이다. 더 나아가 교사는 지식, 정보, 표현, 기계, 또 사람과 사회 그리고 환경 일반과의 이성적이고 창조적인 상호작용의 인격적 범례가 된다. (이것은 교사가 가장 고매한 인격자여야 한다는 것을 전제하는 것이 아니다. 교사는 지식의 전달자이면서 그것의 인간적 컨텍스트를 보여줄 수 있는 사람이 되는 것으로 족하다. 교사는 여러 인간적 환경의 요인과 상호작용하는 주체적 지성이다.)

그런데 서울에서 얻기 어려운 것이 살아 움직이는 교사의 모습이다. 사람이 제대로 자연스러운 일체성 속에서 움직이려면 그 환경이 적절한 것이라야 한다. 그 조건으로 가장 중요한 것은 규모의 적절성이다. 과밀학급, 거대학교, 거대도시가 이 조건에 맞는 것이 아님은 말할 것도 없다. 복잡하고 거대한 환경 속에서 사람은 자신의 수용적 기능의 일부를 차단하고 자기 안에다 적정규모의 환경을 만들어야 한다. 그것이 최소한도의 자기 보호책이다. (사람이 한번에 주의대상으로 할 수 있는 사물은 일곱 가지 내외가 된다고 하는 심리학자가 있다.) 서울 사람들은 많은 것에 대하여 지각과 생각, 행동적 관심을 닫아버려야 한다. 이것은 서울의 교사의 경우에도 마찬가지다. 이렇게 볼 때 가장 우수한 서울의 교사가 학생들에게 줄 수 있는 것도 사실상 더 인간적인 환경에서 자신의 모든 것을 자연스럽게 줄 수 있는 교사에 못 미칠 가능성이 큰 것이다.

교사의 다양한 기능과 의미를 말하는 것은 교육의 과정이 저절로 좁은 테두리 — 책이나 기타 정보전달의 수단을 넘어간다는 것을 말하는 것이다. 존 듀이의 저서에 《학교와 사회》라는 것이 있지만, 진정으로 중요한 교육이 학교에서 이루어지는 것이 아니라 사회 어디에서나 이루어지는 것이라는 것은, 듀이의 지적을 상기하지 않더라도 쉽게 인정할 수 있는 일이다. 그것을 마음에 다짐하며 일관성 있게 생각하고 행동하지 않을 뿐이다. 서울에서 자라고 있는 아이들, 청소년의 교육적 환경이 문제적인 것은 새삼스럽게 말할 필요가 없다. 이것은 물리적 위험과 도덕적 사회적 일탈의 유인들이 도처에 산재해있다는 것만을 말하는 것이 아니다. 그러한 판단을 떠나서 서울과 같은 곳에서의 아이들과 환경 사이에 있을 수 있는 상호작용의 다양성과 성격만을 생각해보아도 엄청난 문제가 있을 것이라는 것은 분명하다. 사람들은 서울에서 자라는 아이들은 보고 듣는 것이 많을 것이라고 말한다. 사실은 서울의 아이들처럼 감각적으로 박탈된 환경에서 사는 경우도 드물 것이다. 서울 살기의 복잡성과 위험은 대부분의 아이들을 극히 좁은 집과 거리와 사람들 사이에 갇혀 사는 죄수가 되게 한다. 거기에서 일어나는 감각과 사고와 감정의 교환작용은 극히 빈약하고 상투적인 것일 수밖에 없다. 다른 한편으로 걱정해야 되는 것은 그것이 극히 피상적이게 마련이라는 점이다. 상점과 집과 사람이 넘쳐나는 서울이 사람의 여러 기능에 제공하는 감각적 자극요소의 총계가 적다고 할 수는 없다. 오히려 문제는 그것의 과부하로 인하여 저절로 감각이나 느낌의 문을 닫게 된다는 데 있다고 할 수도 있다. 그러한 결과는 마찬가지의 박탈된 환경이다.

이것은 갇혀 사는 사람이나 풀려 사는 사람이나 마찬가지다. 그리고 또 하나의 문제는 사람과 환경과의 상호작용의 성격에 있다. 그것은 사실 상호작용이라고 할 수 없는, 말하자면 일방적 흡수나 이용의 성격을 가지고 있다. 서울은 충분히 깊이있고 지속적인 관계를 수립할 수 없는 자극요소들의 제공처이다. 여기에서 사람들은 자기가 필요로 하는 것만을 선택적으로 취하게 된다. 말하자면 주변환경은 우리의 여러 기능이 요구하는 자극의 슈퍼마켓이 되고 우리는 소비자가 되는 것이다. 이 소비의 대상에는 물건뿐만 아니라 사람이 포함된다. 지식이나 정보도 마찬가지다. 그것은 우리가 세상과 교섭하는 데 필요한 도구이다. 교육이 사람의 삶의 참다운 과정에 깊이 관계되는 총체적 과정이 아니라 지식백화점의 안내계가 되고 물건과 권력과 명성의 시장의 화폐가 되는 것은 이상한 일이 아니다.

물론 서울에 교육적 이점이 전혀 없다고 하는 것은 지나친 말이겠으나 (문명을 말하는 영어 civilization의 기원은 도시 civitas에서, 세련 urbanity 는 도시 urbs에서 나왔거니와, 인간의 물질적 진보와 인격적 섬세화가 도시에 관계되어 있는 것은 사실이다), 위와 같은 것이 서울의 교육환경인 것이다. 여기에 비하여 시골은 어떠한가? 일반적으로 시골에는 없는 것도 많지만, 없는 것에는 없어서 좋은 것들도 포함되어 있다. 적어도 이론적으로는 시골의 학교는 도시학교가 지니고 있지 않은 적정규모의 인간적 환경을 가지고 있는 것으로 말할 수 있다. 지식이나 정보의 면에서 다소 부족한 것이 있더라도 시골의 교실은 자연스러운 교육환경이 되어 교사와 사물의 상호작용은 풍부하고 일체적인 것이 될 수 있다.

도시에는 없는 자연의 존재는 가장 큰 교육적 자산이다. 사람은 그 성장의 과정 속에 자연이 결여되어 있던 사람까지도 자연과의 접촉에서 기쁨을 느낀다. 자연에 대한 사람의 향수는 오천년이나 만년의 도시화로도 없앨 수 없는 수백만년의 진화의 유산이다. 자연과의 교섭이 없이는 사람이 온전할 수가 없다. 그것이 주는 기쁨, 기율, 시련이 커다란 교육적 의미를 가진 것임은 인류의 시적 유산이 끊임없이 증언해온 것이다. 다만 그것의 교육적 의미의 항목화가 어려울 뿐이다. 그러나 오늘의 조종과 이용의 세계, 개인적 욕망의 소비주의적 충족의 시대에 있어서, 보다 중요한 자연의 교훈은 그 자족적이며 영원한 존재의 교훈이다. 그것은 쉴러의 표현을 빌려 "제 뜻으로 있음, 사물들의 절로 있음, 그 스스로의 불변의 원칙에 따라 있음에 다름 아니다." 이것은 그것 자체로 아름다운 것일 뿐만 아니라 우리의 사물과 사람에 대한 태도에 커다란 영향을 끼칠 수 있는 것이다. 우리 밖에 있는 것을 있는 그대로 존중하며 우리 스스로 있는 대로 있는 것, 그러한 절로 있음을 손상하지 않는 것은 객관적이고 공정한 마음가짐, 윤리적인 태도의 기본을 이루는 것이다. 자연이 보여주는 것은, 욕망과 소비의 대상으로가 아니라 스스로 있음으로 값이 있는, 존재의 모습이다. 모든 것이 인공의 소산인, 따라서 사람의 의지의 표현인 도시에서 사는 사람들이 자연을 그리워하는 이유의 하나도 바로 이러한 존재의 충족감에 있다.

물론 시골의 이러한 점은 잠재적으로 그러하다는 것이다. 그것이 어떠하든지 간에 사람들은 서울로 서울로 몰려온다. 그리고 실제에 있어서 시골의 교육환경이 위에서 말한 이상화와는 너무나 거리가 있을 가능성이 크다. 말할 것도 없이 지나친 이상화는 거리의 함수이다. 우선 시골 상황의 비참성은 건물과 시설의 황량함에서 드러난다. (경제성장에도 불구하고 아마 제일 투자가 이루어지지 아니한 곳이, 대학의 일부를 제외하고는, 학교가 아닌가 한다.) 시설의 개선은 물론이려니와 학교의 행사를 위한 어떤 재정적 기반이 오늘의 시골에 있을 리가 없다. 교사를 두고 말하더라도 흔히들 말하는 바대로 도시에 더 우수한 교사가 몰려있다는 생각을 뒤엎을 만한 증거가 많지 아니할 것이다.

지방의 정치와 문화

현상학적 관점에서 시골과 서울이 어떻게 성립하느냐 하는 것은 실제적인 문제를 논하는 데에 있어서 오활하기 짝이 없는 일처럼 보인다. 결국 문제는 또는 해답은 정치와 경제에 있다.

서두에서 이미 말하였지만 두루 알고 있는 바와 같이, 서울의 비대, 지방의 쇠퇴는 정치와 경제의 집중에서 온다. 이의 시정책이 분산에 있다고 생각하는 것은 자연스러운 일이다. 지난번에 실시된 각급 지방의회선거, 지방의회의 구성은 그 나름으로 오늘날 우리사회의 중요한 문제와 시정책에 대한 의식을 나타낸 것이다. 물론 그것은 그것대로 문제투성이인 것은 말할 필요도 없다. 선거과정에서의 여러 문제점 또 지방의회들의 운영에 있어서의 문제점은 하루가 멀다 하고 신문에 보도된 바 있다. 주로 그것은 선거과정이나 의원들의 부정과 부패인데, 더 문제가 되는 것은 설령 그러한 부정부패가 없다고 하더라도 지방의회와 같은 것이 참으로 지방의 활성화에 대한 답변이 되겠느냐 하는 점이다. 말할 것도 없이 지금의 상태에서 의회가 할 수 있는 일은 기껏해야 정부의 지역 대상의 정책시행에 비판적 제동을 가하는 방어적인 일을 하는 것 이외에 다른 일이 있을 수 없는 것으로 보인다. 모든 것이 집행기구에 집중되어 있는 오늘과 같은 역동적 사회변화의 상황에서 집행부에 대한 하등의 실질적 통제의 기능을 가지지 않는 회의기구가 무슨 힘을 가지겠는가. 말할 것도 없이 집행기구 자체가 ─ 특히 의미있는 정책수행의 단위, 즉 도나 시의 집행기구들이 참으로 자치적인 기구로서 구성될 때에 지방자치에 대한 생각과 현실은 크게 달라질 것이다. 그때는 오히려 어떻게 하여 지방의 원심적 경향을 국가적 조화 속에 통합하느냐 하는 것이 과제가 될지도 모른다.

그러나 지방정부들이 참으로 할 수 있는 일이 무엇인지는 지금 단계에서 분명치 않다. 중앙에서 내려오는 정책에 대하여 방어적인 기능을 수행할 수 있는 것은 쉽게 생각할 수 있는 일 중의 하나이다. 지역 내의 정치적 사회적 경제적 이점의 배분에 있어서 한편으로는 갈등이 깊어질 것이나 다른 한편으로는 갈등이 가져오는 억제와 균형으로 하여 조금 더 공정성이 생겨날 수도 있을 것이다. 그러나 오늘날 지방이 필요로 하는 것이 기존하는 유형 무형의 자원의 배분이 아니라 발전이라고 할 때 지방정부들의 능력은 극히 제한된 것일 수밖에 없을 것이다. 자본, 기술, 경영, 그리고 자원의 모든 것을 가지고 있는 중앙과의 협력 없이는 지방이 효율적인 발전을 기대할 수는 없을 것이기 때문이다. 그러나 적어도 중앙의 일방적인 결정과 지시가 아니라 협력 또는 협상의 단계가 끼어들게 되는 것은 지방의 이익과 독자성을 위하여 크게 도움이 되는 일임이 틀림이 없다. 여기에서 중요한 것은 한편으로는 지방정부가 진정으로 지방의 관점을 대표하여야 하는 것이고 다른 한편으로는 중앙정부가 공정한 대화의 상대가 될 수 있어야 한다는 것이다. 이러한 협력, 협상, 대화의 관계가 하루아침에 이루어질 수는 없을 것이다. 이것은 오랜 긴장과 시행착오의 기간과 제도의 정착을 통하여 자리잡을 수 있을 것이다.

그러나 지방의 힘이 아무리 커진다고 하더라도 힘의 불균형은 오랫동안 또는 언제나 존재할 수밖에 없을 것이다. 중요한 것은 힘의 불균형에도 불구하고 지방이 발언권을 가지고 있다는 것이다. 이에 따라 중앙은 지시 명령하는 것이 아니라 상의하고 원조하는 태도를 발전시키게 될 것이다. 이상적으로는 이것은 중앙이 그 힘의 사용을 유보하여서 그런 것이 아니라 적극적인 정책의 이니셔티브가 지방에서 나오기 때문에 그렇게 되는 것이어야 할 것이다. 그리하여 지방이 그 정책에 대한 원조를 중앙에서 구하고 중앙이 그 타당성을 검토하고 하는 관계가 생겨날 것이다.

중앙과 지방의 관계에서 중앙정부는 한편으로 지역의 구체적인 사정에 귀기울이면서, 다른 한편으로 나라 전체의 균형과 이익을 대표할 것이다. 오늘날 사정에 비추어 중앙관서와 관리들의 명령하달의 습관이 쉽게 고쳐질 수 없는 것이 어려움의 한 가지일 것이다. 또 중앙집권이든 지방분권이든 오늘날에 있어서도 정부와 관료가 참으로 국민의 이익을 대표하고 있느냐에 대하여 회의가 많은 것이 사실이다. 사사로운 이익과 관심이나 어떤 특정 이익집단, 어떤 회사들의 이익을 넘어서는 관료의 공익에의 헌신이 의심을 받고 있는 것이 오늘의 사정인 것이다. 더구나 이것은 중앙관료들의 특정 지역의 특정 그룹에 의한 독점으로 더욱 복합적인 양상을 띠고 있다. 지방의 발전은 무엇보다도 중앙권력의 공정하고 보편적인 구성을 요구한다. 그것은 지방의 발전을 위하여서만이 아니고, 분권적 발달과 국가적 일관성의 유지라는 서로 모순된, 또 분쟁적인 것이 될 수도 있는 목표를 추구하는 데 절대적으로 요구되는 것이다. 오늘날 문제가 되어 있는 지방감정이라는 것도 그것이 심각한 양상을 띠게 되는 것은 여러 이익과 특권의 배분이 권력에 장악되어 있기 때문이다. 이 문제가 완화되기 위해서라도 권력이 이익배분의 중심이기를 그쳐야 할 것이다.

지방정부의 공직자도 높은 공정성과 보편성의 자질을 갖추어야 함은 물론이다. 여기에서도 그들은 사사로운 이익 또는 특정 경제그룹의 영향이나 압력에 좌우되지 않고 지역민 전체의 이익과 관심을 대표할 수 있어야 한다. 이것은, 민주주의 기초 상식에서 말하여지듯이, 선거를 통한 국민적 통제와 기타 다른 정치과정의 공개를 통하여 어느 정도 보장될 수 있을 것이다. 그러나 다른 한편으로는 우리가 그간 부족한 대로 시험한 민주제도의 경험은 제도만으로써 그것이 확보될 수는 없는 것이 아닌가 하는 의심을 갖지 아니할 수 없게 한다. 민주제도는 어떤 경우에나 집단적 삶의 많은 문제들을 정치 또는 국가기구를 통하여서가 아니라 사회적으로 풀어나가려는 제도라 할 수 있다. 권력의 뒷받침을 반드시 필요로 하는 것이 아닌 사회적 관습관행의 총체를 우리는 문화라는 이름으로 부를 수가 있을 터인데, 지방정부가 참으로 공명정대한 정부가 되기 위해서는 그것을 가능케 하는 문화가 있어야 한다. 물론 이것은 오늘날 중앙이나 지방이나를 막론하고 우리 정치 일반에서 많은 사람이 느끼고 있는 것을 말한 것에 불과하다. 보편적 문화규범의 보장은 한편으로는 문화 자체의 힘 이외의 다른 것에서 나오는 것이 아니라고 하겠지만 현실적으로 그것은 사회의 여러 엉클어짐에 의하여 지탱된다. 여기에 기여하는 중요한 요인의 하나가 공동체의 감시의 눈이라고 할 때 보다 좁고 직접적인 지역사회에서 그것은 조금은 더 쉽게 얻어질 것이라고 할 수는 있을 것이다.

여기에 관련하여 우리 문화담당자들 — 지식인들의 역할을 생각할 필요가 있다. 결국 문화란 한 사회에서의 사회관계와 행동의 관습 일체라고 하겠지만, 그들의 일이 현실적 효율성을 발휘하든 아니하든, 문화의 핵심부분을 의식적으로 구성하고 손질하고 유지하는 일에 관심을 갖는 것이 지식인이다. 이것은 한편으로는 보다 좁은 의미의 문화와 도덕에 관계하는 지식인을 말하는 것이지만, 현실의 문제가 보다 직접적으로 관계되는 분야에서도 그것에 합리적 표현을 주어 민주적 여론을 형성하고 문제의 궁극적 해결을 위한 기초작업을 하는 것이 지식인이다. 서울의 비대는 이러한 일들에 필요한 문화적 지적 자원까지도 서울에 집중시켜 놓았다. 앞으로 지방이 서울에 맞설 만한 문화적 지적 자원을 어떻게 확보하느냐 하는 것은 매우 중요한 과제가 될 것이다. 그러나 더 긴급한 것은 지방정부가 확보할 수 있는 현실 지식인 — 정치 경제 사회 기술의 여러 현실과제를 풀어갈 테크노크라트 및 기타 현실 지식인의 문제이다. 가령 지방과 중앙의 협의 협상과정에서 참으로 지방의 입장이 대변되기 위해서는 그것을 대변할 수 있는 지적 기술적 능력이 지방에 준비되어 있어야 한다. 이것 없이 중앙의 정책에 대하여 비판하고 수정하고 대안을 제시하고 하는 일이란 허망한 것이 될 것이다. 독자적 발전의 경우 이것은 더욱 그렇다. 지방의 독자적 발전에는 독자적 발전의 방안이 있어야 하고 이 방안의 작성에 — 대중과의 민주적 상호작용과 아울러 — 이러한 능력이 요구됨은 말할 것이 없다.

물론 이러한 능력이 반드시 특정 지방에 뿌리를 내리고 있는 지식인 기술인으로부터 나올 필요는 없을는지 모른다. 그러한 사람들을 장기적으로든 단기적으로든 다른 곳으로부터 빌려올 수가 있을 것이기 때문이다. 르네상스 이탈리아에서 도시국가들의 전문가들이 반드시 자기 도시의 사람이 아니었다고 하여 도시의 발전에 지장이 있었던 것은 아니다. (가령 레오나르도 다빈치는 피렌체, 밀라노, 로마, 앙봐즈 기타 여러 곳에서 여러 가지의 천재적 업적을 남겼다.) 여기에는 또 그 나름의 이점이 있다고 할 수도 있다. 이러나 저러나 진정한 지방의 독자적 발전은 경쟁적 에너지를 불러낼 가능성이 있지만(이것은 좋은 면과 더불어 나쁜 면을 가질 것이다), 이것은 수월성을 위한 능력의 경쟁을 가져올 수도 있고, 아마 이보다 더 중요한 것은 이로 인하여 지방의 발전 계획에 저절로 보편적 요소가 들어갈 수 있다는 점일 것이다. 여러 곳을 주유하는 전문가는 그 나름의 종합적 체험도 가지겠지만 아마 저절로 보편적 관점에서의 설득을 습관화하게 될 것이기 때문이다. 중요한 것은 단초의 이니셔티브와 마지막의 결정과 실천적 결심이 독자적인 지방의 판단에서 나온다는 것이다.

그런데 이 지방의 독자적 이니셔티브는 진정으로 지방의 독자적인, 그리하여 독창적인 것이 되면 좋을 것이다. 지방의 정치가 지방의 구체적인 사정과 필요에 맞아들어가야 한다는 것은 지방자치의 최소한도의 의의가 되겠지만 보다 적극적으로 지방에서 이루어지는 일이 나라의 다른 곳에서도 관심의 대상이 될 수도 있는 일이다. 이것은 그 지방을 위해서도 좋은 일이지만 나라 전체를 위하여도 좋은 일이다. 오늘날의 여러 발전 계획들은 다른 나라에서 시행되었던 것을 제외하고는 국부적으로 시험될 기회를 갖지 못한다. 지방의 독창적인 정책들은 이러한 사회 실험적인 의의를 가질 수 있다. 이것은 사람의 경우에도 해당되는 일이다. 오늘의 체제하에서 사회와 정치의 지도자는 실제적 경험과 업적의 증거 없이 중요한 공직에 선출될 수 있다. 지방이 참으로 독자적이고 독창적인 정치를 가지게 된다면, 지방은 민중적 기반과 현실정책의 업적을 아울러 가진 지도자를 산출하는 터전이 될 것이다. 또 이것은 정치활동 내지 정당활동의 경우에도 어느 정도 해당될 수 있을 것이다. 정당도 한정된 지역에서 활동하게 될 때 전국적인 문제 또는 이념적인 문제만이 아니라 그 지역의 필요에 응하는 구체적인 사회적 프로그램을 그 정치적 활동의 일부로 삼지 아니할 수 없을 것이다. 오늘날 우리가 보는 바와 같이 구체적인 문제들에 대한 연구를 거대한 슬로건 속에 단순화하여 결과적으로 정치와 현실생활을 유리시키고 정치를 부질없는 정열낭비가 되게 하는 일도 상당 정도 방지될 수 있을 것이다.

시골의 이점은 이상적으로 말하여 모든 것을 과장과 집중의 소용돌이 속으로 끌어들이는 대도시의 삶에 대한 근본적 비판을 제공해줄 수 있다는 데 있는지 모른다. 모든 것의 항진 ─ 이것이 도시의 특징, 특히 서울과 같은 도시의 특징이다. 이것은 사람과 사람의 부딪침과 인위적인 환경으로 이루어진 도시의 기능이다. 여기에서 사람들은 이러한 것들을 활용하여 ─ 제도와 편의시설, 무엇보다도 사회관계, 또 사람들을 조종하여 많은 원하는 것을 해낼 수 있다. 도시 문명의 활기는 이러한 항진에서 온다. 그러나 도시의 복잡한 사회적 얼크러짐 속에서는 가장 기본적인 필요의 충족이나 소망의 달성이 오히려 수많은 장애물에 의하여 좌절되기 쉬워질 수도 있다. 그러니만큼 도시의 인간은 한편으로는 자신의 능력과 필요에 대한 무한한 확대를 경험하고 다른 편으로 이러한 새로이 확대된 인간의 정의에 미치지 못하는 사람 ─ 누구도 밀집된 인간의 총체적인 가능성에 미칠 수는 없는 일이다 ─ 또 기본적인 소망의 달성을 이루지 못한 사람은 무한한 열등감, 소외감, 패배감을 경험한다. 여기에 대하여 시골은 단순화된 인간생존의 상황을 제시한다. 거기에서 사람의 생존은 모든 것의 모태이며 한계인 자연과 고독한 자아의 관계로 규정된다. 고독하다는 것은 사회관계에 의해서 생겨나는 힘이 아니라 주어진 대로의 육체적 정신적 능력 ─ 삶을 살아갈 수 있는 생존능력이 문제가 된다는 뜻에서이다. 시골에서도 사회관계가 ─ 특히 봉건적 토지제도, 노예제도, 또는 그에 유사한 수탈관계가 기본적 상황을 상당한 정도로 변형할 수 있다. 그러나 궁극적으로 문제가 되는 것이 사람 하나하나의 생물학적 자질이라는 사실은 완전히 감추어져버리지 않는다.

물론 시골에 협동적 관계가 존재하지 않는 것은 아니다. 농촌 또는 관점을 좀더 확대하여 채취수렵사회에 있어서의 협동관계는 오히려 그 특징으로 자주 이야기되는 바이다. 그러나 그것은 단순한 집단적 움직임이 아니라 상호성에 입각한 집단적 움직임이다. 거기에서 사람들은 자신의 필요와 다른 사람의 필요를, 그것의 대칭적 교환가능성을 자발적으로 인정하면서 자신의 능력에 기초하여 집단적 또는 협동적 작업에 참여하는 것이다. 그러면서 중요한 것은 이러한 사회적 협동이 인간의 능력을 무제한적으로 확대하지는 아니한다는 점이다. 그것은 개인의 생물학적 능력, 상호성에 입각한 협동의 범위의 한계, 자연조건의 한계 등으로 하여 일정한 범위를 넘을 수 없다. 그러니만큼 인간의 능력에 대한 인식, 개인의 자아의식도 겸손을 지닐 수밖에 없다. 무한한 사회적 힘, 무한한 물질적 소유의 가능성에 들뜬 과대망상이 일어날 현실적 조건이 별로 없는 것이다. 어쨌든 시골은 사람의 생존조건을 극히 단순화한다. 그리하여 무엇이 사람의 가능성이며, 한계이며, 또 본성에 따른 ─ 그렇다는 것은 어떤 짧은 시대상황 속에서 일시적으로 지니게 된 어떤 특징이 아니라 장구한 진화의 시간 속에 형성된, 인간의 필요와 욕구와 소망에 따른 행복인가를 보다 잘 알 수 있게 한다. 예로부터 사람이 자연을 즐기고 자연으로 돌아가기를 갈망하고 또 어지러운 시기에는 으레껏 자연으로 돌아가라는 말이 나오고 하는 것은 그것이 사람의 삶의 기본적인 조건, 그 진리를 보다 쉽게 보여주기 때문일 것이다. 과열된 오늘의 시대에도 자연의 지혜는 같은 역할을 수행할 수 있다. 그리고 지방의 삶은 조금 더 쉽게 여기에 가까이 있을 수 있다.

물론 이러한 관점은 낭만적 환상으로 받아들여질 가능성이 크다. 모든 것은 현실의 동력학 속에서 움직인다. 현실은 위에서 비쳤듯이 사회 에너지의 총체적 장이 구성한다. 오늘날 모든 창조적 또는 더 구체적으로는 생산적 에너지는 도시에 집중되어 있다. 그러는 한 그것과 더불어 움직이지 아니하는 모든 행위와 사고는 허황한 낭만주의의 꿈으로 보인다. 그러나 꿈도 현실의 일부이다. 현실을 전체적으로 파악하는 일은 현실의 밑에 잠겨있는 억압된 꿈을 포착하는 일을 포함한다. 물론 꿈도 현실성을 갖기 위해서는 현실적 이성에 의하여 구출되어야 한다. 즉 그것은 보다 넓은 현실의 이성적 구성의 가능성으로 제시될 수 있어야 하는 것이다. 이것은 단순히 이론적 작업이 아니라 현실적 변화의 문제이다. 그러나 주어진 현실에 대한 보다 높은 보편성의 관점에서의 비판은 그 나름의 현실적 의의를 지닌다.

　위에서도 비친 바와 같이 시골의 문화는 지방적인 자리매김에 만족할 것이 아니라 스스로를 사회발전, 국가발전의 핵심으로부터 파악할 수 있어야 한다. 그것은 서울의 잔여분이나 아류가 아니라 서울의 파행적 존재 방식에 대하여 보다 온전한 삶의 방식 또는 대체방안을 나타내는 것이 될 수 있다는 자부심을 가지고 있어야 한다. 그것은 서울의 사회와 문화 또 오늘의 세계사의 전개 속에서 자신의 의미를 이해하여야 한다.

　시골은 철학적으로 정치적으로 경제적으로 기술적으로 오늘의 보편적 지평을 수용하는 문화를 필요로 한다. 이것은 위에 말한 바와 같이 지방 자체가 전국적인 인력 동원 또는 극단적으로는 독자적인 국제적 연락망을 통하여 오늘의 가장 높은 인문적, 사회적, 기술적 지식의 도움을 받도록 함으로써 가능하다. 그러면서 필요한 것은 물론 자신감의 확립이다. 당대의 지적인 현실적 보편성의 지평 속에 있다는 것이 자신감의 한 내용을 이룬다. 그러나 고유한 전통과 문화에 대한 인식과 그것의 현대적 해석을 위한 노력, 그것의 현대적 삶 속에의 유기적 편입 — 이러한 주체의 기억과 현실의 상호작용이 자신감의 중요한 요소가 되는 것임은 새삼스럽게 지적할 필요도 없다. 지방의 유형 무형의 문화재를 보존하고 되살리는 일은 관광사업의 관점에서라도 이미 중요한 일로 간주되고 있다. 표가 나는 일이 아니라도 물질적 자취로서, 제도로서, 관습으로서 새로 돌아보아야 할 일이 많을 것이다. 오늘과 같은 교육제도의 혼란이 극도에 달한 시기에 옛날의 서당제도에서 새로 배울 것은 없는가. 소비문화의 광고와 통속적 TV오락물과 정치적 슬로건에 의하여 규범적 문화가 결정되는 시대에 있어서 지역사회의 지적 기준의 담보자로서 서원이 들어설 자리는 없는가. 또는 지방의 공예적 전통으로서 새로운 경제적 기술적 도움을 얻어 활력을 되찾게 될 만한 것은 없는가. (현대적 양산체제는 근본적으로 생활의 편의에 관계되는 제품을 만들어내는 체제이다. 편의의 욕구가 충족된 다음에 사람들이 원하는 것은 그들의 미적 욕구를 만족시켜줄 수 있는 것들이다. 오늘날의 양산체제는 이것까지도 자신의 영역으로 하려고 안간힘을 하고 있다. 그러나 본질적으로 미적 대상물의 제작은 공예의 영역이다. 사람들의 미적 욕구는 물질적 매체를 통한 사람의 능력 — 개성적 능력에 조우하고자 하는 욕구이기 때문이다.) 어쨌든 한국사회의 생활기반은 수백년 또는 수천년간 농촌에 있었다. 자연경제 속의 삶의 지혜는 고급문화로나 사회관습 또는 설화와 이야기로서 전승되게 마련이다. 이러한 것들은 새로운 지평 속에 돌이켜져 지방문화의 주체의식의 일부가 될 것이다.

발전을 다시 생각한다 — 발전, 환경, 행복

권혁범

　"21세기의 문턱에서 삶의 근본을 뒤돌아본다 — 21세기로 자동차를 타고 갈 수는 없다" 시리즈 강좌 중에서 여러분에게 발전의 문제에 대해 이야기를 드리게 되었습니다.

　저에게 주어진 주제가 "무엇이 진정한 발전인가?"라는 거창한 것인데 이런 문제에 답할 능력은 없고 해서 조금 바꿔 "발전을 다시 생각한다"라는 제목으로 얘기를 해보고자 합니다. 무엇보다도 기존의 발전에 대한 견해, 이론들이 있는데 이것의 내용은 무엇인가 그리고 그것들이 오늘날의 지구 생태계의 위기 그리고 인간의 깊은 행복이라는 측면에서 보면 어떤 문제들이 있는가 — 이런 것들을 살펴보고 대안을 제시할 만한 형편도 아니고 능력도 없기 때문에 다만 우리사회가, 지구가 어떤 방향으로 어떤 생각을 중심적 가치로 삼고 움직여야 할 것인가 하는 문제에 대하여 몇가지 얘기를 드려볼까 합니다.

　여러분이나 저나 느끼고 있지만 우리사회는 지난 10년 사이에 엄청나

권혁범 — 대전대 교수. 정치학. 이 글은 1995년 7월 29일에 있었던 민예총 문예아카데미 교양강좌를 녹음하여 정리, 수정한 것이다.

게 물량적으로 풍부해지고 따라서 많은 사람들의 삶도 많이 윤택해졌습니다. 일인당 GNP가 만불을 넘어서기 시작했고 또 21세기에 가서는 3만불에 도달해서 완전한 선진국이 된다고 얘기하고 있습니다. 국민소득 2천불을 지상의 목표로 삼던 시절이 어제 같은데 — 그 당시에 2천불 되면 우리나라가 천국이 되어 집집마다 침대가 열 개, 자가용이 두 대, 텔레비가 두 대 되는 세상이 될 것으로 기대가 부풀었던 것을 생각하면 — 엄청난 발전입니다. 제 전공이 제3세계 발전문제에 관련된 분야이기 때문에 외국에 있으면서도 우리나라의 발전에 대하여 좀 안다고 생각했는데 10여년 만에 돌아와서 보니까 상상을 초월할 정도의 변화가 있어 놀랐습니다.

우리는 과연 행복해졌는가

그러나 시간이 가면 갈수록 이게 뭔가 잘못되어 있다는 생각이 들었습니다. 물론 잘살게 된 것은 사실인데 사람들의 구체적인 모습을 보니까 엄청난 스트레스를 받고 있고 짜증내며 불안해하고 또 힘들어하고 그저 죽지 못해 사는 사람들이 굉장히 많더군요. 절대적인 빈곤하에서는 우리는 검은 연기나는 공장 굴뚝에서 희망을 보며 살아왔고 그래서 이제 풍부해졌는데 사는 것은 어떻게 보면 더욱 힘들어지고 삶의 질은 저하되어 버렸습니다. 거기에다가 오늘의 초점인 환경문제, 쾌적한 환경에 깊게 연관된 인간의 행복이라는 차원에서 얘기하자면 이건 정말 지옥입니다. 빈부를 떠나서 도대체 동네 녹지공원도 변변히 없고 어딜 가도 오염된 개천과 탁한 공기뿐이며 농약과 공해에 찌든 음식이 천지 사방에 널려있으니 이게 어디 사람 살 곳입니까?

신혼여행, 수학여행 다녀오면 컬러사진 수십통을 찍어오고 길거리에 옷이 넘쳐나고 아파트에 버려지는 수많은 책상, 가구들이며 어딜 가도 고기 굽는 식당이고 그런데 도대체 이게 뭔가 하는 생각이 듭니다. 제 기억으로는 제 어릴 때 그때 밥굶는 친구들이 많아 도시락 두 개 싸서 나눠먹기도 하고 그랬습니다. 그런데 그런 밥먹는 문제만 제외하면 과연 제 딸이 놓여있는 조건이 제 어릴 때보다 좋은가 하는 의문이 생깁니다. 아무리 생각해봐도 오늘날 자라는 어린이들이 60년대의 어린이들보다 ─ 몇가지만 제외한다면 ─ 더 높은 질의 삶을 살고 있는가에 대해 심각한 의문이 생깁니다. 그렇다면 무엇 때문에 그토록 고생해서 '발전'했는가, 무언가 잘못된 발전은 아니었는가 하는 생각을 하게 되고 그래서 '발전'에 대하여 다시 생각해보자 이렇게 된 겁니다. 이것은 어떻게 보면 굉장히 철학적인 질문이고 인간의 행복이 무엇인가에 대한 근원적 질문에 연결되어 있다고 생각하는데, 이런 것을 축으로 해서 발전의 문제에 대하여 얘기를 나눠보고자 합니다.

근대화론의 확산과 종속이론의 딜레마

발전에 대해서 얘기하려면 어디서 어떻게 해야 할지 모를 정도로 광범위한 주제지만 쉽게 말해보자면… 우리가 알고 있는 산업사회에서의 발전이라는 것은 어떻게 보면 어떤 발전에 대한 생각의 결과거든요. 그 역이기도 하고. 그동안 100년에서 200년 사이에 짧게 보면 지난 40년 동안에 사람들이 발전이 무엇이라고 생각했는지를 살펴보면 발전의 내용과 문제를 쉽게 파악할 수 있어요. 우선 발전에 대한 몇가지 견해는 근대화론, 종속이론, 사회주의론으로 나누어서 얘기할 수 있는데 각각의 내용을 간단하게 짚어보고 과연 서로간에 어떤 차이가 있는지 살펴보겠습니다.

근대화론이라는 것은 서구의 기본적인 발전이론, 발전관인데 그게 우리나라에 수입되어 60년대부터 지금까지 기승을 부리는 견해인데 이것은 무엇보다도 자본주의경제의 양적 성장을 최우선의 목표로 하는 발전관입니다. 좀 구체적으로 보면, 주로 서양사람들이 제3세계 사람에게 그랬는데, 1세계가 발전하고 3세계가 그렇지 못한 것은 발전을 저해하는 전통적 가치체계나 제도 때문이다, 그러니까 서양처럼 발전하려면 서양의 가치와 제도를 받아들여라, 그러면 단계적으로 발전을 이룰 것이라는 거죠. 제3세계의 토착적 가치관은 케케묵고 봉건적이니까 모두 버려라, 양복 입고 머리 깎고 서양의 기술 및 과학을 도입하면 너희들도 우리처럼 잘살 수 있다라는 것이 근대화론의 핵심이라고 봅니다. 대표적인 학자가 60년대

중반쯤엔가 우리나라에 다녀간 적도 있는, 케네디행정부에서 일했던 로스토우라는 경제학자인데 이 사람의 유명한 성장단계론이 있습니다. 이게 뭐냐 하면 지금까지 말한 대로 서구식 가치나 제도를 받아들이면 — 이게 보편적인 것인데 — 전통적인 사회는 누구나 단계적으로 발전해서 서구처럼 된다, 이런 얘깁니다. 그래서 이 사람의 얘기에 따르면 첫번째 단계가 전통사회 그 다음이 도약을 위한 준비단계, 도약단계, 성숙을 향한 전진단계 마지막이 대중소비단계인데 그 당시 우리사회가 세번째 단계쯤에 있다고 얘기를 했어요. 모든 사회가 거치는, 거쳐야 할 보편적 과정으로 제시한 것이죠.[1] 이런 것이 근대화론을 핵심적으로 드러내주는 얘기라고 할 수 있는데 지구의 개발되지 않은 지역을 미개, 봉건사회로 보고 그 사회가 발전할 수 있도록, 즉 서구화, 산업화, 도시화할 수 있도록 서구의 선진공업국들이 '도와주어야' 한다는 입장에 서있지요. 서구의 기술과 무기에 충격을 받은 우리 같은 제3세계로서는 당연한 얘기였을 거예요. 그러나 비판적으로 보자면 선진공업국의 엘리트들이 자기들의 기준, 특히 GNP로 대표되는 수량적 기준만을 지구 모든 사회의 발전의 척도로 삼고 그런 보편주의적인 입장을 제3세계에 강요하고 — 물론 자기들에게 이득이 되니까 — 처방을 내려서 따라오라고 한 거죠.

그런데 50년대 후반부터 특히 중남미 등에서 근대화론이 말썽나기 시작했습니다. 제3세계가 형식적인 정치적인 독립을 이룬 후에 근대화론에 충실하게 따라서 했는데 발전이 잘 되질 않아요. 빈곤의 악순환이 일어나고 또 제1세계와 제3세계 간의 빈부격차가 줄어들기는커녕 점점 벌어져요. 그래서 뭔가 근대화론에 문제가 있다는 생각이 퍼지고 질문이 생기고 해서 그것이 종속이론이라는 새로운 패러다임으로 나타납니다. 제가 70년대 중반에 대학을 다녔는데 그때는 가장 진보적인 이론이 종속이론이었어요. 사회과학 하는 사람들이 이 이론에 많이 빠져들 수밖에 없었던 것이,

---

1) W.W. Rostow, *The Stages of Economic Growth : A Non-Communist Manifesto* (Cambridge : Cambridge University Press, 1960), 4~12쪽 참조.

이게 그 당시 우리사회가 안고 있는 여러가지 문제들을 좀 신선하게 이치에 닿게 설명하는 데 도움을 줬거든요. 근대화론을 들어보면 뭔가 틀린 것 같고 자존심도 좀 상하고 특히 서양에서 학위를 하고 오신 선생님들 — 저도 이제 그 중의 하나가 되었지만 — 의 근대화론 강의에는 뭔가 공허한 점이 있었습니다. 하여간 이때 종속이론이 들어와 80년대 중반까지 지배적인 견해가 되었는데, 요약하자면 이런 겁니다. 단순화의 위험을 무릅쓰고 거칠게 정리하자면 제3세계의 발전은 서구의 가치나 제도를 충분히 받아들이지 못해서 일어나지 않은 게 아니고… 오히려 제1세계의 발전 때문에 제3세계의 저발전이 일어났다는 겁니다. 그러니까 이건 일종의 고전적인 제국주의론을 한 단계, 3세계의 시각에서 발전시킨 거라고도 볼 수 있는데 제1세계가 발전하게 된 것은 제3세계의 저발전과 필연적인 관계를 맺고 있다, 즉 제3세계의 저발전이 없었던들 제1세계의 발전은 없었을 것이다. 제1-제3세계의 중심-주변부의 불평등한 교환관계를 통해서 제3세계의 수많은 이윤이 서구로 흘러들어가 제1세계의 눈부신 발전이 가능했던 것이다, 대충 이런 주장이 뼈대를 이루고 있습니다. 여러분 혹시 타잔이라는 영화 본 적이 있습니까? 그 영화 보면 — 물론 철저히 백인 중심의 제국주의적 메시지가 깔려있는데 — 타잔이 어떤 백인 탐험가에게 발견되어 영국의 대부호인 친할아버지 저택에 돌아가는 얘기가 나오는데 그 저택의 규모란 상상을 초월합니다. 영화라고는 하지만 수만평의 잔디밭과 미로 같은 정원, 수십 개의 방이 있는 대리석 건물 등을 보면 그게 영국이라는 작은 나라에서 쌓은 부만 가지고 과연 가능한 일인가 하는 의문이 생깁니다. 그러한 엄청난 부는 그 당시 아프리카에 대한 수탈 없이는 상상할 수 없는 거겠죠. 종속이론에서는 중심부 1세계의 발전구조, 방식이 그대로 유지되고 중심-주변부의 구조가 지속되는 한 제3세계의 저발전은 피할 수 없는 숙명이라고 얘기합니다. 그러니까 중심부와 주변부의 불평등한 구조적 관계를 바꾸는 것, 끊어버리고 거기서 나와야만 제3세계가 진정한 발전을 이룰 수 있다는 결론에 자연스럽게 도달하게 됩니다.

그런데 이것도 이론적으로는 그럴듯한데 실제로는 증명이 잘 안됐습니다. 이것을 실험한 나라들은, 서로 다른 방향으로 실험한 나라들이 있는데, 우파적인 시도를 한 나라들은 빚더미에 눌려 경제가 파탄이 났고 쿠바나 베트남처럼 좌파적인 실험을 한 나라들도 소위 고리를 어느 정도 끊는 데는 성공했지만 발전이 일어났느냐 하면 결코 그렇지 못했다는 것이 현실입니다. 약간의 사회복지에 대한 평균적 수준이 올라간 것을 제외하면 발전의 양적인 문제도 그대로 남아있고 그 내용에 있어서도 별다른 차이가 없습니다. 균형적인 발전, 분배를 중요시하는 발전, 대다수 민중의 사회복지를 중요시하는 발전을 중시하고 또 그런 점에서 근대화론과 구분되지만 냉정하게 살펴보면 그런 사회에서도 결국 시간이 흐름에 따라 산업화의 양적 팽창 요구에 따라서 소위 사회발전은 뒷전에 밀리게 되고 가난으로부터의 탈피가 지상의 목표가 되어버립니다. 그 방향이 뭐냐, 근대적인 산업화라는 거예요. 오죽하면 카스트로가 혁명성공 11년도 채 지나기 전에 "발전의 문제를 해결하는 것은 스무번의 전쟁을 이기는 것보다 더 어려운 일이다"[2]라는 유명한 말을 했겠습니까.

사회주의 발전론의 현실

사회주의 발전론의 현실도 별로 다르지 않습니다. 주체가 사기업이 아니라는 것뿐이지 발전의 목표, 발전의 내용이 선진자본주의사회와 크게 다르지 않습니다. 다만 그것을 이루어내지 못한 것이죠. 제가 한 문구를 읽어드릴 테니 이 말을 누가 했는지 맞춰보세요. "템포를 늦추는 것은 뒤떨어지는 것을 의미한다. 그리고 뒤떨어진 자는 패배한다. 그러나 우리는 패배를 원치 않는다. 결코 패배를 원치 않는다. ×××가 뒤떨어졌기 때문에 항상 패배한 것이 ××××역사의 일면이다. … 일본의 남작에게 패배했다. … 우리는 선진국보다 50년 내지 100년 뒤떨어져 있다. 우리는 이 거리를 10년에 주파하지 않으면 안된다. 우리가 이것을 이루어내든가 아니면 짓밟히든가이다."[3] 누가 했다구요? 그렇지요. 저는 여러분들이 박정희

---

2) *Granma* 1970년 8월 2일자.

라고 대답할 거라고 예상했습니다. 왜냐하면 박정희가 했다고 해도 전혀 어색하지 않을 만큼 철저한 부국강병식 근대화론을 담고 있으니까요. 그런데 사실은 이 말을 한 사람은 박정희와 이념적 스펙트럼에서 정반대에 서있는 스탈린입니다. 놀랍지 않습니까?

이제는 여러 사람들이 사회주의가 붕괴하고 난 후 하는 말이지만 자본주의와 사회주의가 쌍생아라고 얘기합니다. 둘 다 근대적 산업화, 산업화를 통한 근대화를 지향했다는 점에서 근본적으로 동질적인 산업주의의 쌍생아라고 말이죠. 물론 제3세계의 자립발전모델이나 동구와 구소련의 사회주의발전모델은 목표에 이르는 데 실패했고 오히려 많은 문제를 드러내기는 했지만 한국, 대만 같은 기존 근대화론을 따른 나라들은 양적 성장을 이루는 데 있어서는 비교적 성공을 거둔 것으로 평가되고 있습니다. 그러나 사실 자세히 살펴보면 종속이론도 사회주의론도 종국적으로 원한 것은 서구적인 산업화, 도시화였습니다. 생산수단의 공유화와 사회의 계획적 조직에 따라서 한다는 것이 차이였지, 목표했던 것은 더 많은 공장과 건물과 상품이었죠. 이런 점에서는 어쩌면 모든 기존의 발전이론은 근대화론의 커다란 범주에 넣어야 할지 모릅니다. 모두가 일직선적인 역사의 단계적 진보를 믿었고 양적 팽창과 속도에 기초한 산업화를 최우선의 가치로 삼았으며 자연에 대한 착취, 인간의 자연정복에 대해서 그리고 기술에 대한 맹목적인 믿음에 있어서 같은 견해를 갖고 있었던 거죠.

한 가지 예를 들면 그전 사회주의체제에서 담당자들은 사회주의는 사적인 이윤의 맹목적인 추구를 용납하지 않기 때문에 환경문제가 거의 없다 — 이렇게 선전했거든요. 저도 믿었죠. 그러나 붕괴 이후 쏟아져나오는 자료들을 보면 구소련의 환경파괴는 상상할 수 없을 정도로 험악합니다. 수천의 광부들을 아무런 안전장비나 교육 없이 우라늄 막장으로 집어넣어서 작업시킨 것이 밝혀졌습니다. 체르노빌은 이미 너무 잘 알려진 사실입

---

3) 《스탈린전집》 제13권. 와다 하루키, 고세현 옮김, 《역사로서의 사회주의》(창작과 비평사, 1994), 96쪽에서 재인용.

니다만, 미국에서 핵실험을 한 사막에서 서부영화를 많이 찍어서 존 웨인 등의 배우들이 암으로 죽었다는 설도 있는데 구소련도 마찬가지입니다. 중국도 엄청난 환경문제가 있고 특히 시장개방 후에는 거의 난장판이 되어가고 있습니다. 중국의 급속한 산업화로 서울의 대기오염이 악화되는 불상사가 생기기도 하는데 북한은 어떨까 생각해봅니다. 남쪽보다 덜 오염된 것은 사실이겠지만 그들의 선전처럼 환경유토피아냐, 그렇지 않을 것 같습니다. 나중에 다시 얘기하겠지만 오히려 사회주의의 집단주의적 사상은 산업화라는 지상목표에 걸림돌이 되는 어떤 자연이나 개별적 인간의 특성을 아주 쉽게 제거하는 데 정당성을 부여했을 겁니다. 더구나 사회주의가 환경파괴는 물론이고 인간의 기본적인 욕구를 충족시키는 데도 실패했다는 것이 오늘날의 결론이고 보면 사회주의 발전론은 근대화론 그러나 실패한 일종의 근대화론이 아닌가 하는 생각이 듭니다. 재미있는 것은 북한이 반제 사회주의 발전론이나 종속이론을 내세우는 것 같으면서도 그 밑바닥을 살펴보면 신기할 정도로 서구적 근대화론에 경도되어 있다는 점입니다. 한 예로 북한에 개선문이라는 게 있는데 북한의 전 주석 김일성과 그 부대가 1945년에 금의환향한 것을 기념해서 만든 거라고 합니다. 제가 그 개선문 사진을 보고 굉장히 놀란 게 그게 전혀 주체적인 조선의 건축양식이 아니라는 거예요. 이건 완전히 프랑스의 개선문을 그대로 본 딴 것입니다. 완전히 그대로, 크기만 좀 확대해서 옮겨다놓은 꼴입니다. 그쪽에서 자랑하는 '세계적인' 남포갑문의 발상도 마찬가지입니다.

그래서 더욱 이런 생각이 듭니다. 결국 인간의 계몽적 이성에 기초하여 사물 및 자연을 분석, 통제, 변형하고 그것을 통하여 끊임없이 기술을 개발하고 이런 기술산업에 의존하여 인류를 진보와 유토피아로 이끌 수 있다는 생각이 기본적으로 서구문명의 핵심이고 그런 점에서 사회주의적 발전이나 제3세계적 발전도 결국 이런 테두리를 벗어날 수 없었다는 점 말입니다. 그래서인지 저항작가 출신인 현 체코 대통령 바쓸라프 하벨은 전체주의 — 기존 국가사회주의를 말하는 거죠 — 는 서구문명의 '볼록거울'⁴⁾ 이라는 비유를 한 적이 있는데 이 사람도 그런 깨달음에 도달했던 거죠.

잘못된 가정에 기초한 발전론

그러면 이러한 근대화론을 환경, 지구의 생태계문제, 인간의 행복문제와 연관시켜 좀더 자세히 검토해보겠습니다. 기존의 발전은 여러가지 양적 팽창이라는 목표를 이루는 데 성공한 면도 있지만 기본적으로는 여러 지역에서 온갖 형태의 불균형, 불평등, 소외현상을 유발했습니다. 지역과 지역 간의 편차, 성차별, 국가간의 격차, 계층·계급간의 격차 등은 발전과 연관되어서 일어난 문제들이라고 볼 수 있는데 이런 문제들이 중요하지 않아서가 아니고 여기서는 일단 주로 환경파괴 및 오염에 관련시켜 발전론과 발전의 문제를 얘기해보려 합니다.

우선 첫번째 생각할 수 있는 것은 기존의 발전론이 자원을 무한하다고 가정하는 문제입니다. 한 30년 전까지만 해도 자원을 못 파내는 게 문제였지 자원의 고갈 가능성이 문제가 되지는 않았습니다. 그런데 90년대에 이르러서는 화석연료 ― 석유, 석탄, 가스 등 ― 가 100년 안에 고갈된다는 통계가 나와있어요. 그 이외에도 물, 나무, 표토 등의 자원도 점점 줄고 있습니다. 기존의 발전론은 이런 점을 전혀 고려하지 않고 있습니다. 자원을 무한한 것으로 착각하고 그것의 가치에 대해서는 생각도 하지 않았습니다. 슈마허라는 선구적인 생태경제학자는 《작은 것이 아름답다》라는 귀중한 책에서 자원을 '재생될 수 없는 자본'[5]으로 봐야 하는데도 그것을 소득처럼 생각하고 마구 써버리는 문제를 얘기합니다. 이것은 서구 자본주의 경제학에 한정된 문제냐, 그렇지 않다는 거예요. 맑스조차도 노동가치설을 주장하면서 자원을 가치로 전혀 계산하지 않았다고, 자본의 한 부분으로 포함시키지 않았다고 비판합니다.

계속적인 인구증가의 문제까지 고려할 때 자원고갈의 문제는 더욱 심각해집니다. 1959년에서 1990년 사이에 인구는 2배 늘었지만 물 소비량은

---

4) 바츨라프 하벨, 〈하늘을 더럽히는 문명〉, 김종철 편, 《녹색평론선집 1》(녹색평론사, 1993), 195쪽.

5) E. F. Schumacher, *Small Is Beautiful* (London: Harper & Row, 1973), 14쪽.

3배, 석유는 6배 늘었다는 통계가 있습니다. 2010년에 가면 1인당 목초지가 22%, 어획량이 10%, 경작지가 21%, 삼림면적이 30% 감소한다는 예측이 나와있습니다. 30여년 전에 세계인구는 24억이었지만 현재는 60억에 다다랐고 2030년에 가면 80억을 넘어선다고 하니 이런 인구증가 추세로는 설사 새로운 획기적인 자원을 발견한다 하더라도 자원의 한계라는 현실에 부딪힐 것입니다. 지난 100년 동안 화석연료 사용량이 30배가 증가하고 산업생산은 50배가 늘어났으며 매년 600만 헥타르의 사막이 생겨났습니다. 환경파괴로 인해서 30년마다 사우디아라비아 크기의 면적이 사막화되고 열대림의 경우 30년마다 인도 크기의 면적이 파괴된다고 합니다.[6]

그런데 자원이 무한하다고 착각하기 때문에 — 사실은 착각이 아니라 무책임한 것이죠 — 어떤 오류가 생겨나느냐 하면 모든 근대사회가 영원한 성장을 목표로 하게 된다는 점입니다. 각 나라의 경제, 지구의 경제는 영원히 성장한다, 아니 성장해야 한다고 보고 또 그것이 좋다고 봅니다. 마이너스 성장이 일어나면 그건 비정상적인 것이고 그러나 근본적인 위기의 징후라기보다는 일시적인 경기침체로 규정하고 경기부양책이니 뭐니 하며 수선을 떱니다. 성장률이 3% 이하가 되면 난리가 나는 겁니다. 아마 우리사회에서 마이너스 성장이 연속해서 일어나면 경제가 마비되기도 전에 폭동이 날지도 모르죠. 중남미의 어떤 나라처럼 말이죠. 그런데 잘 생각해보면 왜 자꾸 경제가 성장해야 하고 그것의 최종목표는 뭡니까? 그러면 지구는 어떻게 됩니까? 또 인간의 욕망이, 개인소유의 물품이 끝없이 많아지면 더 행복해집니까? 전체의 부가 늘어나야 가난이 없어지므로 계속 성장해야 한다는 것인데, 지금 산업생산이 50배가 늘어났는데도 왜 제3세계에서 수천만의 어린이들이 기아에 허덕이며 또 왜 상대적인 빈부격차는 점점더 벌어지는 겁니까? 지난 30년간 세계의 경제성장률은 점점 둔화되고 있습니다. 성장이 그렇게 영원히 계속될 수는 없다는 징후입니다.

---

6) 여기에서 소개한 통계는 대체로 세계발전위원회에서 펴낸 《우리 공동의 미래》(새물결, 1994)에서 인용한 것임.

물론 기술의 위대한 힘을 여전히 믿는 분들은 화성, 목성도 개척해서 살면 되고 에너지문제는 요즘 유행하는 '핵융합'으로 해결할 수 있다고 생각할 수도 있습니다. 그러나 우리는 불과 반세기 전에 원자력이 탄생했을 때 아무도 판도라의 상자를 열고 있다고 생각하지 않았다는 사실을 기억해야 합니다. 기본적으로 지구라는 유한한 공간을 생각할 때 성장의 한계라는 것은 뚜렷하다는 겁니다. 많은 생태주의자들에 의하면 지구의 수용능력으로 볼 때 오늘날 서유럽의 중산층이 누리고 있는 생활수준을 전 인류가 누리게 되는 것은 불가능합니다. 그러나 발전론은 그것을 목표로 하며 그것이 가능하다니 문제입니다.

산업자본주의 확산의 실상

그런데 앞서 얘기한 통계들도 좀 작게 잡았다고 볼 수밖에 없는 것이 1945년 이후에 이루어진 산업화의 양이 인류가 탄생해서 그때까지 이룬 산업화의 총량과 맞먹는다는 겁니다. 그렇게 짧은 기간에 기하급수적인 팽창이 일어난 것인데 요즘 같은 하이테크시대에는 우리가 예상하는 속도 이상으로 생산과 소비의 양적 팽창이 — 어떤 지점까지는 — 일어날 겁니다. 설사 자원의 한계에 부딪치지 않는다 해도 이러한 발전이 환경에 어떤 영향을 미칠 것인지 자명합니다. 일단 한번 손상된 자연을 복구시키는 데는 엄청난 시간이 걸리겠지요. 아니 불가능할지도 모릅니다. 그러니까 지금의 발전론이라는 것은 인간 이외의 생명은 물론 전혀 인류 후세대를 고려에 넣지 않고 있는 겁니다. 자기 자식은 금이야 옥이야 애지중지하면서 남의 자식은 물론이고 자식의 자식의 자식은 나몰라라 하는 겁니다. 이 점에 대해 무관심하거나 무지합니다. 그럼 뭐가 중요한 목표냐. 지금 당장 빨리 행복해지는 게 목표인 것입니다. 내가 살아있는 동안에 빨리 잘살게 되어서 행복의 열매를 누려야 하고 또 자기 가족, 지역, 거기서 조금 나아가 우리나라만이라도 빨리 발전해서 그 열매를 따먹어야 좋은 겁니다. 그것이 최우선의 척도가 되는 거지요. 타지역, 타국가의 사람들, 후세대들은 이미 관심 밖이며 '나' 혹은 '우리'의 행복을 위해서라면 희생되어도 좋다는 생각이 밑바닥에 깔려있습니다. 그러나 자원-소비관계에 대한 경제적 고려를 떠나서 일단 행복의 이기적인 성취에는 불안과 무의식적 죄책감이 깔리기 때문에 깊은 행복에 이르지 못한다는 깨달음이 필요하다는 생각이 듭니다.

이것은 물론 기본적으로 사적이윤의 맹목적인 추구가 지상목표인 자본주의에서 필연적으로 일어나는 경향이지요. 개별기업의 입장에서 보면 지금 빨리 회사가 이윤을 내는 게 중요하지 — 남이야 자연이야 상처를 입건 말건 — 후세대에 물려줄 지구의 생태적인 자원은 고려의 대상이 아니겠지요. 굉장히 현세대적이고 단기적인 관점입니다. 그러니까 이런 생각들이 결합되어서 어떤 현상이 일어나느냐 하면 컴퓨터, 자동차, 비디오 등 전자제품과 자동차가 개량되는 속도를 보세요. 현기증이 납니다.

도대체 언제까지 물건을 개량해야 하는 것인지 또 그래야 우리가 좀더 행복해지고 편하게 살게 되는지도 의문이지만 그런 철학적인 질문을 떠나서라도 그 수많은 전자제품들이 어디에 버려질까요? 그것은 생태계에 어떤 영향을 줍니까? 우리는 그런 생각하지 않고 그냥 마구 만들어서 버리고 또 새로 사서 씁니다. 미국 뉴욕에서 워싱턴 쪽 기차를 타고 가다가 뉴저지 어느 지점엔가에 쌓여있는 잠실운동장만한 고철덩이를 본 적이 여러 번 있었습니다. 그것을 볼 때마다 현대문명의 의미에 대해 많이 생각했는데 이제 우리도 그렇게 되어가고 있습니다.

그런데 이것은 산업 상품사회에서 필연적인 일입니다. 산업자본주의사회는 대량생산, 대량소비사회입니다. 어쨌든 물건을 많이 팔아야 하고 그러자면 욕망을 키워야 합니다. 선전과 광고를 통해서 소비자들에게 상대적 박탈감을 줘야 합니다. 그리고 욕망의 내용을 변덕스럽게 바꾸지 않으면 물건을 팔 수 없어요. 예를 들어 싱어라는 재봉틀회사가 망한 이유가 너무 튼튼하게 물건을 잘 만들어서 그랬다는 것 아닙니까. 50년이 지나도 쓸 수 있으니까. 그러니까 오늘날 기술이 있어도 제품을 지나치게 견고하게 만들지는 않죠. 5년이 채 되기도 전에 물건을 갈아치우게끔 만들거나 아니면 디자인이나 외형, 약간의 장치를 끊임없이 변형시켜 소비자들의 새로운 욕망을 자극해야지만 회사가 생존할 수 있습니다. 이러한 욕망의 인위적 부풀리기를 생각하면 더욱더 자원의 한계라는 문제는 명백해집니다. 간디의 말이 생각납니다. "지구의 자원은 인간의 필요를 위해서는 충분하지만 인간의 탐욕을 위해서는 턱없이 부족하다"는 말이든가요. 인간이 그 속에서 진화되어왔기 때문에 지구에는 인간이 어느 정도 먹고살 수 있게끔 일종의 장치가 진화적으로 마련되어 있다고 봅니다. 그런데 산업문명이 인위적으로 부풀린 욕망을 과연 지구가 감당할 수 있을까 모르겠습니다. '더 빨리 더 많이 더 쉽게' 이게 산업문명의 표어입니다.

우리가 더 많이 더 빨리 가지게 되면 그것이 발전이고 그것이 우리의 행복을 증진시켜 줄까요? 우리 1인당 GNP가 3만불이 되면 우리가 과연 세배로 행복해질까요. 한국이 가진 지리적 생태적 공간적 조건을 고려할 때 우리가 과연 선진국 중산층의 생활을 ─ 그것이 일단 좋다고 가정한다 해도 ─ 누리게 될 수 있을까요. 쓸데없는 물건만 많아지고 또 그것을 얻기 위해 더 치열하게 경쟁하고 몸과 마음은 골병드는 세상이 되지는 않을까요? 일본에서 10년 넘게 산 친구에게 들은 얘기인데 일본인들이 미국에 갔다 오면 굉장히 당황하고 자존심도 상한대요. 흔히 하는 얘기처럼 일본은 나라는 부잔데 개개인은 가난하다 ─ 그게 사실이라는 것을 확인하니까요. 미국 중산층들이 너무 풍족하게 여유있게 잘살고 있거든요. 자기들이 흑자니 뭐니 내면서 더 잘사는 줄 알았는데 … 그런데 그 충격은 어느 정도 이성적으로 통제가 된다는 겁니다. 미국은 워낙 땅덩어리가 큰 나라니까 집도 크고 넓은 잔디밭과 정원도 가능하다고 자위한다는 거죠. 그러나 동남아시아에 갔다 오면 정말 충격을 받는다는 겁니다. 왜 그런지 아세요? 길거리에 보게 되는 그곳 사람들이 적어도 겉모습으로는 훨씬 밝아보이고 행복해 보이니까. 일본사회는 예의가 있고 겸허하고 안정되기는 했지만 회사문화에서 오는 내면적 억압이 심한 ─ 전통문화와도 관련되어 있겠지만 ─ 사회입니다. 그런데 동남아는 GNP는 5분의 1 수준인데 더 행복해 보인다는 겁니다. 우리도 이렇게 되는 것은 아닐까 하는데 이게 사실이라고 하면 이건 정말 근대화론, 발전론에 대한 심각한 충고가 아닐까 생각합니다. 우리가 일본의 경제수준을 따라가려고 온갖 노력을 다하고 있는데 그렇게 되면 과연 그게 우리에게 좋은 것인가 하는 질문을 던져야 합니다.

주로 자본주의에 대해 이야기했는데 기존의 사회주의는 어떠냐 — 제일 큰 문제는 사람들이 일을 하는 데 자발성을 이끌어내지 못한다는 점입니다. 이윤추구라는 동기를 쓸 수 없으니까 정신적 동기부여를 하려 하고 그러다 보니까 결국 강제성을 띠게 되고 이것이 사람들을 노동으로부터 소외시키는 원인이 되는 거죠. 또 독점적 권력을 쥔 엘리트들은 상부의 지시 이외에는 그 어떤 것에도 답을 할 이유가 없기 때문에 사실은 이론적 기대와는 정반대로 오히려 사회주의 사회에서는 공동체에 책임을 지는 생산이 이루어지지 않습니다. 맹목적 경쟁은 없지만 대신에 주어진 할당량을 무조건 수량적으로 채워야 하는 의무가 지배합니다. 허위보고와 부실생산이 이래서 주를 이루게 되는 거죠. 경제활동에 대한 공동체적 통제나 감시가 없으니까 오히려 사회주의 국가의 환경파괴는 손쉽게 일어납니다. 아무도 책임지지 않고 책임을 묻지도 않으니까요, 당지도부를 제외하고서요. 환경 운운하다가는 역사발전의 필연성을 신뢰하지 않는 낭만적 쁘띠 부르주아 근성이라는 비판을 받을지도 모르구요. 중국의 예를 들면 매년 웨일즈 크기의 삼림지역이 상실된다고 합니다. 또 중국이 티베트를 40여년 점령해왔는데 그들은 야생생명을 무차별 학살하고 25만 그루의 호두나무를 — 그것이 '엘리트적'이라는 이유로 — 베어버리고 승려들이 명상하는 호수를 댐으로 개발하는가 하면 승려들로 하여금 '미개한' 습관을 버리게 하기 위해서 할당량을 주어 새와 곤충을 죽이게 했다는 겁니다.[7] 참으로 철저한 서구적 근대화론 아닙니까.

대형사고 — 산업사회의 숙명

그 다음에 생각할 문제는 환경파괴가 가져오는 경제적 효율성의 문제입니다. 개별 회사의 입장에서는 단기적으로 환경파괴 및 오염이 상품의 단가를 낮추는 데 기여할지 모르지만 전체 회사의 입장에서 장기적으로

---

7) 데이빗 니콜슨-로드, 〈유린되는 티베트〉, 《녹색평론선집 1》 232~237쪽을 참고할 것.

보면 그것이 생산비용을 계속 높인다는 상식적인 얘기입니다. 그런데 아직도 많은 이들은 이런 문제들을 끊임없는 환경기술의 개발을 통하여 '해결'할 수 있다고 믿습니다. 화석연료가 문제면 원자력으로 원자력이 문제면 핵융합으로 인간의 기술이 다 해결할 수 있는데 왜 그렇게 예민하게 반응하냐는 겁니다.

이런 얘기를 들을 때마다 저는 〈쥬라기 공원〉이 생각납니다. 사실 소설은 기본적으로 서구 기술문명에 대한 예리한 비판인데 헐리우드영화에서는 그것이 몇몇 탐욕스런 인간이 저지르는 실수로 왜곡되어 있습니다. 소설에 보면 수학자 말콤이 카오스 이론을 통해 인간은 단 며칠 후의 일도 예측할 수 없다, 인간이 무엇을 예측할 수 있다는 신화를 벗어나야 한다며 쥬라기 공원의 비극을 암시합니다. 생명이라는 게 유기체이기 때문에 어떠한 기술적인 통제도 벗어나서 뻗어나간다고 얘기해요.[8] DNA 합성과 조작을 통해 되살아난 공룡도 결국 고도의 테크놀로지의 감시를 뚫고 문제를 일으키고 빠져나가죠. 그걸 통해서 주제공원(Theme Park) 같은 것을 문제삼아 볼 수 있습니다. 실내에 일종의 롯데월드 같은 편리한 인공공원을 만듭니다. 그 안에 식물원, 놀이동산, 녹지공원, 식당, 영화관, 호수, 아무튼 여가와 소비에 관련된 모든 것이 있는 곳인데, 사실 요즘 산업사회는 일종의 인공공원으로 탈바꿈하고 있다고 해도 과언이 아니죠. 미국 미네소타에 미국에서 가장 큰 몰(mall)이라는 게 생겼다고 하는데 이게 뭐냐면 백화점을 수십 개 합쳐서 만든 인공공원입니다. 식당이 몇백 개나 되고 이곳을 다 돌아보는 데 며칠이 걸린다고 합니다. 그 안에는 뭐든지 있죠. 에어컨과 난방기를 동시에 사용해서 일년 내내 적정한 온도를 유지하는, 한마디로 오늘날 기술문명의 상징입니다. 아마도 마이클 크릭톤이 얘기하려 했던 것은 주제공원으로 상징되는 오늘날의 기술문명이 가져다줄 엄청난 비극의 징조가 아니었을까요. 인공공원에서 우리는 과연 더 행복해질 수 있으며 또한 그것은 재앙 없이 유지될 수 있을까요.

---

8) Michael Crichton, *Jurassic Park* (New York : Ballantine Books, 1990), 158~159쪽 참조.

이런 차원에서 얘기를 진행시키면 어떤 문제에 도달하게 되는가 하면 성수대교, 삼풍, 시 프린스호 기름유출 사건, 고리원전 사고, 염산폭발 사고 등 줄줄이 일어나는 안전 대형사고, 환경사고입니다. 언론은 하나같이 이러한 문제들을 관리의 부패, 기업가의 탐욕, 기술자의 안이한 자세와 실수로 몰고 가는데 물론 그런 측면이 강합니다. 전형적인 후진국 사고죠. 그러나 부패를 없애고 기업가가 욕심을 줄이고 기술자가 정신을 차리면 과연 이런 대형사고가 일어나지 않을까요. 물론 줄어들기야 하겠죠. 이런 후진국형 사고를 상당히 방지할 수 있다는 점에서 그것을 위해 노력한다는 것은 매우 중요합니다. 그러나 대량생산, 대량소비, 대량쓰레기를 골자로 하는 산업사회에서 대형시설물을 만드는 것은 필연적인 일입니다. 자동차와 화물이 늘어나니 대형 고가도로와 대형 다리가 필요하고, 무역이 팽창되니 대형 선박이 필요하고, 소비가 늘어나니 대형 백화점이 필요하고, 도시에 인구가 집중되니 대형 아파트, 대형 경기장이 요구되는 등 대형을 향한 전진은 필연적입니다. 이렇게 하지 않으면 살 수가 없으니까! 넓히고 부수고 깎고 … 이것은 근대 산업문명의 숙명입니다. 그러니 사고가 일단 일어나면 대형으로 일어나게 되어있습니다.

몇가지 예만 들어보죠. 한 10년 전에 인도의 보팔에 있는 농약공장에서 폭발사고가 있었죠. 그때 2천여명이 죽었고 무려 20만이 부상을 당했습니다. 멕시코에서 액화가스 저장소가 폭발해서 천여명 죽었어요. 제3세계 개발도상국에 국한된 현상이라구요? 아닙니다. 일본에서도 비행기가 별 이유 없이 추락해서 몇백명 죽고 미국에서도 다리가 붕괴하고 기차가 탈선하고 원자력 사고가 일어납니다. 물론 우리보다 관리, 점검을 잘하고 구조체계도 발달되어 있어 인명피해가 적습니다만 인구가 집중되어 있는 세계의 어떤 도시에서도 대형사고를 완벽하게 막을 수는 없습니다. 테크놀로지가 그것을 막는 게 아니라 오히려 산업과 기술의 발전에 따라서 대형사고로 인한 인명피해는 규모가 더 커지고 있습니다. 이런 차원에서도 문제를 볼 필요가 있지요. 수만 아니 수십만 개의 대형시설을 기술발전과 행정체계의 합리화에 의해서 완벽하게 안전하게 유지할 수 있다고 보십니까?

서구화와 민족주의

이제까지 발전론의 또하나의 문제가 뭐였는가 하면 그것이 산업화를 통해서 전세계를 단일한 하나의 문명으로 만드는 데 목표를 두었다는 점입니다. 실제 그러한 현상이 일어났어요. 지구촌이란 말이 암시하듯이 전세계의 수많은 나라들의 모습이 지난 4, 50년 동안에 매우 비슷해졌습니다. 여러 민족이나 사회가 갖고 있는 다양한 가치관이나 문화, 생존방식이 사라지고 모든 것이 서구 산업문명의 닮은 꼴이 되었습니다. 문제는 이러한 과정에서 세계 수많은 지역의 토착문명이 갖고 있는 건강함이나 깊은 지혜가 '미개'한 것으로 규정되고 오로지 백인남성문화를 최고의 기준으로 전제하는 위계질서적 의식과 문화가 팽배하게 되었다는 점입니다.

제가 옛것, 토착적인 것을 무조건 이상적인 모델로 보는 건 아닙니다. 문제는 서구 산업문명의 척도만이 최고로 여겨지고 나머지는 그 밑에 서 열화하게 된다는 점입니다. 그래서 자기정체성을 부정하고 부끄럽게 여기고 숨기는 상황이 벌어지게 되죠. 멀쩡한 전통적 도구도, 수천년의 여과과정을 통해 얻은 토착적 지혜도 다 쓰레기통에 처박고 파리를 향하여 런던을 향하여 동경을 향하여 뉴욕을 향하여 해바라기처럼 줄줄이 서게 되는 일이 벌어지는 거죠. 긴 얘기 드릴 수 없습니다만 그 중에서도 환경의 문제에 대하여 말씀드린다면 우리 조상들이 갖고 있던 자연관, 자연을 손상시키지 않고 되도록 있는 그대로 존중하고 그것과 인간이 공존해야 한다는 생각을 봉건적이고 한심한 것으로 매도하는 한편 서구의 인간에 의한 자연정복관을 근대적이고 과학적인 것으로 믿는 태도도 마찬가지입니다. 물론 요즘은 동양과 서양의 자연관이 서로 자리를 바꾸었습니다만….

그렇다고 제가 민족주의를 옹호하는 것은 아닙니다. 민족주의적 풍조가 요즘에 많이 유행합니다만, 저는 오히려《무궁화꽃이 피었습니다》란 소설에 대해 쓴 글에서 그런 경향에 대하여 심하게 비판했습니다.[9] 민족주의

---

9) 최근에 불고 있는 새로운 민족주의 바람에 대한 비판적 견해에 대해서는 글쓴이가 《녹색평론》 94년 11-12월호와 계간 《대화》 95년 여름호에 쓴 두 개의 글을 참조할 것.

하면 마치 서구중심의 산업문명이 세계적으로 확산되는 데 반대하는 개념, 이데올로기처럼 생각하지만 사실은 그 반대입니다. 바로 단일한 서구 근대문명을 전세계로 확산하는 데 최대로 공헌한 이념 중의 하나가 민족주의입니다. 그러니까 오히려 민족주의는 국민국가단위의 발전 경쟁을 부추기는 과정에서 서구의 산업문명을 퍼뜨리면서 세계 각 지역의 토착문명이나 공동체를 붕괴시켰다는 얘기입니다. 고유의 가치, 다양성이 다 파괴되어 갑니다. 지구의 구석구석까지. 다양성이 사라질 때 — 거창한 이론적 설명을 하지 않더라도 — 그것이 인류를 얼마나 비참하게 만드느냐는 것은 길게 말할 필요가 없을 것입니다. 재미있는 것은 맑스도 《공산당선언》에서 모든 나라가 점점 부르주아적인 생산양식으로 바뀌어 단일한 모습을 띠게 될 것이라고 또 부르주아지가 모든 "야만적인 나라들조차 문명으로" 이끌 것이라고 얘기하며 그것을 이상적이라고 말하지는 않지만 진보적인 과정의 일부로 보았다는 점입니다.[10] 서구의 산업문명에 대해서는 좌우가 없는 셈입니다. 그래서 이러한 단일화 현상이 확산되면 우리가 갖게 되는 다양성은 아마 이런 다양성이겠죠. 오늘은 맥도날드 햄버거, 내일은 웬디스, 모레는 켄터키 후라이드 치킨, 그 다음에는 피자 헛. 이런 것 중에서 골라잡을 수 있는 다양성 말입니다. 물론 된장, 김치만 죽어라고 먹자는 얘기가 아닙니다. 여러 음식 중에서 골라 먹을 수 있는 가능성이 살아있는 것도 인간의 행복에 관련되어 있으니까요.

또 한 가지 문제, 산업문명 중심의 개발이 가져다주는 문제는 이러한 것이 댐 건설 등의 거대 프로젝트를 수반하게 되고 또 이것이 필연적으로 권력과 자본의 집중을 수반하게 된다는 점입니다. 그래서 그것은 독점권력을 강화하고 소수지배집단의 이익을 강화합니다. 그러니까 개발독재라는 말은 인위적 합성어가 아니라는 말입니다. 서구는 민주주의 아니냐고 말씀하시겠지만 그것은 어디까지나 정치, 제도정치에 국한된 내용이고 거

---

10) Karl Marx & Frederick Engels, *Selected Works* Vol. I (Moscow : Progress Publishers, 1969), 112~113쪽.

기에서도 거대 프로젝트는 소수 엘리트의 이득 강화, 대다수의 소외현상을 광범위하게 유발한다는 점을 생각해야 합니다. 거기서 누가 소외되겠습니까. 노인, 어린이, 여성, 농민, 노동자 등은 항상 거대한 산업적 발전의 희생양이 되어왔다는 사실을 기억할 필요가 있습니다.

생산의 축소가 급선무

이제 그렇다면 어떤 발전을 해야 하는가, 과연 발전을 해야만 하는가라는 질문을 던져야 할 때입니다. 대안의 문제인데 참 어려운 얘기입니다. 미래의 청사진 — 이런 얘기 많이 합니다. 그런데 어떻게 보면 미래의 청사진을 미리 얘기하는 것은 굉장히 교만한 자세입니다. 그리고 굉장히 기술주의적 사고죠. 사회주의가 망한 것도 미래의 청사진을 정말 사진처럼 정해놓고 그것을 향해 마구 달리기만 하면 된다는 식의 발상에서 나왔다고 봅니다. 관념적으로 여러 '좋은' 개념과 생각들을 조합해서 미래의 청사진을 제시하겠다는 것은 매우 잘못된 생각이라 봅니다. 잘못되었다고 생각하는 것을 검토하고 고치고 풀어가고 하면서 하나하나 쌓아가는 그런 과정을 통해서 큰 방향을 잡아가며 대안을 생각해 나가야지, 이거다 하고 청사진을 제시할 수는 없다고 생각합니다.

우선 저는 먼저 발전의 모순을 해결하려면 무엇보다도 생산을 줄여야 한다고 봅니다. 서구 경제학자들이 인구를 줄이자고 많이 얘기하는데 인구가 쉽게 줄 것 같지도 않고 그런다고 해결될 문제가 아니라고 봅니다. 인구가 준다고 생산이 줄어들 것 같아요? 발전의 문제는 단순히 환경오염의 문제가 아니고 유한성의 문제입니다. 그런데 아직도 많은 학자들은 환경친화적인 기술로 환경을 보존하면서 생산을 확대해나가야 한다는 식의 논리를 펴는데 매우 위험한 얘기입니다. 생산증가를 막지 않고 어떻게 자원의 유한성 문제를 해결합니까. 그리고 요즘 생산의 축소문제는 전혀 언급하지 않으면서 소비자중심의 환경문제를 제기하는 운동이 많은데 참 문제라고 생각합니다. 기업의 생산문제는 전혀 언급도 하지 않으면서 소비자 개개인의 '몽매한' 의식에만 초점을 맞추는데, 아니 생산부터 줄여야지 그게 말이나 됩니까. 우리나라 양대 일간지에서 어떤 일로 환경문제를 부쩍 강조하고 단체도 만들어서 녹색 운운하는데 거기서 뭘 합니까. 관제 새마을운동하고 뭐가 다릅니까? 똑같은 모자 수천 개 만들어 쓰고 내일이면 버릴 띠 만들어 사진 잘 나오게 몸에 두르고 어린 학생들 동원해서 차렷 열중쉬어 시키고 개천에서 쓰레기 줍게 하고 어쩌면 그렇게 똑같은지. 그러면서 신문에 웬 컬러사진은 그렇게 많이 싣고 또 증면경쟁은 얼마나 심하게 하는지 … 환경보호가 아니라 환경오염입니다. 그러면서 기업의 생산문제, 기업의 환경문제에 대한 재정적 부담에 대해서는 별 얘기가 없습니다. 생산의 문제를 제기하는 것은 몹시 어려운 얘기지만 이것을 얘기하지 않고 발전과 환경의 문제를 얘기하는 것은 어불성설이라고 봅니다.

그러나 말이 쉽지, 생산 줄이기와 맞물려 돌아가는 소비 줄이기라는 게 얼마나 엄청난 문제입니까. 성장하지 말자는 것이고 자본주의 하지 말자는 얘기지요.

자동차를 예로 들면 이게 온갖 환경문제의 주범이고 현재 지구온난화의 주범도 공장굴뚝이 아니라 자동차 배기통이라고들 하는데 우리나라의 수출이 자동차에 엄청나게 의존하고 있죠. 3개도 부족해서 회사가 5~6개로 늘어나고 있고. 만약 우리가 자동차 타기를 거부하고 자전거 탄다고 생각해봅시다. 현실적으로 불가능한 가정이기는 하지만 만약 그렇게 된다면 우리 경제는 곤두박질하겠죠. 수출을 못하니까 관련 산업이 붕괴되고 또 수입에 필요한 재정적 기초가 사라지니까 철강, 화학, 전자산업이 문을 닫고 수백만이 일자리를 잃고 … 생각해보세요. 거기서 파생되는 수많은 연쇄적인 문제들. 경제는 완전히 마비되고. 장기적으로 볼 때도 일단 생겨난 산업을 바꾼다는 것은 정말 골치가 아픈 문제입니다. 자동차산업에는 도로체계, 에너지문제, 주차공간, 국가보조, 세금구조, 연관산업, 수많은 직업, 수송구조 등 엄청난 것이 연결되어 있기 때문에 자동차 타지 말고 자전거 타자 해서 단기간에 해결될 문제가 아닙니다. 아마 그런 방향으로 가야 한다는 국내적 국제적 합의에 인류가 완전히 합의한다 해도 백년 이백년 이상이 걸릴 지난한 문제이겠죠.

그런데 생산과 소비의 동시적 축소라는 문제를 얘기할 때 거기에는 한 가지 전제 ─ 이게 또하나의 큰 방향인데 ─ 가 있게 됩니다. 한마디로 빈곤과 기아선상에 있는 사람에게 소비 줄여라 하는 얘기는 그야말로 미친 짓이라는 거예요. 생산과 소비를 억제하면서 빈곤과 기아의 문제를 해결하려 하면 결국 분배의 문제가 제기되지 않을 수 없습니다. 그렇지 않고, 분배의 정의를 세우지 않고 절대적인 생산의 증가를 통해서 결핍의 문제를 해결하려 하면 그것은 현재 생산수준의 몇배를 필요로 하게 되고 ─ 물론 이런 생산의 비약이 가능하지도 않지만 ─ 또한 무엇보다도 지구의 수용능력을 넘어설 것입니다. 그래서 여기서 친생태적인 경제구조와 정책은 필연적으로 민주주의의 문제에 연관된다는 사실을 확인하게 됩니다. 왜냐하면 제한된 밥을 전제로 하면 나눠 먹어야 하니까요. 밥의 크기가 하루아침에 늘어나는 것이 아니기 때문에 또 생태적인 면을 고려할 때 늘어나서도 안 되는 것이라면 나눠 먹어야죠. 논리를 연장시키면 생산과 소비의 억제와 축소를 지향하기 때문에 작은 경제단위, 자율적인 경제단위를 지향할 수밖에 없고 따라서 대량생산, 대량소비에 기초한 거대권력 중심에서 필요 생산, 소박한 소비에 기초한 작은 권력 중심의 사회로 넘어가게 됩니다. 그리고 이러한 사회가 무분별한 욕망 추구와 힘의 과시에 기초한 남성주의를 버리고 상호공존과 생명에 대한 외경심에 토대한 여성주의로 나아가게 되는 것은 자연스러운 일입니다. 이래서 오늘날 에코페미니즘(eco-feminism)이 많이 얘기되는 것일 겁니다.

환경파괴와 '남북' 문제

마지막으로, 발전의 대안을 얘기하는 데 있어서 중요한 것은 그것의 국제적인 차원입니다. 환경파괴에는 국경이 없다는 말 여러분도 잘 이해하실 겁니다. 기존의 발전도 마찬가지죠. 그래서 국제적인 차원의 연대와 협력은 당연합니다. 그런데 제3세계의 저발전문제, 빈곤의 문제가 매우 해결하기 힘든 딜레마를 야기시킵니다. 왜냐하면 굶어 죽어가는 아프리카 어린이에게 생명의 존중이라든가 삼림보호 같은 말들은 참 사치스러운 말이기 때문입니다. 현재 3억이 영양실조로 시달린다 하고 또 한해에 수천 만의 어린이가 기아로 숨져갑니다. 그리고 기아문제는 그렇다 하더라도 기본적인 의식주의 문제에 있어서 어려움을 겪고 있고 인간으로서의 품위를 유지할 수 있는 최소한의 물적 기반도 마련하지 못한 제3세계 나라들의 입장에서는 장기적이고 전인류적인 차원의 고려는 한마디로 배부른 소리일지도 모릅니다. 그래서 항상 환경과 발전에 관련된 회의나 프로젝트를 둘러싸고 남북으로 갈라져 갈등이 생깁니다. 1972년에 환경에 관련된 첫 국제회의가 열린 이후로 92년의 브라질 리우회의까지 크고 작은 회의가 많았는데 항상 선진공업국과 개발도상국 간에 입장이 갈라져버렸습니다. 적어도 표면적으로는 북은 환경론자가 되고 남은 개발론자가 되어버립니다.

'북'의 입장은 이렇습니다. '남'의 인구증가와 무분별한 개발이 계속되는 한 '북'에서 아무리 소비를 줄여도 해결이 되지 않는다, 그러니까 환경파괴 주범은 '남'이다 하면서 '남'에게 막 압력을 가하지요. 그리고 자기들 생산을 줄일 생각은 하지도 않고 "소비를 줄입시다" 하며 주로 개별 소비자 차원의 환경문제에 초점을 맞춥니다. 그리고 환경문제를 일으키는 산업은 점점 '남'에 수출해버립니다. 특히 제3세계 신흥공업국은 자기들도 철을 생산한다, 섬유다 석유다 뭐다 하며 '발전'하게 되었다고 좋아하지만 한편으로는 제1세계에서 한물간 사양산업이나 공해 유발하는 중공업, 화학공업이 막 쏟아져 들어온 것이라고 봐야죠. 우리도 웬만큼 살게 되니까 원진레이온 사건에서 보게 되지만 이제는 공해산업을 중국으로 수출해버리려 하잖아요. 우리도 이제 똑같은 짓을 하고 있는 거죠. 준제국주의적 성격을 드러내며. 또 선진국에서 환경라운드다 해서 마치 환경보존을 위해서 노력하는 것처럼 그러지만 사실 알고 보면 그것을 통해 제3세계 중진국들의 상품단가 인상을 유발시켜 경쟁력을 줄어들게 하려는 의도도 있다는 거 아닙니까. 또 자기들의 선진적 환경기술을 팔 수 있는 시장을 넓히려는 속셈도 보입니다

그런데 사실을 검토하면 역사적으로뿐만 아니라 현재에도 환경파괴의

주범은 북이라는 게 더 진실에 가깝습니다. 어떤 책에서 본 표현처럼 '북'의 자동차에서 나오는 이산화탄소량은 '남'의 논이나 소에서 나오는 메탄가스의 양과는 비교가 되지 않을 정도지요. 이산화탄소 배출량의 39%가 선진국에서 나옵니다. 일인당 곡물소비량만 하더라도 캐나다, 미국 등은 아이티, 캐냐의 8배가 넘습니다. 종이, 철, 기타 광물의 소비량을 보면 인구의 26%를 차지하는 선진공업국이 세계 총소비의 85%, 79%, 86%를 차지합니다. 일인당 소비량으로서는 선진국 1인이 개발도상국 1인의 10배에서 20배를 소비합니다. 에너지 소비량도 7배에서 15배 가량을 더 씁니다. 칼로리, 단백질, 지방 섭취에 있어서만 큰 차이가 나지 않습니다. 왜 그런지 아세요? 선진국 사람들은 너무 영양을 많이 섭취해서 칼로리 높은 음식을 안 먹기 때문이겠죠. 반대로 제3세계는 영양이 모자랄까 봐 악착같이 칼로리 높이기 운동을 해야 할 형편이고.

민중적 관점과 국제적 연대의 필요성

어쨌든 이 통계로 본다면 환경파괴의 주범은 아직도 선진공업국이라는 거죠. 아프리카에서는 아이들이 물이 없어서, 물이 오염되어 수백만씩 죽어가는데 미국에서는 하루에 일인당 물 소비량이 욕조 20번을 채우고 남을 양이라니! 우리도 조금 잘살게 되어 그렇지, 지금 아프리카 민중의 입장에서 보게 되면 정말 분노가 일어나는 겁니다.

그렇지만 '남'에서도 '북'과 똑같은 방식으로 발전하겠다는 것도 문제이지요. 가능하지도 않지만 '북'의 발전모델의 한계는 이미 드러났는데 왜 '남'은 죽자사자 같은 오류를 그대로 반복하려 하는지 좀 생각해봐야 할 문제입니다. 그리고 또한 이러한 발전과 환경의 문제를 너무 '남'의 국가와 '북'의 국가로 이분법적으로 나누어 생각하는 것도 문제입니다. 너무 표피적인 해석이고 또 그렇게 하면 문제해결이 안되는 거지요. 리우회의 직전에 '지구기후협약'이 체결되었는데 재미있는 것은 그 협약에 대하여 반대한 게 제3세계뿐만이 아니고 미국의 에너지, 자동차, 철강산업이었다는 점입니다. 이름도 비슷한 '지구기후동맹'을 결성해서는 이 협약의 내용을 자기들에 유리한 방향으로 만들려고 굉장한 로비를 했습니다. 단순히 남과 북의 문제만은 아니라는 거죠.

인도의 댐이나 브라질 아마존개발 같은 거대 프로젝트도 마찬가지입니다. 인도 정부는 서구의 환경단체의 비판에 대하여 댐 건설은 인도의 주권과 관련된 문제라며 아까 말한 것처럼 발전의 권리를 외치고 외부의 압력을 내정간섭으로 몰아치며 강행했습니다. 그러나 아마존개발도 마찬가지이지만 그런 거대개발을 통해서 누가 이득을 얻는 거냐 하는 문제예요. 인도나 브라질의 민중은 아니라는 거죠. 국가관료, 정치엘리트, 초국적기업, 댐의 설계 기술 자문, 감리까지 떠맡는 초국적기업에게 이윤의 상당 부분이 돌아간다는 말이죠. 그러니까 환경훼손을 해가면서 발전을 하는 게 정당하다는 것을 인정하더라도 이러한 식의 발전, 국가엘리트 주도의 중앙집권적 발전이 제3세계 민중의 삶을 개선하는 데 별 도움이 되지 않는다면 이러한 발전을 제3세계의 이름으로 '북'에게 외치는 것이 참 공허하다는 거죠. 일종의 기만이겠죠. 그러니까 위에서 얘기한 '남'의 입장이라는 것도 '남'의 일부세력의 입장이라고 고쳐 얘기하는 게 더 정확하다는 생각을 해봐야 합니다. 더구나 중요한 것은 통계에서 보듯이 제3세계가 이런 발전방식으로 제1세계와의 격차를 좁힐 수 없다는 점입니다. 1960년에서 1989년까지의 세계 부의 배분에 있어서 가장 부유한 20%와 가장 가난한 20%가 각각 차지하는 비율이 나와있는데 상호비율은 30대1에서 60대1로 오히려 훨씬 벌어져 있습니다. 물론 절대적인 성장은 있었겠지만 그것이 문제를 해결해주지도 못했고 더구나 상대적인 격차는 점점 더 벌어지고 있으니 이러한 식의 발전을 통해서 '북'을 따라잡겠다, 참 어려운 얘기입니다. '남'의 입장을 존중한다고 하면 '남'의 절대 다수를 차지하는 민중들을 얘기해야 하는데 그들의 입장에서 볼 때는 다른 방식의 발전이 요구된다는 겁니다.

그리고 물론 앞서 얘기한 것처럼 환경기술 이전, 원조, 환경보존을 위해 '남'이 치러야 할 추가비용 등의 문제에 관해서 '북'이 역사적 누적적 차원에서 책임을 져야 한다는 것은 당연한 것입니다. 그런데 이런 차원이외에서도 왜 국제적 차원의 논의와 협력, 공동보조가 환경과 발전의 문제를 해결하는 데 있어서 절대적이냐 하면 만약에 정말 어떤 나라가 생태주의적 정책을 전면적으로 실시하고 그것에 따라 경제구조를 재편한다고 하면 그 나라의 국력이 — 우리가 세속적으로 말하는 의미로 — 급격하게 약화되기 때문이라는 겁니다. 이 살벌한 국제정치무대에서 그런 생태적 사회를 만들게 되면 그 나라는 약육강식적 경제구조와 국방구조를 갖고 있는 나라의, 막말로 얘기해서, 밥이 된다는 거죠. 그렇지 않겠습니까? 제가 보기에는 미국 원주민 문명이 지구에 존재했던 가장 생태적인 문명 중의 하나였다고 보는데 그게 스페인의 무력에 의해서 처참하게 무너졌잖아요. 그러니까 그걸 알기 때문에 국제적인 공동보조 없이 한 지역의 자율적인 결단만으로 생태적 사회가 생겨나지 않을 것이다 — 이런 얘기지요. 제가 환경, 생태에 관련하여 발전 문제를 얘기할 때마다 학생들이 그런 항변을 많이 해요. 단순화시키면 우리 혼자만 그런 식으로 궤도 수정하면 — 그 중에서도 가장 중요한 것이 무력의 해체일 텐데 — 중국과 일본에게 먹힌다, 그런데 그걸 알면서 어떻게 우리만 인류와 지구를 위해서 무슨 보살이라고 그런 희생을 하냐는 얘기지요. 일리가 있는 얘기지요. 그래서 국제적 협력과 공동보조가 전제되지 않는 한 변화가 일어나기 힘들다는 것인데 역으로 얘기하자면 오늘날 발전과 환경의 모순이라는 딜레마를 벗어나려면 국민국가의 틀을 넘어서야 한다는 것입니다. 이 틀이 유지되는 한 약육강식적 사고, 국가간의 대결의식을 통한 경쟁, 일정한 국력을 유지하기 위한 생태와 자연의 파괴는 불가피하다는 생각입니다.

국민국가라는 것은 어떻게 보면 민족주의가 유지하려고 하는 틀이죠. 그래서도 저는 민족주의를 비판하고 반대하는 겁니다. 민족주의를 주장하면서 그것을 기본 이념으로 하면서 어떻게 기존의 국민국가중심 산업지상주의를 뛰어넘느냐는 거죠.

세계화요? 마찬가지입니다. 이건 민족주의의 세련된 표현일 뿐 별 차이가 없다고 봅니다. 그리고 그것도 결국 국경과 민족을 초월한 초국가자본의 이해를 충실히 반영한다는 점에서 발전과 환경을 해결하기는커녕 전지구적인 차원으로 심화시키는 데 기여할 뿐이라고 봅니다. 세계화나 민족주의나 우리의 대안이 될 수 없는 건 마찬가지입니다. 그러니까 이런 점을 모두 고려할 때 민족주의와 국민국가의 틀을 넘어서서 지구적 초국적 기업의 거대한 자본에 대항하는 시민중심의 생태적 국제연대주의 — 바로 이런 것이 발전의 모순을 해결하는 데 있어서 굉장히 중요하다고 봅니다. 국민국가단위의 사고와 정서에 갇혀서 또 정반대로 국적 없는 자본의 대변자로서의 국제인의 편향된 이해관계에 사로잡혀서는 발전과 환경의 모순은 절대로 풀리지 않을 것입니다.

반발전 개념과 문명사의 대전환

이제 마무리를 짓겠습니다. 유엔이나 각종 기구에서 요즘 지속가능한 발전을 얘기해요. 그 의미는 지구생태계가 버텨낼 수 있는, 수용가능한, 지속될 수 있는 그런 발전을 의미하는데, 발전의 의미에 복지적, 생태적 측면이 많이 포함되어 있다고 봅니다. 양적인 측면보다는 삶의 질을 중요시하고 환경에 대한 고려가 경제전략의 일부가 되어야 한다는 입장을 갖고 있습니다. 그러나 저는 이 개념이 매우 작위적이라고 느껴요. 누이 좋고 매부 좋고 하는 식의 개념조합이지 현실적으로 가능한 개념인가, 과연 생태계의 한계를 심각하게 고려하고 있는가 하는 의문이 생겨요. 왜냐면 어떻게 3% 이상의 성장을 계속하면서 환경을 보존할 수 있다는 것인지 이해가 안 가요. 물론 제1세계보다 제3세계의 성장을 중요시하며 그것에 초점을 맞추기는 하는데 문제는 제3세계의 성장이, 경기부양이 이루어지기 위해서는 제1세계의 성장이 필연적이라는 점입니다. 현 자본주의 국제경제에서 제3세계는 성장하고 제1세계는 정지하고 할 수는 없는 겁니다. 장기적으로 자급자족적인 소공동체 경제가 생겨나기 전에는 제3세계가 성장하려면 선진공업국경제가 성장할 수밖에 없습니다. 그렇다면 어떻게 환경보존을 하느냐는 거죠. 지속가능한 발전이라는 개념보다는 차라리 반발전(counter-development)이 솔직한 개념이지요.

한 가지 얘기할 수 있는 것은 우리는 분명 양적 성장과 팽창, 속도를 중심으로 하는 가치관과 정책을 중심으로 삼는 것에서 벗어나야 한다는 것입니다. 다른 차원의 가치관, 행복을 분명히 찾을 수 있다는 것입니다. 세계의 경제를 이끌어가는 엘리트들이 우리에게 강요하는 GNP 같은 기준이나 요란한 광고와 언론이 부추기는 소비문화적 기준에서 벗어나 우리 각각의 내면의 깊은 곳에서 우러나오는 윤리적 문화적인 영적 요구에 의거해서 우리의 행복의 기준을 설정하고 개성적 생활양식을 정착시켜 나가야 합니다. 여기서 어떤 건축가의 책에서 한 구절 읽어드리고 싶습니다. 거기에 실린 어떤 글에서 이분은 온돌은 모듬잠, 침대는 따로잠이라고 재미있게 해석하며 모듬잠 시절의 추억을 다음과 같이 회상합니다.

여름밤 서늘한 저녁이 되면 삶은 옥수수라든가 볶은 콩이라든가 혹은 수박을 가지고 모깃불 연기 자욱한 시골 마당에 평상을 내다놓고 우리는 모였다. 사람이 많으면 평상 하나로 모자랄 지경이었다. 그 저녁에 우리는 샤워시설이 없어도 최소한 발은 씻었으며 시원하게 등물을 끼얹곤 했었다. 평상에는 동네 아줌마도 와 앉아있었고. 수박을 갈라먹고 옥수수를 까먹으면서 도란도란 시작된 얘기는 밤이 깊어져 어느새 너나없이 기다랗게 코고는 소리로 변했다. 불현듯 오줌이 마려워 깨어 일어나면 은가루를 뿌린 듯 별들이 펼쳐져있는 찬란한 밤하늘이 놀라운 모습으로 말없이 내려다보고 있었다. 그새 잠이 깼냐? 아까는 경황도 없이 먹어대더니만 하고 말을 걸듯이 ….[11]

어떻게 보면 우리는 김우창 교수가 완전히 발상의 전환을 꾀하며 던진 질문, 즉 "우리가 근대화를 서양처럼 이룩하지 못한 이유가 어디에 있는가" 하는 질문을 하기보다는 "우리의 선조들이 근대화를 하지 않기로 결정한 이유가 어디에 있는가"[12] 하는 질문을 던져야 한다고 얘기한 뜻을 곰곰이 생각해봐야 할 필요가 있습니다. 다소 낭만적으로 들릴지 몰라도

11) 김기석, 《집 이야기》(대원사, 1995), 203~204쪽.
12) 《김우창전집 5 ― 이성적 사회를 향하여: 사회와 정치에 관한 에세이》(민음사, 1993), 512쪽.

이런 목가적인 우리 전통적 시골공동체에 우리 행복의 핵심이 놓여있다는 점이고, 대안적 발전도 이러한 핵심을 씨앗으로 해서 발전시켜 나가야 한다는 점입니다. 물론 우리의 종래 농촌공동체가 이상적인 모습만을 갖고 있는 것은 아닙니다. 거기에서 공동체의 이름으로 자행되는 개인에 대한 억압과 통제, 신분차별, 위계질서적 권위주의, 여성에 대한 차별, 기아와 영양실조, 폐쇄적 세계관 등의 심각한 문제가 있습니다. 그런 것까지 받아들여야 한다는 것은 아니죠. 다만 거기에서 느껴지는 행복, 건강하고 균형 잡힌 삶, 자연과의 친화감, 주변과의 느슨한 관계 등을 중심적으로 가치로 삼아서 대안 만들기의 노력을 해나가야 한다는 것입니다. 다시 강조하지만 그것은 엄청난 시간과 노력이 요구되는 길이며 아마도 우리의 당대에 실현되기는 어려운 길, 진통이 수반되는 굉장히 오랜 과정일 거라고 봅니다. 80년대의 변혁이론이 얘기하는 수백만의 일시적 봉기와 꼭대기 권력 장악으로 규정되는 혁명에 의해 이루어질 것은 아니라고 생각합니다. 하지만 그 내용은 우리가 생각하는 혁명보다도 더 혁명적일 겁니다. 거의 인류사의 문명사적인 전환에 가까운 변화일 것입니다. 이러한 대전환이 가능할지 아닐지 우리에게 아직 희망이 있는지 아닌지는 아무도 모릅니다. 그러나 이러한 변화를 위한 작은 노력, 모래알보다 작은 노력을 시작하는 것은 거대한 구조적 변화의 불가능성에 아예 절망하여 산업문명의 바다에서 이리저리 표류하는 것보다는 훨씬 의미있는 일일 것입니다.

개발 — 파멸로 가는 길

볼프강 작스

폐허가 된 건축물은 흙더미와 잡다한 돌조각들 밑에 그 자신의 비밀을 감추고 있다. 고고학자들은 손에 삽을 들고 한층한층 파들어가서 버팀목들을 드러내고, 그렇게 함으로써 황폐화된 한 기념물의 기원을 발견하고자 한다. 그런데 인간의 관념도 그 토대가 수십년 또는 수백년간 모래로 뒤덮여온 폐허로 판명될 수 있다.

나는 개발이라는 관념이 그렇다고 믿는다. 오늘날 개발관념은 우리의 지적 풍경 속에 폐허처럼 서서, 그 그림자가 우리의 시각을 흐려놓고 있다. 지금은 우리가 이 우뚝 서있는 속임수의 고고학에 착수하여, 그 토대를 벗겨서 그것의 정체를 분명히 드러내야 할 때이다. 개발이라는 관념은 한 퇴폐의 시대에 대한 낡은 기념물이다.

미션을 추구하는 세계권력

1949년 1월 20일 펜실베이니아가(街)에 바람과 눈이 몰아치고 있을 때

볼프강 작스 (Wolfgang Sachs) — 독일의 저명한 녹색운동가. Wuppertal Institute의 연구원. 《유럽의 녹색화》, 《공정한 미래, 환경, 인권》 등 저서가 있다. 여기 소개하는 세 편의 글은 〈개발개념의 고고학에 관하여〉라는 제목으로 집필된 7편의 연속적인 에세이 중에서 고른 것인데, 출전은 *New Internationalist* 제232호(1992년 6월)이다.

미국 대통령 해리 트루먼은 국회에서 취임연설을 하면서 세계의 가장 큰 부분을 '저개발 지역'이라고 규정하였다. 그리하여 지구상의 헤아릴 수 없이 많은 다양한 문화를 하나의 유일한 범주 ─ 저개발이라는 ─ 로 강제로 몰아넣는 핵심적인 개념이 불쑥 나타났던 것이다. 그리하여 처음으로 새로운 세계관이 천명되었다. 즉, 모든 지구인들은 같은 길을 따라 움직여서, 오직 하나의 목표 ─ 개발을 갈망해야 한다는 것이었다.

따라가야 할 길은 미국 대통령의 눈앞에 분명하게 누워있었다. 그 길은 "보다 많은 생산이 번영과 평화에 이르는 열쇠"라는 것이었다. 결국, 이러한 유토피아에 이미 가장 근접하였던 것은 미국이 아니었던가? 이 잣대에 따라 모든 나라는 낙오자 또는 선두주자로 분류되었다. 그리고 "산업 및 과학기술의 발전에 있어서 최선두에 있는 나라는 미국"이었다. 이기주의에 너그러움이라는 옷을 입혀서 트루먼은 '산업활동'과 '보다 높은 생활수준'을 통하여 이들 저개발지역에 살고 있는 "사람들의 고통을 해소하도록" 고안된 기술적 지원계획의 윤곽을 그렸다. 40년이 지난 지금 되돌아 볼 때, 우리는 트루먼의 연설이 남(南)이 북(北)을 쫓아가려는 필사적인 경주의 출발을 알리는 신호탄이었음을 알게 된다. 그러면서 또한 우리는 경기장에 선수들이 뿔뿔이 흩어졌다는 것도 본다. 어떤 경쟁자들은 도중에 넘어져버렸고, 다른 경쟁자들은 그들이 잘못된 방향으로 달리고 있음을 눈치채기 시작하였기 때문이다.

세계를 경제활동의 경기장으로 규정한다는 생각은 트루먼 시대에 기원을 두고 있다. 식민주의에는 전혀 낯선 생각이었을 것이다. 물론 식민세력들은 원료의 원천으로서 해외영토를 확장하면서 경제 경쟁에 참여하였다. 그러나 그들이 자기 발로 서서 전지구적인 경제 경기장에서 경쟁하지 않으면 안되게 된 것은 오직 2차대전이 지난 뒤였다.

식민시대에 영국이나 프랑스에게 있어서 식민지를 지배한다는 것은 무엇보다도 그곳에 문명개화를 도모한다는 그들 자신의 소명감에서 나오는 하나의 문화적 의무를 의미하였다. 영국의 제국행정관 러가드 경은 '이중적 임무'라는 독트린을 공식화하였다. 그 공식에 따르면 물론 경제적 이

윤도 추구하여야 하지만, 그러나 무엇보다도 '유색인종들'을 보다 높은 수준의 문명으로 고양시킬 책임을 져야 하는 것이다. 식민주의자들은 토착인들을 다스리는 주인으로서 왔던 것이다. 그들은 공급과 수요의 나선을 출발시키는 계획 입안자로서 오지 않았다.

지상명령으로서의 개발

트루먼의 비전에 따르면, '이중적 임무'는 '경제개발'이라고 하는 지상명령 밑에 합쳐진다. 그렇게 하여 세계관에 일대 변화가 일어났고, 개발개념이 보편적 통치의 표준으로 부상하였다. 식민주의의 틀의 영향을 아직 받고 있었던 1929년의 미국의 개발 법령에서 '개발'은 '이중적 임무' 가운데 오직 첫번째 임무 — 토지와 광물과 삼림과 같은 자원에 대한 경제적 수탈에만 적용되고 있었다. 두번째 임무는 '진보'나 '복지'로서 규정되고 있었다. 이 무렵에는 사람이나 사회가 아닌, 오직 자연자원만이 개발될 수 있다고 생각되었던 것이다.

그러다가 2차 세계대전 동안 국무성의 회랑에서 '문화적 진보'는 '경제동원'에 흡수되고, 개발이 최우선적인 개념으로 왕좌를 차지하게 되었다. 새로운 세계관은 간명한 정의를 갖게 되었다. 즉, 한 나라의 문명의 정도는 그 나라의 생산수준에 의해 측정될 수 있다는 것이다. 이제는 더이상 개발영역을 자연자원에만 한정시킬 아무런 이유가 없었다. 지금부터는 사람들이나 전체 사회들이 개발의 대상으로 간주될 수 있거나 또는 심지어 그렇게 간주되어야만 했다.

개발이라는 트루먼의 지상명령은 제3세계 사회들이 이제 더이상 다양하고 상호비교할 수 없는 인간 삶의 가능성들로 간주될 수 없다는 것을 의미하였다. 그들은 이제부터 하나의 유일한 '진보적' 트랙 위에 놓여서 서구 산업국가의 척도에 따라 그 성적이 매겨지게 된 것이다.

지구 전체의 역사를 그런 식으로 재해석하는 일은 정치적으로 솔깃할 뿐만 아니라 피할 수 없는 것이기도 했다. 왜냐하면 저개발이라는 것은 성숙의 상태로부터 뒤돌아볼 때만이 식별될 수 있기 때문이다. 전범(典範)

이 없는 개발은 방향 없는 경주와 같은 것이다. 따라서 개발이 천명되는 상황에서는 서구의 힘과 영향력이 두루 미친다는 것은 논리적으로 당연했다. 유엔 헌장의 전문("우리들, 국가연합 인민은…")에 미국 헌법("우리들, 합중국 인민은…")이 반향되어 있다는 것은 우연의 일치가 아니다. 개발이 뜻하는 것은 미국식의 사회모델을 세계의 나머지 지역에 투사하는 것밖에 아무것도 아닌 것이다.

트루먼은 정말로 세계를 그런 식으로 다시 파악하는 방식을 필요로 했다. 낡은 식민주의 세계는 와해되었고, 세계대전으로부터 가장 강력한 국가로 떠오른 미국은 새로운 세계권력으로 행동하지 않을 수 없었다. 이것을 위해서 미국은 새로운 지구적 질서에 대한 비전이 필요했다.

대답은 개발개념에 의해 주어졌다. 이제 세계는 식민시대의 정치적 지배가 아니라 경제적 상호의존을 통하여 결합된, 동종(同種)의 여러 실체들의 집합으로서 제시되었다. 개발개념으로 인해 신생국가들의 독립과정이 쉽게 허용될 수 있었다. 왜냐하면 이들 신생국가들은 그들 자신이 경제발전의 주체임을 선포하는 순간 자동적으로 미국의 날개 밑으로 들어왔기 때문이다. 개발은 미국으로 하여금 민족자결의 수호자로서 행동하도록 허용하는 개념적 도구였다. 그러나 동시에 미국은 반식민 제국주의라는 새로운 유형의 세계지배를 건설하고 있었던 것이다.

존재 이유를 찾는 정권들

새로이 독립한 나라들의 지도자들은 ― 네루에서 엔크루마까지, 나세르에서 수카르노까지 ― 북(北)이 남(南)에 대해 가지고 있는 이미지를 받아들였고, 그것을 자기자신들의 자화상으로 내면화하였다. 저개발은 제3세계 전역을 통하여 국가 건설에 필요한 기본인식에 토대가 되었다.

1949년 인도의 지도자 네루는 (간디에 대립하여) 이렇게 말했다. "이것은 이론의 문제가 아니다. 공산주의든 사회주의든 자본주의든, 어떤 방법이든 가장 성공적이어서, 필요한 변화를 가져오고, 대중들에게 만족을 주는 것이라면 무엇이든지 굳건히 자리잡게 될 것이다…. 오늘날 우리의 문제는 대중들의 수준을 높이는 것이다….” 경제발전이 일차적인 국가목표가 되고, 생산증대를 위해 나라를 동원한다는 것 ─ 이것은 세계를 경제적 경기장으로 보는 서구적 개념에 완전히 들어맞았다.

모든 유형의 경쟁에 있어서와 마찬가지로 이 경쟁도 빠른 속도로 전문적 코치들을 만들어내었다. 세계은행은 1949년 7월에 최초의 사절단을 파견하였다. 콜롬비아에서 돌아온 열네명의 전문가들은 이렇게 썼다. “단기적이고 간헐적인 노력은 전반적인 상황을 거의 개선할 수 없다. 악순환은 … 교육과 건강과 식량부문을 포함한 전체 경제를 전지구적으로 재출범시킴으로써만 제대로 제거될 수 있다.”

항상적인 수준에서 생산을 증대시키기 위해서는 전(全)사회가 완전히 뜯어고쳐져야 한다는 것이다. 일찍이 이보다 더 열성적인 국가목표가 있었던가? 이때부터 유례없이 많은 대리기관과 행정들이 삶의 모든 국면에 관계하기 시작하였다. 모든 것을 ‘개발’이라는 이름으로 계산하고, 조직하고, 무분별하게 간섭하고 희생시키기 시작한 것이다. 오늘날, 이 모든 장면은 집단환각처럼 보인다. 전통이라든지 위계질서라든지 정신적 습관과 같은 것들은 ─ 사회 전체 짜임새들은 ─ 개발 입안자들의 기계적 모델 속에 모두 해체되어버렸다.

그러나 이러한 방식으로 전문가들은 세계 전역을 통하여 제도적 개혁에 한 가지 동일한 청사진을 적용할 수 있었고, 그 청사진의 윤곽은 대부분 ‘미국식 생활방식’을 모방하는 것이었다. 이제 더이상 식민시대에서처럼 “여러 세기를 두고 무르익도록” 내버려둔다는 관점은 없었다. 제2차 세계대전 이후, 공학자들은 전체 사회를 개발하는 일에 착수하였고, 이 과업을 길어야 이십년쯤 되는 단기간에 완수하려고 하였다.

충격과 침식

1960년대 말기에 와서 깊은 균열이 건물에 나타나기 시작하였다. 개발이라는 관념이 요란하게 떠벌렸던 약속들이 실상은 모래 위에 세워졌던 것이다! 개발계획을 차례차례 쌓아가는 데 여념이 없었던 국제적 엘리트들은 그들의 이마를 찌푸렸다. 국제노동기구와 세계은행의 전문가들은 성장정책들이 작동하지 않는다는 것을 문득 깨달았다. 빈곤은 정확히 부의 그늘에서 증대되었고, 실업은 성장에 저항적이었으며, 식량사정은 강철공장들을 건설한다고 나아지는 것이 아니었다. 경제성장을 곧바로 사회진보로 보는 것은 순전히 허구라는 것이 명백해졌다.

1973년에 세계은행 총재 로버트 맥나마라는 그런 상황을 이렇게 요약했다. "십년 동안에 국민총생산이 유례없이 증가되었음에도 불구하고 … 인구 중 가장 빈곤한 계층은 상대적으로 거의 아무런 혜택도 받지 못했다. … 상위 40퍼센트가 전형적으로 모든 소득의 75퍼센트를 차지하고 있다." 트루먼의 전략이 실패했음을 인정하자마자 그는 즉각 또하나의 새로운 개발전략을 선포하였다. 그것은 농촌개발이었는데, 이것은 소농민들을 이제 새로운 공격대상으로 하는 것이었다. 이 전략의 논리는 명백했다. 즉, 개발개념은 포기될 필요가 없는 것이며, 단지 적용 영역을 넓히면 된다는 것이었다. 그와 비슷한 방식으로, 연속적으로 1970년대와 1980년대 동안 실업과 사회적 부정의, 빈곤 근절, 기초필수품, 여성 및 환경이 문제로 되었고, 특별한 전략대상이 되었다.

개발은 수많은 상호모순적인 실제 문제를 점차로 더 많이 은폐하면서 그 의미가 폭발하였다. 개발사업은 자기추진적인 것으로 되었다. 새로운 위기가 일어나기만 하면 그것을 해결하기 위한 새로운 전략이 고안되었다. 나아가서, 개발을 위한 배경동기가 서서히 이동하였다. 환경위기가 심화됨에 따라 개발이라는 것은 이제 성장을 촉진하는 것이 아니고, 성장에 맞서 환경을 보호하는 것이어야 한다는 관점도 대두되었다. 그리하여 개발이라는 용어는 의미론적으로 완전히 혼란스럽게 되고, 그 개념은 산산이 부서지게 되었다.

공허로 가득 찬 개념

그래서 개발은 아무런 꼴도 갖추지 못한 아메바 같은 낱말이 되어버렸다. 그것은 그 윤곽이 흐려진 만큼 아무것도 표현할 수 없다. 그러나 개발이라는 말이 언뜻 무해한 것처럼 보이기 때문에 그것은 근절되지 않고 있다. 이 말을 입밖에 내는 사람들은 그들이 선의밖에 다른 의도가 없다는 인상을 주는 것이다.

그리하여 개발은 그 자체 아무런 내용이 없고, 하나의 기능만 소유하고 있을 뿐이라는 것이다. 개발은 보다 높고 진화된 목표의 이름으로 그 어떤 개입이든지 정당한 것이 되게 한다. 그러나 조심해야 한다! 트루먼의 가정(假定)은 눈먼 여객기처럼 비행한다. 어떻게 적용되든지 간에 개발관념은 언제나 뒤따르는 자에게 길을 가리켜주는 선두주자가 있다는 것을 함축하고 있고 선진화는 계획된 행동의 결과라고 암시한다. 실제로 경제성장을 염두에 두고 있지 않는 경우에도, 개발을 운위하는 사람은 누구든지 보편성이니 진보니 타당성이니 하는 개념들을 환기하고, 그럼으로써 그 개념들이 트루먼의 영향력을 회피할 수 없음을 보여준다.

이러한 유산은 마치 사람으로 하여금 같은 곳을 자꾸 되풀이하여 밟도록 강요하는 무거운 짐과 같다. 이것은 미초아칸이나 구자라트 또는 잔지바르의 사람들이 자기자신들을 '저개발' 민족이라고 분류하기를 거부할 수 있는 고유의 권리를 알아보지 못하게 한다. 개발개념으로 인해 이 사람들은 그들 자신의 다양성과 재간을 향유하지 못하는 것이다. 개발은 언제나 다른 세계를 보게 하고, 그 세계와의 비교 속에서 스스로의 궁핍을 의식하게 한다. 개발은 서구에 대한 대안적인 문화로서 토착적 삶이 가질 수 있는 부(富)를 차단한다.

그러나 개발의 반대는 정체가 아니다. 간디의 '스와라지'로부터 사파타의 '에지도스'에 이르기까지 우리는 모든 문화에서 놀라운 변화의 예들이 있다는 것을 본다. (에밀리아노 사파타는 멕시코 혁명가로서 토지의 개인 소유제가 아니라 옛 인디언 공동체 전통으로 돌아가야 한다고 주장했다. 이러한 '에지도스' 관념은 1930년대에 이루어진 멕시코 토지개혁에서 어느 정도 시행되었다.) 후진-선진 또는 전통적-근대적 운운하는 구분은 이제 어떻든 우스꽝스러운 것이 되어버렸다. 북쪽의 산업사회들에 있어서 진보라고 하는 것은 토양오염에서 온실효과까지 막다른 골목에 이르렀다.

트루먼의 비전은 역사 앞에서 추락해버릴 것이다. 그것은 경기가 불공평하게 진행되었기 때문이 아니다. 그 비전으로 인해 다다른 곳이 나락(奈落)이기 때문이다.

개발관념은 한때 국제적 열광을 고취하던 엄청난 기념물이었다. 오늘날, 그 구조는 붕괴되고, 총체적 붕괴의 위험에 처해있다. 그러나 그 위압적인 폐허는 여전히 모든 것들 위에 머뭇거리고 있으며, 출구를 막고 있다. 이제 우리의 과업은 새로운 터전을 열기 위해 이 잡동사니를 옆으로 밀어치우는 것이다.

빈곤의 발견

나는 나중에 나 자신을 발로 차버릴 수 있었을 것이지만, 그 당시로는 내가 한 말이 가장 자연스러운 것처럼 보였다. 그것은 1985년 멕시코시티의 대지진 사고 여섯달 뒤의 일이었다. 나는 그날 하루종일 테피토 지역을 걸어다녔다. 이 지역은 서민들이 주로 사는 구역이지만 토지 투기가들에 의해 위협을 받고 있었는데, 지진으로 황폐화되었다. 나는 온통 폐허와 체념과 붕괴와 더러움을 발견할 수 있을 뿐일 거라고 기대하였지만, 막상 가서 보니 생각이 달라졌다. 거기에는 자랑스러운 상호부조의 정신이 있었고, 활기있는 건설 활동과 그림자 경제가 있었다.

그러나 그날 끝 무렵에 내 입에서는 다음과 같은 말이 새어나왔다. "모두 좋다. 그러나 까놓고 말하면 이 사람들은 여전히 끔찍하게 가난하다." 그러자 곧 한 사람이 반박했다. "우리는 가난한 사람들이 아니다. 우리는 테피토 사람들이다!" 얼마나 기막힌 나무람인가! 나는 어째서 그런 모욕적인 언사를 내뱉었던가? 나는 내가 무의식중에 개발철학의 상투적인 사고방식에 따라 반응했다는 사실을 부끄럽게도 인정하지 않을 수 없었다.

저소득층 만들기

전지구적인 규모로 '빈곤'은 제2차 세계대전 뒤에 발견되었다. 1940년 이전에 그것은 아무 문제가 아니었다. 1948~9년 사이 최초의 세계은행 보고 가운데서 '문제의 본질'의 윤곽이 그려져있다. "개발을 위한 필요성과 잠재력이 단 한 가지 통계를 보면 뚜렷이 드러난다. 유엔 통계국에 따르면, 1947년 미국의 일인당 평균소득은 1,400달러가 넘고, 다른 14개국에서는 400달러에서 900달러에 걸쳐있다. 그러나 세계 전체인구의 반 이상에게는 평균소득이 일인당 100달러 미만으로 — 경우에 따라서는 훨씬 아래로 — 떨어져있다. 이러한 격차야말로 저개발국의 생활수준을 높여야 할 긴박한 필요성뿐만 아니라 바로 이러한 일의 엄청난 가능성을 증명하고 있다 …."

1940년대와 1950년대의 문서에서 '빈곤'이 언급될 때마다 그것은 언제나 일인당소득에 대한 통계적 측정치라는 형태를 띠고 있었다. 그리고 그러한 통계의 의미는 그 통계가 미국의 기준에 우스꽝스러울 만큼 훨씬 못미친다는 사실에 달려있었다.

소득규모가 사회적 완성도를 지시하는 것으로 간주될 때 그러한 경제적 모델에 따르지 않는 여하한 사회도 '저소득' 사회로 규정되기 쉽다. 이런 방식으로 지구적 규모로 빈곤을 인식한다는 것은 통계의 비교 적용에 불과한 것이었다. 소득규모가 확인되자마자 전지구적으로 하나의 질서체계가 지배하기 시작하였다. 수평적으로, 멕시코의 자포텍족들이나 북아프리카의 투아레그족 또는 인도의 라자스타니 사람들과 같은 이질적인 세계들이 함께 분류되는 것이 가능해졌고, 수직적으로는 '부유한' 나라들과의 비교를 통하여 이들 여러 민족들은 거의 측정하기 어려운 열등생의 위치로의 편입을 강요당하였다.

이런 식으로 '빈곤'은 전체 민중들을, 그들 자신의 존재방식이 아니라 서구적 기준에서 그들이 무엇을 결핍하였느냐라는 기준에 따라 규정하는 데 이용되었다. 그리하여 경제적 관점에서 얕잡아보는 태도가 식민시대의 인종적 경멸을 대신하게 된 것이다.

게다가, 이러한 태도는 개입을 정당화하는 구실을 제공하였다. 저소득이 문제가 되는 어느 곳에서든지 유일한 대답은 '경제개발'이었다. 빈곤은 억압으로부터 오는 결과일 수 있으며, 따라서 빈곤해결을 위해서는 해방이 있어야 할 것이라는 생각은 언급도 되지 않았다. 또는, 장기적 생존을 위해서는 자기충족적 문화가 필수적일지도 모른다는 생각도 언급되지 않았다. 한 문화의 에너지는 경제적인 것보다 다른 영역으로 향해질 수 있다는 생각이 언급될 리도 만무했다.

그렇기는커녕, 산업국가들에서 행해지는 바와 같이 모든 것이 모든 다른 곳에서도 이루어져야 하는 것이었다. 빈곤은 경제성장을 통해 추방당해야 마땅할, 소비력의 결여로 진단되었다. '빈곤'의 깃발 밑에서, 많은 사회들이 현금경제체제로 강제로 재조직되는 일이 도덕적 십자군처럼 수행되었다. 누가 그것에 반대할 수 있었겠는가?

동물의 수준으로

1960년대 말에 이르러 대부분의 민중을 보다 높은 생활수준으로 이끌어올리는 데 '경제개발'이 결정적으로 실패하고 있다는 사실에 이제 더이상 눈을 감는 것이 가능하지 않게 되었다. 그리하여 새로운 빈곤개념이 필요해졌다. 1973년 세계은행의 맥나마라는 말했다. "우리는 세기말까지 절대빈곤을 근절시키도록 투쟁해야 한다. 이것이 실제로 뜻하는 것은 영양실조와 문맹을 일소하고, 유아사망률을 줄이고, 평균수명을 선진국들의 수준으로 올려놓는다는 것이다."

그래서 이렇게 외면적으로 규정된 최소수준 이하로 살고 있는 사람은 누구든지 "절대적으로 빈곤"하다고 선언되었다. 일인당 소득이라는 잣대는 쓰레기더미에 내팽개쳐졌다. 이렇게 된 데에는 빈곤에 대한 국제적 논의에 있어서 두 개의 초점이동이 있었기 때문이다. 한편으로, 그동안 국가간 평균소득 차이에 의해 완전히 흐려져있던 사회내부의 계층간 간극이 점점 커지고 있는 사실에 새로이 주의가 쏠리기 시작하였다. 다른 한편으로, 소득이라는 개념은 현금경제에 충분히 통합되지 않은 사람들의 실제 삶의 상황을 가리키는 지표로서는 적당하지 않다는 사실이 드러났다.

삶의 질이라는 관점에서 빈곤을 이해하려는 이러한 새로운 노력들은 성장경제의 결과에 대한 실망으로부터 나왔지만, 그러나 그런 노력들 자체가 그 나름의 환원주의의 형태를 띠고 있었다. 세기전환기에 영국에서 있었던 최초의 시도에서 절대빈곤선을 계산해내는 일은 영양섭취에 근거했다. 그러니까 식량섭취량이 어떤 최소한의 열량을 넘지 않을 때, 그런 사람들이 절대적으로 빈곤한 사람으로 이해된 것이다.

이러한 정의(定義)가 가지고 있는 문제점은 실제로 살아있는 수백 수천만명의 사람들의 삶을 단순히 동물적으로 환원한다는 데 있다. 하나의 객관적이고 의미있는 평가기준을 찾아보려는 시도의 결과, 사람들이 희망하고 추구하는 바 그 모든 풍부한 다양성을 무시하고, 동물로서 생존하는 일에 관한 단 한 가지 벌거벗은 자료가 제시된 것이다. 이것보다 더 낮은 공통분모를 상상할 수 있겠는가?

그 결과 취해진 조처들 — 쌀을 먹는 사람들에게 밀을 배달해주는 일로부터 기록문자가 아예 드문 지역에서 문맹퇴치 운동을 전개하는 일까지 — 이 흔히 그 지역 민중의 자존심에 무감각하였다는 것은 놀라운 일이 아니다.

생활세계들을 칼로리 수준으로 환원시킨다는 것은 국제적 개발 원조행정을 훨씬더 용이하게 만드는 것이 분명하다. 그것은 수혜자들을 말쑥하게 분류할 수 있게 하고(그러한 분류 없이는 세계적 전략이 헛되게 될 것이다), 또 그것은 세계가 긴급 비상사태에 있음을 보여주는 항구적 증거로서 이바지한다. (이러한 분위기가 없다면 어떤 개발대리인들의 정당성은 의심받았을 것이다.)

가난이 반드시 빈곤은 아니다

예를 들어, 건강 / 불건강, 정상 / 비정상, 또는 부유 / 가난과 같은 이분법은 정신적 증기롤러라고 할 만한 것이다. 그것은 복합적인 형태의 세계를 획일화하고, 모든 것을 완전히 납작하게 수평으로 만든다. '가난'에 관한 주형화(鑄型化)된 이야기는 다양하고 대립적이기도 한 '가난'의 여러 형태들을 알아볼 수 없을 정도로 짓이겨 놓았다. 예를 들어, 그러한 상투성으로 인해 검소와 비참과 궁핍 사이의 차이가 모호해졌다.

검소함은 소유의 광기로부터 자유로운 문화의 특징이다. 이러한 문화에서는 오직 작은 부분만을 시장에 의존할 뿐 일상생활에 필요한 것들이 대부분 생존유지 수준의 생산방식에 의해 충당된다. 우리의 눈에 이러한 문화 속의 사람들은 매우 빈약한 소유를 누리고 있는 것으로 보인다. 아마도 돈은 오직 주변적인 역할만을 하고 있는 데다가 소유라는 것은 오두막한 채, 몇개의 솥과 옷가지가 고작일지도 모른다. 그러나 보통 누구에게나 들판과 강과 숲에 접근할 권리가 허용되고 있고, 다른 곳에서라면 현금을 지불해야만 얻을 수 있는 온갖 서비스가 친족관계나 공동체의 의무에 의해 보장되어 있다. 이른바 '저소득층'에 속해있음에도 불구하고 아무도 굶주리지 않는다. 더욱이 커다란 잉여가 흔히 보석이나 잔치나 화려한 건물에 사용되고 있다. 한 전통적인 멕시코 마을에서는, 예를 들어, 부의 개인적인 축적이 사회적 추방의 원인이 되기도 한다. 그런가 하면 작은 이윤만이라도 공동체를 위한 선행에 사용하는 것으로써 사회적 특전을 얻을 수 있다. 여기서 보는 것은 자기충족의 상태를 알아보고 그것을 기르는 문화에 의해 유지되는 하나의 삶의 방식이다. 이것이 재산축적 사회에 의해 압력을 받을 때만 굴욕적인 '빈곤'의 문화로 떨어지는 것이다.

다른 한편, 검소함이 그 토대를 박탈당할 때 활개치는 것이 비참함이다. 공동체적 유대와 더불어 토지와 삼림과 물은 비현금 문화에서 생존을 꾸려나가는 데 가장 중요한 필수조건들이다. 이러한 것들이 빼앗기거나 파괴되자마자 비참이 시작된다. 농민과 유목민과 부족민들이 자꾸만 비참한 상태로 떨어져온 것은 그들이 그들의 땅과 사바나와 숲으로부터 쫓겨난 다음이었다. 실제로 가난에 대한 최초의 국가정책이 있었던 것은 16세기 유럽에서 공유지에 대한 사적 점유, 즉 엔클로저로 인해 떠돌이와 걸인들이 갑작스럽게 나타났기 때문이었다. 전통적으로 과부와 고아들을 부양하는 일은 공동체에 맡겨진 과업이었다.

궁핍(scarcity)은 근대화된 가난으로부터 나온다. 이것은 대부분 현금경제에 갇혀 노동자와 소비자로서 살아가면서 그 소비능력이 너무나 낮아서 도중에 낙오하는 도시인들에게 영향을 미친다. 그들의 곤경 때문에 그들은 시장의 변덕에 쉽게 좌지우지될 뿐만 아니라 그들은 돈이 끊임없이 더 중요해지는 상황에서 살고 있다. 스스로의 노력을 통해서 성취에 이를 수 있는 그들의 능력은 점차로 쇠퇴하면서, 동시에 상류사회에 대한 선망에 의해 자극되는 그들의 욕망은 무한대로 커진다. 이러한 시소게임 같은 궁핍의 효과야말로 현대적 빈곤을 특징짓는다. 상품에 기초한 빈곤은 19세기에는 여전히 '사회문제'로 묘사되었지만 1929년 세계 경제위기 이후에는 복지국가와 그 소득과 고용정책이라는 순전히 경제적인 문제로 되었다. 정확히, 빈곤에 대한 이러한 견해가, 케인즈와 뉴딜정책에 영향을 받아서, 전후시대의 개발관념을 형성하였던 것이다.

더 검소하게, 덜 비참하게

오늘날에 이르기까지 개발정치인들은 '가난'을 문제로 보고, '성장'을 해결책으로 보아왔다. 그들은 그들 자신이 북반구의 상품경제의 경험에 의해서 형성된 빈곤개념을 가지고 일해왔다는 것을 아직 인정하지 않는다. 행운이 덜 주어진 '경제인간'을 염두에 둔 채, 그들은 성장을 고무해왔다. 그리고 흔히는 다양한 '검소의 문화'들을 황폐화함으로써 비참을 생산해왔다. 성장의 문화는 오로지 검소의 문화가 황폐화된 터전에서만 세워질 수 있을 뿐이며, 그 대가로 비참한 궁핍상태와 상품에 대한 의존성이 생겨난다.

40년이 지난 지금 어떤 결론을 끌어내어야 할 때가 아닌가? 누구든지 가난을 추방하고자 하는 자는 경제효율성에 기초하여야 하고, 가난과 싸우는 가장 중요한 방법은 성장을 추구하는 것이었다.

테피토의 내 친구야말로 그 자신 '가난한' 사람으로 분류되는 것을 거부하였을 때 이러한 사실을 잘 알고 있었던 것으로 보인다. 그것은 그의 명예와 자존심이 걸려있는 문제였다. 그는 그 자신의 테피토식 자기충족의 문화에 매달렸다. 아마도 그는 그러한 자율성 없이는 오직 비참과 영원히 끝나지 않는 현금부족 상태가 닥칠 것이라는 것을 느꼈던 것이다.

경제학자의 맹목

"인도가 영국을 모방하기로 한다면 그 결과는 나라의 멸망일 것이다." 1909년 아직 남아프리카에 있을 때 모한다스 간디는 40년 이상에 걸쳐 인도의 독립을 위해 투쟁함에 있어서 그가 지녔던 근본적인 신념을 그렇게 공식화하였다. 그러나 그의 투쟁은 승리를 거두었지만 그의 명분은 상실되었다. 독립이 성취되자마자 간디의 원칙은 잊혀지고 만 것이다.

간디가 영국인들을 몰아내려고 했던 것은 인도로 하여금 보다 더 인도답게 되게 하기 위해서였다. 그런데 네루는 인도의 독립을 더욱 서구적인 인도를 만드는 기회로 보았다. 한 암살자의 총탄으로 인해 두 민족적 영웅 사이의 논쟁이 공개적인 것으로 되는 것은 불가능해졌지만, 그러나 두 사람 사이에 오고간 십년에 걸친 서신교환은 이 문제를 분명하게 보여주고 있다. 간디는 기계와 엔진과 공장을 대동하는 기술문명에 한번도 유혹당하는 일이 없었다. 그가 보기에 기술문명이란 신체적 노력을 최소화하고 물질적 쾌락을 최대화하는 것말고는 어떠한 다른 숭고한 목적을 가지지 않는 것이었기 때문이다. 물질적 안락에 대한 강박적인 관심에 대하여 그는 다만 어깨를 추스릴 뿐이었다. 훌륭한 삶이 그러한 기초에 세워질 수 있는가? 수천년 동안 흔들리지 않고 전승되어온 인도의 전통이 좀더 실속있는 것을 제공해왔던 것이 아닌가?

많은 문제에서 전통주의로부터는 거리가 멀었음에도 불구하고, 간디는 힌두의 전통에 부응하면서 삶의 영성적 방식에 우선권을 두는 사회를 주장하였다. 스와라지, 즉 개인적 진실을 따르는 내적 자유가 지배하여야 하는 곳에서 영국식의 산업주의는 불가능한 것이었다. 간디는 인도의 헤아릴 수 없이 많은 촌락이 부활하기를 기원하였고, 그에 따라 평가될 수 있는 진보의 형태를 염원하였다. 그의 눈으로는 인도가 추구해야 할 삶의 모습은 자동화의 시대에 영국에서 주류를 이루고 있는 이상들과는 모순적인 것이었다. 그러한 까닭으로 서구를 전면적으로 모방한다는 것은 있을 수 없는 일이었다. 그의 마음에는 서구문화의 개별적 요소들은 인도의 갈망을 좀더 낫게 표현하는 데 도움을 줄 수 있는 한에서만 채택되어야 했다.

네루는 의견을 달리하였다. 그에게는 신생독립국을 가능한 한 빨리 서구의 업적에 접촉시키고, 경제적 문명을 향하여 길을 내딛는 것밖에 다른 선택이 없었다. 이미 초기에, 간디에 대한 그의 커다란 숭배심에도 불구하고, 그는 간디의 비전이 "완전히 비현실적"이라고 생각했다. 자본주의의 부작용은 피해야 한다는 것이 그의 의도였지만, 그래도 그는 인도 사회를 일차적으로 하나의 경제, 즉 상품을 생산해내는 능력 여부에 의해 스스로를 평가하는 사회로서 바라보았다.

그러나, 경제적 관점으로부터 볼 때, 인간본성이나 정치의 기능이나 사회개혁의 성격은 모두 하나의 특정한 의미를 띨 수밖에 없다. 사람들은 언제나 욕망하는 것보다는 적게 소유하고 있기 때문에 항구적인 궁핍상황에서 살아가는 것으로 보이는 것이다. 그러므로 가장 고상한 정치적 과업은 물질적 부를 위한 조건을 만들어내는 것이다. 그리고 이것은 지역공동체에 기초한 생활경제로부터 전국적 경제체제로 사회를 재조직할 것을 요구하는 것이다.

그렇게 하여 네루는 정확히 개발관념의 핵이라고 할 수 있는 서구적 환상을 조장한 것이다. 그 환상에 따르면, 한 사회의 본질적 실재는 그 기능적 성취말고는 아무것도 아니며, 그 나머지는 단순한 민속이나 사적 문제일 뿐이라는 것이다. 이러한 시각에서 경제는 다른 모든 것을 가려놓는다. 경제법칙이 사회를 지배하고, 사회법칙이 경제를 지배하지는 않는 것이다. 이런 까닭에 개발전략가들이 한 나라에 시선을 보낼 때 그들은 경제를 포함하는 한 사회를 보는 것이 아니라, 경제밖에는 아무것도 아닌 사회를 보는 것이다.

생산은 하느님이 아니다

과테말라의 쿠이체 근처 산 속에서 마야 인디언들이 밭을 일궈 농사를 짓고 있는 모습을 보면서, 그리고 그 메마른 땅과 원시적 도구와 빈약한 수확을 보면서, 우리는 그들에게는 이 세상에서 생산성을 증대시키는 것보다 더 중요한 것이 없다고 쉽사리 결론을 내리게 될지 모른다. 그리하여 개선책들을 재빨리 강구해볼 수 있다. 보다 나은 윤작, 개량된 종자, 작은 기계, 사유화, 그리고 기업경영 교과서가 추천하는 방법들.

이 모든 개선책들이 반드시 틀린 것은 아니다. 그러나 경제적 관점은 악명 높게도 색맹인 것이다. 그것은 극단적으로 명증하게 비용-수익의 관계를 알아보지만, 현실의 다른 차원들을 인식할 능력은 거의 없다. 예를 들어, 그 인디오들에게 있어서 땅은 자기네의 조상과의 연결을 표상하는 것이기 때문에 그들에게 정체성을 부여한다는 사실을 경제학자들이 알아보는 것은 어렵다. 마찬가지로 마을공동체를 그 속에 드러내는 집단적 노동형태의 중심적 중요성을 주목하는 데 경제학자들은 흔히 실패한다. 마야 인디언들의 세계관은 경제학자들의 세계관과 양립될 수 없는 것이다.

이것을 하나의 역설의 형태로 말해본다면, 경제활동처럼 보이는 것이라고 해서 모두가 경제학에 속하는 것은 아니라고 할 수 있다. 실제로, 경제학이라는 것은 물화(物貨)와 관계된 활동들을 바라보고, 그 활동들을 보다 큰 맥락 속에 놓고 보는 많은 방법 중의 하나에 불과하다. 모든 사회에서 물건들이 생산되고, 분배되고, 소비된다. 그런데 오직 현대의 서구화된 사회들 속에서만 가격과 생산품, 소유와 노동조건이 경제적 효율성이라는 법칙에 의해 압도적으로 형성된다. 다른 곳에서는 이것과는 다른 법칙이 타당하고, 다른 모델들이 지배하고 있는 것이다.

예를 들어, 잠비아의 벰바족은 풍작이나 성공적인 사냥을 자기네 조상으로부터 받은 선물이라고 생각한다. 그래서 그들은 보다 큰 생산을 희망하면서 조상을 섬기는 것이다. 그리고, 마하라쉬트라의 농부들은 순환적인 질서에 따라 농사를 짓는데, 이것은 해마다의 혼인, 축제, 순례라는 행사일정에 일치한다. 만약 그들이 새로운 농사법을 채택한다면, 그것은 이러한 사회적 달력을 곧 파괴시켜버릴 것이다.

물질적 부를 끌어모으는 일이 강요되지 않는 사회에서는 경제활동은 부지런히 생산에 열중하는 일에 맞추어져있지 않다. 오히려, 일자리를 선택하거나 땅을 갈거나 물건을 교환한다거나 하는 경제활동들은 공동체 구성원들이 그때 그때마다 역할을 맡아서 특정한 사회적 드라마를 수행하는 방식으로서 이해된다. 그 드라마의 이야기는 무엇이 누구에게 속하고, 누가 무엇을 생산하고, 어떻게 그것이 교환되는가를 크게 규정한다. '경제'는 밀접히 삶과 관계되어 있지만, 그러나 그것이 사회의 나머지 부분에 대해 명령적인 위치에 서지는 않는다. 오직 서구에서만 경제가 드라마와 그 드라마 속의 각자의 역할을 통제한다.

서구의 발명품

1744년에 제들러 백과사전은 '시장'이라는 용어에 대하여 부지중 하나의 순진한 정의를 내렸다. "… 넓은 공공장소로서, 장식된 건축물이나 스탠드들로 둘러싸여 있는데, 어떤 특정한 시기에 사람들은 온갖 종류의 음식물이나 물건들을 팔려고 거기 내놓는다. 그래서 그 장소는 또한 장터라고도 일컬어진다."

지난 2세기 동안 축복이기도 하고 저주이기도 했던 '시장'이라는 것이 어떤 장소밖에 아니었다니! 그 백과사전의 저자는 기껏 군중이나 스탠드나 바구니들만 생각했던 모양이다. 거기에는 '시장점유'라든지 '가격변동'이라든지 '균형'과 같은 것에 관한 아무런 언급이 없는 것이다. 그 시대와 우리 시대 사이에는 엄청난 변화가 일어났던 것이다.

아담 스미스는 '시장'이란 용어를 사용할 때 더이상 전통적인 장터를 생각하지 않은 최초의 사상가였다. 그는 시장을 모든 가격들이 그곳을 통해서 상호전달되는 전사회적 공간이란 뜻으로 사용했다. 이 혁신은 우연한 일이 아니었고, 전국가적 범위에 걸치는 경제의 출현이라는 새로운 사회적 현실을 반영했다. 그 이전에는 국내시장이라는 개념은 자연스러운 것이 아니었다. 17세기 말경의 유럽에서도 같은 나라 안의 서로 다른 지

216

역들끼리 교역이 행해지는 일은 거의 없었다.

물론 까마득한 옛날부터 교역은 존재해왔다. 북부 독일의 한자동맹이나 베니스의 번영을 생각해보기만 해도 된다. 그러나 이 경우에 교역은 먼 외국끼리 이루어졌고, 그래서 교두보로서 소수의 도시에 국한되어 있었다. 역사상 각종 각양의 시장들이 존재했지만, 그들은 도시와 주변 시골 간의 일시적·국지적 교환장소였다.

그러나 아담 스미스의 시대에 국민국가는 사회 전체에 교역관계의 그물을 쳤고, 국내시장을 확립하였다. 오늘날의 개발도상국들처럼 그 무렵의 신생국가들은 경제원칙들이 온 나라를 지배하도록 강제하였다. 그렇게 하지 않으면 국가 그 자체의 존립이 위태로웠기 때문이다. 이리하여 국민경제가 탄생한 것이다. 이전에는 '경제'라는 말은 군주의 '가정경제'에 적용되었으나 이제는 온 나라가 하나의 '정치경제'로 탈바꿈되었다. 스미스는 시장법칙에 지배를 받는 사회의 이론가가 되었던 것이다.

경제의 대안들?

사회가 하나의 정치경제로 탈바꿈되는 데는, 물론, 많은 희생을 요구하는 오랜 동안의 투쟁이 있었다. 사람들이 상업적 정신에 쉽게 감염되지 않았다. 사람들이 기왕에 가지고 있었던 노동이나 재산에 대한 관념, 윤리관이나 시간감각에 대하여 상업적 정신은 별로 영향을 끼치지 못했다. 상인은 아직 기업가가 아니었고, 토지는 매매할 수 없는 것이었고, 경쟁은 나쁜 것으로 여겨졌으며, 이자(利子)놀이는 불명예스러운 것이었다. 그리고 임금을 위해서 일하는 사람들은 사회의 가장자리에 살고 있었다. 그 결과, 자본주의의 발전은 토지와 삼림과 곡물과 돈과 노동자 자신들이 과연 상품으로 취급될 수 있는지, 또 어느 정도까지 그것이 가능한지에 관한 격렬한 논란으로 점철되었다.

지난 수십년 동안 이와 비슷한 급격한 변화들이 경제이데올로기의 지배를 받은 제3세계의 많은 부분에서 일어났다. 자급자족의 전통이 옆으로 밀려나고, 지역 내 교환관계가 해체되고, 집단적 소유형태가 깨어지고, 생존경제가 제거되었다. 오랫동안 국제 개발정책은 도처에서 임금노동자와 소비자들로 된 사회를 창조하는 것을 사명으로 삼았다.

전문가들은 '생산요인들'의 자유로운 동원을 방해하는 '개발에 대한 장애물들'이 무엇인지를 알아내기 위하여 각 나라를 면밀히 검토하였다. 전통사회를 매끄럽게 움직이는 정치경제권으로 전환시키는 과정에서 필요하다면 어떤 대가나 어떤 희생도 치러야 했다.

그리하여 의심할 바 없이, 기적들이 나타났고, 커다란 파도가 남반구의 여러 나라들을 휩쓸었다. 역사는 엄청난 비약을 한 것이다. 그러나 재난이 박두했음이 이제 점점더 분명해지고 있다. 경제가 마침내 전세계적인 지배를 성취한 바로 그 순간에 사회적 혼란과 환경파괴가 걷잡을 수 없게 된 것이다.

이제 경제의 지배는 그 위협적인 면을 드러내고 있다. 많은 사회들은 궁지에 몰려있다. 이 경제라는 괴물에 항복할 수도 없지만, 그 괴물을 피할 수도 없는 것이다. 실제로, 경제가 지배력을 장악하는 동안, 그것은 인간과 자연 모두에게 그렇게 위험스럽지 않은 여러 대안들을 말살해왔던 것이다.

끊임없는 재산축적을 위한 지옥 같은 과정에 갇혀 포로가 되지 않고 사람들이 너그럽게 살 수 있는 경제제도를 다시 만드는 일이 어떻게 가능할까? 아마도 이러한 역사적 도전에 응답할 수 있는 창조적 힘은 제3세계에 더 많이 있을 것이다. 왜냐하면, 어떻든, 제3세계에는 아직도 많은 사람들이 서구적 경제에 의해 지배되지 않는 그런 종류의 삶의 방식을 기억하고 있기 때문이다.

개발과 기술제국주의

오토 울리히

1949년 1월 20일에 발표된 해리 트루먼의 유명한 성명은 식민주의 시대의 종언을 공식적으로 선언한 것으로 볼 수 있다. 그는 특히 '저개발지역들'을 포함하는 세계 전역의 경제성장과 번영을 위한 계획을 공표하였다.

우리는 우리의 과학적 진보와 산업적 선진성이 저개발지역들의 개선과 성장을 위해서 유용하게 쓰일 수 있도록 하기 위한 새로운 계획에 대담하게 착수해야 한다…. 낡은 제국주의 — 외국의 이윤을 위한 착취 — 는 우리의 계획 속에 아무런 자리를 차지할 수 없다…. 보다 많은 생산이 번영과 평화의 관건이다. 그리고 보다 많은 생산에 대한 열쇠는 현대적 과학 및 기술지식의 보다 광범위하고 보다 활기찬 적용이다.

오토 울리히 (Otto Ullrich) — 독일 사회학자. 기술사와 기술철학에 관해 광범위한 저술활동을 해온 그는 현대기술의 '반생산성(反生産性)'에 주목하여, 생태적으로 건전하고 민주적인 기술의 필요성을 강조해왔다. 독일연방의회의 기술평가 연구위원회의 일원으로 일한 바 있다. 여기 소개하는 글은 Wolfgang Sachs 편 *The Development Dictionary* (1992)에 실려있다.

보다 큰 번영은 증대된 생산을 요청하고, 보다 많은 생산은 과학기술을 요구한다 — 이 메시지는 동서양진영의 정치 엘리트들에 의해서 그 이후 수없이 되풀이되었다. 예를 들어, 존 F. 케네디는 1961년 3월 14일에 미국 의회가 자신의 역사적 과업을 인식하고, '진보를 위한 동맹'에 필요한 재정적 수단을 승인해줄 것을 강조하였다.

라틴아메리카 전역에 걸쳐 수백만 민중이 빈곤과 굶주림과 무지의 속박으로부터 벗어나려고 투쟁하고 있다. 그들이 북쪽과 동쪽으로 시선을 돌려보는 것은 현대과학이 가져다줄 수 있는 풍요로움이다. 그들은 손을 뻗치면 진보의 도구를 차지할 수 있다는 것을 알고 있다.

개발시대와 더불어, 과학과 기술은 주도적인 지위를 차지하게 된 것이다. 과학과 기술은 '북'의 우월성이 가능하게 된 원인으로 간주되었고, 발전을 약속하는 보증으로 보였다. '번영에의 열쇠'로서 과학과 기술은 물질적 잉여의 영역을 열어줄 수 있는 것이었고, 세계의 많은 나라들을 장래의 햇빛 충만한 고지로 이끌어줄 수 있는 것이었다. 수십년 동안 세계 전체에 걸쳐, 특히 유엔에서 열린 수많은 회의들이 거의 종교적인 희망의 정신 속에서 '과학과 기술의 막강한 힘'에 초점을 두었던 것은 조금도 놀라운 일이 아니다. 그러한 세계적인 지원이라는 메시지는 마침내 식민주의의 혈흔(血痕)을 과거지사로 만드는 것으로 보였다. 옛날의 정복자들은 그들의 부(富)의 도구들을 가난한 자들과 나눌 용의가 있는 너그러운 조력자로 변신한 것이 아니었던가?

백인들이 이교도들을 기독교적 구원의 길로, 야만인들을 문명세계로, 토착민들을 노동의 기율 속으로 강제적으로 데리고 가기 위해 몰려들어오던 시대는 지나가버린 것으로 보였다. 이제 종살이는 더 없을 것이었다. 그 대신 이제부터는 발전이라는 깃발 밑에서 세계 전체의 번영을 향하여 과학적·기술적 진보를 이용하면서 함께 일하는 '진보의 동반자들'이 있을 뿐이었다.

축복받은 미래의 진보에 대한 이러한 희망은 이른바 제3세계에서 자기 자신을 표현할 수 있는 위치에 있는 거의 모든 사람들이 공통하게 가지고 있었다. 때때로 비판적인 목소리가 ─ 그 가운데서 가장 무게있는 목소리는 마하트마 간디였는데 ─ 있었지만, 번영을 창조하는 과학·기술의 진보에 대한 신앙은 온 지구에 걸쳐 하나의 새로운 보편적인 종교처럼 퍼져나갔다. 종종 일어나는 실패와 불안정에도 불구하고, 진보의 종교는 너무나 확고하게 사람들의 마음에 뿌리를 내렸기 때문에 오늘날에도 그것에 대한 비판은 그릇된 길에 대한 경고의 목소리로서보다는 치유할 수 없는 이단으로서 간주되기 쉽다.

그러나 이제 많은 근본적인 질문이 제기되었다. 세계의 많은 비서구 문화가 '개발도상국'으로 선포되고, 그들의 생산력을 높이기 위하여 지원이 주어져야 한다고 하는 이 새로운 틀이 과연 식민주의를 종결시켰는가? 아니면, 이 시대야말로 쉽게 눈에 뜨이지 않고 따라서 좀더 효과적인 서구 제국주의의 새로운 단계로 볼 수 있는 것인가? 만일 이것이 사실이라면, '개발도상국들'은 어떻게 해서 그처럼 쉽사리 과학과 기술의 축복이라는 제국주의의 메시지를 받아들였던가? 그리고 실제로 그들은 현대적 기술의 수입을 통하여 물질적 번영이라는 약속이 성취되는 것을 보고 있는가? 아니면, 그 기술로 인하여 그들은 문화와 자연의 파괴, 그리고 빈곤의 현대화를 경험하고 있는가? 서구 산업국가의 물질적 잉여가 현대적 과학기술에 의해 창조된 것이라고 하는 근본적인 가정 자체가 타당한 것인가? 아니면, 그 잉여는 전혀 다른 원천으로부터 온 것인가? 만일 기술적 진보야말로 구세주라고 하는 믿음이 이미 산업국가들에서 하나의 신화가 되고 있다면, 비서구 문화권에서 그 믿음은 '개발개념'의 기초로서 결코 적절한 것일 수 없는 것이다.

군사기술의 전달

제1차 세계대전 직후, 수학자이자 철학자인 버트란드 러셀은 그의 책 《산업문명의 전망》 속에서, 산업문화의 위치를 규정하려고 시도하였다.

그의 고려의 중심에는 과학과 기술의 영향이 있었다. 그는 다음과 같은 결론에 도달하였다. 즉, 과학의 응용은 전체적으로 측량할 수 없을 만큼 유해한 것이고, "사람들이 좀더 비전투적인 인생관을 가질 때"만이 그 유해성은 중지될 수 있을 것이다.

> 지금까지 과학은 세 가지 목적에 이용되어왔다. 즉, 상품의 총생산을 증대시키고, 전쟁을 더욱 파괴적인 것으로 하고, 예술적이거나 위생적인 가치가 얼마쯤 있는 오락에 대하여 천박한 오락을 대체시키는 일이었다. 백년 전에는 그것이 중요했을 것이지만, 총생산의 증가는 이제 여가의 증가와 지혜로운 생산방향보다도 훨씬 중요성이 적은 것이 되었다.

러셀은 견문이 많고 지혜로운 시대의 관찰자였다. 그의 결론은 이성적이고 계몽된 사람들의 눈에는 이미 그 당시에 타당한 것이었다고 가정하는 것은 무리가 없을 것이다. 그러므로 오늘날 이 구절을 읽어보면서 우리가 곧 얻는 결론은 산업국가들의 사람들이 모든 균형감각을 상실해버렸다는 것뿐이다. 되돌아볼 때, 러셀이 우려하였던 과학의 유해한 영향은 ─ 상품 총생산의 증가, 전쟁수단의 파괴적 잠재력의 증가, 그리고 문화활동의 기계화와 비속화 ─ 제2차 세계대전 이후 폭발적으로 증대되어왔다.

과학화된 기술의 가장 두드러진 성취는 의심할 바 없이 전쟁기계의 파괴력의 엄청난 증가이다. 이제 지구상의 생명은 거의 즉각적으로 절멸될 수 있고, 그것도 여러번이나 되풀이될 수 있다. 그럼에도 불구하고 과학적 노력은 주로 (돈과 인력에서) 살육이라는 전쟁기계의 생산성을 증대시키는 데 계속하여 집중하고 있다. 이것은 우연한 일이 아니다. 과학자들이 그런 일을 하도록 강제되는 것도 아니다. 이러한 무기를 완전하게 만드는 일은 어떤 내면적 논리에 의하여 오늘날 정상적으로 교육받은 자연과학자의 두뇌 속에 가장 큰 흥미를 일깨우는 것이다.

'가차없이' 즉, 아무런 방해를 받지 않고 우주공간을 날아가는 로켓, 엄청나게 정확하게 미리 정해진 목표물까지 유도되어 거기에 도착하자마자 우주적 크기의 힘을 내놓는 로켓 — 이러한 막강한 기술공학적 체계는 실험적·수학적 자연과학의 논리에 이상적으로 부응하는 생산품 목록의 첫머리에 속하고 있다. 그것이 바로 거의 모든 현대기술의 찬연한 성취들이 — 컴퓨터 기술, 라디오와 레이더와 비디오 기술, 로켓추진과 핵기술, 금속학, 항공역학, 병참 및 정보기술 등등 — 예컨대 크루즈미사일에 집중되어 있는 사실이 단순히 우연이 아니라는 까닭이다.

제3세계의 많은 나라들은 다른 어떤 것보다도 서구기술의 이와 같은 성취물에 친숙해졌다. 강대국의 군사기지인 탓으로 또는 군사정부나 민간정부의 과대망상으로 인하여 제3세계 국가들의 한정된 재원의 큰 부분이 군사기술의 수입으로 소모되었거나 소모되고 있다. 뿐만 아니라, 막대한 양의 전쟁도구들이 '군사개발원조'를 통해 도착하고 있다. 이것은 좀더 철저하게 조사해야 할 문제이지만 내 생각으로는 지금까지 서구기술원조의 가장 큰 부분은 이러한 파괴적 무기로 구성되어 있지 않은가 한다. 이들 나라에서 이 모든 고도의 현대기술이 끼치는 영향은 명백하게 묘사될 수 있다. 즉, 그 때문에 굶주림과 비참함이 증가하고, 자주적인 발전이 저지당하며, 부패한 정권들이 유지되고 있다는 것이다.

낙원에 이르는 비밀의 길

계속하여 커져가는 '필수품들'의 생산에 요구되는 생산력 — 과학과 기술에 기초한 — 은 러셀의 분석 이후 70년 동안 산업국가들에서 엄청나게 거대해졌다. 산업사회 사람들의 거의 모든 에너지는 점점더 온갖 종류의 '필수품들'을 생산하고, 팔고, 사용하고, 처분하는 데 집중되어왔다. 그렇게 하여 산업사회는 삶의 의미에 관한 자신의 중심적인 신화에 부응한다. 현대 유럽사회는 무엇보다 한 가지 생각에 강박적으로 붙들려왔다. 즉, 물질적 재화의 생산을 통하여 훌륭한 삶의 필요조건이 창조되어왔고, 노동과 과학과 기술을 통하여, 근대주의의 주요 이론가 프란시스 베이컨이 약 300년 전에 공식화하였듯이, '낙원에 이르는 비밀의 길'이 만들어졌다는 생각이 그것이다.

세계 전체의 구원을 계획하는 것도 유럽 근대주의의 중심적 신화를 이룬다. 그 출발점에 있는 가정은 쉼없이 부지런하고, 물질적 재화생산에 끊임없는 진보를 이루고, 자연을 중단없이 정복하며, 예측가능하고 기술적으로 또 조직상으로 조작할 수 있는 과정으로 세계를 구조화하면 자동적으로 일시에 모든 악으로부터 해방되고 구원받을 수 있는 인간행복의 조건들이 산출될 것이라는 것이다.

이와 같은 가정은, 위르겐 하버마스의 빛나는 말로 하자면, "근대주의가 스스로에게 매혹당하게 하였다." 그러나 오늘날 이 가정은 '시대의 위대한 환상'으로 인식될 수 있다. 과학주의적 기술은 아무런 희생 없이 이루어질 수 있는 행복을 꿈꾸게 하였다.

테크놀로지는 "희생을 억압하고, 행복을 공허한 것이 되게 함으로써" 이러한 꿈을 실현한다. 과학주의적 생산력의 진화를 통하여 더욱 높은 인간발전이 일어날 것이라고 생각한 것이다. 기성의 산업국가들은 처음에 이러한 발전개념을 그네 자신들에게 적용하였다. 그리하여 산업주의를 통하여 유럽문화의 내적 식민지화가 이루어졌던 것이다.

우리 시대를 좀더 비판적이고 장기적인 안목에서 관찰하는 사람들은 서구인들 자신들도 이러한 내적 식민지화로부터 해방되지 않으면 안된다고 보고 있다. 왜냐하면 끊임없는 생산력의 발전이 행복한 생활조건을 창조할 것이라고 하는 산업주의의 중심적 가설이 실제로 그릇된 것으로 판명되었기 때문이다. 재화의 생산과 소비를 통하여 인간욕구를 만족시키려는 시도는 실패하였다. 서양이든 동양이든, 남이든 북이든, 사람들에게 중요한 삶의 차원들 ─ 예컨대 타인들과의 유대라든지 사회적 인정 ─ 은 물질적 소비로 대체될 수 없는 것이다. 특히 어린이와 노인들, 환자와 장애인들은 산업사회의 '분주함' 속에서 사회적 냉대를 느끼고 있다.

게다가, 산업주의의 끝없는 생산동력은 너무나 구조화되어 있으므로 물질적 욕구가 그것을 만족시킬 수 있는 조건보다도 훨씬 빨리 만들어진다. 그리하여 끝없는 욕구의 나선형 속에서 사람들이 항구적으로 좌절감을 느끼는 현상이 일어난다. 산업체계 속의 생존조건이 다른 사람들과 경쟁적으로 자기의 노동력을 팔아야만 한다는 집요하고 압도적인 강제로 환원되었기 때문에 모든 사람의 모든 사람에 대한 광적인 경주가 발생하는 것이다.

끝없는 욕구의 나선형과 나란히, '산업인간'은 또한 가속적으로 증폭하는 시간적 스트레스에 시달린다. 분주한 일의 세계를 따라가려면 그의 감정과 영혼과 사고를 위한 공간은 거의 남겨져있지 않은 것이다.

궁극적으로, 주로 생산력의 발전을 통하여 행복한 생활조건을 창조하려는 이 부질없는 시도는 물질과 에너지와 정보의 계속적인 증가를 기초로 할 수밖에 없는데, 그것은 필연적으로 지구를 약탈하고 파괴하는 것이다. 이러한 이유와 또다른 이유로 해서, 훌륭한 삶을 향한 새로운 방향 ― 생산주의와 소비주의를 넘어서는 ― 에 대한 모색이 산업국가들에서 이루어지기 시작하였다.

비용전가를 통해 이루어진 富

생산력의 발전을 통한 구원이라는 생각에 다른 사람들 못지않게 '매혹당한' 맑스와 엥겔스는 《공산주의자 선언》에서 사실상 그들의 계급적인 적에 대하여 거의 찬탄해 마지않는다.

> 백년이 채 안되는 지배의 기간 동안에 부르주아지는 그 이전의 모든 세대들이 이루어낸 것의 총화보다도 더 거창하고 더 막강한 생산력을 창조하였다. 자연의 힘을 인간에게 종속시키고, 온갖 기계를 만들고, 산업과 농업에 화학을 적용시키며, 증기의 힘에 의한 항해, 기차, 전보를 발명하고, 온 육지를 경지로 개발하고, 운하를 건설하고, 전체인구를 토지로부터 벗어나게 하였다. 일찍이 어떤 시대가 이러한 생산력이 사회적 노동의 무릎 속에 잠들어있음을 감히 예감이나 했겠는가?

사회와 자연을 이와 같이 엄청나게 폭력적으로 변화시키기 위해서는 그때까지 연기와 악취 때문에 거의 사용되지 않고 있던 에너지원, 즉 석탄이 이용되지 않으면 안되었다. 산업자본주의가 에너지원으로서 목재를 기초로 해서 시작되었을 수도 있다. 그러나 석탄처럼 좀더 집약적이고 풍요롭게 주어져있는 에너지원을 이용할 수 있는 가능성이 없었더라면 맑스와 엥겔스가 그토록 찬양한 엄청난 생산력이 존재할 수 없었을 것이다. 화석연료원이 아니었다면 유럽사회는 그 모든 생산신화에도 불구하고 '비역동적인' 상태에 머물러있었을 것이다. 아니면, 적어도 그 생산광기만은 그처럼 폭력적인 것으로 될 수는 없었을 것이다. 산업자본주의의 팽창동력은 어떤 자연적 장애에 맞닥뜨려졌을 것이다.

그러나 화석연료가 있었다. 그리하여 생산신화와 결합하여 그 이후 산업체제의 특징이 되는 '경제양식'이 출발하였다. 경제는 이제 더는 다시 채워질 수 있는 자원과 끊임없이 보급되는 태양에너지에 의해 추진되지 않았다. 그 대신 경제는 지구에 축적·저장되어 있는 에너지를 소모하는 것에 기초하게 되었다. 그런데 이 에너지는 그것을 사용하는 사람들이 만들어낸 것이 아니었고, 또 그러한 이용의 결과를 그들은 무시하였다. 이미 19세기 초에 잉글랜드에서 태워진 석탄은 하도 많아서, 만일 에너지 소비를 벌충가능한 나무로써 해야 했다면 잉글랜드와 웨일즈의 모든 땅이 일찍이 숲으로 우거져있지 않으면 안될 판이었다.

오늘날, 거의 백만년 동안 축적·저장되어온 화석연료가 일년마다 태워 없어지고 있다. 그 가운데 대개 80퍼센트는 세계 전체인구의 25퍼센트밖에 살고 있지 않은 산업국가들에서 소모되고 있다. 그러나 이와 같은 게걸스러운 식욕은 미국의 경우에 좀더 뚜렷이 드러난다. 세계 인구의 6퍼센트가 채 안되는 곳에서 세계 천연자원의 약 40퍼센트가 소모되고 있는 것이다. 만일 이러한 산업적 생산방식과 생활방식이 지구상의 모든 사람들에게 확대된다면, 자원약탈과 쓰레기처리를 위하여 지구와 같은 행성이 대여섯 개나 필요하게 될 것이다.

이 문제에 대하여 역사가 롤프 페테르 지페를르는 다음과 같이 쓰고 있다.

만년 동안 지속되어온 농업체제에 견주어볼 때, 산업체제는 한 개의 단명한 일시적인 도취의 발작으로 보인다. 이 체제에서는 수백만년에 걸쳐 축적된 자원들이 이백 년 동안 소진되어버리는 것이다. 이것은 화석에너지원의 경우뿐만 아니라 화석연료의 도움으로 약탈되고 고갈되는 광물의 경우에도 해당된다. 이와 같은 발작 다음에 나쁜 후유증이 뒤따를 것이라는 것은 충분히 예상할 수 있다.

화석에너지원의 소비는 많은 방법으로 지상의 생명을 위협한다. 화석에너지가 내놓은 공기오염물질들은 식물에 손상을 가하고, 지구를 보호하는 대기의 균형을 파괴한다. '에너지중심 생명관'(버트란드 러셀)에 의하면 모든 것은 화석연료의 도움을 받아 '필수품'으로 변화시킬 수 있는 원료라고 할 수 있다.

그 과정에서 지구의 자원은 점점더 빠른 속도로 쓰레기로 — 대체로 독성 쓰레기로 — 바뀌고 있다. 특히 세계의 모든 플라스틱 생산품을 만들어내는 석유화학산업은 합성 탄화수소화합물이라는 형태로 어마어마한 양의 생물학적으로 분해 불가능한 오염물질을 생산하여, 지구 전체에 걸쳐 생명에 대한 지속적인 위협을 가하고 있다. 지구의 북반구에서 경제성장을 이루어내기 위해서 어떤 물질이 사용되고 있는가 하는 것은 남극 펭귄의 몸에서 이미 알아낼 수 있게 되었다.

일반적으로 높이 평가되고 있는 산업체제의 효율성과 이른바 산업기술의 높은 생산성에 대한 배경으로서 이와 같은 사실은 아직도 제대로 인식되고 있지 않다. 산업체제의 효율성과 생산성이라고 하는 것은 오직 자연에 대한 약탈을 통해서만, 또 자연과 제3세계와 다음 세대들에게 엄청난 비용을 전가함으로써만 가능해진 것이다. 고도로 생산적이라고 주장되는 산업체제는 사실상 일찍이 인류사에서 그 유례가 없는 지구의 기생충이다. 그 막강한 생산성은 타자를 희생시킨 대가로 저 혼자의 번영을 누리기 위하여 신속하고 폭력적인 공격에 호소하는 강도(强盜)의 생산성이다.

그러나 이러한 사태와 그 의미에 대해서 산업사회의 대다수 사람들은 아직도 의식하지 못하고 있다. 약탈과 비용전가를 통해 얻어진 물질적 번영이 산업적 생산, 과학과 기술, 그리고 번영의 도구들 자체에 의하여 '창조되었다'라고 하는 주장이야말로 산업체제의 근본적 거짓으로 특징지어질 수 있다. 이러한 거짓말에 기초하여 또다른 거짓된 믿음이 나온다. 즉, 점점더 분명하게 나타나는 자연파괴의 문제는 풍족한 생활을 희생시키지 않고 '오로지 기술적 수단'에 의해 제거될 수 있으며, 이와 같은 '생산적인' 기술을 도입합으로써 제3세계는 뒤늦게나마 물질적 번영을 공유할 수 있을 것이라는 믿음이다.

약탈의 수법

그다지도 매혹적으로 모이는 기술들이나 기술적으로 창조된 '필수품들'을 하나하나씩 검토해보면, 그것들은 압도적으로 지구자원을 약탈하고 그 비용을 외부로 전가하는 수법을 취하고 있다는 것을 분명히 알 수 있다. 화석연료를 쓰는 거대한 공장과 원자력발전소, 비행기와 자동차, 세탁기와 설거지기계, 플라스틱과 수없는 플라스틱 제품을 생산하는 공장들, 공업화되고 화학화된 농업, 식료품 '개량'산업, 포장산업, 콘크리트와 철강과 화학물질로 이루어진 건물들, 종이 생산 등등이 다 그러하다. 이러한 찬란한 산업기술의 성과들 가운데 그 어느 것도 '무상의' 자연자원을 대량으로 소비하고, 쓰레기와 독성물질과 소음과 악취를 뿜어내지 않고 유지되는 것은 없다.

이 어마어마한 산더미 같은 산업과정과 생산품 속 어디에 약탈의 체계에 속하지 않고, 따라서 아무런 유보 없이 제3세계에 추천할 수 있는 본보기감이 있는지 찾아보는 것은 쉬운 일이 아닐 것이다. 바로 이런 이유 때문에 그동안 제3세계에 맞는 적정기술에 대한 토론이 있었을 뿐만 아니라 산업국가들 자신들을 위해서도 '대안적인' 기술이 있어야 할 필요성에 관한 논의가 있었던 것이다. 산업국가들의 기술에 대한 비판적 토론이 도달한 결론은 한때 과학기술적 진보로서 찬양되었던 일련의 성과들에 유일한 미래가 있다면 그것은 그 기술들이 이제 폐기되는 데 있다는 것이다. 핵에너지의 이용, 염소산업, 대부분의 화학합성, 자동차에 대한 의존, 그리고 공업화되고 화학화된 농업을 포기해야 할 필요성은 생태학적으로 의

식있는 사람들에게는 자명한 것이 되었다.

대부분의 산업기술품들은 일반화할 수 없는 것들이다. 그것들은 소수를 위한 사치품이기 때문에 대량으로 보급되면 즉시 그 사용가치를 상실하고, 바로 그 대규모적인 수량은 흔히 환경문제를 일으키는 원인이 된다. 예를 들어, 거리에 자동차가 몇대밖에 없을 때에는 자동차는 그 운전자들에게 편안한 (또 특권을 부여하는) 교통수단이 될 수 있다. 그러나 산업국가들에서는 이미 자동차는 일반화할 수 없는 것이 되었다. 도시인들의 일부만이 자동차를 그들의 일상적 수송수단으로 사용하고 있음에도 불구하고, 많은 도시인들은 벌써 유독가스와 소음과 악취로 질식상태에 갇혀있다. 예를 하나 들어, 만일 중국의 자동차 보급률이 산업국가들의 수준에 맞먹는 것이 된다면, 순식간에 기름 공급은 바닥이 날 것이고 지구 대기는 완전히 못쓰게 될 것이다.

이와 비슷한 일은 번영과 편의를 생산하는 거의 모든 산업기술에 해당된다. 서구인들이 익숙해져있는 단추를 누르면 되는 편리함, 손가락 움직임 하나만으로 뜨거운 물이 당연히 나올 것에 대한 기대, 끊임없는 냉온방, 자동차에 의한 이동, 플라스틱 용기에 포장되고 냉동되어 언제든 먹을 수 있게 된 채로 세계 전역으로부터 오는 식료품, 사람들이 필수품이라고 느끼는 산더미 같은 물건들, 그리고 가속적으로 변하는 유행에 따라 끊임없이 쓰레기의 산더미로 변하는 물건들 ― 흔히 미국식 생활방식이라고 일컬어지는 이 모든 것은 무수한 작은 자연약탈과 비용전가로 구성되어 있다. 정확히 이런 이유 때문에 산업국가의 번영이 선망의 대상이 되어왔으며, 또 정확히 그 이유 때문에 이와 같은 번영은 전지구적으로 결코 일반화될 수 없는 것이다. 그 번영은 오직 몇몇 나라에서 몇몇 세대만이 누릴 수 있을 뿐, 그것이 계속된다면 지구는 죽음에 이르도록 약탈되어 더이상 살 수 없는 곳으로 되어버릴 것이다.

트루먼과 케네디와 그밖의 많은 사람들이 '세계의 민중들'에게 보낸 메시지, 즉 이들이 서구의 과학화된 기술을 채택함으로써 서구 수준의 물질적 번영을 성취할 수 있을 것이라고 한 말은 결국 경험적으로 지지될 수 없는 것으로 판명되었다. 서구에서 이용되고 있는 산업기술은 거의 모두 가 약탈과 비용전가를 위해 설계된 것이다. 가장 좋은 시나리오라 할지라 도, 이러한 기술들은 가장 빨리 선두에 서서 개발을 추진할 수 있는 소수 의 '개발도상국들'만이 서구적 노선에 따라 번영을 성취할 수 있게 허용 할 수 있을 뿐이다. 지구 전체의 민중들에게 그것은 불가능한 일이다.

과학과 기술이 서구의 번영을 창조했다는 환상 ─ 트루먼과 케네디가 지극히 순진하게 조장한 환상인데, 그러나 이제 더는 진정으로 지탱할 수 없다 ─ 은 최근에 몇몇 사람들에 의해서 부활되었다. 이들은 오늘날 심각 한 환경문제를 '다룰 수' 있다고 주장되는 새로운 세대의 기술에 예외적인 믿음을 가지고 있는 사람들이다. 기왕의 기술들이 자연에 대하여 엄청난 공격을 가해왔음이 인정되어야 한다 할지라도, 이들 낙관주의자 또는 어 릿광대들은 지금 산업의 '생태적 현대화'의 결과로서 번영을 희생하지 않 고 해결책이 발견될 수 있다는 믿음을 말하고 있다.

장차 창조될 새로운 기술은 낡은 기술이 가능하게 했던 것과 같은 번영 을 '생태적으로 참을 수 있는' 형태로 계속할 수 있게 해줄 것이라는 것이 다. 기적 같은 (그러나 구체화되지 않은) 기술의 힘을 통하여 ─ 하나의 교 묘한 새로운 공식이자 원칙인 새로운 기술적 '돌파'를 통하여 ─ 지금까지 약탈과 비용전가라는 방식으로만 가능했던 그 모든 것을 이제 이전만큼 효율적으로, 경제적으로, 그리고 무엇보다도 풍요롭게 다시 불러들일 수 있다는 것이다.

그러나 에너지문제에 관한 논쟁 하나만 보더라도 이것이 얼마나 근거 없는 망상에 지나지 않는가를 알 수 있다.

아직 초기단계에 있는 태양열 이용은 오늘날 에너지문제를 주도하고 있는 사람들에 의하여 경멸당하고 있다. 그들은 경제적 측면에서 거대한 기술들과 경쟁할 수 없다는 이유로 태양열 이용을 단지 보조적인 에너지 생산기술로 치부하는 것이다. 그들이 옳다. 오늘날 소비되고 있는 에너지 양은 태양열을 이용하는 에너지체계로서는 그 비용을 현실적으로 감당할 수 없을 만큼 막대하다. 그리고 사용자들에게 그들의 활동이 초래하는 전가(轉嫁)비용에 대한 청구서를 보낼 수 있는 기관이 존재하지 않는 한, 태양에너지 기술은 전통적 기술과 경쟁할 능력이 없을 것이다. 종래와 같은 물질적 번영이 자연을 해치지 않는 방법으로 '효율적으로, 값싸게' 계속하여 창조될 수 있으리라고 믿는 사람은 누구든지 움직이는 기계가 영원히 새로이 발명되기를 기대하는 사람과 같다.

　서구의 과학문명은 진실로 미래에 적합한 기술, 다시 말하여 인간적이고, 장기적인 관점에서 자연에 적합한 기술을 거의 내놓지 못하고 있다. 이것이 바로 전혀 다른 방향에서 해결책을 찾는 데에 희망이 있는 이유이다. 기술전이에 대한 최초의 열광이 스러지면서, 제3세계로 서구기술이 도입된 결과는 무엇보다도 단작(單作), 대규모의 빈민가, 자연의 황폐화, 문화의 파괴와 인간피폐화였다는 사실이 1970년대에 명백해진 다음에, 특히 인도에서 자주적인 기술개발을 좀더 집약적으로 추구하려는 시도가 시작되었다. 1973년에 다음과 같이 썼을 때 로버트 융크는 아직 희망에 차 있었다.

　　아직 구체적으로 아시아적이고 아프리카적이며 라틴아메리카적인 형태의 기술이 개발되려는 시초의 단계에 있다. 엄청난 지리적 거리에도 불구하고, 이들이 공통하게 가지고 있는 것은 생명과 자연에 좀더 밀접하게 순응하려고 하는 욕망이다. 무엇이 이런 욕망의 원인인가는 알아보기 힘들지 않다. 그들은 모두, 압도적으로 속도와 최대생산을 겨냥한 기계적이고 무감각하며 획일화하는 서양기술에 저항하여 일어선 것이다. 이번 세기가 끝나기 전에 황색, 갈색, 그리고 검은색의 피부를 가진 조언자들이 서구의 산업정상들에게 초청되어와서 그들의 옛 스승들에게 어떻게 하면 사람들과 환경에 해를 끼치지 않고, 낭비없이, 서두르지 않고, 소외를 일으키지 않으면서 생활필수품들을 생산할 수 있는지를 가르치게 될 것이라고 충분히 예상할 수 있다.

近視로 인한 매혹

　그러나 이러한 희망을 오늘날 갖고 있는 사람은 별로 없다. 서구기술의 '높은 능력'이 주는 매력은 다시 한번 엄청나게 압도적인 것이 된 것이다.

이렇게 또다시 서구기술이 매력적으로 된 것은 그 기술의 두 가지 주요 특성, 즉 비용전가 능력과 약탈적 성격에 밀접히 연관되어있다.

비용을 전가할 수 있는 능력으로 인해 현대기술은 신비화된 형태로 비쳐진다. 그것은 단기적인 계산에 기초하여 이성(理性)을 유혹한다. 기술을 위하여 치러야 하는 비용들은 보통 상당한 시간과 공간에 걸쳐 전가되고 분산된다. 그런데 우리의 지각(知覺)의 공간적·시간적 지평은 일반적으로 매우 좁고 근접적(近接的)이다. 측정된 오염수준과 미래나 먼 지역으로 전가된 비용에 관해 우리가 알고 있는 것은 우리에게는 늘 추상적인, 그리고 현실적인 문제로부터 너무나 거리가 먼 것으로 머물러있다. 그것은 지금 여기에서 당장 우리의 행동을 결정하는 느낌이나 생각에 거의 영향을 미치지 않는다. 누가 도대체 30만년의 방사능 반감기를 구체적인 모습으로 상상할 수 있는가? 오존층에 구멍이 뚫린 것을 안다고 해서 그것이 냉장고에서 찬 음료를 즉각 꺼내먹을 수 있고, 개인 자동차의 편안함을 즐길 수 있는 생활에 얼마나 큰 영향을 미칠 수 있는가? 편리함과 그 편리함에 따르는 대가 사이에 시간적, 공간적, 개인적으로 분리가 이루어져 있다는 것 — 지금 행하는 행동과 그 행동으로 인한 고통 사이의 분리, 또는 개인적으로 얻는 이득과 집단적으로 떠맡아야 하는 손해 사이의 불일치 — 이야말로 현대 과학기술의 무엇보다 유혹적인 특징이다.

더욱이, 이와 같이 개별적으로 매력적인 서구기술의 특징이 "지금 소비하고 즐기며, 다음에 값을 치른다"라고 하는 — 그리고 그 '다음에'가 '다음 세대들'을 의미하는 것일 때 — 현대적 태도와 결합해있을 때, 모든 비용과 불이익을 지금 당장의 이용자들이 분명히 느낄 수 있게 하는 대안적인, 신비화되지 않은 기술은 그 어떤 것이라도 사람들에게 매력을 줄 수가 없고, 오히려 '원시적'인 기술로 비쳐질 것이다. 어떤 기술이나 생산품의 이용에 따라 전가되는 비용을 지금 현재 지불하게 하는 절차가 없는 한, 자연에 적합하고 인간적인 어떠한 대안적인 기술도 커다란 '매력'을 지닌 서구기술에 맞설 수 있는 기회를 가질 수 없을 것이다.

비슷한 이유로 해서, 서구기술의 약탈적인 성격이 그 기술의 매력을 더

하게 하는 데 기여한다. 서구적 사고방식에 익숙해지도록 교육받았고, 자기 나라의 '근대화'가 역사적으로 불가피하다는 생각에 흠뻑 젖어있는 제 3세계의 많은 사람들은 그들이 어째서 자연을 약탈하는 데서 오는 이득을 산업국가들만 즐기게 내버려두어야 하는지를 이해하지 못한다. 그들은 순간의 번영에 자기들도 참여하고자 한다. 그리하여 그들은 핵발전소와 '효율적인' 석유 약탈 기술들을 요구한다. 그리고 그들은 제3세계에 적합한 기술, 즉 중간기술 내지는 연성(軟性)기술에 대한 제안을, 그들을 '저개발'의 상태에 가두어놓으려는 교묘한 기도로 간주한다. 진보의 동반자들은 약탈의 동반자가 되기를 원하는 것이다. 지구 대기 보호에 관한 어느 국제회의에서 중국인들이 냉장고 제조에 필요한 대규모의 염화불화탄소(CFC) 생산을 계획하고 있는 문제가 논란거리가 되었을 때, 중국의 근대화 입안자들은 이 문제를 전혀 다른 각도에서 보았다. 그들에게는 중국인들도 얼음처럼 찬 코카콜라를 마셔야 하고, 그렇게 하기 위해서 염화불화탄소 기술로써 값싸게 냉장고를 생산해야 하는 것은 자명한 일이었다. "내 죽은 뒤 세상이야 망하든 말든 내 알 바 아니다(Après nous, le deluge)"라는 말은 중국말이나 인도말이나 아프리카말에서도 똑같이 자연스러운 말이 되었다.

산업국가들이 산업적, 기술적, 경제적으로 '무장해제'를 하고, 물질적 생산과정의 속도를 줄이며, 근대주의의 생산신화를 넘어서기 위한 문화적 패러다임의 변화를 향하여 대안적이며 매력적인 새로운 사회모델을 집중적으로 추구하는 일을 모범적으로 즉각적으로 시작하지 않는다면, 우리의 푸른 행성(行星)이 황량한 달로 변해버릴 것은 틀림없다.

부드러운 제국주의

환경과 자연에 대한 부담을 떠나서도, 서구기술의 도입으로 치러야 할 사회적·문화적 비용도 열광적인 기술주의의 시대였던 1950년대와 60년대 동안 거의 대부분 은폐되어있었다. 이른바 '청정'기술조차도 그것을 도입한 사회에 대하여 그 기술의 논리를 강요함으로써 문화적 정체성과 자율성이 오랫동안 유지되는 것을 불가능하게 하였다. 서구 산업기술의 수입으로 인해 문화적 제국주의의 지배와 토착문화의 파괴가 초래된다는 것은 이러한 기술의 특징에 관계되어있다. 이와 같은 특징은 서구기술의 신비화의 또다른 차원이다. 현상적인 모습과 진실 사이에, 직접적인 효과와 나중의 결과 사이에 괴리가 있는 것이다. 이른바 진보의 도구라고 하는 것은 결코 도구가 아니고, 오히려 삶의 구석구석으로 침투해 들어오며 어떠한 다른 대안도 허용하지 않는 기술체계인 것이다.

외면적인 모습만을 볼 때 산업기계와 생산품들은 마치 도구처럼 자유롭게 어디서나, 그 이용자의 결정에 따라, 써먹을 수 있는 따로 떨어진 물건처럼 보인다. 그러나 그것들과 함께 기계와 생산품들이 그 속에서 기능할 수 있는 기술적·사회적·심리적 조건들의 하부구조적 네트워크가 따라 들어오는 것이다.

예를 들어, 자동차가 제대로 이용되려면, 무엇보다 도로와 함께 주유소, 정유시설, 유정(油井), 보험, 경찰 및 병원, 변호사, 자동차공장, 부품가게, 그밖의 것들로 구성되는 기술적 하부구조가 필요한 것이다. 그리고 사회심리적 측면에서, 이 모든 시설과 제도와 기관에 기꺼이 순응하고 그 속에서 잘 기능할 수 있는 사람들이 필요하다. 그리하여 운전교육이 필요하고, 아이들에 대한 도로횡단교육이 필요하고, 양심적인 주유소와 자동차 수리업자, 그리고 일반적으로 전문적인 기술이 있고 근면한 산업노동자가 필요하며, 이들을 위해서 교육과 훈련 또 더 많은 교육이 필요하다. 자동차와 같은 모든 산업생산품은 이처럼 거기에 대응하는 구비조건들과 함께 들어오며, 그러한 하부구조와 사람들의 사회심리적인 준비가 이루어짐으로써만 그것들은 기능할 수 있는 것이다.

유럽에서 처음 공장노동과 산업화가 시작되었을 때 전체 사회와 문화와 사람들의 심리적 구조에 마찬가지로 '거대한 변환'이 일어났다. 오직 폭력과 훼손과 비참과 굴욕과 더불어서만 산업화는 역사적 단계를 밟아왔다. 버트란드 러셀이 주장했듯이, 과학주의적 기술의 팽창은 문화적 활동을 기계화·비속화함으로써 유럽문화에 '측량할 수 없는 손상'을 끼쳤다.

그럼에도 불구하고, 산업화는 유럽문화 속에서 유럽문화를 통하여 발생하였으며, 따라서 그것은 유럽문화에 본질적으로 낯선 것이 아니라는 사실은 잊어서는 안된다.

다른 문화에 관해 말한다면, 산업화에 필요한 사회심리적 준비와 문화적 변화는 그것이 본질적으로 낯선 문화와의 부딪침을 뜻하는 것이기 때문에 훨씬더 충격적인 것으로 보인다. 완곡어법으로 '기술지원'이라고 일컬어지는 기술적 '개발원조'를 통하여, 제3세계는 산업국가들로부터 토착적 문화와 사회를 내부로부터 정복하는 '트로이의 목마-기계'(로버트 융크의 말을 사용하면)를 받아들이는 것이다. 그들은 점차로 낯선 산업노동윤리를 소화하고, 그들 자신을 익숙하지 않은 시간 리듬에 완전히 복종시키지 않을 수 없게 된다. 그들은 인간관계보다도 객관적 관계를 더 높이 평가하고, 스트레스의 증가를 경험하면서 그것을 정상적인 것으로 간주하며, 동기나 의미를 고려하지 않고 일자리를 받아들이도록 강요받는다. 임금노동과 상품물신주의가 확장되고, 사람들은 만인(萬人)의 만인에 대한 경쟁적 투쟁을 사회구성의 원리라고 정의한다. 모든 사람이 세계시장에 의해 지배되는 거대한 생산장치 속의 기계적 톱니가 되어있음이 분명하다. 요한 갈퉁은 이렇게 묘사한다.

> 기술이전의 총체적인 과정은 구조적이며 문화적인 침략의 모습이다. 이 침략은 실제로 침략자의 물리적인 현지 주둔을 수반하지 않기 때문에 식민주의나 신식민주의보다도 더욱 음험한 것인지도 모른다.

따라서 서구 제국주의시대는 긴 안목에서 볼 때 아직 끝나지 않았다. 이것은 특히 무엇보다도 미합중국 쪽에서, 제3세계 나라들에 대하여 직접적이고 공개적인 기술제국주의가 존재하는 한 그렇다고 할 수 있다. 풍부한 사례가 있다. 그 가운데는 제3세계 국가들의 수확상태와 기상조건을 '원격 감지(感知)'하기 위한 통신위성 형태의 막강한 전자기술의 우위가 있고(이것은 해당 국가들 자신에 앞서서 그 수확물의 시장가치를 미리 확인하려는 목적을 가지고 있다), 기술정보를 독점하기 위한 컴퓨터은행이 있고, 모든 지역방송들을 홍수처럼 압도하는 직접적 문화선전을 위한 미디어기업이 있으며, 그밖에도 있다. "20세기의 말에 실제로 식민주의보다도 더 크게 나라의 독립에 위협이 되는 것은 새로운 전자공학이다."

세계경제와 지속가능한 사회

브레턴우즈체제를 넘어서

데이비드 코튼

오늘 아침 우리는 현대에 있어서 하나의 중요한 문제에 대하여 깊이 생각하려고 모였다. 지속가능한 미래를 찾는 우리의 희망과 세계경제의 역학은 어떠한 관계에 있는가? 이것은 브레턴우즈에서 토론하기에 참으로 어울리는 문제이다. 왜냐하면 세계의 경제가 하나로 되어온 과정에서 지도적 역할을 맡아온 3개의 중요한 기관이 바로 여기에서 발족한 역사가 있기 때문이다.

브레턴우즈는 연합국 통화금융회의가 열렸던 1944년 7월 이후 유명해졌다. 그때 세계는 아직 제2차 세계대전의 고통 가운데 있었다. 무쏠리니 정권은 무너지고, 연합군은 노르망디 상륙을 이룩하였지만, 히틀러는 그 후 열달이나 더 살아있었다.

데이비드 코튼 (David C. Korten) — 미국 생태운동가. 기업지배의 세계화에 대해 비판적인 책 《기업이 세계를 지배할 때》 외에 여러권의 저서가 있다. 여기 소개하는 것은 1994년 10월 미국 뉴햄프셔주의 브레턴우즈의 마운트호텔에서 열렸던 The Environmental Grantmakers Association의 가을연수회의 개회연설로 집필된 글 "Sustainability and Global Economy: Beyond Bretton Woods"를 옮긴 것이다.

전쟁은 극동지역에서도 계속되고 있어서 일본이 항복하기까지는 아직 13개월이 더 지나야 했다. 국제연합헌장이 나오기 아직 1년 전이었다. 이러한 흐름 가운데서 브레턴우즈에 모인 세계경제 지도자들은 전쟁이 끝나기 앞서서, 번영을 통하여 평화롭게 통일된 세계를 실현하고자 하였다. 특히 그들은 그 이상을 실현하기 위한 국제기관을 만들고자 하였다.

바로 이 호텔에서 열린 개회식에서 당시 미국의 재무장관으로서 회의의 의장이기도 하였던 헨리 모겐소는 루즈벨트 대통령으로부터 위임받은 환영메시지를 읽고, 뒤이어 개회연설을 행하였다. 이 연설이 이 모임의 분위기와 정신을 규정하였다. 모겐소는 "모든 나라 사람들이 자신들이 지닌 잠재능력을 평화적으로 발휘하여 자연의 한없는 부의 은혜를 입은 이 지구에서 여태까지 누려왔던 것 이상으로 물질적 진보의 열매를 향수하도록 활발한 세계경제를 창출"하자는 이상을 말하였다. 그리하여 참가자들에게 "번영에는 고정된 한계라는 것은 없다. 번영은 분할에 의하여 감소되는 것과 같은 것이 없다… 라고 하는 초보적으로 기본적인 경제원리"를 받아들일 것을 요청하였다.

이와 같이 모겐소는 브레턴우즈체제 설립의 지침이 된 경제학 패러다임의 전제의 하나를 내세웠던 것이다. 이들 전제의 대부분은 확실히 유효한 것이었다. 그러나 특히 중요한 것 가운데 중대한 결함이 있는 것이 두 가지 있었다. 하나는, 경제성장과 무역의 확대가 누구에게나 이익이 된다라고 하는 가정이다. 다른 하나는, 경제성장은 이 행성이 가진 한계에 의하여 제약되는 것이 아니라고 하는 전제이다.

이 역사적 모임에서 세계은행과 국제통화기금(IMF)의 설립이 결정되었을 뿐만 아니라 나중의 관세와 무역에 관한 일반협정(GATT)의 토대가 마련되었다. 이들 기관은 지금까지 각기 제 기능을 충실히 하여 경제성장과 세계화를 촉진하여왔다. 구조조정을 위한 융자를 통하여 세계은행과 IMF는 남쪽 국가들에게 경제의 자유화를 강요하고, 경제를 수출품 생산 중심으로 변화시켜왔다. 가트(GATT)에 기초하여 교섭이 행하여져온 무역협정은 이와 같은 방향을 더욱더 견고하게 만들었고, 남북 쌍방의 경제자유화를 더욱 진척시킨 결과로 상품도 자본도 갈수록 더 자유롭게 유통되게 되었다.

그후 50년이 경과한 1994년 10월, 우리는 바로 그 호텔에 모였다. 그동안을 되돌아보면 브레턴우즈체제는 자신의 목표를 충분히 달성해왔다고 말할 수 있다. 경제는 다섯배로 성장하였다. 국제무역은 줄잡아 열두배로, 대외직접투자는 무역확대의 두배 내지 세배의 속도로 확대되어왔다. 그러나 아이러니이지만, 이들 기관이 그 목표를 달성하였음에도 불구하고 목적을 실현하였다고는 말할 수 없다. 오늘날 세계에는 일찍이 없었던 만큼의 많은 가난한 사람들이 있다. 부유한 사람들과 가난한 사람들 사이의 간극은 자꾸만 넓어져가고 있다.

거의 모든 곳에서 폭력이 만연하고, 가족과 공동체를 분열시키고 있다. 그리고 이 행성의 생태계는 경악할 만한 속도로 붕괴되어가고 있는 중이다.

그럼에도 불구하고 지도적 지식인들은 경제성장이야말로 빈곤박멸, 환경보호, 사회적 유대를 위한 해결책이라고 계속하여 주장하고 있다. 그리고 상품과 자본의 자유로운 흐름을 가능하게 하기 위하여 경제적 국경을 제거하는 등, 경제의 세계화가 경제성장에 빠뜨릴 수 없는 것이라고 계속하여 말하고 있다. 이러한 사고방식으로는 문제해결이 불가능하다는 것을 보여주는 증거가 산적해 있음에도 불구하고, 실제로는 경제위기나 환경위기, 사회위기가 심각해지면 질수록 정책은 그러한 해결책에 자꾸만 기울어지고 있다. 사실상, 비공식적으로는 이런 식으로 가서는 안된다라고 하는 인식이 널리 퍼져있다. 그럼에도 불구하고 어떠한 공적기관도 정말 필요한 새로운 관점에는 이르지 못하고 있다.

1944년 이 집에 모였던 사람들은 전란 가운데 살면서 전쟁종결 후의 새로운 세계질서에 희망을 걸고 있었다. 1994년에 이 집에 모인 우리는 어떤 특정한 경제 패러다임에 사로잡힌 세계에 살면서 그 패러다임을 넘어가고자 모색하고 있다. 그러기 위해서 전혀 새로운 세계질서를 생각하고, 지구의 현상과 인류의 잠재능력을 보다 깊이 이해할 필요가 있다. 세계적 위기에 새로운 틀을 부여할 수 있는 비전이 세계의 많은 사람들과 조직의 힘든 싸움 속에서 모습을 드러내고 있다. 그 대부분은 풀뿌리운동 속에서 일어나고 있으며, 그 중요한 일을 진척시키기 위하여 많은 민중의 전통적인 지혜에 의존하고 있다.

오늘 여기서 나는 이러한 새로운 사고방식의 몇몇을 종합적으로 제시해보려고 한다. 도대체 브레턴우즈회의와 그것에 잇따라 정책을 규정한 세계관이 어째서 위험한 것이었던가를 이해하면서, 기본적이라고 생각되는 몇가지 문제를 중심으로 이야기를 해보고 싶다.

꽉찬 세계

에콜로지 경제학의 제창자인 허만 달리(Herman Daly)는 늘 인간사회의 경제는 우리의 행성의 자연생태계에 의존하고 있다는 것을 상기시키고 있다. 그러나 지금까지 인류역사에서 생태계의 크기에 비하여 경제활동의 규모는 충분히 작은 것이었다. 그리고 경제학의 이론도 실제문제로서 이 기본적 현실을 무시할 수 있었다.

그러나 지금 우리는 역사적 일선을 넘어서버렸다. 1950년 이후 경제규모가 다섯배로 확대되었기 때문에 우리의 경제체제가 환경에 끼치는 부담은 지금 이 행성의 허용한도에 달하고 있다. 즉, 우리는 지금 꽉찬 세계 속에 살고 있는 것이다.

이미 우리가 당면하고 만, 그리고 어쩌다가 그것을 넘어서버린 환경적 한계라는 것은 일찍이 많은 사람들이 생각해왔던 것과 같은 재생불가능한 자원의 이용의 한계가 아니라 오히려 재생가능한 자원의 이용의 한계이며, 환경이 가진 제거기능, 즉 우리의 폐기물을 흡수하는 능력의 이용의 한계이다.

이러한 한계는 토양, 어장, 삼림, 물의 상실, 이산화탄소의 흡수 및 오존층의 파괴와 관계가 있다. 이들 한계 가운데 어느 것을 어제 정오에 넘어버렸다든가 또는 내일 오전 영시에 넘을 것이라는 등 세부적인 면을 의논할 수도 있다. 그러나 이와 같은 세부보다도 이 꽉찬 세계의 현실에 즉한 경제기구를 만들어야 한다는 기본적 사실을 받아들이는 쪽이 훨씬 중요하다.

현재의 브레턴우즈체제가 경제적 생산고를 지속적으로 확대하는 일, 즉 경제성장을 지금까지 그랬던 것처럼 이룩하는 일, 그리고 각국의 경제를 단절없이 세계경제 속으로 통합하는 일은 구조적으로도 이데올로기적으로도 가능하다. 그 결과, 이미 여유가 없어져버린 환경공간에서의 경쟁은 격화될 것이다. 이미 꽉찬 세계에 있어서 이와 같은 극심한 경쟁은 우리들만이 아니라 장래 세대들도 의존해야 하는 생태계의 재생능력을 더욱더 파괴해버리고, 인간이 직접 이용할 필요가 없는 온갖 생물을 제거해버릴 것이다. 그리고 생태자원의 획득을 둘러싸고 부유한 자들과 가난한 자들 사이의 경쟁을 격화시킬 것이다. '필요'가 아니라 돈에 의하여 움직이는 자유시장에 있어서는 늘 가진 자가 승리한다. 이러한 현실을 우리는 오늘날의 세계에서 보고 있다. 몇십억이나 되는 경제적 약자는 뒤로 물러나고, 이들의 토지, 수리(水利), 어업권은 빼앗겨 부유한 자들의 욕망을 만족시키기 위하여 전용된다.

자원이 남아있는 한, 부유한 자들의 요구를 만족시키는 것은 가능하다. 그리하여 많은 부유한 자들은 아무런 문제도 없다고 생각하고 있을 것이다. 가난한 사람들은 몹시 곤란한 현실을 살고 있지만, 시장경제에 있어서는 그들의 현실은 문제가 되지 않는다.

허만 달리가 늘 지적하고 있듯이, 시장경제는 경제활동의 적정규모라는 문제에 대응하는 능력이 없다. 가난한 사람들이 후퇴를 강요당하기 때문에 굶주리게 되는 사정을 보여주는 가격지표는 없다. 또, 공기 중에 방출되는 이산화탄소의 양이 많다든가, 유해물질을 땅 속에도 물 속에도 처분할 수가 없다든가 하는 것을 오염자들에게 알려주는 가격상의 지표도 전혀 존재하지 않는다. 시장경제 이데올로기에 흠뻑 젖어 기업이익에만 민감한 브레턴우즈체제의 기관들은 환경문제에 대해서도, 가난한 사람들의 욕구에 대해서도 지금까지 입에 발린 말 이상의 대응능력을 거의 보여주지 않았다. 오히려 이들 기관은 사실상 부유한 자들의 이러저러한 영향 밑에서 남아있는 자원이 어떤 식으로도 이용될 수 있도록 힘을 빌려주었다.

이번 브레턴우즈 집회는 국제 시스템을 새로이 교정하기 위한 것으로서, 경제성장이 이제는 더이상 유효한 공공정책의 우선과제가 아니라는 사실을 인식한다면 확실히 의미있는 성과를 올릴 수 있을 것이다. 사실, 세계경제가 확대되는가 또는 축소되는가 하는 것은 그다지 상관없는 문제이다. 지금 필요한 문제의식은 이 행성의 입수가능한 자원을 1) 모든 사람의 기본 욕구를 충족시키기 위하여 2) 생물 다양성을 계속 유지하고 3) 장래 세대를 위하여 충분한 자원의 흐름을 확보하면서 이용하고 있는가 어떤가 하는 것이라야 한다. 이 세 가지 가운데 어느 점에 있어서도 현재의 경제시스템은 적합한 것이 아니다.

사회에콜로지의 세 가지 단계

《소비사회의 극복》속에서 앨런 더닝은 세계를 3개의 소비계급, 즉 과잉소비자(overconsumer), 유지소비자(sustainer), 그리고 최소한소비자(marginals)로 분류하였다. 과잉소비자들은 세계자원의 거의 80%를 소비하는 20%의 사람들로서 그 생활은 자동차, 비행기, 육식, 그리고 쓰레기를 대량으로 내놓는 과잉포장의, 쓰고 버리는 상품으로 둘러싸여 있다. 세계인구의 20%를 구성하고 있는 최소한 소비자는 극단적으로 빈곤한 삶을 살고 있다. 이러한 사람들의 참상은 우리 자신의 과잉소비의 직접적 결과라는 것을 인정하지 않는 것은 불가능하다.

세계의 거의 60%를 차지하는 사람들은 이미 유지소비자가 되어있다. 이것은 중요한 사실이다. 그들의 기본적 욕구는 어떻든 지속가능한 방법으로 충족되고 있다. 비관할 정도는 아니라고 생각되는 숫자이다.

모겐소가 표명하였던 바와 같이 물건은 무한히 있다고 하는 사고방식 밖에 머릿속에 없는 브레턴우즈체제는 유감스럽게도 유지소비자나 최소한소비자들을 과잉소비자 계급 속으로 끌어들인다라고 하는 시각에서 번영을 규정하는 '개발비전'을 추구해왔다. 유한한 세계 속에서 이것은 물리적으로 불가능하다. 브레턴우즈의 이상은 환상이었다. 그 목적이 실패하는 것은 불가피하였다.

그러나 더욱 비극적인 것은 이 불가능한 꿈을 추구하기 위한 정책이나 계획이 유지소비자의 생활을 자꾸만 곤란하게 만들고, 지금도 그것이 계속되고 있는 점이다. 예를 들어, 인간의 주거환경이 자동차를 전제로 하는 것으로 되면 될수록 자동차 없는 생활은 생각할 수 없는 것이 된다.

자동차야말로 환경적으로나 사회적으로나 가장 파괴적인 기술이 아닌가. 자동차가 필요없는 환경을 만들어내는 일은 가능하다고 말할 수 있다. 우리의 목표는 이러한 유지소비자의 생활을 될 수 있는 대로 안정시키고, 쾌적하고 만족스러운 것이 되게 하여, 세계의 과잉소비자와 최소한 소비자가 유지소비자로 되게 하는 것을 돕는 것이라야 한다. 그러기 위해서는 개발사상을 근본적으로 고치지 않으면 안된다.

인구증가도 중요한 문제이다. 총인구가 불어나면 불어날수록 유지소비자의 생활스타일을 취하는 것이 불가결하다.

경제적 불평등을 보여주는 '샴페인 잔'

유엔개발계획(UNDP)의 1992년 판《인간개발 보고서》에는 세계의 극단적인 경제적 불평등을 시각적으로 표현하기 위하여 샴페인 잔 그림을 그려놓고 있다. 샴페인 잔의 머릿부분은, 세계의 가장 부유한 나라들에 살고 세계소득의 82.7%를 차지하며 그것에 상응하는 양의 자원을 소비하고 있는 20%의 사람들이 누리는 풍요한 생활을 표시하고 있다. 가장 밑바닥

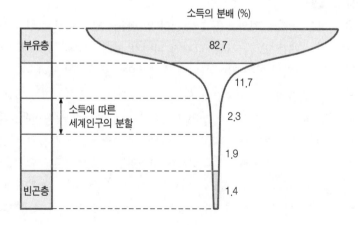

부분에는 총소득의 1.4%로써 살아가고 있는 가장 가난한 20%의 사람들이 있다. 상층부 20% 사람들의 소득 합계는 하층부 20% 사람들의 소득 합계의 60배이다. 이 격차는 1950년에 비하면 2배나 벌어진 것이다. 즉, 1950년에는 상층부 20% 사람들은 하층부 20% 사람들의 소득의 30배를 누리는 데 지나지 않았다. 이 격차는 계속하여 벌어져 왔다.

실은 이 숫자는 세계의 불평등을 소극적으로 표현하고 있는 것에 지나지 않는다. 왜냐하면 이 숫자는 현실의 개인별 소득에 근거한 것이 아니라 국가별 평균에 근거한 것이기 때문이다. 빈곤 국가에서 극단적으로 부를 누리고 있는 사람들이나 부유한 나라에서 극단적으로 가난한 사람들을 고려에 넣는다면, 가장 부유한 자들이 가장 가난한 20%의 사람들의 거의 150배의 소득을 획득하고 있는 셈이다. 이 격차도 계속하여 벌어지고 있다.

현재 미합중국의 노동장관 로버트 라이쉬는 그의 저서 《국가의 일》에서, 브레턴우즈체제가 눈부시게 수행해온 경제의 세계화는 돈있는 계급의 이익을 국가의 이익이라고 하는 감각으로부터 분리시키고, 나아가서 혜택 받지 못한 사람들에 대한 동정심이나 의무감으로부터 분리시킴으로써 가능하였다고 설명하고 있다. 샴페인 잔의 바로 꼭대기에 위치한 극소수의 초부자들은 국가의 경계를 넘어선 동맹을 결성하고, 세계의 이익이라는 것은 곧 그들 개인의, 또는 그들의 기업의 이익이라고 하는 사고방식을 취하고 있다.

이와 같은 분리는 거의 모든 나라에서 일어나고 있기 때문에 남과 북으로 분단된 세계를 논하는 것은 그다지 의미가 없게 되었다. 남과 북은 지리적으로 분단되어 있는 것이 아니라 계급적으로 분단되어 있다.

브레턴우즈체제가 밀어붙여온 자유시장과 자유무역정책은 인간이나 환경문제보다도 돈에 우선권을 부여하였고, 그 때문에 경제적 지배계급의 편협한 이익에 따라 전개되어왔다. 극소수 초부유계층과 그밖의 사람들 사이의 격차가 급속히 벌어지고 있는 현실이야말로 무엇보다도 그것을 웅변적으로 증명하고 있다. 의도든 아니든, 브레턴우즈체제가 눈부시게 밀어붙여온 정책에 의하여, 초부유계층은 다른 사람들, 다른 종(種)들, 그리고 이 행성의 생태계의 다양성을 희생시키면서 세계의 부를 예전보다도 한층더 많이 소유할 수 있게 되었다. 그것은 가차없는 것이었다.

민주적 다원주의

문제는 시장 그 자체가 아니다. 시장의 존재를 무시하고 경제를 운영하면, 소련의 예가 증명하듯이, 그 결과는 참혹한 것이 된다. 그러나 시장과 '자유시장' 사이에는 본질적으로 중요한 차이가 있다.

두 개의 극단적인 이데올로기의 충돌이 20세기의 큰 특징이었다. 공산주의는 모든 권력을 국가에게로, 시장자본주의는 모든 권력을 시장으로라고 주장하였다. 시장이라는 것은 대기업을 우회하여 부르는 말이다. 어느 편의 이데올로기도 각기 독자적인 강압적 정치를 초래한다.

제2차 세계대전에 서방측 국가들이 승리하고, 전후 초기에도 잘 지낼 수 있었던 비결은 자유시장경제에 있지 않았다. 제도상의 계약 위에 성립한 민주적 다원주의야말로 국가기구와 시장기구 사이의 균형을 유지시키고, 어느 쪽 기구라도 시민의 이익에 따르도록 하는 적극적 시민이 되는 권리를 수호하였다.

자유기업주의를 주장하는 사람들의 주장과는 반대로, 시장은 정부의 개입이 없으면 제대로 기능하지 못한다. 기업이 생산비용을 내부화하고, 시장에 경쟁이 있을 때만 시장이 자원을 효율적으로 배분한다는 것은 경제학의 이론에 있어서나 실제에 있어서나 이미 잘 알려져있다. 정부는 비용의 내부화를 위하여 규칙을 정하고 그것을 지키지 않으면 안된다. 또, 성공한 기업은 반드시 거대화하여 독점적인 것이 되기 때문에 정부가 정기적으로 개입하여 거대기업을 분할하여 경쟁을 회복시키지 않으면 안된다.

시장과 사회의 이익의 균형을 유지하는 역할을 정부가 맡을 때 정부의 권력은 시장권력과 제도상으로 동일한 수준에서 집중되지 않으면 안된다. 시장이 국내 수준에 있으면 강력한 국가정부가 필요하다. 경제의 세계화에 의해서 국경을 넘어 시장이 넓어진다면 시장권력이 집중되는 장소가 정부의 손아귀에서 벗어나게 되는 것은 피할 수 없다. 세계은행이나 IMF

의 구조조정책이나 GATT의 통상교섭이 초래한 것은 이러한 중대한 상황이다. 결국 그로 인해서 적어도 이론적으로는 모든 시민의 이익을 대표하고 있는 정부의 손으로부터 기업이라는 시장경제를 지배하는 조직의 손으로 결정권이 이동해버렸다. 기업이라는 것은 본질적으로 주주들의 이익에 봉사하는 것이다. 그러한 결과의 하나로서, 지구상의 어떤 사회도 환경문제 및 그밖의 '필요'를 호소할 수 있는 능력을 상실하였다.

성장을 억제하는 여러 규제로부터 풀려난 결과 극소수의 세계규모의 기업의 손에 거대한 경제적 권력이 집중되고 있다. 이와 같은 집중을 배제함으로써 시장에 있어서의 경쟁회복을 도모하기 위한 반트러스트적 행동도 '세계화'에 의하여 매장되었다. 그러나 현실의 정책은 세계시장에 있어서의 지위향상을 도모하여, 기업합병을 통한 강력한 집중을 꾀하도록 장려하고 있다.

대기업이 급속히 종업원 감축을 행하고 있기 때문에 사람들에 따라서는 대기업이 힘을 잃어버린 것이 아닌가 하는 인상을 가지고 있지만 그것은 틀린 생각이다. 《포춘》지의 500개 정상(頂上)기업은 1980년에서 1993년에 걸쳐서 440만명의 목을 잘랐다. 그러나 같은 기간에 매상은 1.4배로, 자산은 2.3배로, 사장의 보수는 6.1배로 증대되고 있다. 이와 같이 집중이 진행되어왔기 때문에 세계의 정상 100개의 경제단체 중 50개가 지금은 기업으로 되었다. 여기에는 은행이나 금융기관은 포함되어 있지 않다.

경제학자는 시장의 50% 이상을 5개 회사가 지배하고 있다면 그 산업은 비상히 독점적이라고 생각할 것이다. 《이코노미스트》지의 최근 보고에 의하면, '세계'시장에 있어서 50% 이상을 5개 회사가 지배하고 있는 업종은 내구소비재, 자동차, 항공업, 항공우주산업, 전자부품, 전기제품이나 전자기기, 그리고 철강업이다. 세계시장의 40%를 5개 회사가 지배하고 있는 것은 석유, 개인용 컴퓨터, 그리고 이런 문제를 넓게 논의하는 데는 몹시 곤란하지만, 매스 미디어이다.

이와 같은 기업은 그들이 가진 강대한 정치력을 시장의 규칙을 자신들의 비위에 맞도록 고치기 위하여, 활발히 이용하고 있다. 가트(GATT)는 바로 이러한 것을 위한 가장 강력한 도구가 되었다. 현재 비준수속이 진행되고 있는 새로운 가트협정에 근거하여 세계무역기구(WTO)가 설립되려 하고 있다. 세계의 대기업이 자기들의 손익 이외에는 아무런 책임을 지지 않고, 활동영역을 넓히기 위해서 필요하다고 생각되는 법적보호를 부여하는 권한이 WTO에 폭넓게 부여될 것이다.

세계무역기구는 어떤 나라가 다른 나라의 법률이나 어떤 지역의 법률이 부당한 무역장벽이 되고 있다고 보는 경우 그 조정을 행한다. 선거에 의하지 않고 임명된 무역전문가 3명으로 구성된 비밀스러운 분쟁처리위원회가 쌍방 주장을 듣게 되지만, 이 3명의 결정을 번복할 수 있는 것은 참가국 전체의 찬성투표가 있을 때에 한한다.

국제기준을 정하는 기관(원칙적으로 기업의 대표에 의하여 지배되고 있는)이 설정한 최대허용량보다 엄격한 건강이나 안전이나 환경에 관한 기준은 모두, 위반국 정부가 명확한 과학적 근거를 제시하지 못하는 한, 무역장벽으로 간주되게 된다. 증명의 의무는 피고측에 있다. WTO의 위원회가 어떤 법률이 무역장벽이라는 판단을 제시하면, 결정을 받은 나라 정부는 위반국 정부에 대하여 손실상당액의 지불을 청구할 수 있다. 그것만이 아니라 가트협정은 세계적인 특허권보호도 보장하고 있다. 이것은 광범위한 기술만이 아니라 생명체에 대해서도 대기업에 독점권을 부여하는 움직임이다.

폭주하는 금융체제

대기업은 강력해짐에 따라 갈수록 세계적 금융기관으로서 기능하게 되어, 세계 최대의 강력한 지배기관으로 되고 말았다. 이 체제의 권력의 원천은 단 하나의 목적, 즉 가능한 한 많은 돈을 번다는 것밖에 머릿속에 없는 민간 금융기관이라는 소집단에 있다. 지금 그물눈처럼 퍼져있는 네트워크를 통하여, 암호와 개인용 컴퓨터만 있으면 세계의 어느 곳에 있는 금융시장에서도 몇십억 달러의 거래도 순식간에 이루어질 수 있다. 금융의 세계는 거대한 컴퓨터 게임과 같은 것이 되었다. 이 게임 속에서 빈틈

없는 돈은 현실에 사는 사람들의 현실적 필요를 충족시키기 위한, 현실의 부를 낳는 장기적인 생산적 사업을 위한 노력에 쓰여지는 것이 아니다. 그렇기는커녕 불안정한 시장에서 단기적으로 투기를 행하여 조그만 가격 변동으로부터도 이익을 앗아내기 위하여 여러개의 시장에서 동시에 거래를 행하는 도박이라고 할 수 있다. 이 게임에서 말하는 단기적이라는 것은 1초의 100만분의 1의 세계이다. 장기적이라는 것은 며칠을 의미한다. 하루에 1조 달러 이상이나 움직이는 금융거래가 초래하는 환경, 사회, 경제상의 영향은 거래 당사자들에게는 보이지 않는다.

〈뉴욕타임스〉의 경제부장이었다가 현재는 〈하버드 비즈니스리뷰〉지의 편집자로 있는 조엘 크루스만은 오늘날 생산경제에서 움직이는 1달러에 대하여 순수히 금융의 세계에서 움직이는 것은 20 내지 50달러라고 추정하고 있다. 이와 같은 거래가 아무에게도 체크되지 않고, 국제적인 컴퓨터 망(網) 상에서 이루어지고 있기 때문에 실제로 얼마나 움직여지고 있는지 아무도 모른다. 세계의 국제통화시장에서 주식소지자가 매일 변하고 있는 1조 달러만 해도, 실제 상품이나 서비스의 1일 거래에 필요한 양의 20 내지 30배이다. 이와 같은 시장에서 환율을 안정시키기 위하여 세계의 대국들이 협조하여 행동하려 해도 움직일 수 있는 돈은 기껏 1일 140억 달러에 지나지 않는다. 투기가나 중매인이 움직이는 금액에 비하면 주머니 속의 잔돈과 같은 것이다.

이와 같이 자유롭게 흐르고 있는 자금의 대부분을 요리하는 것은 거대한 투자회사, 은행, 투자신탁, 그리고 퇴직기금이다. 거기에 출자된 자금은 금융거래 수완으로 명성이 정해지는 직업적 투자 매니저가 관리한다. 투자신탁의 매니저들이 거둔 성과는 세계의 모든 주요 신문에 매일 게재되고 사람들의 눈에 뜨인다. 이러한 회사에 장기간 돈을 예치하는 사람도 일부 있지만, 이와 같은 자금을 관리하고 있는 직업인들은 매일, 그리고 4분기마다 성과를 나타내지 않으면 안된다.

그러한 결과로서 일어나는 압력 때문에 부동산에 투자하고 있는 기업은 주주들의 단기적인 수익을 최대한으로 만들기 위한 행동을 하지 않을 수 없다. 거기에는 가장 발달된 기술을 이용하여 몇십만명이나 되는 노동자를 해고하면서 고용규모를 축소하고, 합리화와 자동화를 도모하는 방법이 있다. 그 결과 실업과 경제성장이 동시에 일어난다. 테크놀로지나 기능장애를 일으키는 경제체제가 고용감소보다도 빨리 새로운 고용창출을 해낼 수 있느냐 하는 것은 오늘날의 경제로서는 불가능한 일이다. 세계의 거의 모든 나라에서 노동력은 남아돌고 있다. 그리고 운좋게 일자리를 가지고 있는 사람들도 그 다수는 안정도 풍족함도 없는 임시고용의 노동자가 되었다. 그로 인한 공포와 불안이 일자리의 확보와 환경문제 사이의 모순을 해결하기 위하여 행동하는 것을 어렵게 만드는 장벽이 되고 있다.

기업의 이익을 증대시키는 또하나의 방법은 기업 비용을 지금까지보다도 더 지역사회로 돌려 외부화하는 것이다. 그것은 지역을 상호 대립시켜 경쟁적으로 기준을 완화하도록 하면서, 보조금과 세금감면을 받으며, 환경기준이나 노동기준의 적용의 회피를 통하여 실현된다. 마찬가지로 노동자들도 상호경쟁하도록 만들어 임금은 최소공분모의 수준으로 떨어지게 한다. 세계적 경쟁이라는 것은 그 실태가 이상과 같은 것이다. 지역과 지역이 경쟁하는 것이지, 대기업간의 경쟁이 아니다. 대기업은 합병과 전략적 동맹을 통하여 극력 경쟁을 회피하고 있다. 어떤 사회적 양심이나 노동자와 지역사회에 대한 충성심 때문에 이러한 방향으로 나아가기를 마지막까지 주저하는 기업은 기업을 매수당하는 것과 같은 희생을 치르기 쉽다. 기본적으로 세계화에 의한 재편과정에 있는 경제체제는 사회적 관심과 책임감이 강한 어떠한 경영자라 하더라도 그가 공공의 이익에 따라 기업을 운영하는 것을 거의 불가능하게 하고 있다.

결론

우리는 가공할 딜레마에 빠져있다. 오늘날 우리는 인간 진보의 본질과 의미를 근본적으로 다시 생각해야 할 필요가 있는 역사적 지점에 서있다. 그러나 바로 이 집에서 50년 전에 모습을 나타낸 이상과 결정은 시간이 흐름에 따라 이 행성의 온갖 지역의 사회 통치과정을 변화시키고, 거의 어떠한 움직임도 불가능한 상황을 만들어내었다. 이러한 변화는 급속히 이루어지고, 동시에 우리들의 문화에 전혀 이질적인 것이어서, 무엇이 일어나고 있는가에 대하여 알고 있는 사람은 거의 없다. 기업의 광고에 의존하고 있는 매스 미디어에서는 이 문제는 좀처럼 논의되지 않는다.

성장에 의존하는 세계경제는 지속불가능한 것이라고 허만 달리는 말할 것이지만, 현실은 분명히 그것을 보여주고 있다. 대안은 무엇인가?

이 문제에 진정으로 관심을 기울이고 있는 우리에게 있어서 대답은 세계화의 반대이다. 경제의 지역화를 확대하는 것밖에 없다. 경제활동의 규모를 좀더 소규모로 하고, 좀더 관리가능한 것으로 하여, 결정을 내리는 사람들과 그 결정의 영향이, 좋은 때든 나쁜 때든, 결부되도록 하지 않으면 안된다. 즉, 자본의 뿌리를 마땅히 있어야 할 곳에 뿌리내리게 하고, 그 관리능력을 가능한 한 많은 사람들이 나누도록 하지 않으면 안된다.

현재의 흐름을 이와 같이 반전시킬 움직임을 지금 권력을 쥐고 있는 사람들은 완강히 저지할 결의를 가지고 있다. 그러나 최대의 장애는 이 문제에 대하여 사람들이 논의할 수 있는 기회가 너무나 제한되어 있다는 점이다. 무엇보다도 먼저, 이 문제를 토론의 전면에 내세워 큰 정책논쟁에 붙여야 한다. 지금은 그러한 일이 아쉽다. 세계의 독립된 민간재단들은 그런 점에서 중요한 역할을 해야 한다.

교육이냐 폭력이냐

사랑과 자발성의 교육

양희규

새로운 학교가 시급하다

저는 고등학교 시절 제가 다니던 학교를 학교라 부르지 않고 '수용소'라 불렀습니다. 그것은 학교가 문자 그대로 자유가 억압되고 사랑이 결핍된 감방 같은 곳으로 여겨졌기 때문입니다. 고등학교를 졸업하면서 저는 적어도 제가 다녔던 그런 학교는 아닌, 학생들이 행복감과 기쁨을 갖고 다니는 새로운 학교를 반드시 세우리라고 결심했습니다.

그후 20년 가까운 세월이 흘러 제 아이가 국민학교에 다니게 되었습니다. 저는 제 아이가 국민학교에 들어갈 무렵까지는 새로운 학교를 세워야겠다는 생각을 자주 해왔습니다. 그래서 일종의 책임감을 가지고 제 아이가 다니는 국민학교를 관찰해보았고 우리나라의 학교교육 전반의 모습 또한 많은 관심을 가지고 지켜보아 왔습니다. 그러나 제게는 오늘의 학교교육이 과거에 비해 별로 달라진 바가 없는 것같이 보이며, 또한 그러한 교

양희규 — '간디학교' 설립자. 이 글을 쓸 당시에는 '간디대학'이라는 이름으로 자립적 생태공동체를 위한 실험을 하면서, '간디학교' 설립을 준비하고 있었다.

육의 모양이 가까운 장래에 바뀔 것 같지도 않습니다. 그래서 저는 안타까운 심정으로 새로운 학교가 하루바삐 세워져야 한다는 생각을 더욱 강하게 했습니다.

저는 오늘의 학교교육이, 많은 사람들이 지적하듯이, 가장 기본적인 교육의 원칙들을 실현하는 데 실패하고 있다고 봅니다. 저는 여러가지 기본 원칙 중 두 가지 원칙 즉 '사랑'의 원칙과 '자발성'의 원칙에 대해서만 간략히 언급하겠습니다. 첫째, 교육은 사랑의 관계 속에서 이루어져야 한다고 봅니다. 이것은 가르치는 이와 배우는 이 사이에 애정에 기초한 관계가 형성되어야 한다는 것입니다. 사랑은 서로에 대한 믿음, 서로의 행복과 기쁨을 비는 순수한 기도와 축복, 그리고 그것을 위한 노력을 의미합니다. 두번째, 모든 가르침과 배움은 자발성을 가질 때만 그 가치가 있다고 봅니다. 강제적으로 타의에 의해 마지못해 이루어지는 가르침이나 배움은 결코 기쁨을 낳지 못하고 오히려 불행과 고통을 초래하기 때문입니다. 순수한 자발성은 진정한 자아의 표현이며 곧 자기자신의 참 모습을 의미합니다. 그런데 사랑과 자발성은 서로 의존적입니다. 사랑에 기초한 교육은 결코 강요되거나 주입되는 것이 아니라 오직 자발성을 전제로만 이루어지는 것이고 자발성에 기초한 교육은 사랑과 신뢰의 관계 속에서만 가능할 것이기 때문입니다. 교사와 학생 사이에 사랑과 신뢰의 관계가 맺어지고 배움과 가르침이 순수한 자발성 위에서 행해질 때에만 비로소 참교육이 가능한 것입니다.

이런 기준에서 볼 때, 오늘의 학교는 사랑과 자발성의 공동체가 되기에는 매우 부족한 상태에 있습니다. 그것은 학교의 교사들과 학생들을 관찰해보면 쉽게 알 수 있습니다. 교사와 학생은 서로의 반영이니까요. 오늘의 교사 대부분은 좌절과 체념을 경험하고 있습니다. 그들은 과중한 수업으로 인간녹음기화되고 정부의 시녀 역할에 불과한 잡다한 업무로 너무나 지쳐있고, 비민주적이고 하향지시 일변도의 학교운영에 의해 자율성과 자존감이 여지없이 박살나고 있습니다. 너무 많은 학생들을 맡아 인간적 교류를 하고 싶어도 할 수 없는 데서 오는 무기력감 또한 큽니다. 게

다가 교사를 대학입학제조기쯤으로 보는 학부모들은 그나마 남아있는 모든 힘을 그들로부터 빼앗아가 버립니다. 이러한 교육환경 속에서 사랑의 능력을 상실한, 피곤하고 지친 영혼이 어찌 다른 영혼을 배움의 길로 인도할 수 있겠습니까? 사랑과 자발성에 기초한 새로운 학교는 정말 시급합니다.

새로운 학교의 구상

새로운 학교의 형태는 교사와 학생의 분명한 구분이 존재하지 않고 누구나 교사가 되기도 하고 또한 학생이 되는 공동사회일 것입니다. 그러나 가장 중요한 것은, 교사와 학생의 위치가 분명히 구분되어 있건 구분되어 있지 않건, 그 배움과 가르침의 활동 속에 사랑과 신뢰, 기쁨과 자발성의 덕목들이 충만한가 아닌가일 것입니다. 그래서 원칙론적으로 말하자면, 학교의 형식적 틀이나 모양이 어떠하든, 그 속에 사랑과 자발성이 충만하다면 새로운 학교로서의 가치를 가진다고 해야 할 것입니다.

그러나 우리는 이러한 새로운 학교의 보다 구체적인 모습을 그려보고 싶어합니다. 어떻게 그려볼 수 있을까요? 저는 여기서 특이한 새로운 학교의 모델을 소개하기보다는 새로운 학교들이 가져야 할 특성 몇가지만 생각해보고자 합니다.

작은 학교

새로운 학교는 기존의 대중교육기관들과는 달리 대체로 '작은 학교'이어야 할 것 같습니다. 즉 전체 학생 수가 몇천명이 아니라 몇십명 정도면 좋을 듯합니다. 교사의 수는 학교 성격에 따라 다르겠지만, 정교사 3~5명과 약간 명의 외부강사면 될 듯합니다. 작은 학교라는 특성은 교사와 학생, 그리고 학부모 간에 하나의 가족과 같은 유대를 가능하게 하고 따라서 사랑과 자발성이 쉽게 꽃피도록 합니다. 저는 한국의 학부모들이 열 가정이나 스무 가정 단위로 집에서 혹은 작은 건물을 빌려서 얼마든지 이런 작은 학교를 시작할 수 있다고 믿습니다.

불복종의 정신

새로운 학교는 기존교육을 용납할 수 없다는 강한 신념에서 시작해야 하며 저는 이러한 정신을 '불복종의 정신'이라 부릅니다. "세대를 본받지 말라"라는 성서의 구절은 바로 새로운 학교의 철학을 잘 표현하고 있습니다. 새로운 학교는 오늘의 기존학교들이 대학입학 준비의 장이나 지배 이데올로기 학습의 장으로 전락해 있는 것에 그저 복종하지 않고, 불복종의 정신으로 새로운 문화를 건설해가고자 하는 사람에 의해서만 탄생될 수 있습니다. 저는 이러한 위대한 불복종의 정신을 가진 분만이 새로운 학교를 세우리라고 봅니다.

쓸모있는 교육

오늘의 학교교육이 크게 잘못된 이유들 중의 하나는 무엇보다도 그 긴 시간을 보내고서도 얻는 것이 너무도 없다는 것입니다. 솔직히 저는 24년 (국민학교부터 박사학위 취득까지)을 바쳐 열심히 학교교육을 받았지만 아직도 자신의 힘으로 먹을 것을 지을 줄 모르며 살아갈 집을 수리할 능력조차 배우지 못했다는 데 많은 후회와 부끄러움을 느낍니다. 새로운 학교는 한 인간이 독립적이고도 자족적인 인간으로 떳떳이 살아가는 데 진정 필요한 것들을 가르쳐야 할 것입니다. 그래야만 타협하지 않고 자신을 지키며 살아갈 수 있기 때문입니다.

탁월성의 교육

교육은 '훈련'과 다릅니다. 오늘의 기존교육은 획일적이고도 일방적인 점에서 훈련과 매우 비슷합니다. 그것은 때로는 잔인하기조차 합니다. 그렇기 때문에 많은 학생들이 자살이라는 극단적인 길을 택했던 것입니다. 새로운 학교는 학생들의 개성과 잠재력을 무엇보다도 존중해야 할 것입니다. 훈련이란 미리 주어진 목표를 향해 매진하는 것을 말합니다. 그런 방법으로는 어떠한 성과도 탄생시킬 수 없다고 봅니다. 새로운 학교는 자아의 진정한 표현, 활짝 핀 개성, 자신의 고유한 잠재력 속에서 탁월성을 기대하며, 그것에 맞는 교육방식들을 끊임없이 실험해갈 것입니다. 새로운 교재와 수업방식에 대한 탐구가 집중적으로 시도될 것입니다.

새로운 학교의 모델

제가 만들고 있는 새로운 학교를 교육목표, 교과내용, 교육방식의 세 측면에서 매우 간략하게 소개드리겠습니다.

첫째, 교육의 목표는 몸과 마음과 영혼이 골고루 성숙되고 조화된 인간, 이웃과 협동하고 이웃을 사랑하는 인간, 자연을 아끼고 자연의 일부가 되어 살아가는 인간을 기르는 데 있다고 요약될 수 있습니다. 이것을 단순히 이론으로만 추구하는 것이 아니라 삶 속에서, 삶을 혁명적으로 새롭게 시작하는 데서 추구해나갈 때 우리가 얻는 진리 즉 우리의 교육목표인 전인적 삶, 공동체적 삶, 자연과 더불어 사는 삶이 실현될 수 있다고 봅니다.

이것을 성취하려면 그에 부합되는 교육내용과 교육방식이 있어야 할 것입니다. 먼저, 교육내용에 관해 말하자면, 수업시간의 50퍼센트 정도는 기존학교에서 가르치는 지식교육, 예를 들어, 언어(국어와 외국어), 역사, 지리, 자연과학, 수학 등의 과목에 할애될 것입니다. 나머지 50퍼센트는 기존학교에서 등한히 하는 감성교육과 노동을 통한 의식주 해결 교육을 위해 사용될 것입니다. 감성교육은 합창, 연극, 시짓기 등을 예로 들 수 있고, 노동교육은 음식 만들기, 옷 만들기, 집짓기, 텃밭 가꾸기 등을 포함할 것입니다. 감성교육과 노동교육은 두말할 것도 없고, 지식교육에 있어서조차 새로운 학교와 기존학교는 비록 그 형식상의 과목이 같다 하더라도 실제 교육내용에 있어서는 큰 차이점을 보일 것입니다.

새로운 학교의 교육방식은 지식을 주는 자와 지식을 받는 자가 엄격히 분리된 것이 아니라 지식을 함께 탐구해나가는 '살아있는 활동'이라는 관점에 서있습니다. 따라서 협동적인 활동으로서의 교육은 학생들을 바보로 만들고 창의성을 말살하는 주입식 교육을 무엇보다도 경계합니다. 학생들이 교육의 주체가 되어 연구하고 글을 쓰고 발표하며 토론하는 방식을 강조할 것입니다. 교사들은 학생들을 고무하고 격려하고 방향을 제시해준다는 점에서 여전히 교육을 이끌어간다고 말할 수 있지만 교사 역시 하나의 참여자임에는 틀림없습니다. 그래서 이러한 교육방식은 교사가 미리 준비한 교재를 통해 기계적으로 학습내용을 전달하는 것이 아니라, 학생과 학생, 학생과 교사 사이에서 일어나는 살아있는 교감의 자연스런 과정에 이끌려 스스로 무엇이든 발견하게 해줄 것입니다. 즉 교사가 (때로는 학생들이) 중요한 주제들을 제시하고 학생들과 교사 모두가 그 주제들에 관해 진지하게 연구하고 그 연구한 것을 글로 혹은 말로 발표하며 열띤 토론을 벌이는 등의 과정으로 이루어지는 교육방식을 실제 적용할 경우 하루 4시간 수업은 주입식 단순 전달식의 방법을 통한 10시간 수업 보다도 훨씬 효과가 클 것이라고 저는 확신합니다. 학생이 한 주제에 관해 관심을 갖고 그것에 관해 깊이 생각해보고 글로 정리해 다른 사람들 앞에서 발표하고 또다른 학생들 및 교사의 평가와 비판, 토론을 통해 자신이 연구한 것을 수정 보완하여 얻게 될 지식은 단순히 교사에게서 수동적으로 듣고 기억해 얻게 될 지식과는 비교가 되지 않을 것은 명백합니다. 너무나 당연한 이런 이야기들이 오히려 특별하게 보이게 된 것이 오늘의 교육현실입니다. 오랜 시간의 생각과 연구를 통해 제대로 그 원리를 터득한 지식만이 두고두고 실제 삶에서 (대학입시에서조차) 유용하다는 것을 항시 느끼면서 저는 살아가고 있습니다. 어쩌면 진정한 교육에서 필요한 것은 사고를 충분히 할 수 있는 이런 여유를 학생들에게 제공해주는 것인지도 모릅니다. 그래서 지식교육이 적은 데 대해 단순한 생각으로 조급해할 필요는 없다고 봅니다.

함께 만드는 학교

새로운 학교의 실험들이 최근 우리나라에서도 이곳저곳에서 방학기간을 이용한 여름캠프와 겨울캠프, 주말학교, 또는 방과후 프로그램 등의 다양한 형태로 나타나고 있습니다. 이러한 시도들은 기존교육의 문제점을 보완하려는 것뿐만 아니라, 기존교육에 대한 대안을 모색하는 것으로서 매우 중요한 의미를 가진다고 봅니다.

하지만 이러한 훌륭한 시도들이 아직 새로운 학교로 꽃피지 못하고 있는 것이 안타깝기만 합니다. 그 직접적인 이유는 현행 사립학교법이 작은 학교를 용납하지 않기 때문인 것으로 알고 있습니다. 물론 이러한 사립학교법은 반드시 고쳐져야 합니다. 그러나 입시위주의 교육이 갖는 위험성과 광란성을 직시하는 사람이라면 사립학교법 폐지도 중요하지만 더이상의 지체 없이 당장에 새로운 학교가 세워져야 한다는 데 누구나 동의할 것이라고 봅니다. "입시 위주의 미친 교육에서 헤어나는 길은 없을까?" "명문대에 들어가지 못하는 인간은 스스로나 타인에게 별 볼일 없는 인간으로 여겨지는 풍토를 어떻게 해볼까?" "대학을 나오지 않아도 당당하게 살아가도록 만들어주는 교육은 없을까?"라는 무수한 고민이 이제 더이상 고민으로만 머물러서는 안될 것입니다. 학부모들이 스스로 새로운 학교를 만들어보자는 제안이 전국적으로 일어나고 있고 그러한 움직임의 하나로서 지난 2월 '새로운 학교 만들기 모임'이 시작되었습니다. 이 모임은 단지 기존교육을 보완하는 형태의 프로그램을 뛰어넘어 완전히 새로운 학교를 세우는 것을 목표로 합니다.

새로운 학교를 지향하는 여러 단체들이 각지에 있습니다. 제 생각으로는, 우선 이 단체들 중 비교적 연륜이 있는 단체들이 중심이 되어 그 단체가 지향하는 새로운 학교의 모델을 소개하는 소책자와 홍보물을 만들고 동시에 그러한 구체적 모델의 새로운 학교에 관심을 가진 예비교사와 학부모들의 모임을 주선해야 할 것입니다. 학교를 만드는 과정과 방법은 매우 다양할 수 있겠지만, 일단 학부모 모임만 만들어낼 수 있다면, 새로운 학교 만들기 운동은 커다란 한 걸음을 내디딘 것이라고 봅니다.

이러한 생각 아래 저는 다음과 같은 계획을 추진해오고 있습니다. 제가 속한, 새로운 문화를 삶 속에서 연구하는 공동체인 '간디농장'의 식구들은 녹색평론사의 자문을 받아 성인들을 대상으로 하는 생태학교(간디대학)를 올해 초부터 운영해왔습니다. 그러면서 저희들은 무엇보다도 중고등학교 학생들을 위한 새로운 학교가 시급하다는 것과 국민학교 학생들을 위한 여름 및 겨울 계절학교(한달에서 두달 정도)가 꼭 필요하다는 생각에 일치를 보았고 간디농장이 먼저 이 일에 헌신하기로 결정했습니다. 그래서 저희들은 어린이와 청소년을 위한 새로운 학교에 관심이 있는 분들과의 만남을 올 가을부터 시작하려고 합니다. 먼저 예비학부모들과 의논해서 예비학부모 모임과 이사회를 만들려 합니다. 예비교사들을 모집해서 선발한 후 내년 3월부터는 예비교사들을 위한 훈련과정도 개설하려고 합니다. 그 장소는 현재 간디농장이 위치하고 있는 경남 산청이나 새로운 학교의 부지로 왜관에 새로 마련하려는 농장을 고려중입니다. 아니면 예비학부모들이 새로운 학교로 선정할 제3의 장소가 될 수도 있을 것입니다. 예비교사들은 학생들이 배우게 될 모든 과목들을 서로서로에게 가르치게 될 기회를 가질 것이고 특히 텃밭가꾸기와 집짓기, 옷만들기 등의 전혀 새로운 공부도 하게 될 것입니다. 이러한 교육과정을 통해 교육의 깊은 의미를 깨닫고 지혜롭게 학생들을 지도할 수 있는 방법들을 터득할 수 있을 것으로 기대하고 있습니다.

곧 설립하게 될 새로운 학교(임시로 '간디 어린이 학교' 및 '간디 청소년 학교'라는 이름을 붙였으나 아직 확정된 이름은 아닙니다)로 가는 길을 다음과 같이 안내해 드립니다.

우선 새로운 학교에 관심을 가진 학부모들의 상담을 지금부터 받습니다. 녹색평론사로 전화하거나 직접 방문하시면 됩니다. 혹은 산청의 간디농장으로 연락하거나 방문하셔도 좋습니다. 산청의 간디농장은 경남 산청군 신안면 외송리 122에 위치하고 있고 전화번호는 0596-73-1049입니다. 지금 예정으로는 내년 1월 중 예비학부모들의 전체모임을 가지고자 하며 2월까지는 이사회를 구성하려고 합니다.

새로운 학교의 교사로 일하고 싶은 분들이 있으시면 함께 대화를 하고 싶습니다. 대화의 기간은 올 12월 15일부터 22일까지로 예정하고 있고, 대화의 방법은 전화, 서신, 방문의 어떤 방법도 좋습니다. 그리고 예비교사들을 위한 세미나를 12월 중 열려고 계획하고 있습니다. 대화를 가진 후 교사가 되기를 원하는 분들의 응모는 96년 1월부터 받기로 예정하고 있습니다. 보다 자세한 일정은 대화기간 중 알려드리도록 하겠습니다.

모든 학교는 학생들의 기쁨과 행복을 위해 존재해야 합니다. 학부모들이 자녀의 기쁨과 행복과 바른 성장을 진정코 바란다면 무엇보다도 자녀교육 속에 직접 뛰어들어야 합니다. 저에게는 올해 국민학교에 입학한 딸아이가 하나 있습니다. 매우 추웠던 입학식날 아무것도 하는 것 없이 어린아이들을 두 시간 이상이나 운동장에 세워두는 광경을 보면서, 매일 별의미 없는 과제물을 끙끙대며 푸는 모습을 보면서, 풀이 없어서 모래만 날리는 삭막한 운동장에서 뛰노는 모습을 보면서, 수업 후 빙과류와 과자에 위안을 받는 모습을 보면서 저는 늘 무거운 마음과 죄책감을 떨쳐버릴 수가 없었습니다. 새로운 학교는 그래서 아이들에 대한 책임감있는 어른들의 피할 수 없는 숙제라고 봅니다.

농촌학교와 풀뿌리 민주주의

두밀분교 살리기 운동

장호순

1993년 12월 10일 21명의 두밀분교 어린이들의 손에는 두밀분교의 폐교를 알리는 가정통신문이 한장씩 쥐어졌다. 두밀분교의 본교인 상색국민학교 교장선생님이 학부모들에게 보내는 것으로 되어있는 이 통신문에는 두밀분교가 94년 2월 28일자로 폐교된다는 것과 학생들에게는 통학버스가 제공된다는 간단한 두 구절만이 들어있었다. 그날 이후 두밀분교 학부모들이 학교를 되찾기 위해 발벗고 나서면서 두밀분교 문제는 한 시골학교의 사활의 차원을 넘어 민주주의의 밑바탕인 지역자치가 과연 이 땅에 어떻게 뿌리내릴 수 있을 것인가를 실험적으로 보여주게 되었다. 지금까지 근 1년이 넘도록 두밀리 산골 주민들이 정부의 압력에 꺾이지 않고 지탱해올 수 있었던 것은 그들의 주장이 합리적이었을 뿐만 아니라 그들의 방법이 평화적이고 민주적이며 합법적이었기 때문이다. 그리고 그들이 용기를 잃을 때마다 달려와 격려해준 많은 도시인들이 있었기 때문이다.

장호순 — 순천향대 신문방송학과 교수. 두밀분교 학부모이던 당시에 쓴 이 글은 계간 《대화》 1994년 가을호에 처음 발표되었다.

농어촌 소규모 학교 통폐합 정책

두밀분교의 폐교문제가 처음 주민들에게 언급된 것은 93년 9월 25일 주민회의에서였다. 4백여명의 두밀리 주민 중 이 회의에 참석한 사람은 겨우 25명이었다. 학교문제에 대해 주민들의 의견을 묻는다는 회의소집 통고가 며칠 전 있었으나 바로 그 회의에서 나온 주민들의 의견이 두밀분교의 폐교 여부를 결정할 것이라는 말은 없었다. 당시 회의 석상에서 상색국민학교의 교장선생님은 모인 사람들에게 정부 방침에 의해 두밀분교는 어차피 폐교될 학교라고 말하면서 형식상 주민의견이 필요하니 의견서를 써달라고 부탁했다고 한다.

결국 여덟명이 찬성의견을 썼고, 여덟명이 반대의견을 썼다고 한다. "어차피 폐교될 학교니까 잘 써달라고 해서 그런 거죠. 주민들이 반대하면 폐교를 막을 수도 있다는 것을 알았다면 그렇게 썼을 사람이 어디 있겠습니까?" 현재 '두밀분교 폐교철회 추진위원회' 위원장으로 '두밀분교 살리기'에 제일 앞장서고 있는 신홍균 두밀리 이장의 말이다. 나머지 참석자들은 어차피 주민의견은 반영되지 않으며 반대해봐야 소용이 없다는 말에 화가 나서 의견서를 쓰지도 않았다고 한다. 그러나 가평군 교육청은 여기서 수집된 열여섯장의 의견서를 바탕으로 하여 두밀리 주민들이 두밀분교의 폐교를 찬성한다고 보고서를 작성하였다. 며칠 후 가평군 교육청은 학부모들에게 두밀분교의 폐교 찬반의사를 묻는 설문조사를 했는데 여기서도 대다수의 학부모들은 반대의사를 표명했었으나 전혀 고려되지 않았다.

결국 두밀분교는 94년 2월 28일을 기해, 통폐합된 292개의 농어촌 소규모 학교 중의 하나가 되었다. 지난 82년 군사독재시절부터 갖가지 통폐합과 궤를 같이 하여 시행되기 시작한 교육부의 농어촌 소규모 학교 통폐합 정책은 그동안 커다란 저항 없이 실행되어왔고, 이른바 문민정부가 들어서면서 농어민도 개혁의 '고통분담'을 함께 해야 한다는 논리하에 전보다 훨씬더 대규모로 강력하게 실시되었다. 이러한 소규모 학교 통폐합 정책은 안타깝긴 하지만 학생이 없는데 어쩔 수 있느냐는 도시인들의 동정론과, 반대해봤자 별수없다는 농어민들의 자포자기로 인해 사회적으로 큰 문제가 되지 않았다. 기껏해야 일간신문의 독자란에 안타까운 심정을 토로하는 편지 한두통이 실리는 정도였다. 더욱이 대부분의 소규모 학교가 두메 산골이나 섬 지방에 산재한 소외된 지역으로 정치권이나 언론으로부터도 관심권 밖으로 밀려난 곳들이었다.

그러나 두밀리 주민들만이 유독 이러한 정부의 정책이 부당하다고 주장하며 근 1년째 끈질긴 싸움을 해왔다. 이 과정을 통해서 두밀리 주민들은 지역사회의 발전보다는 중앙부처에서 내려오는 명령을 따르기만 하는 지방관료와 교육자들에 의해 결국 지방민이 희생된다는 것을 알게 되었다. 우리야 여길 떠나면 그만인데라고 말하는 지방관료와 교사들 그리고 국가시책 때문이니 어쩔 수 없다고 말하는 중앙 행정부서 공무원들 사이에서 두밀리 주민들의 호소는 공허한 메아리로 사라질 뿐이었다.

두밀분교가 예산절감을 위해 문을 닫는다는 것이 알려진 지난해 12월, 전국은 쌀수입개방 문제로 한창 시끄러웠다. 신문이나 방송에서는 모두 다 농촌을 살려야 한다고 입을 모았고, 이에 정부는 농촌이 살게끔 만들어 주겠다고 거듭 약속하고 있었다. 정부는 우루과이라운드 비준으로 인한 농수산물 수입개방의 대책으로 농특세를 거둬 복지 농촌을 만들 것이라고 발표했다. 그런데 두밀리에서는 농촌교육에 쓰는 예산이 아깝다고 멀쩡한 학교마저 없애고 있었다. 당시 학교 앞 논에는 냉해로 인해 거둬들이지도 못한 벼 포기가 그대로 있었고 밭에는 가격 폭락으로 뽑지도 않은 배추가 꽁꽁 얼어붙은 채 작은 눈사람 무리처럼 서있었다.

폐교소식이 전해진 지 1개월 만인 지난 1월 두밀리 주민들은 폐교철회를 탄원하는 진정서를 작성하여 국무총리실, 교육부, 경기도 교육청, 가평군 교육청에 보냈다. 그러나 "교육예산의 효율적 집행과 교육의 질을 향상시키기 위해서 폐교조치가 내려졌다"는 해명과 함께 이미 결정된 사안이기에 "철회가 부당하다"는 답신만을 받았다. 그러나 두밀리 주민들은 거기서 그만두지 않았다. 폐교의 정당성을 주장하는 교육청의 논리가 너무나도 비교육적이었고 정부가 약속한 농촌지원 정책과 앞뒤가 맞지 않았기 때문이었다. 학부모들은 우선 폐교정책이 결코 정부예산을 절감하는 것이 아니라는 사실을 지적했다. 두밀분교를 폐교함으로써 연간 1천만원의 예산이 절감되긴 하나 그로 인해 파생되는 농촌의 피폐화와 도시인구의 집중으로 인한 교육적, 지역적 문제는 그 이상의 손실을 가져올 것이 훤히 눈에 보였기 때문이었다. 이에 교육청은 당시 3복식수업을 하고 있는 두밀분교보다는 단식수업을 하고 있는 도회지 학교에서 양질의 수업을 받을 수 있다고 강조했다. 그러나 학부모들은 비록 3복식이라 하더라도 교사 한명이 열명의 학생을 가르치고 있기 때문에 3복식의 단점이 보완된다고 주장하였다. 두밀분교의 넉넉하고 아담한 교실에서보다 도시의 콩나물교실에서 공부가 더 잘된다는 말이냐고 되물으면서 두밀분교 학부모들은 교육의 질은 시험점수로 평가되는 것이 아니라 교사와 학생 간의 인간적 교류, 학생들간의 우애와 사랑이 그 기준이 되어야 한다고 주장했다. 또 두밀분교를 졸업하고 가평중학교에서 전교 석차 10등 내에 드는 아이들이 있음을 지적했다. 또한 3복식수업을 받는 두밀리 아이들이 단식수업을 받는 다른 학교 아이들보다 성적이 뒤떨어진다는 증거를 제시하라고 요구했으나 교육청측은 무조건 3복식수업이 나쁘다는 말만 앵무새처럼 되풀이할 뿐이었다.

두밀분교를 돌려주세요

두밀교육청측의 답변에 납득할 수 없었던 두밀리 주민들은 지난 2월 마을 대표들을 뽑아 '두밀분교 폐교철회 추진위원회'를 구성하고 학교를 살리기 위해 백방으로 뛰어다녔다. 우선 주민들은 직접 가평군 교육장을 만났다. 가평 교육장은 주민대표에게 자신의 권한으로는 폐교철회를 할 수 없다고 말했다. 폐교를 철회하려면 더 높은 사람에게 가서 말해보라는 것이었다. 왜 주민의 의견을 왜곡했느냐고 따지자 폐교결정에 주민의 의견이 반드시 반영되는 것은 아니라고 말할 뿐이었다.

1주일 후 국회 교육위원회 상임위원장을 만났을 때 그 자리에 배석한 교육부 의무교육과장은 학교 통폐합 문제는 교육부의 권한 밖이라고 주장했다. 지방자치제에 의해 경기도 교육청이 폐교 문제를 관할한다는 것이었다. 경기도 교육청에 전화를 걸었을 때 담당자는 이미 경기도 교육위원회와 경기도 의회를 통과한 결정이기 때문에 행정소송을 하는 것 외에는 다른 방도가 없다고 말했다. 가평군 출신 교육위원과 도의원에게 따지자 교육청으로부터 보완조치가 있다는 말을 들었기 때문에 폐교결정을 승인해주었다며 다시 경기도 교육청에 책임을 돌렸다. 경기도 교육청은 다시 교육부에서 내려온 지시였기에 어쩔 수 없었다고 말했다.

다람쥐 쳇바퀴 돌듯 여기저기 관공서를 찾아다녀도 결국 제자리에 돌아올 수밖에 없게 되자 지난 4월말 두밀리 주민들은 행정소송을 제기하기로 결정하였다. 소송을 제기하기까지 주민들은 망설여야 했다. 조그만 산골 마을에서 정부를 상대로 법정싸움을 한다는 것은 엄청난 모험이었다. 정부의 규제와 탄압에 익숙해져 있을 뿐 아니라 영농지원 등 행정기관에 절대적으로 의존해야 하는 농촌마을에서 정부 정책에 정면으로 반기를 든다는 것은 생각하기 힘든 것이었다. 더구나 이미 가평군 교육청, 군청, 읍사무소, 경찰서 등 모든 지역 관공서가 동원되어 주민들에게 압력을 넣고 있었다. 그래서 밤에는 아예 수화기를 내려놓는 학부모들도 있었다.

협박이 통하지 않자 회유의 미끼를 던지기도 했다. 폐교처분을 받아들이면 두밀분교 시설을 주민들에게 무상 임대해주겠으니 휴가철에 수련원 등으로 사용하여 돈을 벌어보라고 했다. 또 두밀분교를 탁아소나 도서관으로 변경해주겠다고 제안하기도 했다. 현재 2킬로미터 이상 되는 마을 안 비포장 도로를 신속하게 포장해주겠다고 약속하기도 했다. 이러한 감언이설은 연간 1천여만원의 교육예산 절감을 위해 두밀분교를 폐교시켜야 했다는 교육청의 주장과 전혀 앞뒤가 맞지 않았고 주민들에게는 폐교결정이 부당하다는 확신만을 더 강하게 심어주었다.

또 두밀리 주민들은 행정소송을 제기하면서 두밀분교는 '도서벽지 교육진흥법'에 의해 타지역 학교에 비해 우선적으로 정부의 지원을 받아야 하는 학교라는 것을 알게 되었다. 1967년에 제정된 이 법은 1960년대 후반 정부가 산업화 정책을 본격화하면서 농어촌의 복지를 위해 만들어놓은 법이다. 엄연한 법적 보호대상의 학교를 일방적으로 폐교시켰다는 것을 알게 된 주민들은 더욱 분개하였다. 마을 주민들은 멸종위기에 있어 천연기념물로 보호하는 새들을 둥지가 몇 안 남았다고 아예 없애버리자는 것과 다름이 없다고 말했다. 법적인 요건을 떠나서 두밀리 주민들에게 두밀분교는 두밀리를 지탱해온 기둥이었고 도저히 빼앗길 수 없는 유산이었다.

상색국민학교 교장의 보고서에만 의존한 교육청측은 두밀리 주민들의 가슴 속에 두밀분교가 얼마나 깊게 자리하고 있는지를 헤아리지 못하였다. 그리고 두밀분교를 지킴으로써 황폐해가는 고향을 기필코 되살리겠다는 두밀분교 학부모들의 의지를 이해하지 못한 것이다. 그리고 주민들이 두밀리 어린이들에게 갖는 애정과 그들에게 거는 기대를 이해하지 못하였다. 그 아이들은 죽어가는 농촌에 남아있는 유일한 희망이었고 두밀분교는 두밀리라는 지역공동체가 무너지지 않고 지탱해갈 수 있었던 원동력이었다.

두밀분교 아이들

두밀분교 학부모는 거의 30대의 젊은 농사꾼들이다. 이들은 대부분 두밀리에서 태어나 두밀국민학교를 졸업하고 마을에서 20리 떨어진 가평읍에서 중고등학교를 졸업했다. 그후 서울 등지에서 직장생활을 하다가 결혼을 하여 고향으로 되돌아온 사람도 있고 태어나서 한번도 마을을 떠나지 않고 농사를 지으며 살아온 사람들도 있다. 이들이 궁핍한 농촌생활을 마다않고 두밀리에 눌러 산 이유는 서울생활보다는 곤궁하지만 산 좋고 물 좋고 공기 좋은 두밀리에서는 마음 편히 살 수 있기 때문이었다. 비탈을 일구어 감자와 옥수수를 심고 소와 돼지도 기르고, 가을이면 잣을 따고 그렇게 일년 내내 부지런히 일해도 아이들에게 새옷 한벌 제대로 사줄 수 없는 형편이긴 하지만 그래도 부모와 형제가 있는, 나를 키워준 고향 두밀리가 좋아서 머무르는 사람들이다.

이들에게는 고향에 남을 수밖에 없게 된 사정이 있기도 하다. 그동안 조상에게서 물려받은 농토를 가꿔오셨던 연로한 부모들을 보살피기 위해 두밀리에 남기로 작정한 사람들인 것이다. 그래서 두밀분교 아이들은 대부분 엄마 아빠뿐만 아니라 할아버지 할머니들과 함께 살고 있다. 우리 시대에 점점 사라져가는 대가족 제도를 지탱해나가고 있는 사람들인 것이다. 그러나 할머니와 할아버지는 있어도 엄마 아빠 없이 사는 아이들도 있다. 이 아이들은 농촌의 피폐화가 낳은 희생자들이다. 농촌에서는 더이상 살 수 없다고 엄마가 가출했거나, 도시에 나가 돈을 벌어보겠다는 생각에 자식은 할아버지 할머니에게 맡겨두고 도시로 나간 사람들의 아이들인 것이다. 도시 같았으면 쉽게 버림받고 상처받아 비뚤어지거나 나쁜 길로 빠지기 십상인 이러한 아이들이 두밀리에서는 다른 아이들과 크게 다름없이 밝고 안전하고 아이들답게 잘 자라고 있다. 바로 두밀리와 두밀분교라는 안전한 울타리가 있기 때문인 것이다.

집에 공부방은커녕 책상도 하나 없고, 스스로 아침 저녁을 챙겨먹으며 학교에 다니는 이 아이들에게 두밀분교는 너무나 소중한 보금자리였다. 학교에 가면 엄마를 대신할 선생님이 늘 계셨다. 머리가 길면 머리도 깍아주시고 떨어진 단추도 달아주시곤 했다. 다른 아이들로부터 행여 상처받지 않을까 말 한마디라도 더 따뜻하게 해주셨다. 아침을 시원치 않게 먹고 가도 점심만은 학교 식당에서 영양사와 조리사 아주머니가 만들어주는 급식으로 맛있게 배를 채우곤 하는 아이들이었다. 그래서 이 아이들은 수업이 끝나도 4년 전 빨간 벽돌로 말끔히 지은 교실에서 숙제를 하기도 하고 마음껏 운동장에서 놀다가 해질 무렵에야 집으로 돌아가곤 했다. 두밀리 아이들은 비록 집은 가난하지만 학교는 부자인 아이들이었다. 독지가나 기업체에서 기증한 책과 피아노도 있었고 올 2월엔 한국통신에서 기증한 컴퓨터 여섯대가 아이들을 기다리고 있었다. 두밀분교 아이들은 곧 컴퓨터 도사들이 될 기대에 크게 부풀어있었다. 지금은 모두 교육청에서 실어가고 빈 교실엔 먼지만 수북하지만 ….

두밀분교 학부모들

시골에 남아 농사를 짓는 젊은 사람들의 가장 큰 걱정 중의 하나는 자녀교육문제이다. 두밀분교 학부모들도 어떻게 해서든 근근이 먹고는 살수 있었지만 자라는 아이들의 교육문제가 늘 마음에 걸렸다. 서울 아이들은 학원도 몇 군데씩 다닌다는데 학교 갔다 오면 숙제 하나 챙겨주지 못하는 것이 마음에 걸리곤 했다. 명절 때나 휴가철에 찾아오는 어린시절 친구들이 말쑥한 옷차림에 자가용을 타고 오는 것을 보면 아직도 검정 고무신에 검게 그을린 거친 얼굴이 갑자기 창피해지곤 하는 그들에게 자기 자식만은 좀 제대로 교육시켜보고 싶은 마음이 얼마나 간절하겠는가. 그래서 지난 9월 상색국민학교 교장이 와서 아이들이 질좋은 교육을 받으려면 큰 학교로 가야 한다는 말을 듣고 애석하지만 두밀분교의 폐교를 찬성하는 의견서를 써준 학부모도 있었다. 자식 공부 더 잘 가르쳐준다는데 마다할 사람이 어디 있겠는가. 대학에 가서 출세하려면 큰 학교를 다녀야 한다고 하던 교장선생님. 그래서 자기 아들은 일찍부터 서울로 보냈던 교장선생님.

그래도 서울 아이들보다 씩씩하고 건강하게 자란다는 생각에 위안을 하곤 했다. 어른들의 더러운 때를 묻히지 않고 아이들답게 자연 속에서 자라게 해주는 것이 부모로서 자랑스럽기도 했다. 변변한 놀이터도 없이 공부와 공해에 찌든 도시의 아이들처럼 폭력만화나 오락실 같은 유해환경에 물들 우려도 없었다. 그저 들로 산으로 계곡으로 마음껏 뛰어다니는 두밀리 아이들. 봄에는 나물 뜯으러 가고, 여름에는 계곡에서 물놀이 하고, 가을에는 밤을 주우러 산에 오르고, 겨울에는 눈썰매를 타느라 시간 가는 줄 모르는 두밀리 아이. 온상에서 웃자란 채소처럼 힘이 없고 창백해 보이는 서울 아이들과 달리 밤송이처럼 알차고 싱싱한 두밀리 아이들.

바로 이러한 아이들이 모여 공부하는 두밀분교는 학부모들에게 언제나 문이 열려있었다. 우리 아이 잘 봐달라는 돈봉투가 아니라 텃밭에서 뽑은 싱싱한 배추를 들고 가 공부 안하는 우리 아이 좀더 혼내주라고 말하던 두밀리 학부모들이었다. 두밀리를 찾아오는 사람이면 제일 먼저 지나는 곳이 두밀분교, 거기서 나오는 아이들의 웃음소리는 아직도 이 두밀리 골짜기에 삶의 기운이 있다는 것을 보여주는 것이었다.

피와 땀과 눈물이 밴 학교

지난 12월 막상 학교가 문을 닫는다는 말이 전해지자 주민들의 낙심은 실로 큰 것이었다. 한때는 전교생이 2백여명 남짓하던 학교가 이제는 학생이 없어 문을 닫아야 한다는 것은 두밀리 주민들에게 조상 대대로 지켜온 이 터전이 이제는 사라지는구나 하는 생각을 갖게 한 것은 당연했다. 그들의 절망감이 더욱 컸던 것은 도시사람들은 알지 못하는 마을 학교에 대한 애정이 두밀리 주민들 가슴 속에 자리잡고 있었기 때문이었다.

교육관료들에게 두밀분교는 단순히 교육 행정조직의 하나에 불과했지만 두밀리 주민들에게는 그야말로 피와 땀과 눈물이 구석구석 스며있는, 그들 삶의 일부였다. 30여년 전 산에서 나물을 캐다 밀가루를 풀어 나물죽을 쑤어 먹으면서도 주민들은 학교부지를 넓히기 위해서 몇해를 두고 콩을 팔고 쌀을 팔아야 했다. 당시 학교가 너무 좁아 아이들이 제대로 공부할 수 없는 지경이 되었어도 정부는 예산부족을 이유로 교실확장을 미루었고 결국 주민들이 스스로 돈을 모아 땅을 사서 교육청에 주기로 한 것이었다.

첩첩산골인 두밀리에는 주민들이 비탈을 깎아 일군 논과 밭이 대부분이라 다른 지역처럼 학교 운동장을 선뜻 내놓을 만한 대지주가 없었다. 또 돈을 주고 사겠다고 해도 땅주인이 팔지 않겠다고 버텼다고 한다. 농사꾼이 땅을 주고 나면 무얼 먹고 사느냐는 것이었다. 그래서 주민들이 땅주인을 설득하여 팔지 않겠다는 땅을 내놓으라고 소주도 많이 사주었다고 한다. 결국 주민들이 땅값을 거둬주기로 하고 간신히 학교를 지을 수 있게 되었던 것이다.

그러나 주민들이 이렇게 부지를 마련해주었는데도 교육청측은 예산이 부족하다며 교실을 지을 원자재만 주민들에게 갖다주었다. 불도저나 크레인도 없고 레미콘도 없던 시절 주민들은 학교를 짓기 위해 직접 벽돌을 찍어 날랐다. 학생들은 오전수업만 하고 오후에는 개울에 가서 모래와 자갈을 퍼날랐다. 책보자기에 자갈을 두번씩 날라야 선생님이 집에 가도 좋다는 도장을 손목에 찍어주곤 했다고 한다. 그러다 보니 책보자기가 얼마

안 가서 닳고 해져 어머니에게 흠씬 회초리를 맞은 기억을 얘기하며 굳게 잠긴 두밀분교 교문을 어루만지는 동창생들도 있었다.

집에서 각자 가져온 보리밥에 풋고추와 된장으로 점심을 때우고 교육청에서 보내준 막걸리로 참을 했어도 주민들은 힘든 줄 몰랐다고 한다. 우리 마을에 버젓한 학교를 세운다는 기쁨이 있었기 때문이다. 버스를 타려면 개울을 열한번을 건너고 20리를 걸어나와야 하던 두밀리 주민들, 뱀에 물리면 병원에 가기 전에 죽을 수밖에 없다던 두밀리 주민들의 고향에 번듯한 학교가 생긴다는 것은 너무나 자랑스러운 일이었다. 그래서 전 주민이 학생이 있든 없든 농사일을 제쳐두고 학교 짓는 데 먼저 나섰던 것이었다. 교육부가 예산이 없다는 이유로 다시 학교문을 닫으리라고 누가 꿈엔들 생각했겠는가. 더구나 학교터를 사주고 등짐으로 학교를 지은 사람들이 버젓이 살아있는데, 그들의 애원도 무시하고 문을 잠그리라 누가 생각했겠는가.

두밀리 주민들의 학교에 대한 애정은 학교를 짓고 나서도 끊이지 않았다. 봄이면 산에서 좋은 나무들을 캐다 학교 주위에 심었고 겨울이면 교실에 지필 장작을 져다 날랐다. 누구도 힘들다고 마다하거나 정부에서 할 일을 왜 우리가 해야 하느냐고 불평하는 사람들도 없었다고 한다. 우리 마을에 우리 아이들이 다니는 우리 학교니까 당연히 우리가 해야 할 일인 것이었다. 그리고 명절 때만 되면 학교 운동장에서 씨름대회도 하고 윷놀이도 하고 노래자랑도 했다. 가을운동회는 온 주민들의 신나는 마을 축제였다. 두밀학교는 두밀리 주민들이 공동체를 꾸려나가는 정신적 기둥인 동시에 그들의 척박한 삶의 보람이기도 했다.

두밀리 공동체를 꾸려가는 사람들

이미 가평군 내의 여러 마을에서 분교들이 폐교된 것은 알고 있었지만 두밀리 주민들은 작년 12월 폐교결정이 내려지기 전까지만 해도 큰 걱정을 하지 않았다. 학생수도 분교로서는 많은 21명이고 아직도 학교에 입학할 아이들이 여럿 있었고 결혼을 앞둔 총각들도 서넛이나 있었기 때문이다. 무엇보다도 가평군에서 두밀리만큼 젊은 사람들이 많은 동네가 없었기 때문이었다. 3, 40대로 구성된 두밀리 청년회 회원이 36명이나 되었다. 젊은 농사꾼들 덕분에 두밀리는 늘 활기가 있었다. 그들에게는 여물지 않은 벼 포기와 얼어붙은 배추 포기에도 굴하지 않고 일어서는 끈질김이 있었다. 퇴비공장, 관광농원, 기계화 비닐하우스를 새로 지을 부푼 꿈이 있었다. 이들은 수입개방을 해도 어떻게든 고향을 지키며 살아보겠다는 의욕에 차 있었다. 그리고 이들에겐 다른 마을의 외톨이 젊은이들과 달리 서로 의지할 친구와 형제들이 있었다. 어린시절을 함께 보낸 불알친구들인 이들은 함께 고민하고 힘을 합치며 살고 있었다. 30만원씩 주고 사다 1년 넘게 먹인 암퇘지에게 사료를 잘못 먹여 사산시킨 형을 찾아가 위로를 해주었고, 농약을 잘못 쳐 오이농사를 망친 동생을 찾아가 소주 한잔으로 함께 시름을 달래곤 하였다. 동네 어른이 돌아가실 때마다 궂은 일을 책임지는 것도 두밀리 젊은이들이었다. 갑자기 아픈 사람이 있으면 밤중에라도 트럭에 태워 읍으로 달려가는 사람들도 이들이었다. 농촌지도소니 농촌진흥청이니 바쁘게 찾아다니며 새로운 영농기술을 배워다 나이 든 주민들에게 가르쳐주는 것도 이들이었다. 여름내 서울 사람들이 들어와 쓰레기 범벅을 만들어놓은 계곡을 청소하는 것도 두밀리 젊은이들이었다. 그래도 술 먹고 싸움 한번 하지 않고 사는 사람들이 이들이었다. 지난 5월에는 법무부에 의해 경기도 가평군 전체에서는 둘밖에 없는 범죄없는 마을로 선정되어 5백만원의 상금까지 받은 사람들이 두밀리 사람들이었다.

두밀분교가 없어지면 이러한 두밀리의 젊은 기둥들도 하나둘씩 빠져나갈 것이고 조상 대대로 지켜온 두밀리도 결국 껍데기만 남게 된다는 것을 마을사람이면 누구나 짐작할 수 있었다. 두밀리 공동체의 붕괴는 뻔한 것이었다. 이미 다른 곳에서는 마을학교가 문을 닫고 나자 온 마을이 순식간에 황폐해졌다는 것을 알고 있는 주민들이었다. 가평군에서 제일 활기찬 마을, 아직은 살아있는 농촌인 두밀리도 결국 폐가와 잡초 투성이의 골짜기로 변할 것이라는 것은 불을 보듯 뻔한 것이었다. 두밀분교의 폐교 철회에 두밀리 주민들은 마을의 생존을 걸고 싸워온 것이다.

두밀리 공동체의 밑거름 — 풀뿌리 민주주의

비록 생존을 위한 절박한 싸움이었으나 두밀리 주민들은 합리적이고 평화적으로 그리고 민주적으로 이 문제를 해결하려고 노력해왔다. 우선 두밀분교의 폐교철회를 위한 두밀리 주민들의 행동은 철저하게 민주적으로 이루어졌다. 그들은 폐교철회 추진위원회를 구성하여 여기에 참여할 대표를 뽑았고 전 주민의 의사를 물어야 하는 사안은 전체 주민회의인 대동회를 소집하여 결의하였다. 이들의 이러한 민주적 사고방식은 학교에서 배운 것이 아니라 생활을 통해 체득한 지혜에서 나온 것이었다. 민주적으로 일을 처리하는 것이 가장 합리적이라는 것을 주민들은 잘 알고 있었다.

그렇다고 두밀리 주민들이 모든 문제를 무조건 다수결로 의사결정하는 것도 아니었다. 민주주의라는 것은 번거롭기도 하고 인내가 필요하다는 것을 그들은 잘 알고 있었다. 주민 다수의 의견을 무시하고 한두 사람이 일방적으로 마을일을 결정하면 마을사람들이 따르지도 않고 뒷말만 무성하다는 것을 잘 알고 있었다. 또 소수의 의견을 무시하고 다수가 밀어붙여도 마을일이 제대로 잘 안된다는 것도 알고 있었다. 수십번도 더 했던 '두밀분교 폐교철회 추진위원회' 대책회의나 학부모회의에서 그들은 늘 모든 의견을 끝까지 듣고 토론하고 설득하여 결국 합의점을 끌어내곤 했다.

농사일 마치고 씻고 저녁 먹고 9시쯤 시작한 학부모회의나 주민회의가 새벽 2시, 3시까지 가기가 일쑤였다. 학생들 등교 여부나 폐교반대 추진에 필요한 경비지출 등을 토의하면서 한 얘기 또 하고, 또 하고 지루하게 논쟁을 하는 적이 많았다. 그러나 두밀리 주민들은 이런 과정을 거쳐 결정된 사항에 대해서는 사견을 버리고 전체의 뜻에 따르는 지혜를 보여주었다. 이렇게 개인의 의견을 존중하는 것을 일찍부터 터득했고 민주주의를 실천해온 두밀리 주민들이 교육부의 일방적 폐교결정을 받아들일 수 없었던 것은 차라리 당연한 것이었다. 이러한 지혜와 끈질김이 있었기에 두밀리 주민들은 지난 12년 동안 전국 어느 곳에서도 제기되지 않았던 문제점들을 지적하며 농어촌학교 통폐합 문제를 두밀리만의 문제가 아니라 전국민이 함께 풀어야 할 숙제로 확산시킬 수 있었던 것이다.

그렇게 되기까지 두밀리 주민들이 겪어야 했던 고초와 이를 슬기롭게 이겨낸 인내는 새겨볼 만하다. 지역구 의원 만나러 국회에 가서 하루종일 꼬박 굶고 기다리면서도 소동 한번 부리지 않았던 두밀리 사람들. 민자당사 앞에서 여섯 시간 동안 덜덜 떨며 목이 쉬도록 우리 학교 돌려달라고 외치고, 〈고향의 봄〉을 부르던 두밀리 사람들. 10분 만에 끝날 재판을 보러 아침밥을 거르며 세 시간 넘게 버스를 타고 달려갔어도 불평 한마디 않던 두밀리 사람들. 비좁은 마을회관에서 두 학기째 선생님 대신 엄마들과 공부해온 두밀리 아이들. 두밀리 주민을 설득한다며 한때 뻔질나게 찾아온 이른바 지역 유지들, 국회의원, 교육감, 교육장, 군수, 도의원, 군의원, 읍장 등등. 그들이 타고 온 윤기나는 검정 자가용들과 그들의 얼굴에 흐르는 기름기. 두밀리 아이들 가르칠 교사는 없다면서도 검정 승용차 뒤를 졸졸 따라오던 교육청 직원들.

두밀리 주민들이 두밀분교를 되찾으러 처음 나섰을 때는 교육개혁이니 복지농촌이니 민주행정이니 거창하게 따지려고 시작한 것이 아니었다. 그들은 그저 조상 대대로 평화스럽게 살아온 마을을 지키고 싶은 사람들이다. 푸른 산과 맑은 물을 지키고 사람답게 살고 싶어하는 사람들이다. 산업화 과정에서 천덕꾸러기처럼 버려진 농사꾼들로 이제는 더이상 빼앗길게 남아있지 않은 사람들이다. 학교는 이제 그들에게는 마지막 남은 유산이고 마지막 남은 희망이다. 그래서 칠십 성상을 넘은 노인마저도 "학교를 빼앗기는 것은 나라를 빼앗기는 것이나 마찬가지"라며 여태 버티고 있는 것이다.

두밀리 사람들이 마을 학교를 지키려는 것은 두밀리 사람들만 잘살겠다고 하는 것이 아니다. 최근 우리사회는 "나만 잘살면 된다"는 생각이 가져온 엄청난 경제적, 도덕적 폐해를 절감하고 있다. 인간은 적자생존이니 무한경쟁이니 하는 야만적 원칙에 의해 지배되어 살 수 없다는 것을 비로소 체득하고 있는 것이다. 남이 잘살아야 나도 잘살 수 있다는 인간사회의 숭고한 원칙을 이제야 재발견하고 있는 것이다. 두밀리 같은 지역

공동체는 이웃간에 서로 도우며 그 속에서 개인의 발전과 공동체의 번영이 조화될 수 있는 곳이다. 우리가 도덕적으로나 경제적으로나 더이상 지탱할 수 없이 비대해진 도시화를 지양하고 참된 인간사회를 건설하기 위해서는 꼭 보존해야 할 우리의 귀중한 삶의 터전이다. 그래서 농촌이 살아야 도시도 산다는 명제가 실현되어 국가 공동체에 활력이 생기도록 해야 할 것이다.

두밀분교의 폐교를 둘러싼 논쟁을 통해 필자는 지역자치와 공동체 건설을 위한 풍부한 토양이 우리 농촌에 남아있다는 것을 발견했다. 이 땅에는 이미 오래 전부터 풀뿌리 민주주의가 널리 퍼져있었던 것이다. 단지 독재권력과 관료주의에 의해 싹이 트지 못하고 밟혀있었을 뿐이었다. 기나긴 압제의 겨울에도 얼어죽지 않고 살아남은 우리 땅의 풀뿌리 민주주의는 두밀리뿐만 아니라 앞으로 전국 각처에서 힘찬 싹을 뻗어올릴 것이다. 이러한 인간적이고 민주적인 삶의 뿌리가 농촌에서 도시로 뻗어나갈 때 비로소 우리사회는 상실한 인간성을 회복할 수 있을 것이다.

학교교육의 횡포

존 테일러 개토

사고력을 박탈하는 학교

여러분에게 멍청함에 대하여 이야기하겠다. 그것이 학교가 제일 잘 가
르치는 것이니까. 옛날의 멍청함은 단순한 무지, 즉 어떤 것에 대하여 알
지 못하는 것이었다. 그러나 알려고 하면 알 수가 있었다. 정부에 의해 통
제되는 학교교육은 멍청함을 없애지 못했다. 사실, 지금 우리는 사람들이
학교교육을 강요당하기 이전에 더 유창하게 글을 읽었다는 사실을 알고
있다.

오늘날 멍청한 사람은 단순히 무지한 것이 아니라 진부한 개념을 생각
없이 받아들임으로써 생긴 피해자이다. 지금 멍청한 사람들은 〈타임〉지와
CBS, 〈뉴욕타임스〉와 대통령의 견해에 대해 정통해있다. 그들의 일은 남

존 테일러 개토(John Taylor Gatto) — 미국의 비판적 교육철학자, 운동가. 30여년의 교직
경험을 가진 근본적인 정치적 이단자이다. 《바보 만들기 — 강제적 학교교육의 감추어진
교과과정》(1992) 등 저서가 있다. 여기 소개하는 것은 1992년 9월 텍사스대학 오스틴 캠
퍼스에서 행한 강연으로, 출전은 The Sun(1992년 12월)이다.

들이 한 생각, 얻어들은 의견들 중에서 어느 것이 제일 마음에 드는지를 선택하는 것이다. 이 새로운 무지의 제국에서 남들의 생각을 가장 많이 알고 있는 사람이 엘리트이다.

　대규모의 멍청함은 현대사회에 절대적으로 필요한 것이다. 멍청한 사람은 시장조사자, 정부의 정책결정자들, 여론주도자들, 그리고 다른 이익집단들이 심리적 조작을 하기에 아주 좋은 유순한 사람들이다. 어떤 사람이 남들의 생각을 많이 기억하고 있으면 있을수록 그가 어떤 선택을 할는지 예측하기가 더 쉽다. 스스로 생각을 하거나 오랫동안 미칠 것 같은 기분을 느끼지 않고 혼자 있는 일은 멍청한 사람들이 할 수 없는 일이다.

　진정한 지식은 힘들고 고통스러운 사고에 의해 얻어지는 것이다. 그것은 집단토의나 집단치료에서 생겨나는 것이 아니고 오직 혼자만의 외로운 시간에서만 생겨난다. 진정한 지식은 끊임없는 질문에 의해서만, 그리고 독립적인 확인의 노동에 의해서만 얻어진다. 그것을 정부요원이나 사회사업가, 심리학자, 면허 받은 전문가, 또는 학교선생에게서 살 수는 없는 것이다. 이 나라에는 진정한 지식의 발견을 허용하도록 세워진 공립학교는 없다. 가장 좋은 학교라 해도 그렇다. 여기저기에 마치 게릴라 투사들처럼 외롭게 체제에 반발하고, 이러한 이상을 향해 나아가는 교사들이 있기는 하지만―. 그러나 학교란 사람을 개별적인 존재로 보기보다 사람들을 분류하기 위하여 세워진 것이므로 가장 좋은 교사들이라도 그들이 참을 수 있는 질문의 양에는 엄격한 한계가 있다.

　새로운 멍청함―수용된 개념에 대한 무사고(無思考)―은 단순한 무지보다 훨씬더 위험하다. 왜냐하면 그것은 사고를 통제하는 일에 관련되어 있기 때문이다. 학교에서는 개인의 타고난 정신의 힘을 씻어 없앤다. 이 '세척'이 너무도 포괄적이기 때문에 독창적인 사고는 어렵게 된다. 이것이 학교교육이 의도적으로 수행하는 일의 일부임을 믿지 않는다면 여러분은 윌리엄 토레이 해리스의 《교육의 철학》을 읽어보아야 한다. 해리스는 1990년경에 미국의 최고위 교육행정가였고 미국의 학교들을 규격화하는 데 가장 많은 영향력을 행사한 사람이다. 그의 말을 들어보자.

"백명 중 아흔아홉명(의 학생)은 조심조심 정해진 길을 따라 걷고 정해진 관습을 따르는 자동인형들이다"라고 해리스는 쓰고 있다. 이것은 우연한 일이 아니라 "실질적인 교육의 결과인데, 과학적으로 정의하자면 교육은 개인의 평준화이다"라고 해리스는 설명한다.

과학적 교육은 개인을 말살하여 그 사람이 로봇처럼 행동하게 만든다. 그것이 이제까지의 가장 영향력 있는 미국 교육행정가의 생각이다.

위대한 신학자 디트리히 본회퍼는 나치즘에 대한 그의 뛰어난 분석에서 이 새로운 멍청함의 문제를 제기했다. 그는 어찌해서 세계에서 학교교육이 가장 잘 되어있는 나라인 독일이 나치즘의 지배하에 떨어지게 되었는지 알아보려고 하였다. 그는 나치즘은 오직 좋은 학교교육의 심리학적 산물로서만 이해될 수 있다고 결론지었다. 받아들여진 개념들, 남들이 이미 다 해놓은 생각들의 무게가 너무나 압도적이어서 개인들은 스스로 사물을 평가하려는 노력을 포기해버렸다. 학교에 대중전달매체들이 기성품으로 된 생각과 판단을 수없이 많이 제공하고 있는데 왜 그것을 스스로 하려고 애쓴단 말인가?

새로운 멍청함은 순응을 강요하는 수많은 요구에 의해 이미 경박스럽게 되어있는 중산층이나 중상류 사람들에서 특히 심각하다. 학위나 졸업자격, 혹은 면허 때문에 자기들이 무엇인가를 틀림없이 알고 있다고 불안하게 믿고 있는 사람들이 많다. 그러다가 이혼을 하거나 아이들과 멀어지게 되거나 실직을 한다든지 혹은 삶이 허무하다는 느낌이 주기적으로 찾아들 때, 그러한 것이 그들의 불완전한 인간성과 그들의 불구적(不具的)인 삶의 위태로운 균형을 깨뜨려놓는 것이다.

쓸모있는 교육

나는 좋은 학교교육을 젤 수 있는 잣대, 황금의 원칙을 제시하려 한다. 메인 주 배스에 있는 셀터연구소는 여러분의 나이에 상관없이 3주일 동안에 3천 평방피트의 여러 층으로 된 집을 짓는 방법을 가르쳐줄 것이다. 한 주일을 더 보내면 여러분 스스로 기둥과 서까래를 만드는 방법을 보여줄 것이다. 실제로 나무를 잘라서 세울 수 있게 된다. 전기배선, 배관, 단열재 설치, 실제작업을 배울 것이다. 2만명이 그곳에서 공립학교의 한 달 학비를 내고 집짓는 방법을 배웠다. 그리고 거의 같은 돈을 내면, 메인 주 해양박물관의 '도제과정'에서 1년 과정의(방학 없이 1주에 40시간) 전통적인 목선(木船) 제작법에 등록할 수 있다. 전체 수업료는 800달러이지만 한 가지 이점(利點)이 있다. 즉, 두 주일 동안 자원봉사를 한 사람만을 수강생으로 받아준다는 점이다. 이제 여러분은 13개월과 1,500달러를 투자해서 집과 배를 갖게 되는 것이다. 그밖에 알고 싶은 것이 무엇인가? 채소 키우기, 옷 만들기, 자동차 수리, 가구 만들기, 노래 부르기인가? 여러분 중에 역사적 상상력을 가진 사람은 학교교육에 대한 토머스 제퍼슨의 기도, 즉 학교는 쓸모있는 지식을 가르쳐야 한다라는 것을 생각해낼 것이다. 실제로 어떤 곳에서는 쓸모있는 지식을 가르치고 있다. 오늘날 미국에서 가장 좋은 교육은 박물관, 도서관 그리고 사설기관에서 이루어지고 있다. 누구든 당신의 아이를 교육하고자 한다면 셀터연구소의 기준에 맞추라. 그러면 잘될 것이다.

셀터연구소는 여러분에게 훌륭한 집을 갖게 하는 데 몇주밖에 요구하지 않는다. 메인 주 해양박물관은 배 만들기, 밧줄 만들기, 새우잡이, 돛 만들기, 물고기 잡기, 해양건축을 가르치는 데 몇달밖에 걸리지 않는다. 우리에게 학교교육이 부족한 것이 아니라 지나치게 많다. 학기가 짧은 홍콩은 모든 과학이나 수학 경연에서 일본을 능가한다. 학기가 긴 이스라엘이 전세계에서 가장 짧은 학기를 가진 벨지움을 따라가지 못한다.

누군가가 여러분에게 거짓말을 하고 있는 것이다. 부유하고 건강하고 아름다운 나라, 모든 것에서 높은 질을 자랑하는 스웨덴은 아이들이 일곱 살이 되기 전에는 학교에 들어가는 것을 허용하지 않는다. 스웨덴의 학교교육기간은 12년이 아니라 9년인데, 그것을 마친 평균적인 스웨덴 사람은 학교교육을 너무 많이 받은 미국인들보다 낫다. 어째서 여러분은 이 사실들을 모르고 있는가? 여러분이 모르고 있기 때문에 이익을 보는 사람들은 누구인가?

스웨덴의 학교에 입학을 하면 학교당국은 아이에게 세 가지를 묻는다. (1) 왜 학교에 다니려고 하는가? (2) 그 경험으로부터 무엇을 얻기를 원하는가? (3) 네게 흥미있는 것은 무엇인가?

그리고 나서는 이제 학부형들이 교사에게 질문한다. 당신은 집이나 배를 지을 줄 아는가? 당신은 채소를 키우고, 옷을 만들고, 우물을 파고, 노래를 부르고(당신 자신의 노래), 당신 자신의 아이들을 행복하게 해주고, 당신 주위 일상의 세계로부터 온전한 삶을 이루어낼 수 있는가? 아니라고? 당신은 그렇게 할 수 없다고 말하는가? 그렇다면 당신은 내 아이를 가르칠 수는 없다.

나 자신의 인생에서나 내 아이들에 관련해서나 나는, 가슴에 주홍글씨를 달고 다녀야 했던 헤스터 프린이 청교도 장로들이 자기의 딸을 빼앗아 가려 했을 때 그들에게 한 말을 할 용기가 없었던 것을 애석하게 생각한다. 적대적인 사람들에 둘러싸여 친구도 없이 혼자서 누추하게 지내는 그 여자는 "내가 죽기 전에는 안돼요"라고 말했다. 2·3주 전에 펜실베이니아 스트라우즈버그에서 한 젊은 부인이 내게 전화로, 자기의 어린 딸 크리시를 집에서 교육하는 것을 중단하라고 주정부가 통보해왔다고 말했다. 정부는 강제적으로 크리시를 학교에 보내겠다는 것이다. 그 여자는 어떻게 비용을 대야 할지는 모르지만 싸우겠다고 말했다. 우선 법으로 그러고 나서는 무슨 방법으로든지. 이 젊은 어머니와 펜실베이니아 주정부 중 누가 이길지 내기를 걸라고 한다면 나는 그 어머니에게 걸겠다. 그 여자의 말 속에서 내가 들은 것은 "내가 죽기 전에는 안돼요"라는 말이었으니까. 정부가 내 아이를 데려가려 했을 때 내가 그 말을 할 수 있었더라면 좋았을 것을 나는 그러지 못했다. 그러나 내가 다시 태어난다면 나는 꼭 그렇게 말할 참이다.

며칠 전에 한 신문사에서 아이들을 학교에 입학시키려는 부모들에게 조언을 해달라는 전화가 왔다. 기자가 원한 것은 뉴욕 주 '올해의 교사'였던 사람에게서 건전한 정보를 듣자는 것이었다. 나는 이렇게 말했다.

"학교가 당신과 직접 진심으로 의논을 하러 오지 않거든 ─ 학교 위주가 아니라 당신 위주로 — 아이들의 학교에 협조하지 마십시오. 모든 것을 포기한 사람만이 아이들을 시험해보지도 않은 낯선 사람들에게 무조건 맡겨놓고 최선의 결과가 나오리라고 희망할 것입니다. 부모와 학교당국이 적수라는 건 명백합니다. 한쪽은 생계를 벌려고 하고 다른 쪽은 가족이라는 예술작품을 만들려고 합니다. 만일 당신이 아첨에 속아넘어가거나 특별학급이나 학습계획 같은 쓸데없는 것에 꼬임을 당하거나 무언지 모를 자격증이나 학위 등에 겁을 먹거나 한다면 당신은 내부의 적이 되어 국가의 학교교육을 당신의 가정에까지 연장시키게 될 것입니다. 그것을 허용한다면 수치스러운 일이 될 것입니다. 당신이 할 일은 진짜 교육이고, 교사의 일은 학교교육입니다. 당신은 사랑을 위해 일하지만 교사는 돈을 위해 일합니다. 관심사가 근본적으로 다릅니다. 한쪽은 개별적인 것인데, 다른 쪽은 집단적인 것입니다. 당신이 그렇게 할 시간과 의지가 있다면 당신의 자녀를 독자적인 사람으로 만들 수 있지만 학교는 아이들을 오직 가축이나 벌떼나 개미무리의 한 부분으로 만들 수 있을 뿐입니다."

교육을 위한 사보타지

내가 그토록 반감과 혐오감을 느끼는 제도 속에서 어떻게 거의 30년이나 살아왔느냐고? 나는 다른 교사들에게 전략을 제시하고자 하는 희망에서 고백을 하려고 한다. 나는 소규모로 혹은 대규모로 활발하게 사보타지를 행해왔다. 내가 단호하게 해온 것은 내가 여기에서 말하는 것을 아이들에게 가르치는 일이었다. 즉, 학교교육이 집을 짓거나 배 만들기를 가르치지 않으면 그것은 나쁜 일이라는 것, 낯선 사람들에게 너 자신에 대한 상세한 정보를 알려주면 확실히 그 사람들에게 유리하게 되지, 너 자신에게 이익이 되는 일은 거의 없다는 것 말이다.

일상적으로 나는 의식적으로 사보타지를 했다. 정기적으로 규칙을 어기고, 학교교육의 정해진 시간과 공간을 융통성있게 만들고, 경직된 교과과정이지만 학생들 개개인에게 쓸모있는 것이 되도록 성적 기록을 조작하였다. 나는 새로운 교사들이 행정의 피라미드에 끼어들지 않기 위해 변증법적으로 사고하도록 고무함으로써 기계장치에 모래를 던져넣었다. 나는 학교의 징벌제도의 약점을 이용했다. 학교의 징벌 메커니즘이란 전혀 쓸모가 없는 것인데 나는 보이지 않는 방법으로 그것에 도전하고, 내가 그것을 두려워하지 않는다는 것을 보여주고, 행정관리자들을 서로 대립하게 함으로써 그 거대한 괴물이 나를 짓뭉개지 못하도록 하였다. 그것으로 되지 않을 때는 사업가, 정치가, 부모들, 기자들 같은 지역사회의 힘들을 동원해서 운신의 폭을 넓게 했다. 한번은 내가 심한 공격을 받고 있을 때 나는 아내에게 학교의 이사로 출마하도록 부탁했다. 아내는 이사로 선출되어 교장을 해임시켰다.

그러나 내가 가장 자랑스럽게 생각하는 것은, 학교제도에 대한 아이들의 신뢰를 무너뜨리고 그 대신 아이들 자신의 생각과 마음에 대한 자신감을 심어주었다는 것이다. 나는 윌리엄 토레이 해리스를 비웃고 내 아이들에게 어린시절 푸른 모논가헬라강과 철강 도시 피츠버그가 내게 준 것을 주었다. 그것은 가족과 친구들과 문화와 이웃에 대한 사랑, 그리고 넘치는 자존심이었다. 내가 가르친 아이들 중 몇명은 학교를 떠나 아마존강 상류로 가서 인디언 부족들과 함께 살면서 정부의 댐 건설이 전통적인 가족생활에 미치는 영향을 독자적으로 연구하였다. 몇몇은 니카라과로 가서 전투에 가담하여 민중들의 삶에 시(詩)가 차지하는 놀라운 힘을 연구하였다. 몇몇은 영화를 만들어 상을 받았고, 몇몇은 코미디언이 되었고, 몇몇은 사랑에 성공했고, 몇몇은 실패했다.

학교의 과학과 진짜 과학

교사자격증이라는 환상을 생각해보자. 교사들은 전문가이기나 한 것처럼 자격증을 받고 그에 따른 봉급을 받는다. 그러나 실제로 전문가인 경우는 드물다. 예를 들어, 과학교사가 과학자, 즉 자연의 신비에 대한 열정을 지니고 자신의 시간에 이런 관심사를 추구하는 사람인 경우는 거의 없다. 이 나라의 과학 학급이 무엇을 발견하거나 인간의 지식을 증가시키려는 진지한 노력을 실제로 하는 경우가 몇이나 되는가? 그것들은 시간을 죽이는 정돈된 방법일 뿐, 그 이상은 아니다.

아이들은 낡아빠진 과정을 되풀이하며 과학용어를 외운다. 텔레비전에서 상업광고를 따라하게 되는 것과 똑같은 방법으로 공식을 따라 외운다. 과학교사는 국가가 인정한 과학교과서에 수록되어 있는 정치적인 진리를 선전하는 사람이다.

학교에서 가르치는 과학이 진짜 과학에 꼭 필요한 예비과정이라고 생각하는 사람은 정말 몹시 순진한 사람이다. 텔레비전이 남의 눈을 통해 본 모습, 남들이 해본 생각, 그리고 불건강한 환상을 제공함으로써 사람의 사고능력을 파괴해버린다는 것을 알면서도 PBS 공영텔레비전은 예외일 거라고 믿는 가련한 지식인들도 어리석기는 마찬가지이다.

만일 과학자들이 정말로 어떻게 배출되는지를 알고 싶다면 1989년에 하버드대학 출판부에서 나온 《발견》이라는 멋진 책을 보라. 그걸 보면 초전도(超傳導) 같은 것을 포함해서 금세기의 주요 과학발견 중 단 하나도 대학실험실이나 기업이나 정부실험실이나 학교실험실에서 나오지 않았다는 것을 알게 될 것이다. 모든 과학적 발견은 차고(車庫), 다락방, 지하실 같은 데서 나왔다. 그것들은 모두 값싸고 단순한 장치와 괴팍한 개인적인 탐구과정에서 이루어졌다. 학교는 과학을 종교로 바꾸어놓기에는 완벽한 장소이지만, 과학을 배우기 위해 적합한 곳이 아닌 것이 확실하다.

영어, 수학, 사회과학 그리고 다른 여러 진보적 과목의 전문가들도 별차이가 없고 낫다고 해도 그저 조금 나을 뿐이다. 삼백만명이나 되는 교사들이 그들의 자격증이 주장하는 대로 정말 전문가들이라면 그들은 국민생활과 정책결정에 중요한 목소리가 될 것이다. 우리가 정직하다면, 그토록 큰 집단이 '학교식의 경영'에 대한 새로운 허튼 소리가 퍼지고 있는데도 불구하고 그렇게 침묵을 지키고 그렇게나 영향력이 없는 것을 이상하게 여겨야 할 것이다.

나의 말을 오해하지 말라. 교사들은 흔히 선량한 사람이고 열심히 일하는 지성적이고 재능있는 사람들이다. 그러나 그들이 아무리 명석하고 아무리 멋지게 '학교교육'을 하고 또는 아이들의 행동을 아무리 잘 통제하든 간에 (결국 바로 이것 때문에 그들이 고용되는 것이다. 이것을 하지 못하면 해고되고 이것을 할 수 있으면 다른 것은 별로 문제가 되지 않는다) 그들의 노력과 우리의 지출의 순전한 결과는 아주 미미하거나 아무것도 아니다. 사실, 흔히 아이들은 지적 발달이나 성격 형성의 면에서 '가르침'을 받기 전보다 더 나빠지는 경우가 많다. 성공적으로 보이는 학교들은 거의 언제나 스스로 학습동기를 가진 학생들을 선별적으로 받아들임으로써 그렇게 보이는 것이다.

프러시아와 미국의 유대관계

강제적 학교교육이라는 이상한 세계로 들어가는 최선의 방법은 책을 통한 것이다. 나는 항상 진짜 책과 학교 교과서는 다르다는 것을 알고 있었다. 그러나 어느날 뉴욕 시의 공허한 영어교과과정이 지겨워서 내가 8학년의 영어시간에 《모비 딕》을 가르치기로 결정하고서야 세부적인 문제를 인식하게 되었다. 나는 중학교의 45분짜리 수업시간을 위해서는 그 '흰 고래'가 너무나 크다는 것을 알게 되었다. 거기에 '맞출' 수가 없었다. 그러나 교과서용 《모비 딕》의 편집자들은 미리 만들어진 질문 꾸러미와 거의 백 개나 되는 그들 자신의 해설을 제시해놓고 있었다. 매 장(章)의 앞뒤에 이들이 개입하고 있었다. 나는 교과서용 책은 진짜 책이 아니라 위장된 교화(敎化) 도구라는 것을 알게 되었다. 책은 어떤 선생이 가르치든 어떤 학생이 배우든 똑같은 것으로 되어버렸다.

가르치는 사람에 의해 영향을 받지 않도록 의도된 이 그림 짜맞추기 같은 교과서는 불길한 천재 프레드릭 테일러가 세기 전환기에 쓴 《과학적 경영》에서 유래한다고 보통 생각하지만, 실은 그렇지 않다. 그러한 제도는 미국 혁명 이전, 18세기 프러시아에서 프레데릭 대왕이 고안했으며, 1806년에 프러시아가 나폴레옹에게 치욕적인 패배를 당한 후 19세기 프러시아에서 완벽하게 다듬어졌다. 이 새로운 학교제도, 유연한 어린시절 동안 인간을 믿을 수 있는 기계의 부속품으로, 국가로부터 임무와 목적을 부여받은 인간기계로 만들어버리는 제도는 프러시아가 복수를 행하기 위해 만들어낸 도구였다. 블루커의 해골 경기병들이 워털루에서 나폴레옹을 쳐부셨을 때 프러시아 학교교육의 가치가 확인되었다.

1819년에는 이미 프러시아가 최초의 강제적 학교교육의 실험실을 세상에 제공하였다. 바로 그 해에 메리 셸리가 시체의 부분들을 모아서 괴물을 만들어낸 독일 지식인의 이야기인 《프랑켄슈타인》을 썼다. 강제적 학교교육은 메리가 염두에 두고 있던 괴물이었다. 자신의 창조자를 찾는 이 집 없는 합성의 피조물, 출신을 알 수 없다는 사실이 초래하는 무한한 내면의 고통을 갖고 있는 이 피조물이 일으키는 파괴가 그것을 상징하고 있다.

19세기에 프러시아와 미국의 유대관계는 매우 긴밀했다. 이 사실은 세계대전 동안에 우리를 난처하게 만드는 것이었기 때문에 역사책에서 삭제되었다. 19세기 동안 미국의 최고수준의 학문은 거의 전적으로 독일적이었다. (이것도 편의적으로 일반역사에는 빠져있는 사실이다.) 1814년에서 1900년까지 미국의 저명한 집안 출신의 5만명 이상의 젊은이들이 '가르침'보다는 연구에 기초를 둔 새로운 고등교육기관에서 공부하기 위하여 프러시아와 독일의 다른 지역으로 순례를 떠났다. 일만명이 박사학위를 가지고 그때까지 학위제도가 없는 미국으로 돌아와서 대부분의 지적, 기술적 일을 선점하였다.

프러시아의 교육은 미국의 정치지도자, 산업가, 성직자, 대학인들에게 강박관념이 되었다. 1845년에 프러시아 황제는 미국과 캐나다의 경계선을 판정해달라는 요청을 받기까지 했다. 사실상, 미국의 의무교육 설립자들은 모두 기계장치 같은 교실들을 직접 연구하기 위해서 프러시아에 갔었다. 1844년에 보스턴 학교위원회에 제출된 호레이스 만의 〈일곱번째 보고서〉는 실질적으로 프러시아적 업적에 대한 칭찬과 어떻게 우리도 그런 것을 이룰 수 있겠는가라는 논의에 바쳐져있다. 프러시아의 교육에 대한 빅터 커즌의 책은 그 무렵 우리나라의 화제였다. 그후 겨우 25년이 지나서 프러시아가 프랑스를 간단히 무찌르고 독일통일이라는 기적을 이루자 이민으로 이루어진 우리의 사회계층을 통합하는 것은 프러시아식 학교교육을 통해서일 것이 분명한 것으로 보였다.

1905년까지는 프러시아에서 훈련받은 미국인이나 그런 사람에게서 배운 존 듀이 같은 미국인들이 모든 새로운 과학적 교사양성기관, 즉 컬럼비아 사범학교, 시카고대학, 존스 홉킨스, 위스콘신대학, 스탠포드를 장악하고 있었다. 프러시아식 비전과 독일철학과 교육학이 주도적인 것임은 미국 학교교육의 지도자들 사이에 기정사실이었다.

우리는 이러한 사실에 관심을 가져야 한다. 왜냐하면 우리의 교과과정에서 지성적인 내용이 제거된 것은 독일식의 방법에 의해 정당화되었기 때문이다. 이런 까닭으로 우리의 아이들이 생각할 줄 모르게 된 것이다. 지휘요원에게만 생각하는 훈련을 시키는 것 — 그것이 프러시아식이다. 새로운 프러시아식 미국 학교기계의 건축가들을 가장 열광시켰던 사람들은 헤겔이라는 독일 철학자와 빌헬름 분트라는 독일 의사였다. 분트의 실험실에서 정신물리학(오늘날 우리가 실험심리학이라고 부를 수 있는 것)의 기술들이 다듬어졌다. 그의 작업 덕택으로, 약간의 상상력만 있으면 무시무시한 새로운 세계가 나타나는 것을 볼 수 있게 되었다. 분트는 그의 미국인 학생들에게 사람이란 복잡한 기계에 불과하다고 그럴듯하게 논증해 보여주었기 때문이다.

인간이 기계라고? 그러한 암시는 전통과 문화, 도덕성, 종교 같은 고래의 속박으로부터의 해방을 약속하는 것이었다. 적응이라는 것이 학교와 사회복지기관들의 모토가 되었다. 분트에게서 직접 사사받은 G. 스탠리 홀(그는 존스 홉킨스의 교수로서 뛰어난 학생 존 듀이에게 독일 바이러스를 접종시켰다)은 이제 독일에서 훈련받은 동료이자 컬럼비아 사범대학 교수인 손다이크와 합세해서 전국적으로 표준화된 시험의 필요성을 역설하였다. 홀은 약삭빠르게 오스트리아인 의사 지그문트 프로이드의 미국여행을 주선했는데, 그것은 거의 모든 부적응의 원인은 부모와 가족이라는 프로이드의 이론이 널리 유포되게 하려는 것이었다. 그리하여 더욱더 아동들이라고 하는 '작은 기계들'을 안전한 학교에 데려다 두어야 한다는 것이다.

독일 교육사상에 세뇌된 사람들의 생각에 과학적 교육은 일차적으로 사람들을 강제로 적응시키는 방법이었다. 미국의 학교교육이 나아갈 길은 그런 '기술적'인 목표를 염두에 두고 결정되었다. 그리고 특히 록펠러와 카네기가(家) 재단들로부터 막대한 재정적 지원을 받아서 교사양성을 위한 새로운 과학적인 대학들이 설립되었다. 프러시아에서는 이런 학교가 교사 신학교(敎師 神學校)라는 타당한 이름으로 불리지만, 미국의 세속화된 종교가들은 더욱 신중했다. 훈련된 직업인으로 구성된 교육 사제들은 새로운 학교-교회를 수호하고, 그 법전을 국가의 법률에 써 넣고자 했다.

국가를 위해서

프러시아의 교사훈련은 세 가지 명제에 기초하고 있는데 그것을 미국이 나중에 빌려왔다. 첫째는 국가가 아이들의 유일하고 진정한 부모라는 것이다. 생물학적 부모는 자녀들의 적이라는 것이다. 독일의 프뢰벨이 유치원을 고안해냈을 때 그가 생각한 것은 아이들을 '위한' 정원이 아니라 아이들로 구성된 정원이었고, 그곳에서 국가가 임명한 교사들이 아이들을 다듬는 정원사가 되는 것이었다. 유치원은 아이들을 어머니들로부터 보호하도록 의도된 것이다.

프러시아 학교교육의 두번째 명제는 국가적 교육의 목적은 지적 훈련이 아니라 복종과 예속이라는 것이다. 사실, 지적 훈련이 엄격하게 통제되지 않으면, 그것은 예외없이 복종을 뒤엎어버릴 것이다. 의지를 꺾어놓을 수 있으면, 다른 것은 모두 따라올 것이다. 우리의 청교도 식민지 주민들간에 아동양육의 중심적 논리는 의지를 꺾는 것이었다는 사실을 기억하라. 그러면 여러분은 프러시아의 종자와 청교도의 토양 사이에 존재하는 자연스러운 유사성을 보게 될 것이다. 거기로부터 강제적 학교교육법이 나오는 것이다. 수세기 동안 영국과 독일의 상류계층 사람들이 아이들의 의지를 파괴하는 데 가장 흔히 사용한 방법은 어릴 때에 아이를 부모와 떼어놓는 것이었다. 그런데 미국에서는 그것을 보장하기 위해 국가의 경찰력이 후원해주었다. 그러나 위협으로 복종을 강요하는 것은 충분치 않았다. 아이가 그 합성품 부모를 사랑하게 만들어야 한다. 조지 오웰의 《1984년》의 주인공이 국가를 위해 사랑하는 사람을 배신하고 나서 자신이 '큰 형님'을 사랑하고 있다는 것을 깨달을 때, 우리는 프러시아식 교육의 결과가 극적으로 구현된 것을 보는 것이다. 그것은 새로운 연인인 국가를 위해서 가족도 친구도 문화도 종교도 기꺼이 팔아치우려는 태도를 만들어낸다. 12년 동안 교실에 감금되어 독단적인 벌과 보상을 받으면 어떤 아이라도 검열의 권한을 휘두르는 사람이 진정한 부모이며, 수업시간을 알리는 종을 통제하는 사람이 하느님이라고 믿게 된다.

프러시아식 훈련의 세번째 명제는 교실과 작업장은 단편적인 조각들로 단순화되어 아무리 바보라도 기억하고 작업할 수 있게 할 수 있다는 것이다. 이것은 옛날부터 있어온 지도력의 딜레마를 해결한다. 즉, 노동이 제기능을 하는 데 있어서 필요한 것이 정신이 아니라 습관뿐이라면, 비순종적인 노동력은 생산에 손해를 입히지 않고 재빨리 대체될 수 있는 것이다. 이러한 정책은 최근 항공관제사들의 전국적인 파업시 효과를 나타내었다. 이들 이른바 '전문가'라고 하는 노동집단이 전부 밤 사이에 관리직 직원들과 급히 훈련된 보결요원들로 대체되었다. 그렇게 되어도 사고가 늘어나지 않았다! 어떤 특정한 일을 누구라도 할 수 있다면, 고용인들의 충성심과 의존도를 보장하기 위해서가 아니고는 그들에게 많은 돈을 지불할 이유가 없다.

교실에서의 훈련과정에서 모든 것은 세밀한 관리통제하에서 조각조각으로 분리된다. 이렇게 하면 학생들이 배워나가는 것을 양으로 환산하여 정확하게 등급을 매길 수 있게 된다. 대단히 아이러니컬한 것은 점수와 보고서가 측정하는 것이 지적 성장이 아니라 권위에 대한 복종이라는 점이다. 그렇기 때문에 표준화된 시험점수와 실제 수행능력 사이에 상관관계가 없다는 것이 자꾸 드러나는데도 이런 방법을 계속하고 있는 것이다. 실제로 학교에서 측정하는 것은 학생의 유순함이고, 이러한 측정은 상당히 정확하게 이루어진다. 누가 고분고분하고 누가 그렇지 않은가를 아는 것이 정말 가치있는 일일까?

마지막으로, 만일 노동자나 학생들이 자신들의 역할이 전체 속에 어떻게 맞아들어가는지 모른다면, 그들이 결정을 할 수 없고, 채소를 키우지도, 집을 짓지도, 혹은 스스로 즐기기조차도 못한다면, 그때는 정치적·경제적 안정이 지배할 것이다. 왜냐하면 신중하게 선별하여 길들인 지도자들만이 일이 어떻게 돌아가는지를 알 것이기 때문이다. 보통의 시민들은 어디에서 대답을 찾아야 할지는 말할 것도 없고 무엇을 물어야 할지도 모를 것이다. 이것은 자녀들을 학교에 보내는 부모들이 기대하는 것은 전혀 아닐지 모르지만 실로 정교한 교육학이다. 학교교육이 세속의 종교라고 주장하는 사람들이 말하는 것이 바로 이것이다. 여러분이 미리 생각된 생각들과 받아들인 지혜와 상관없이 독자적으로 생각을 할 능력이 있다면 여러분도 같은 결론에 도달할 것이다. 학교교육은 우리의 공식적인 국가 종교이다. 그것은 결코 중립적인 학습 수단이 아니다.

학교와 산업질서

우리가 아이들에게 하고 있는 이 미치광이 짓은 점점 증가하고 있는 사회적 병리현상에서 명백히 드러나고 있는 만큼 당장 중단되어야 한다. 그러나 그것을 바로잡는 일을 결정적으로 막고 있는 것이 있다. 학교가 가장 거대한 비즈니스가 되어버린 것이다. 보호해야 할 일자리며 직위며, 경력이며 특권이며 각종의 계약들이 생겨난 것이다. 하나의 국가로서 미국은 정치적·종교적·문화적으로 어떤 합의를 이룬 일이 없었다. 합성품 국가로서 미국은 오직 경제적 합의만을 가지고 있다. 모든 사람들이 부자가 되고 싶어하거나 부자인 사람들을 부러워하게 만듦으로써 통일성이 이루어지는 것이다.

학교교육 같은 찬란한 경제기계가 일단 돌아가고 있으면 그것을 멈추거나 그 금빛 오르막길에서 내려가려고 하는 사람은 오로지 광인뿐이다. 사실 학교의 일자리는 돈을 많이 지불하는 것 같지는 않다. 그러나 자세히 조사해보면 학교들이 대부분의 일자리보다 돈을 많이 지불한다. 그리고 복종적인 사람들을 위한 보장으로는 더할 나위 없다. 왜냐하면 학교가 혼란스러운 사회적 유동성에 결국 억지력으로 작용할 수 있었기 때문이다. 호레이스 만, 헨리 버나드, 윌리엄 해리스, 에드워드 손다이크, 윌리엄 제임스, 존 듀이, 스탠리 홀, 찰스 저드, 엘우드 커벌리, 제임스 러셀 등 미국 역사의 모든 위대한 학교교육자들은 산업가들과 미국의 오래된 저명한 가계(家系)들에게, 새로운 프러시아식 체제를 후원하면 이곳에서의 혁명의 가능성은 사라질 것이라고 끊임없이 약속을 했다. (혁명으로 이루어진 나라에서 또하나의 혁명이 일어나지 않게 하겠다는 보장이 지도자들에게 가장 호소력이 있다는 것은 정말로 아이러니가 아닌가!)

학교는 새로운 산업질서를 위한 보험정책이 될 것이었다. 그런데 산업질서는 따지고 보면 미국의 가족과 소농(小農)과 자연환경과 공기와 물과 공동체생활의 종교적 기초, 그리고 미국인은 자신의 노력에 의해 성공도 실패도 할 수 있다는 유서깊은 약속을 파괴하는 것이었다. 이 산업질서는 민주주의 그 자체와 보통의 남자와 여자들에게 한 약속, 즉 만일 위정자가 그들을 궁지에 몰아붙이면 투표로 당장에 상황을 바꾸어놓을 수 있다고 한 약속을 파괴할 수밖에 없는 것이다.

이제 여러분은 노동현장과 학교에 대한 이 프러시아식 이론이 단순히 어떤 역사적 기현상이 아니라, 통상적인 교과서 구조와 학습과정을 설명하는 데 필수적인 것임을 알게 되었기 바란다. 그것은 실제로 사람들이 무엇을 배우는 방법에 반대되는 것이다. 그것은 록펠러와 카네기 재단들이 초기의 강제적 학교교육을 표준화된 공장의 모델을 따라 만드는 데 왜 과도한 관심을 가졌던가를 설명해준다. 그리고 그것은 현대 미국문화의 많은 신비스러운 면들을 밝혀준다. 예컨대, 민주주의 사회인 이 나라에서 시민이 출생과 동시에 자동적으로 투표권자로 등록될 수 없는 것은 무슨 까닭인가?

강제적 학교교육은 처음부터 대중이라는 새로운 개념을 주입시키려는 계획이었고, 그 중요한 부분은 프롤레타리아트를 만들어내는 일이었다. (확실히 과학적 학교교육의 대부라고 할 수 있는) 오귀스뜨 꽁뜨에 의하면, 아이들과 그들의 가족, 공동체, 하느님, 그리고 그들 자신 사이의 연결을 끊어버림으로써 쓸모있는 프롤레타리아트가 만들어지는 것이다. 자기소외야말로 성공적인 학교교육의 열쇠라고 한 윌리엄 해리스의 신념을 기억하는가? 물론 그렇다. 믿을 수 있는 시민을 만들어내려면 이러한 연결들이 파괴되어야 한다. 그것들이 존속한다면 충성심은 예견할 수도 없고 관리할 수도 없기 때문이다. 그러한 관계를 유지하고 있는 사람들은 흔히 "내가 죽기 전에는 안돼"라고 말한다. 이렇게 된다면 어떻게 국가가 기능을 할 수 있겠는가?

정부가 행하는 학교교육은 무해한 프롤레타리아트를 만들어내도록 고안된 거대한 행동교정 진료소이다. 이 프롤레타리아트의 가장 중요한 부분은 법률가, 의사, 기술자, 경영가, 정부 사람들 그리고 학교교사라는 '전문적인' 프롤레타리아트이다. 빈민이나 극빈자보다도 더 의지할 곳 없는 이 전문적인 프롤레타리아트는 사치와 안전에 중독이 되어서, 그리고 정부에 변화가 있으면 자기들의 독점적 면허권에 변화가 생길지도 모른다는 두려움으로 볼모로 붙들려있는 것이다. 그들이 제공하는 주된 서비스인 조언은 사사로운 이해관계로 오염되어있다. 우리는 모두 그 조언들 때문에 죽어가고 있고, 전문가 프롤레타리아트 자신들이 누구보다도 더 빨리 죽어가고 있다. 그토록 규칙적으로 문자 그대로의 자살을 하는 아이들은 그들의 자녀들이지 빈민들의 자녀가 아니다.

표준화된 훈련과 인간

각 장(章)의 끝에 질문들을 인쇄해 넣는 것은 교과서가 교사의 영향을 받지 않게 하기 위한 방법이다. 우리는 너무도 오래 그렇게 해왔기 때문에 아무도 그 밑에 있는 기본 전제를 검토해보거나, 그것이 장기적으로 초래할 지적 주체성의 손상을 알아보지 못한다. 과학교사들이 실제의 과학자들이 아닌 것처럼 문학교사들은 독창적인 질문을 하는 독창적인 사상가가 아니다.

1926년 버트란드 러셀이 미국은 인류역사상 아이들에게서 비판적인 사고의 수단을 의도적으로 빼앗은 최초의 나라라고 말했다. 사실은 프러시아가 최초이고, 우리는 두번째이다. 학교용으로 만들어진 《모비 딕》이 옳은 질문을 다하고 있었기 때문에 나는 그것을 내던져버렸다. 진정한 책은 그런 짓을 하지 않는다. 독자가 자기자신의 질문을 가지고 적극적으로 참여할 수 있어야 진짜이다. 물어야 할 가장 좋은 질문들을 보여주는 책들은 그저 어리석기만 한 것이 아니라 마치 표준화된 시험이 그런 것처럼 도움을 준다는 핑계로 인간지성을 손상시키는 것이다.

학교교육을 잘 받은 사람들은 학교용 교과서처럼 서로 엇비슷하다. 선전가들은 이미 백년 전부터 학교교육을 받은 사람들이 무지한 사람들보다 이끌어가기 쉽다는 것을 알고 있었다. 디트리히 본회퍼가 나치즘에 대한 연구에서 확인했듯이.

우리의 학교교육이 아이들에게 무엇을 생각하고 어떻게 생각하고 언제 생각할지를 가르치는 것이 어떤 사람들에게는 아주 쓸모있다. 또, 전문가에게 의존적으로 되고, 직함의 뒤에 있는 실제 사람을 판단하지 않고 직함에 반응하도록 아이들을 훈련하는 것이 어떤 집단에게는 아주 쓸모있다. 그러나 그것은 가족과 이웃, 문화와 종교를 위해서는 대단히 건강하지 못하다. 그러나 학교는 어차피 그런 것들에 관심이 있는 것이 아니었다. 그렇기 때문에 이제 우리 주변에는 가족이니 문화니 하는 것들이 없는 것이다.

성공적인 학교가 문제

내 생각에는 오늘날 학교를 움직이고 있는 압도적인 대다수가 어째서 돈을 아무리 많이 들이고, 아무리 선의를 가지고 개선을 위한 노력을 하여도 성공적인 인간을 배출하지 못하는지 그 까닭을 인식하지 못하고 있다고 말하는 것이 공정할 듯하다. 그러니까 나쁜 교수방법, 나쁜 부모, 나쁜 아이들 또는 인색한 납세자들 등 비난할 대상을 찾으려는 유혹을 불가피하게 받는 것이다.

학교가 본래 의도되었던 그대로 작용하고 있으며 그것이 만들어내려고 의도한 바로 그런 인간제품을 생산해내고 있는 아주 잘 고안된 사회기구라고 보는 관점에서는 실패의 원인은 전혀 다른 데 있는 것이다. 학교를 인간 재간의 승리이며, 영광스러운 성공이라고 본다면, 우리는 우리가 정말 이런 성공을 원하는지 숙고해보아야 하고, 그렇지 않다면 그 대신 가치있는 그 무엇을 구상하지 않으면 안된다. 그리고 수십수백 개의 올바른 방법들이 아니라 하나의 올바른 방법을 찾아낼 수 있을 만큼의 충분한 국민적 합의가 존재하는지 물어보아야 한다. 나는 그런 것이 존재한다고 생각하지 않는다.

학교와 도서관의 차이

박물관이나 도서관은 학교와는 다른 식으로 움직인다. 도서관 사서와 학교 교사의 차이점을 생각해보라. 사서는 진짜 책과 진짜 독자들을 관리하는 사람이고 교사는 교과서와 계약된 독자들을 관리하는 사람이다. 그 차이 속에 진짜 교육과 학교교육이 어떻게 다른지를 밝혀주는 로제타 돌이 있다.

도서관의 분위기와 구성을 먼저 살펴보자. 내가 방문해본 전국의 도서관은 모두 책을 읽는 척하는 것이 아니라 정말로 책을 읽을 수 있는 편안하고 조용한 장소였다. 이 정적(靜寂)은 얼마나 중요한 것인가. 학교는 조용할 때가 없다.

도서관에서는 연령별로 격리된 아이들이 아니라 모든 연령층의 사람들이 함께 있다. 어떤 이유에선지 도서관은 독자들을 나이별 또는 독서능력이라는 수상쩍은 기준으로 격리하지 않는다. 농사나 숲이나 바다의 비밀들을 알아낸 사람들이 나이나 시험점수로 격리 수용되는 일이 없는 것처럼 도서관은 인간공통의 판단력이면 대부분의 배움에 적합하다는 것을 직관적으로 알았던 것 같다.

사서(司書)는 무엇을 읽어라, 어떤 순서로 읽어라 하고 말하지 않고, 또 나의 독서에 점수를 매기지 않는다. 사서들은 그들의 고객을 신뢰하는 것처럼 행동한다. 사서는 내가 나 자신의 질문을 하도록 허용하고 내가 도움이 필요할 때 도와주지, 도서관이 나에게 필요한 때라고 결정한 때에 도와주지 않는다. 만일 내가 한 장소에서 하루종일 책을 읽고 싶으면 그렇게 할 수 있다. 도서관은 일정한 간격으로 종을 울려서 책읽기를 중단하라고 종용하지 않는다. 도서관은 또 내 집을 기웃거리고 들여다보지도 않는다. 도서관은 나의 부모에게 도서관에서의 내 행동을 알리는 편지를 보내지 않는다. 도서관 밖에서 시간을 어떻게 보내라고 추천을 하거나 명령을 하거나 하지 않는다.

도서관에는 성적평가제도가 없다. 모든 사람이 뒤섞여있는 판에 각 개인의 성공과 실패의 내용을 담고 있는 자료가 있을 리 없다. 내가 원하는 책이 있으면 그것을 요청해서 볼 수 있다. 그 때문에 나보다 능력이 나은 독자가 잠시 후에 와서 그 책을 볼 수 없게 된다 하더라도 말이다. 도서관은 우리들 중 누가 더 그 책을 읽을 자격이 있는지 결정하려 하지 않는다. 도서관은 특혜를 베풀지 않는다. 도서관은 사회계층이나 재능의 유무에 상관하지 않는다. 그러니까 도서관이야말로 미국의 역사적인 정치적 이상을 잘 반영하고 있는 장소라고 할 수 있는데, 그에 비하면 학교는 부끄러워해야 한다.

공공도서관은 학교처럼 공공연히 창피를 주는 일을 하지 않는다. 좋은 독자와 나쁜 독자들을 등급을 매겨서 모든 사람들이 볼 수 있도록 써붙이지 않는다. 아마도 도서관은, 훌륭한 독서는 그 자체로서 보상이 되는 것이니까 표창까지 덧붙일 필요가 없다고 생각하고, 훌륭한 독서를 나쁜 독자들을 위한 도덕적 자극제로 쓰고 싶은 유혹을 물리친 것 같다. 적어도 뉴욕 시에서, 도서관과 학교의 가장 이상스러운 차이점은 도서관에서는 나쁜 행동을 하거나 총을 휘두르는 아이를 볼 수 없다는 점이다. 나쁜 아이들도 얼마든지 도서관에 들어갈 수 있는데도 말이다. 나쁜 아이들은 도서관을 존중하는 것 같다. 이 흥미로운 현상은 도서관이 모든 사람들에게 차별없이 보여주는 존경심에 대한 무의식적 반응일지 모른다. 책을 읽기 싫어하는 사람들도 때때로 도서관을 좋아한다. 사실, 도서관은 일반적으로 그토록 멋진 곳이기 때문에 나는 왜 우리가 그것을 강제적인 것으로 하지 않았는지 궁금하다.

또 한 가지 고려해야 할 점이 있다. 도서관은 나의 독서습관으로 미루어 나의 장래에 대한 예견을 하지 않고, 또 내가 바바라 카트랜드를 읽지 않고 셰익스피어를 읽으면 더 행복해질 거라고 암시하지도 않는다. 자유로운 사람들은 흔히 몹시 괴팍하다는 것을 알고 있으므로 도서관은 괴팍한 독서습관을 너그럽게 보아준다.

그리고 마지막으로, 도서관은 학교용 교과서가 아니라 진짜 책을 가지고 있다. 그 책들은 여러 사람의 공저가 아니며 정치적으로 올바른 선정위원회가 뽑은 것들도 아니다. 진짜 책들은 각 저자의 개인적 커리큘럼에 따른 것이지, 독일의 어떤 집단이 짜놓은 보이지 않는 교과과정에 따른 것이 아니다. 아동문고들은 예외지만, 그러나 지각이 있는 아이들은 그런 것들을 읽지 않으므로 아동문고의 피해는 아주 작다.

진짜 책들은 집단화에 대해 몹시 반발한다. 그런 책들은 군중행동을 피하는 가장 좋은 방법이다. 책이야말로 독자를 다른 누구도 들어올 수 없는 절대적인 고독의 동굴 깊숙이 데리고 가는 수단이기 때문이다. 위대한 책은 어떤 두 사람도 똑같이 읽을 수는 없다. 진정한 책은 통제할 수 없는 정신적 성장을 일으키기 때문에 ─ 그리고 그것은 감시될 수가 없기 때문에! ─ 전체주의적 생각을 가진 사람들은 그런 책을 혐오한다.

텔레비전은 집단적인 매체이고 그런 점에서 교과서보다 훨씬 우월하기 때문에 교실 속에 들어왔다. 마찬가지로 슬라이드, 오디오 테이프, 집단게임 등이 대중적 학교교육의 중심목표인 집단화의 필요를 충족시킨다. 이것이 학교들이 그토록 잘하는 그 유명한 '사회화'이다. 한편, 학교용 교과서는 명령에 따르는 훈련, 공공의 신화, 끝없는 감시, 전세계의 서열화 그리고 끊임없는 위협이라는 학교의 판에 박은 일상생활을 강화하는, 종이로 만들어진 도구이다. 그것이 각 장의 끝에 있는 질문들이 하도록 의도된 일, 즉 여러분이 예속되어 있는 현실 속으로 당신을 다시 데려오는 일이다. 아무도, 교사들조차도 당신이 그런 질문에 대답을 할 것으로 기대하지 않는다. 그 질문들은 그저 그곳에 있는 것만으로 해를 끼친다. 그것은 천재적인 수법이다. 교과서는 군중통제의 수단이다. 아주 순진한 사람과 아주 학교교육을 잘 받은 사람만이 좋은 교과서와 나쁜 교과서의 차이를 알아보지만, 실은 두 가지가 하는 일은 똑같다. 그런 점에서 교과서는 텔레비전의 프로그램 구성과 아주 비슷하다. 마취제로서의 텔레비전의 기능 그 자체야말로 좋은 프로그램과 나쁜 프로그램 간의 하찮은 차이와는 비교할 수 없이 강력한 것이다.

　진정한 책은 교육을 하고 학교 교과서는 훈련을 시킨다. 따라서 도서관들과 도서관 정책들은 학교교육의 개혁을 위한 중요한 실마리가 된다. 교육에서 자유로운 의지와 고독을 빼버리면 그것은 훈련이 되고 만다. 교육과 훈련은 양립할 수 없다.

心性敎育과 작은 학교

사티쉬 쿠마르

어머니는 가장 좋은 스승이다

전통적인 의미에서 나는 가장 교육을 받지 못한 사람입니다. 학교에 다니지도 않았고 대학에도 다니지 않았고 학위도 없습니다. 그러니까 정상적인 의미로 나는 교육받지 않은 사람입니다.

나의 스승도 역시 교육받지 않은 사람입니다. 그런데 여기서 나는 최고의 스승인 나의 어머니에게 가장 깊은 경의를 표합니다. 나는 여기서 이세상의 모든 어머니들에게 그리고 특히 이 방에 있는 모든 어머니들에게 어머니인 당신들보다 더 좋은 스승은 있을 수 없다고 말씀드리고 싶습니다. 그리고 어떤 대학도, 학교도, 책도, 다른 무엇도 어머니가 되는 방법을 가르쳐줄 수는 없습니다.

사티쉬 쿠마르(Satish Kumar) ― 인도 출신 생태철학자, 운동가. 소년시절 자이나교 승려로 지내다가 환속하여 간디주의 운동에 헌신하였다. 청년시절 도보로 세계 전역에 걸친 8천 마일의 평화순례를 감행하였다. 1973년 이후 영국의 생태학 잡지 *Resurgence* 편집을 맡으면서 많은 정신적·교육적 사업을 이끌어왔다. 여기 소개하는 것은 1993년 4월 3일에 영국의 '과학 및 의료 네트워크' 초청 강연에서 이야기한 것을 발췌한 것이다.

나의 어머니는 나의 스승이며 현명한 여인이었습니다. 나는 순례와 여행 동안에 러셀 박사, 마틴 루터 킹, 나의 또다른 스승 비노바 바브 같은 현명한 분들을 많이 만났고 또 많은 것을 배우고 많은 은혜를 입은 슈마허 같은 분들도 만났습니다. 그러나 나의 어머니에게서 배운 것과 어머니가 갖고 계신 지혜는 독특하고 뛰어난 것이었고, 나는 누구도 어머니보다 윗자리에 둘 수는 없습니다. 어머니의 가르침에서는 어머니가 나에게 무어라도 가르친다고 느낀 일이 없기 때문입니다. 어머니는 자신의 생각이나 관념, 견해를 나에게 준 일이 없습니다. 오직 사랑을 주었을 뿐입니다.

나중에 칼릴 지브란의 시를 읽었습니다. 그것을 읽으면서 나는 칼릴 지브란이 시에서 쓰고 있는 것을 나의 어머니는 실제로 행하고 있었음을 깨달았습니다. 여러분 중 많은 사람이 《예언자》를 읽으셨으리라 생각하는데 그 속에 어린이들에 대한 아름다운 시가 있습니다. "그대의 아이들은 그대의 아이들이 아니다. 그들은 자신을 갈망하는 생명이다"라는 것 기억하십니까? 그것이 우리가 잊고 있는 것입니다. 그리고 칼릴 지브란은 아이들에게 사랑은 주어도 되지만 생각은 주어서는 안된다고 말합니다. 아이들은 자기들의 생각을 가지고 있습니다.

우리의 학교들, 우리의 대학들, 정부들, 교육부들은 밤낮으로 우리 아이들의 머릿속에 케케묵은, 불필요한, 해악을 끼치는, 위험한 생각들을 쏟아넣느라고 바쁘게 바쁘게 돌아가면서 한 조각의 사랑도 주지 않습니다! 우리는 우리 아이들에게 무슨 짓을 하고 있는 것입니까? 우리는 아이들이 텅 빈 물통이고 온갖 쓰레기와 먼지를 그 속에 쏟아넣을 수 있다고 생각합니다. 좋은 의도를 가지고서라도 말입니다. 때때로 지옥으로 가는 길도 좋은 의도로 포장되어있는 것입니다.

나의 어머니의 관점에서는 아이가 텅 빈 물통이 아닙니다. 아이는 하나의 씨앗, 한 개의 도토리입니다. 우리는 "아니, 어린애잖아, 가만있으라고 해. 아이들은 몰라. 경험이 없거든. 나는 나이를 먹었으니 내가 더 많이 알아"라고 말합니다. 어머니는 나에게 "애야, 너는 모든 걸 알고 있다. 네 속에, 너의 영혼 속에 모든 것이 다 들어있어. 도토리처럼"이라고 했습니다. 삼림전문가나 정원사나 어느 누구도 도토리에게 참나무가 되는 방법을 말해줄 수 없습니다. 그 작은 씨앗, 도토리 속에 참나무가 되는 방법에 대한 모든 정보가 씌어져 있습니다. 글로 씌어진 것은 아니지만 그 속에 들어있습니다.

때때로 사람들은 오만하게 이렇게 생각합니다. "우리는 마이크로 칩이나 컴퓨터 디스크나 CD 같은 멋진 것들을 만들어냈다. 그 속에 얼마나 많은 정보를 담을 수 있는가. 이 하나의 디스크에 몇 메가바이트를 저장할 수 있는가!" 사람들은 조금 겸손해져서 도토리를 바라보아야 합니다. 몇 메가바이트의, 얼마나 많은 정보가 거대한 참나무로 자라나서 수백년을 살고 수백만 개의 도토리와 나뭇잎과 가지들을 만들어낼 저 조그만 도토리 속에 들어있는 것인가? 그러므로 우리는 아이와 참나무를 모두 존경할 줄 알아야 합니다. 그래서 나의 어머니와 모든 어머니 여러분에게 나의 경의를 보냅니다.

걷기를 배우며

어머니가 나에게 말한 주된 것은 걸으라는 것이었습니다. 여러분은 "걷는 것이 뭐 특별한 것인가?" 하고 생각할지 모릅니다. 여러분, 현대세계에서 우리는 오늘날 마치 다리가 없는 것처럼 살고 있습니다! 우리는 그것을 깨닫지 못하고 있습니다! 우리는 어떻게 걷는지를 잊어버렸습니다. 맨발로 — 땅에 발을 대고 땅과, 흙과의 접촉을 명상하면서 걷는 방법 말입니다. 발 밑에 흙을 두지 않고서는 영혼이 번성할 수 없습니다. 영혼(Soul)과 흙(Soil)은 같은 뿌리, 같은 말, 같은 소리에서 온 것입니다. 그러니 할 수 있으면 맨발로 땅을, 흙을 밟으십시오. 직접 접촉을 하십시오. 맨발로 흙 위를 걸으면 반사신경 전문가가 반사신경 마사지를 해줄 필요가 없을 것입니다. 땅이 마사지를 해주고 식물이 해줄 것입니다. 식물은 의약적 가치를 갖고 있고 그 속을 걸음으로써 주사를 맞거나 알약들을 먹지 않고 필요한 온갖 약을 얻게 될 것입니다. 바로 여러분의 발 밑에 어머니 대지가 모든 약을 제공하고 있습니다. 나의 어머니가 말한 것처럼 자연은 가장 위대한 스승입니다. 자연은 붓다보다도 예수 그리스도보다도 모하메드 보다도 간디보다도 또 누구보다도 더 위대한 스승입니다. 그들도 자연의 제자이기 때문입니다. 붓다는 보리수나무 아래서 깨달음을 얻었습니다. 오늘날은 왜 깨달은 사람들이 그렇게 많지 않은 것입니까? 그것은 우리가 나무 밑에 가서 앉는 일이 없기 때문입니다! 우리는 우리의 영혼을 새롭게 채울 시간이 없습니다. 나무 밑에 가서 앉아서 명상을 하고 새들이 날아와 가지에 앉는 것을 바라볼 때 영혼이 새롭게 채워집니다. 그리고 깨달음을 얻을 기회를 갖게 됩니다. 그러니 자연은 위대한 스승입니다. 그의 가르침을 우리는 잊어버렸습니다.

꿀벌을 보라

어머니는 "꿀벌을 보아라"라고 말하곤 했습니다. 꿀벌은 얼마나 좋은 스승입니까? 꿀벌은 꽃에서 꽃으로, 한 꽃에서 꽃 꿀을 조금씩만 따면서 날아다닙니다. 어떤 꽃도 "꿀벌이 와서 내 꿀을 가져가버렸어" 하고 불평한 일이 없습니다. 꿀벌은 꽃에 해를 끼친 일이 없고 꽃과 꿀벌 사이에는 완전한 비폭력적인 관계, 해를 끼치지 않는 관계가 이루어져 있습니다. 우리는 그것을 배울 수 있을까요? 인간사회가 땅에서 무엇을 캐어내거나 얻어내려고 할 때 우리는 계속해서 빼앗고 빼앗고 해서 결국 그것은 소진되고 고갈되고 그 자원이 끝장이 날 때까지 갑니다. 우리는 꿀벌에게서 조금만 얻어오는 것을 배워야 합니다. 우리에게 필요한 것만, 그 이상은 아니고요.

자연으로부터 무언가를 얻고 나서 꿀벌은 그것으로 무엇을 합니까? 그것을 달콤하고 맛있고 영양분이 많은 꿀로 변화시킵니다. 얼마나 많은 인간들이 그런 일을 할 수 있습니까? 그것은 우리가 꿀벌에게서 배울 수 있는 것입니다. 우리, 서양의 산업화된, 현대적인, 과학적인, 기술주의적인, 합리적인, 선진적인, 진보적인, 발달된 ― 이것은 모두 선형적(線型的)인 말들입니다 ― 우리는 쓰레기를 만들어내는 사회입니다. 우리는 꿀을 만들어내지 않습니다. 어느 큰 도시의 바깥으로 가 보십시오. 뉴욕, 시카고, 런던, 델리, 봄베이, 어디든 말입니다. 그러면 우리가 만들어내고 던져버린 산더미 같은 쓰레기를 보게 될 것입니다. 쓰레기와 오염의 산더미들! 공기가 오염되어 있고 물이 오염되었고 흙이 오염되었습니다. 우리는 무슨 짓을 하고 있는 것입니까? 자연은 우리의 스승입니다. 꿀벌은 우리의 스승입니다. 우리는 조금만 취하고 그것을 변화시키는 것을 배워야 합니다. 우리가 무엇을 취하든 간에 변화시키는 것이 필수적입니다. 그것을 꿀처럼 신성하고 맛있고 달콤한 것으로 변화시키세요. 나의 어머니는 그렇게 하는 방법을 가지고 있습니다. 어머니는 자신의 지혜를 말하기만 하지 않습니다. 그것을 보여줍니다. 그렇게 하는 방법을 얘기하겠습니다. 어머니는 대단히 솜씨가 좋습니다. 어머니는 손을 사용합니다. 아름답고 다채로운 실들과 거울조각들과 조그만 바늘을 가지고 바느질을 해서 멋진 숄이나 스커트나 블라우스를 만듭니다. 나의 누이는 "어머니, 숄 하나 만드는 데 너무 오래 걸려요. 여섯 달이나요. 제가 어머니께 선물을 할게요. 수놓는 기계를 사드리겠어요"라고 말합니다. 그러면 어머니는 "왜? 왜 수놓는 기계를 사준다는 거냐?" "시간을 절약해줄 테니까요!" "시간을 절약해? 시간이 부족하니? 신이 시간을 만들 때 넉넉히 만들었단다. 어리석은 아이야, 무한한 것을 절약하려고 하는구나! 그리고 너는 한도가 있는 것을 소비하려 하고 있어. 전기니, 금속이니, 기계를 만드는 데 쓰는 모든 재료들, 그런 것은 한도가 있는 자원이다. 너는 무한한 시간을 절약하기 위해 한도가 있는 자원을 쓰라고 말하고 있는 거야. 그만둬, 나는 바늘을 쓰는 게 좋아!"

바늘은 사람이 직접 만든 가장 작은 연장입니다. 땅으로부터 조그만 조각의 금속을 얻으십시오. 꿀처럼, 이 작은 바늘을 말입니다. 그리고 조용히 명상하며 앉아서 당신의 사랑을 그 속에 넣으십시오. 그것이 예술인 것입니다. 당신이 무언가를 만들고 있는 동안 당신의 손 속에 사랑을 담을 때 당신은 무언가를 숄처럼 아름다운 물건으로 변화시킵니다. 그런데, 어머니나 나보다 교육을 더 많이 받은 누이는 이렇게 말합니다. "어머니, 이 숄은 무척 아름다워요. 그렇지만 저는 이걸 쓸 수가 없어요. 이걸 더럽히고 싶지 않아요. 벽에 걸어놓고 싶어요." 그러면 어머니는 "아니다, 아니야! 그러지 말아. 네가 그걸 쓰기 바란다. 아름다운 것들을 벽에다 걸어두기 시작하면 보기 싫은 것들을 몸에 지니게 된다. 왜 보기 싫은 것을 몸에 지니고, 벽에 걸려고 아름다운 것들을 만든단 말이냐?" 합니다. 이 말에는 아주 단순하고 평범하지만 깊고 심오한 지혜가 들어있습니다. 우리의 예술작품은 너무나 벽 위주로, 너무나 작품 위주로 되어버렸습니다. 예술은 화랑에 있어야 되고 무대에 있어야 되고 미술관에 있어야 됩니다.

그리고 건물을 지을 때 우리는 어떻게 합니까? 이 홀을 나가서 거기 서 있는 건물을 보십시오. 그것은 '예술 센터'라는 것입니다. 저 건물을 보십시오. 그것이 예술 센터처럼 보입니까? 예술은 어디 있습니까?

그러니까, 무엇을 만들든지 간에, 구두건 옷이건 음식을 담는 접시이건 의자이건 다른 무엇이든 간에 그것은 아름다워야 합니다. 인간의 솜씨와 인간의 도전이 개입되는 곳은 바로 그곳입니다. 우리는 변화의 도구가 될 수 있기 때문입니다. 흙이나 벽돌이나 나무나 금속이나 무엇이든지 가지고 몹시 아름다운 물건을 만들어서 사람들이 기뻐하게 합니다. 그것은 사람들에게 기쁨을 줍니다. 그것은 변화의 예술이며 바로 교육의 핵심입니다. 교육이 변화를 일으키는 것이 될 수 없다면 그것은 교육이 아닙니다.

작은 학교 — 촛불 밝히기

어둠을 저주하고 있어서는 아무 소용이 없습니다. 촛불을 켜는 것이 더 낫습니다. 우리는 정부와 교육부처와 영혼을 갖고 있지 않은 거대한 학교들을 계속 비판할 수 있습니다. 그런들 무슨 소용이 있습니까? 아무 일도 일어나지 않습니다. 그런 비판에서 나오는 것이 없습니다. 나 자신의 아이들의 교육문제에 직면했을 때 나는 아이들이 매일 아침 하트랜드 마을에서 가장 가까운 도시인 바이드포드까지 버스를 타고 가야 된다는 사실을 깨달았습니다. 열한살 난 아이가 아침에 한 시간 저녁에 한 시간, 매일 두 시간씩 여행을 하며 다녀야 하는 것입니다. 열한살부터 통근자의 삶을 시작하는 거지요. 어쩌면 우리사회가 우리의 아이들에게 가르치고자 하는 것은 바로 그것입니다. "지금 통학을 시작하는 게 낫다. 남은 평생 동안 통근을 하며 지내야 될 테니까"라고 말입니다. 나는 나의 두 아이가 그렇게 살아야 하는 것이 마음에 들지 않았습니다. 학교에 가보면 2천명, 천5백명의 아이들이 있습니다. 아이들은 그저 숫자로 되어버립니다. 아이를 알지 못한다면, 아이를 이해하지 못하고, 아이와 관계를 갖지 못한다면, 어떻게 그 아이를 가르칠 수 있습니까? 사람들은 칠판 옆에 서서 "나는 수학선생이다. 나는 영어선생이다. 나는 불어선생이다. 나는 과학선생이다"라고 말합니다. 나는 이렇게 말합니다. "당신이 수학이나 과학이나 영어의 선생이기를 바라지 않습니다. 당신이 아이들의 선생이기를 바랍니다. 당신은 아이들의 선생입니다!" 수학이나 과학이나 물리 등은 부차적인 것입니다. 그것들은 학생과 선생 간의 그 신뢰의 관계를 만들기 위한 구실일 뿐입니다. 어떻게 마흔명의 아이들을 한 교실에서, 서른명, 스물다섯명의 아이들을 한 교실에서 가르칠 수 있으며, 2천명, 천5백명의 아이들을 한 학교에서 가르칠 수 있습니까? 모든 학교는 생활하고 학습하는 공동체이어야 합니다. 그러나 우리는 우리의 학교를 학습하는 공동체가 아니라 공장의 복제품, 지식의 공장으로 바꾸어 놓았습니다. 학교는 가정의 연장이어야 합니다. 따뜻하고 신뢰할 수 있고 친근하고 두려움이 없는 가정 말입니다.

그렇지만 우리가 무엇을 할 수 있습니까? 나는 정부에 영향력이 없습니다. 대중매체에도 영향력이 없습니다. 교장이나 높은 교육관리에게도 영향력이 없습니다. 그러나 우리가 할 수 있는 한 가지 일은 촛불을 켜는 것입니다. 그래서 나는 "학교를 만들자. 슈마허의 '작은 것이 아름답다'라는 원칙에 근거한 조그만 학교를 하트랜드에 세우자" 하고 생각했습니다. 우리는 그 학교를 하트랜드의 작은 학교라고 불렀고 아이들 서른명이 있습니다. 그것은 독립된 학교이지만 공립학교는 아닙니다. 돈을 내는 학교도 아니고 부유한 부모를 위한 학교도 아닙니다. 배경이나 능력이 어떻든 그곳에 사는 어린이로서 오고 싶어 하는 아이들 누구나를 위한 학교입니다. 그것은 전적으로 무료이고 선별적이 아닌 보통의 지역학교입니다. 그리고 우리는 그것을 가정의 연장으로 만들고자 했습니다. 그래서 우리는 "가정의 중심은 무엇인가? 가정의 심장은 무엇인가?" 하고 생각했습니다. 내 경험으로 그것은 두 가지입니다. 하나는 부엌입니다. 다른 하나는 난로입니다. 우리는 모두 따뜻한 불가에 모입니다. 불이, 타고 있는 살아있는 불이 전통적으로 모든 가정의 중심입니다. 불행히도 오늘날 우리는 중앙난방시설을 갖고 있지만요! 그래서 우리는 학교에 불을 피울 것입니다. 아이들이 그 둘레에 모여서 몸을 따뜻이 할 수 있도록. 그리고 부엌도 두고 그곳에서 건강에 좋은 빵을 아이들이 매일 구울 것입니다. 그리고 음식 만들기가 교과과정의 부분이고 교육의 부분이 될 것입니다. 그것은 음식 만들기가 오늘날 여러분에게 그런 것처럼 여분의 집안일이나 짐스러운 일이 되지는 않을 것입니다. 음식 만들기는 가장 기본적인 학과목입니다.

땅에 뿌리를 내린 교육

무엇이 인간에게 필요합니까? 음식과 옷, 거처, 이 세 가지가 우리의 삶에 기본적입니다. 그런데 얼마나 많은 학교가 우리에게, 우리 아이들에게 어떻게 식물을 키우는지, 음식을 어떻게 요리하는지, 음식의 영양가치가 무엇인지 가르쳐줍니까? 없습니다. 아니면 아주 소수입니다. 그것은 구석진 곳 어디에 — 가정학인가 무언가 하는 곳에 — 조그마한 특별한 것으로 끼어있습니다. 그러나 기본적인 배움으로서 우리는 음식에 대하여 아는 바가 없습니다. 음식이 없으면 우리는 살아갈 수가 없습니다! 음식은 우리의 건강에 기본이 되는 것인데, 그런데도 우리 아이들은 그것에 대해 아무것도 모릅니다. 우리는 이렇게 말했습니다. "작은 학교에서 우리는 채소밭과 부엌을 두고 음식을 학습도구, 교육의 기본적인 도구로 삼을 것이다." 당신이 심성을 교육하고자 한다면, 아이들이 행복하지 못하고 아이들에게 고약한, 포장된, 깡통에 든 신선하지 못한 음식이 주어질 때 어떻게 교육을 하겠습니까? 낡은 지식, 책에서 나온 신선하지 못한 정보처럼 깡통에 담긴 신선치 못한 음식이라니요! 학교들은 모두 제대로 된 음식을 우리 교육 속에 되가져와야 합니다.

내가 말하고 있는 것은 아주 간단합니다. 나는 수많은 이론과 가설을 가진 대단한 전문가가 아닙니다. 나는 단순한 상식을 말하고 있는데 그것이 이제는 상식적이질 않습니다.

다음은 뭐지요? 옷입니다. 작은 학교에서 우리 아이들은 옷을 디자인하는 법, 천을 짜는 방법, 털실을 잣는 방법을 배웁니다.

그리고 집입니다. 우리는 나무일을 할 수 있는 작업장이 필요했습니다. 우리는 그것을 짓겠다고 생각했습니다. 거기에 일만 파운드가 들 것입니다. 어떻게, 돈도 없는, 지원자에 의한 자선학교가 일만 파운드를 구하겠습니까? 어쨌든 건물은 우리 생활의 기본 중 하나입니다. 아이들에게 작업장을 짓게 하면 어떨까요? 그래서 우리는, "좋다, 작업장 설계를 하자" 하고 말했습니다. 그래서 아이들이 설계를 했습니다. 아이들은 건축관계 공무원을 만나러 갔습니다. 그 사람은 "아이들이 작업장을 지으려고 설계허가에 대한 얘길 하러 온 일은 한번도 없는데"라고 말하며 머리를 긁적거렸습니다. 아무튼 그는 아주 좋았습니다. 아주 호의적이었습니다. 그는 학교에 와서 아이들에게 이야기를 했습니다. 그는 "이것은 좋구나, 그렇지만 이것은 옳지 않다. 저것은 잘못되었다. 이것을 바꾸고 저것을 고치면, 그러면 설계허가를 내주겠다"라고 말했습니다. 그래서 우리는 설계를 변경하고 설계허가를 받았습니다. 그리고 2년 걸려서 우리는 근사한 작업장을 지었습니다. 아이들은 그것을 자랑스럽게 생각합니다. 아이들은 너무나 행복합니다. 사람들에게 그것을 보여주면서 "우리가 지었어요" 하고 말합니다.

우리는 교과과정을 두 부분으로 나눕니다. 이 세상에서 필요한 학구적인 부분이 있습니다. GCSE시험(중등교육 학력평가)도 치르고 해야 합니다. 그러나 학과시간의 50퍼센트면 그것을 위해 충분합니다. 충분 이상입니다. 나머지 50퍼센트는 정신, 영혼, 심성, 신체, 상상력, 시, 연극 등 측정하고 평가할 수 없는 모든 것들을 교육하는 시간입니다. 진정한 교육, 진정한 학습은 평가될 수 없습니다. 아무도 시(詩)에서 GCSE에 통과되었다고 말할 수 없습니다. 혹은 상상력이나, 영성이나 텃밭 가꾸기에서 GCSE

에 통과했다고 말할 수 없습니다. 그래서 작은 학교를 가지고 우리는 하나의 모범을 세우려 하였습니다. 그리고 이런 노선으로 시작하는 새로운 학교들이 여럿 있다는 것을 기쁘게 말할 수 있습니다. 더비셔에 하나, 도셋에 하나, 스코틀랜드에 하나, 브리스톨에 하나, 그리고 그 여파가 충분하다면, 충분히 많은 사람이 이 공장 같은, 커다란 대규모의 학교, 아이들은 숫자에 지나지 않고 탁아사업이나 아이 보아주는 곳과도 같은 학교는 원하지 않는다고 말한다면, 그렇다면 정부가 생각을 바꿀 거라고 나는 확신합니다. 그리고 우리는 더 많은 작은 학교를 갖게 될 것입니다.

작은 학교에 반대하는 한 가지 논거가 있습니다. 정부지도자들은 이렇게 말합니다. "아, 그건 비경제적입니다. 우리는 그렇게 많은 작은 학교들을 가질 여유가 없습니다." 여기에 맞서는 나의 주장은 ― 약간 놀리는 투로 말이지요 ― 하느님의 계획은 두 부모에 한 아이라는 것입니다. 하느님은 그것이 비경제적이라고 생각하지 않았습니다! 한 아이를 만들어내고 한 아이를 교육하는 데에 한 아버지와 한 어머니가 필요합니다. 만일 하느님에게 두 사람에 의해 한 아이가 교육받게 할 여유가 있다면 적어도 우리 정부는 선생님 하나에 열명, 열다섯명의 아이를 맡길 여유가 있습니다. 왜 안됩니까? 더 진지하게, 작은 학교에서 우리는 우리나라의 표준교육보다 그것이 더 돈이 들지 않는다는 것을 증명했습니다. 우리는 디본 카운티가 디본의 아이 하나에 쓰는 돈보다 조금 덜 씁니다. 우리가 교육을 조직하는 방법이 약간 다르기 때문에 더 돈이 들지 않습니다. 하트랜드 마을은 하나의 공동체, 번창하고 아름다운 전통적인 좋은 영국 마을입니다. 지금 이 마을에는 도자기 굽는 사람, 집짓는 사람, 농사짓는 사람, 정원 돌보는 사람, 음악가, 미술가, 시인, 작가들이 있습니다. 모두가 마을에 있습니다. 나는 우리가 학교를 시작할 때 마을 도자기장이에게 가서 말을 했습니다. "우리는 학교를 시작합니다. 정규 도자기 선생님을 모실 여유가 없습니다. 일주일에 한번 오셔서 우리 아이들을 가르쳐 주시겠습니까?" 그는 "네, 기쁘게 하겠습니다. 날마다 도자기만 만드는 게 지루해졌습니다. 하루를 비워서 아이들을 가르치겠습니다"라고 말했습니다. 그런 겁니다. 그에게 하루분의 돈을 지불하면 됩니다. 그저 푼돈이지요. 이런 식으로 농부와 집짓는 이, 목수 등 마을의 사람들에게 다녔습니다. 그들은 하루나 반나절 혹은 필요한 시간만큼 옵니다. 와서 실제적인 것들을 가르칩니다. 마을사람들은 자기들이 관여하고 있기 때문에 학교가 자기들의 학교라고 느낍니다. 아이들은 선생님들 모두를 개인적으로 압니다. 그저 정보를 배우는 것이 아닙니다. 그들은 도공이 도자기를 만들고, 도자기를 전시하고, 팔고, 도자기에 대하여 장부를 정리하고 하는 예를 볼 수 있습니다. 얼마나 생생한 모범인지 상상해보십시오! 선생님은 그저 교실에 와서 몇가지를 가르치고는 자기 집으로 달아나버리고 아무도 그가 어디에 있는지 모르는 것이 아닙니다. 그래서 하트랜드의 작은 학교에서 우리는 마을 전체가 우리의 학교라고 말합니다. 학교의 회합이 있고 부엌이 있고 선생님들이 있는 그 건물만이 학교인 것은 아니라는 말입니다. 마을 전체가 학교, 우리의 학교입니다. 그러니까 학교를 공동체의 중심에 두고 아이들과 어른들 간의 그 친밀함의 관계를 가질 수 있으면, 그러면 당신은 심성의 교육을 향해 가고 있는 것입니다.

고등교육과 고향지키기

웬델 베리

몇해 전에 나는 인디애나 주 메디슨에서 열린 한 모임에 참석한 적이 있는데, 그 일을 나는 잊을 수가 없다. 그 모임은 우리 시대 우리나라의 운명에 대하여 너무나 상징적인 의미를 가진 것으로 보였다. 그 모임의 청중으로는 많은 지역 시민들이 있었고, 나도 그들 가운데 하나였다. 우리들은 마아블 힐에서 그때 건설중에 있던 (그러나 지금은 중단된) 원자력발전소에 대하여 불신을 품고 있었다. 연단 위에는 그 발전소를 건설하고 있던 퍼블릭 서비스 인디애나사(社)의 대표자들이 앉아있었고, 또 이른바 그 직무라는 것이 이미 알려진 퍼블릭 서비스 인디애나사의 속임수나 무능뿐만 아니라 원자력 이용으로 인한 공인된 위험으로부터 우리들을 보호한다고 되어있는 원자력 조정위원회의 회원들이 앉아있었다.

그 모임은 대개 그런 모임들이 전형적으로 진행되듯이 진행되었다. 지

웬델 베리 (Wendell Berry) ― 미국의 시인, 에세이스트, 소설가. 대학교수를 역임한 현역 농부이자 뛰어난 문명비평가이다. *The Unsettling of America* 외에 많은 저서가 있다. 이 글은 수필집 *Home Economics* (1987)에 실려있는 글 "Higher Education and Home Defense"를 옮긴 것이다.

역민들이 나타내는 두려움과 반대와 질문과 불만들은 기술적 전문용어로써 응수되었고, 재난의 가능성은 매우 적다는 허세에 찬 확언으로 답변되었다.

이러한 토론에서는, 듣는 사람들이 이해하기 어렵게 또 감정을 섞지 않고 말하는 사람들이 옳고, 소박하게 감정을 가지고 말하는 사람들은 옳지 않다고 하는 공식적인 가정이 있는 게 분명했다. 고향에 대한 사랑이라든지 개인적인 충성이나 사적인 두려움 같은 것들은 과학적으로 존중받을 수 없다. 그러한 것들은 '사실에 대한 객관적인 고려'에 대하여 맞설 수 없는 것이다. (설사 그 '사실들' 중의 일부가 매우 의심스럽거나 심지어 명백히 틀린 것이다 하더라도 말이다.) 사실상, 이런 종류의 토론의 역사에서 이른바 그러한 사실들을 객관적으로 고려하는 사람들이 실제로 패배한 적은 거의 없다.

퍼블릭 서비스 인디애나라는 회사의 기만성과 무능은 이미 공적으로 널리 알려져있던 판국이었음에도 불구하고 그때 마아블 힐의 모임에서도 그러한 '사실존중자'들이 승리를 거두고 있는 중이었다.

그 모임이 우리에게 제기하고 답변을 요구한 한 가지 중요한 것은 우리 모두가 그러한 기업의 본질에 관하여, 또 오늘날의 교육의 역할에 관하여 무엇인가 반드시 알아둘 필요가 있는 문제였다. 청중 가운데서 한 부인이 일어나서 연단 위에 앉아있던 15명 내지 20명의 사람들에게 그들 중 과연 몇명이 마아블 힐을 중심으로 50마일 내의 위험권역 안에서 살고 있는지를 말해보라고 요청하였다. 이 질문은 전술적으로 뛰어난 것이었다. 이것이 단상의 명사들에게 충격을 준 것이 분명했고, 그들은 그날 저녁의 발언 중에서 가장 짧고 솔직한 답변을 하지 않을 도리가 없었다. 그 지역에 살고 있는 사람은 그들 가운데 "한 사람도 없었다." 훌륭한 보수를 받고 있으며 좋은 교육을 받았고 세상에서 성공한 그 중요한 사람들 중 단 한 사람도 마아블 힐에서 어떠한 치명적인 재난이 일어날 경우에도 자기 가족이나 재산에 대하여 염려할 필요가 없는 것이었다.

만일 이것이 특별한 사례라고 한다면 이 이야기의 흥미는 줄어들 것이

다. 내가 말하려고 하는 요점은 말할 것도 없이 이것이 특별한 이야기가
아니라는 것이다. 이와 비슷한 이야기는 사실상 이 나라 도처에서 매일
일어나고 있다. 어디에서나 날마다 지역민들의 토착적 삶은 불편스러워지
고, 거덜나고, 위협에 처해지거나 파괴되고 있는데, 이것을 행하고 있는
사람들은 그들이 자행하는 나쁜 일의 나쁜 결과로부터 피해를 입지 않는
곳에 살고 있거나, 그렇게 살고 있다고 생각할 만한 특권을 누리고 있는
힘센 사람들인 것이다.

떠돌이 전문가라고 할 수 있는 힘센 야만인들이 지금 온 나라를 약탈하
고 황폐시키고 있다. 그들의 야만주의는 사실대로 야만적 행위라고 일컬
어지고 있지 않다. 왜냐하면 그 야만주의의 규모는 엄청나고, (몇몇 사람
들에게) 막대한 이익을 가져다주기 때문이다. 만일 누군가가 개인주택을
망가뜨린다면 그것은 야만적 행위가 된다. 그러나 원자력발전소를 건설함
으로써 훌륭한 농토가 파괴되고, 한 지역공동체가 붕괴되고, 수천 평방마
일에 달하는 지역 안의 생명과 가정과 재산들이 위험에 처해지게 된다면,
그것은 산업적 진보이다.

이러한 야만적인 전문가들이라고 하는 특권 계급의 회원이 되는 데는
두 가지의 필요조건이 충족되어야 한다. 첫째는 그들이 순수한 종류의 출
세주의자들이라야 한다는 것이다. 출세주의라고 하는 것은 개인적인 향상
을 방해하는 어떠한 장애물이나 장소도 허용하지 않으려고 하는 "끊임 없
이 위로 움직여가는" 사람들을 말한다. 그들은 지역에 대하여 어떠한 애
정도 갖고 있지 말아야 하며, 그 지역민의 관점에 서서는 안된다. 하나의
삶터를 훼손시키거나 위험에 처하도록 할 수 있기 위해서는 결국 그 삶터
를 떠나고, 잊어버릴 수 있어야 하는 것이다. 어떤 삶터를 자기자신의 고
향으로 생각해서는 안되고, 다른 누구의 고향으로도 생각해서는 안된다.
그들은 이 세계의 어떤 삶터도 그곳이 그들의 계획대로 바뀌었을 때나 그
곳에서 빼앗아낼 수 있는 것에 비하면 하찮은 것에 지나지 않는다고 믿어
야 한다. 고향에서의 삶이란 날이 갈수록 세상의 땅과 생물들을 더욱더
특별한 것이 되게 하고 소중한 것이 되게 하는 것임에 반하여, 출세주의

자의 삶은 이 세계의 풍요롭고 조화로운 다양성을 오로지 '원재료'로 환원시키면서 세계를 일반화하고 만다.

　나는 지역에 대한 애정과 지역적 관점에 선 사람들이 에너지 문제에 대하여 정당한 관심을 가질 수 없다고 말하는 것이 아니다. 내가 말하려는 것은 그들의 관심은 그 질이나 종류를 막론하고 오늘날의 '전문가적' 관심과는 판이하다는 것이다. 그 지방 사람들이라면 자연 및 인적자원을 파괴하거나 그들의 삶터를 위태롭게 하는 에너지를 기꺼이 이용하려고 하지 않을 것이다. 그들은 자기들의 동네를 위험하거나 불건강하게 만들어 놓음으로써 생활향상을 이룩할 수 있다고 믿지 않을 것이다. 그들은 그들의 공동체를 구하기 위하여 바로 그 공동체를 파괴시킬 필요가 있다고 믿으려 하지 않을 것이다.

　전문가 야만계급에 들어가는 데 필요한 두번째 조건은 '고등교육'이다. 이 계급에 속할 수 있으려면 대학이 보증하는 면허장이 있어야 하는 것이다. 왜냐하면 그 진정한 정신적 질이나 상황이 어떤 것이든 간에 이 계급은 지성적이고 엘리트적이기 때문이다. 이 계급이 자행하는 야만주의는 그것이 '머리를 쓰는' 행위로써 이루어지고 있다. 손을 더럽혀야 하는 일이라면, 다른 사람들의 손이 고용될 것이다.

　이러한 전문가들이 대부분은 상당한 액수의 공적 비용으로, 즉 원래 해당지역의 딸들과 아들들을 받아들여서 그들을 교육시킨 다음 고향으로 되돌아가게 하여 자기네의 공동체에 봉사하고 공동체를 강화하도록 하게 한다는 분명한 설립 목적을 가진 대학이나 종합대학에서 교육받았다. 그 결과는 그 대학들이 일반적으로 이러한 설립이념을 배반하고, 오히려 가장 우수한 두뇌와 재능을 뿌리뽑아서 그들을 고향에서 멀어지게 하여 이런저런 방면의 전문가로서 수탈적인 출세를 도모하도록 유도하였다는 것이 나의 생각이다. 그리하여 그들은 다시 사람들뿐만 아니라 바로 자기자신들의 공동체와 고향에 대해서도 약탈자적인 위치에 서게 된 것이다.

　말할 것도 없이 진정한 의미의 교육은 봉사 ─ 살아있는 인간 공동체와 그 살아있는 공동체가 이어받거나 이어받아야 마땅한 소중한 문화적 가치들에 봉사할 수 있는 능력을 함양하는 것이다. 교육한다는 것은 문자 그대로 '키워낸다'는 것, 즉 젊은 사람들에게 책임있는 성숙성을 심어주고, 그들이 주어진 것을 훌륭하게 돌보는 사람들이 되도록 돕고, 이웃 생명체들에 대하여 자애롭게 되도록 돕는 일을 말한다. 그러한 교육은 분명히 즐겁고 유익한 것이다. 상당한 숫자의 인간이 이러한 교육을 받아야 한다는 것은 이 세계에서 인간의 삶이 유지되는 데 반드시 필요한 일이기도 하다. 그리고 만일 이러한 교육이 잘 이용되려면 이것이 반드시 어떤 '곳'에서 이용되어야 한다는 것은 분명한 일이다. 그것은 사람이 살고 있는 곳, 그리고 장차 계속하여 살려고 하는 곳, 즉 고향에서 이용되어야 하는 것이다.

교육기관들이 고향을 떠나도록 사람을 교육시킬 때 그들은 교육이란 것을 '출세준비'로서 재정의(再定義)한 것이다. 그렇게 함으로써 그들은 교육을 상품, 즉 돈을 벌기 위해서 '사들여야 하는' 어떤 것으로 만들어버렸다. 이러한 교육관의 큰 잘못은 교육이란 것이 ― 참된 교육이라면 ― 무상(無償)이라는 사실을 흐려놓는 것이다. 물론 나는 학교와 책들이 지불되어야 할 여러 비용을 요구한다는 것을 잘 알고 있다. 그러나 나는 그럼에도 불구하고 가르쳐지고 배움받는 것이란 무상의 것임을 확신하고 있다. 어떤 좋은 책의 가치가 그 종이와 잉크에 들어간 화폐가치와 같다거나 훌륭한 가르침의 가치가 봉급액수로 환산될 수 있다고 생각할 만큼 어리석은 사람은 없을 것이다. 가르쳐지고 배움받는 것은 값을 매길 수 없는, 무상(無償)의 것이다.

교육의 상품화는 교육의 파멸을 초래한다. 우리가 교육에 값을 매길 때 우리는 교육의 가치를 감소시킬 뿐만 아니라 교육의 수혜자들로 하여금 훌륭한 선물에 반드시 수반하는 임무 ― 즉, 선물을 잘 이용하고, 손상되지 않은 상태로 다른 이들에게로 전달해야 한다는 임무를 몰각(沒覺)하게 만든다. 그리하여 교육의 상품화는 필연적으로 교육을 일종의 무기(武器)로 만들어버린다. 교육이 임무감으로부터 멀어질 때 그것은 즉각적으로 탐욕을 위해 봉사하게 된다.

마아블 힐 모임의 단상에 앉아있던 사람들은 스스로를 '공복(公僕)'이라고 생각하고 있었는지 모른다. 그러나 그들은 잘해보았자 '일반적' 대중을 위해 일하는 사람들이라고 할 수 있다. 이렇게 말하는 것은 실제로 그들은 일반 대중의 어떤 특정부분에 대하여 언제라도 적(敵)이 될 수 있기 때문이다. '일반적 이익'에 봉사하는 사람들로서 그들은 특정한 공동체의 삶터를 희생시킬 준비가 되어있는 것이다. 물론 이것은 그들이 공공의 이익과 그들 자신의 이익을 구별할 수 있는 아무런 신뢰할 수 있는 방법을 가지고 있지 않다는 뜻이기도 하다.

그들이 우리 앞에 나타났을 때 그들은 그들 자신의 전문가적 관심과 야심에 봉사하고 있었다. 그들은 자기들이 할 수 있는 한 정직하게 우리를 안심시키러 온 것도 아니고, 우리의 정당한 불만을 바로잡아주려고 온 것도 아니었다. 그들은 심지어 우리의 불만이 과연 정당한지 어떤지 하는 것도 알아볼 생각이 있어 왔던 것도 아니다. 그들은 우리를 오도(誤導)하기 위해서 왔던 것이다. 그들은 그들의 전문가적인 용어를 가지고 우리를 혼란스럽게 하였고, 우리의 두려움이 무지스럽고 이기적인 것이라고 암시하였다. 그들이 우리들을 주목하는 방식은 간단히 말해 우리를 무시하는 태도였다.

그러므로 그 모임은 참다운 의미의 모임이라기보다는 오늘날 이 나라에서 급속히 심화되고 있는 분열의 한 장면이었다고 할 수 있다. 그 분열이란 '고향'이나 '공동체'라는 말 속에 요약될 수 있는 가치를 보유하고 있는 삶터의 건강과 온전함, 심지어 그 기본적인 생존을 지키려는 사람들과, 그러한 낱말들이 그들에게는 아무런 의미를 가질 수 없는 사람들과의 분열이다.

과학의 녹색화

과학시대의 자연과 인간

김용정

저는 원래가 전공은 과학철학입니다. 잘 아시다시피 과학이라는 말이 안 들어가면 한 가지도 되는 게 없다고 생각하는 그런 시대에 우리가 살고 있습니다. 그런데 과학이란 무엇이냐라는 질문을 하기 시작한 것은 얼마 되지가 않습니다. 그럼에도 불구하고 오늘날 우리가 소위 첨단과학이니 해서 과학의 발전만이 우리 민족이 살아남고 국가가 살아남고 또 인류가 살아남는 길이라면서 매일같이 모든 언론기관이 동원되어서 얘길 하는가 하면 정부의 최고 지도자로부터 모든 관리들에 이르기까지 과학이 발전해야 하고 우리가 과학을 발전시키지 못하면 생존이 불가능하다고들 합니다. 그러면서도 막상 누구라도 붙들어 놓고 과학이란 무엇이냐 물으면 아마 대답하기가 쉽지 않을 것입니다.

우선 우리가 과학을 이해하고 들어가는 방법으로는 아무래도 처음에 물리학적 세계관을 생각하지 않을 수가 없습니다. 왜냐하면 우주 전체를 대상으로 놓고 생각해봤을 때 우주 전체를 우리가 어떻게 정의해야겠느냐가

김용정 (金鎔貞) ─ 동국대 명예교수. 철학. 이 글은 1994년 1월 정농회 연수회에서 행한 강연을 정리한 것이다.

중요한 문제이기 때문입니다. 그럴 때 우선 이미 다 중고등학교에서 배워서 아시는 일입니다만 첫째가 '열역학 제1법칙'이라는 것이 있습니다. 그 열역학 제1법칙이라는 것이 "우주의 에네르기의 총량은 불변이다"라는 것입니다. 그런데 이것을 왜 열역학이라고 얘기하냐면 모든 에네르기는 열을 통해서 일어납니다. 우주의 열에너지의 총량은 불변이라는 의미에서 그걸 '에너지 보존법칙'이라고 그럽니다만 우리 동양사람들도 그런 생각을 했어요. 그런데 그걸 힘이라 그러지 않고 '기(氣)'라고 했거든요. 그래서 이 우주라는 게 기의 변화에 따라서 삼라만상이 형성되고 또 그것이 사라져서 허공으로 돌아가고 한다는 그런 생각이 좀더 과학적으로 요새말로 그렇게 정립이 안됐을 뿐이지 동양사람들도 그런 생각을 했어요.

그러면 열을 발생하는 것이 무엇이냐 하면 결국 우리 태양계 안에서는 태양이거든요. 태양이 지금 열을 주니까 그 열에너지에 의해서 풀 한 포기도 생겨나는 거고 우리 인간들은 말할 것도 없고 모든 생명체들이 생존해서 생을 영위할 수 있는 것이죠.

그러나 우리가 살고 있는 세계를 중심으로 봤을 때 에네르기가 이동할 뿐이지 에네르기 자체의 양이 변하는 것은 아닙니다. 그러니까 예를 들면 우리가 농산물을 통해서 에너지를 취하지 않습니까? 그걸 열량 또는 무슨 비타민이니 단백질이니 여러 말로 표현을 합니다만 그런 생명의 근원이 되는 것을 우리가 식물에서 취하는데 그런 식물은 어디에서부터 힘을 받아오느냐 하면 태양으로부터 열에너지를 받아가지고 엽록소라든가 비타민이라든가 소위 광합성이라는 걸 하거든요. 그러니까 오늘날에 와서는 우리가 이 자연의 세계도 철학적으로 생각하지 않으면 안되게 되었습니다. 가령 식물은 아무것도 못하는 존재처럼 그렇게 생각했는데 사실은 식물이야말로 최고의 초능력을 가진 존재예요. 지나가는 빛을 잡아서 그것으로 에너지의 원천이 되는, 생명체의 원천이 되는 단백질이니 비타민이니 하는 것을 만드는 거니까요. 우리 인간과 같은 두발 동물이나 다른 네발 동물은 그런 능력이 없어요. 식물이 그 일을 하니까 우리는 식물을 먹어서 간접적으로 태양열에너지를 다시 취하는 것이지요.

그러니까 소나 다른 짐승들은 풀을 뜯어먹어가지고 풀이 만든 에네르기를 취해서 자기가 생존하는 것이지요. 그래서 사람은 육식을 할 때에는 간접적으로 태양에너지를 취하는 것이죠. 그렇다면 원래의 열의 양은 불변인데 열이 이동한 것이죠. 열이 식물로 왔다 식물에서 동물로 왔다 동물이 다시 또 소모해서 죽으면 그 다음에 다른 데서 에너지가 다른 상태로 변화하는 것이죠. 그러면 에너지가 이동할 뿐이지 이 우주의 무슨 에너지가 증감하는 건 없다, 그것이 우리가 현대과학을 얘기하는 데 제일 첫째 첩경이 되는 것입니다.

그런데 두번째 법칙인 열역학 제2법칙이라는 것을 '엔트로피 법칙'이라고 합니다. 이것은 개념이 조금 어렵지만 제가 쉽게 말씀드리면 단번에 쉽게 이해할 수가 있습니다. 엔트로피란 말은 열에네르기 즉 열의 힘은 항상 높은 데서 낮은 데로만 흘러가지 낮은 데서 높은 데로는 흘러가지 않는다, 이것을 불가역과정, 거꾸로가 안되는 과정이라고 합니다. 시냇물도 강물도 항상 높은 데서 낮은 데로만 흘러가죠. 절대로 낮은 데서 높은 데로 흘러가지는 않죠. 예를 들어 제가 여기다 난로불을 피우면 그 열은 이 방 찬 공기 쪽으로 흘러가서 나중엔 어떻게 되느냐 하면 평균화되는 거예요. 그런데 이게 물의 성격과 비슷해요. 언덕이 져서 강물이 자꾸 흘러가지만 마지막에 바다로 가서 수평이 되어 균형을 이루는 상태가 되죠. 그와 같이 열이라는 것도 열원으로부터 열이 발생해 낮은 데로 흘러가다 보면 낮은 데 있던 열하고 만나서 평균화되어 수평화되는 것이죠.

그러나 태양이 열을 계속 주지 않는다고 가정할 경우에는 그냥 끝없이 내려가는 것이죠. 잠시라도 태양열이 정지된다는 것을 우리가 가정할 경우에는 우주는 완전히 일종의 얼음으로 변하게 되겠죠. 그것을 열사의 상태라고 합니다. 그러니까 어떻게 보면 엔트로피 법칙이라는 건 무서운 법칙이에요. 모든 열을 따뜻한 데서 찬 쪽으로 가져가니까. 쉽게 말씀을 드리면 그러한 열이 높은 데서 낮은 데로 흘러가는 정도를 엔트로피라고 합니다. 그래서 '엔트로피 증대의 법칙'이라고 하거든요. 엔트로피가 증대한다는 말은 열의 분자들이 사방으로 흩어져서 차게 된다는 말이거든요.

그런데 다른 법칙은 다 의심할 수 있어도 이 열역학 제2법칙만은 의심할 수 없는 것이 우리들이 불을 피워보면 알거든요. 불을 피워보면 타고 나중에 재가 남고 막 밥을 끓게 했던 불이 다 사라지고 말잖아요. 어디로 가버렸어요. 엔트로피 법칙에서 낮은 쪽으로 흘러가버렸거든요. 그런데 이 법칙을 폐쇄계, 즉 어떤 다른 데서 열을 주지 않는다 할 경우에는 열사의 상태, 열이 죽어서 완전한 동사의 상태로 변해버리는 것이죠. 다행히 태양이 있어서 태양이 계속 열을 공급해주니까 그 덕으로 해서 식물이 나오고 식물이 열량을 가지고 있으니까 우리가 그걸 취해가지고 위장이니 간장이니 대장에서 소화를 시켜가지고 계속 열을 내주는 것이죠. 지금 35도 6부라고 하는 우리의 평균 체온을 유지시켜 주는 것이 알고 보면 식물이거든요. 그러니까 무슨 농자천하지대본 그런 얘기가 아니라 결국은 우리가 농업을 통해서 식물을 생산하는 그 자체가 인류뿐만 아니라 모든 동물이 생존해나갈 수 있는 유일한 최초의 기초조건이죠.

그런데 예를 들어서 지금 말씀대로 오늘 우리가 외부로부터 다른 열을 취하지 않는다고, 다시 말해서 우리가 식사를 하지 않고 며칠간 굶는다고 하면 엔트로피 법칙에 의해서, 즉 열역학 제2법칙에 의해서 우리 몸은 차디찬 쪽으로 온도를 빼앗겨가지고 몸이 차다차게 되어서 죽게 되지요. 그러니까 열역학 제2법칙은 '생자필멸'—한번 생겨난 자는 반드시 멸하게 되는 그런 법칙이기도 하죠. 그런데 그 법칙을 우리가 거슬러가지고 농사를 지어서 식물로부터 열에너지를 취해 80이나 90까지 장수하면서 생존을 영위할 수 있지만 결국은 언젠가는 열역학 제2법칙을 당해낼 수 없어요. 아무리 녹용이나 인삼을 먹어도 소용이 없지요. 인삼이라는 것도 열이거든요. 그래서 태양인 체질은 (열이 많은 저도 태양인 체질입니다만) 본래 열이 많이 나는 데다가 인삼을 먹게 되면 더군다나 열이 들어가서 상열이 되어 피를 토하고 죽게 되지요. 옛날에 사약이라는 게 뭐냐면 독삼이거든요. 삼을 달여가지고 방을 뜨끈뜨끈하게 해놓고서 그 안에서 사약을 마시게 하면 즉사하지요. 열이 확 나니까. 그러니까 이 우주라는 게 열의 장난이거든요. 그래서 엔트로피 법칙이라는 것이 과학을 이해하는

데 가장 기초적인 조건일 뿐만 아니라 동시에 앞으로 우리가 우주와 자연의 세계를 살아남게 하느냐 죽게 하느냐 하는 문제도 이 법칙을 어떻게 잘 운용하느냐 하는 데 달렸다고 할 수 있습니다.

이 자연의 세계라는 것은 반드시 순환을 통해 본래의 상태로 되돌아오는데 그것을 우리 동양식으로 말하면 복(復)의 논리라고 그럽니다. 복귀한다는 뜻의 춘하추동, 봄이 지나가고 여름이 오고 여름이 지나가면 또 가을이 오고 가을이 지나면 겨울이 오고 또 봄이 돌아오는. 생명체라는 것은 순환을 통해서 다시 되돌아올 때만이 생명이 유지가 될 수 있어요. 예를 들면 산에서 솔가지를 긁어다가 우리가 그걸 때서 그 열에너지를 가지고 밥을 짓고 국을 끓이고 식사를 합니다. 그러면 그 솔가지가 열에너지를 내주고 재가 되지요. 그런데 이 재를 밭에다 뿌리면 거름이 되어가지고 거기서 씨앗이 더 나은 열매를 맺어주거든요. 되돌아옴이 거기 있단 말이에요. 그러니까 생물을 다시 생물로 되돌려놓는 그런 역할을 하는데 그런 상태를 낮은 엔트로피라고 하거든요. 엔트로피를 우리가 이용해야 하죠. 열에너지를 이용하는 한은.

북한에 가면 지금도 산에 나무가 없어요. 열을 취해야 하는데 기름이 없으니까 나무를 다 잘라 땝니다. 그런데 그 나무들을 땠다는 건 우리가 열역학 제2법칙으로 보면 그만큼 손해난 거예요. 생명체들이 그만큼 없어지는 것이니까요. 그래도 그것은 괜찮은 것이 재를 갖다 뿌리면 시간이 좀 걸리지만 다시 식물이 나와서 식물들이 생존을 영위해가지고 또 녹지를 이루고 그럽니다. 그런데 석탄은 캐다가 그것으로 구공탄을 만들어 열을 내면 석탄가루보다 열이 훨씬 높지만 이것은 엔트로피 증대 법칙에서 보면 엔트로피의 분산이 그만큼 크다는 얘기거든요. 열에너지를 많이 줄 수 있다는 것은 그렇게 열을 많이 낸 놈은 재가 되었을 때 그 재를 갖다 뿌려도 다시 돌아오지 않는다고 할 수 있습니다.

지금 우리가 석유를 때고 삽니다만, 이 경유라는 것은 바닷속이나 땅속에서 캐낸 기름 아닙니까. 이건 석탄보다도 훨씬더 높은 열이 일어나는 물질이거든요. 그러니까 이런 걸 우리가 사용하고 나면 그 쓰레기, 그 재는 수십년이 지나도 다시 식물이 생존해나올 수가 없죠. 이렇게 생각하면 원자력이란 건 고도의 힘을 가진 그런 물질이거든요. 그걸 한번 쓰고나면 100년 200년 가도 식물이 다시 솟아나오지 않습니다. 그렇듯이 지금 우리의 현대문명이라는 건 모든 제품들을 비닐이라든가 알미늄이라든가 여러 가지 오래 써서 좋다고 생각하지만 그놈이 다시 썩어 자연으로 돌아갈 수 있어야 하는데 그렇지가 못합니다. 흔한 말로 땅으로 다시 돌아가야 하거든요. 그래야 다시 생존과 재생이 가능한데, 그렇지 못하기 때문에 고열을 사용하고 나면 그만큼 엔트로피 증대의 법칙에 의해서 방사능오염이라는 것이 생겨 우리를 해롭게 하고 자연을 다 죽이게 하는 그런 엄청난 결과를 가져온다는 것입니다.

중요한 것은 결국 열에네르기를 어떻게 잘 이용하느냐 하는 문젠데 그 열에네르기가 당장 우리에게 편리하고 좋다고 해서 그걸 많이 쓰면 쓸수록 지구는 빨리 오염이 되어 모든 생명체들이 생존할 수 없는 쪽으로 가게 되는 것입니다. 지금까지 과학자들도 거기에 관심이 별로 없었어요. 그냥 많은 생산품을 만들어내고 자꾸자꾸 새로운 물건을 개발만 하면 되는 줄 알았지요. 그러다 문제가 생기니까 아시다시피 유엔환경회의라는 게 생기게 되고 지금 우리나라도 곧 우리가 흔히 쓰는 프레온가스라는 물질의 사용을 금지해야 할 상황이 되었지요. 냉장고에 사용하는 게 전부 프레온가스거든요. 그걸 넣어야만 그놈이 냉방을 일으켜서 냉동장치가 이루어지게 되는데요.

예를 들어서 1년 동안에 세계의 모든 자동차들이 내뿜는 프레온가스만 가지고 봐도 지금 자동차를 올스톱시키고 다 걸어다니는 그런 세상이 온다 해도 지금까지 내뿜은 프레온가스가 오존층을 덮어 2030년인가 가면 결국 오존층이 무너져가지고 직사광선이 내리쬐여서 죽게 된다는 보고서들이 지금 여러 군데서 나오고 있습니다. 그러니까 이미 지금 그만둬도 소용이 없어요. 벌써 이제까지 내뿜은 오염물질들 때문에 지구가 지금 죽게되어있습니다. 어찌 됐든 이런 문제들 때문에 현재 21세기를 몇년 앞두고서 과학이 안고 있는 엄청난 위기가 우리 앞에 가로놓여 있다는 것입니다.

간단히 말해서 자연유기농법이 가장 바람직하고 우리 인류가 살아남을 수 있는 유일한 길이다 이렇게 생각합니다. 잘 아시다시피 우리가 농약을 쓰게 되면 천적들이 죽게 되므로 자연의 균형이 무너지게 되고 그럼으로써 전체 자연이 파괴된다고 하는 그런 생태학적인 연구 내지 접근방법이 현대과학의 초점이 되고 있습니다. 고대에도 수메르제국이니 바빌로니아 문명이니 메소포타미문명이니 하는 것이 있었습니다. 지금의 이란이나 이라크 사람들이 옛날에 페르시아제국을 이루고 그 이전에 바빌로니아문명을 이뤘죠. 지금의 이라크에는 유프라테스강과 티그리스강이란 강줄기가 들어가 있는데요. 강 주변이 굉장히 비옥했답니다. 수천년 전에 수메르제국이 지금 우리나라에서 하듯이 댐공사를 많이 했다고 그래요. 댐공사를 너무 많이 해가지고 그 댐을 관리하려니까 많은 관리들이 필요하게 되고 동시에 생태계에 변화가 와서 수메르제국이 멸망했다고 그렇게 일부 역사가들은 판단을 하고 있습니다. 그러니까 우리가 댐공사를 해서 자연을 유용하게 써야 되지만 그것도 지나치게 해서 생태계가 무너지면 기왕에 존재했던 생물체들이 다 이동을 하거나 파멸하게 되고 변화가 급격하게 되므로 동시에 우리 인간들도 질병에 걸리거나 생존할 수 없게 됩니다.

 지금 인간중심적인 이런 구조로 세상이 돌아가고 있습니다만 현대 윤리학으로 소위 신합리주의 윤리학이라는 것이 나와 있는데요, 이 사람들의 얘기는 뭐냐면 어째서 인간의 인권만을 강조하느냐는 것입니다. 우주가 인간만이 살라고 주어진 것이 아니거든요. 인간들이 오만하게 자기만의 권리를 주장하고 마구잡이로 다른 동물들을 해치지만 동물도 살 권리가 있고 동물로서 할 말이 있고 동물로서의 당연한 권리가 있단 말이에요. 동물들이 다같이 살아있을 때 우리 인간도 공생공존을 할 수 있는 것이기 때문에 모든 생명체가 다 같은 하나의 권리를 가졌다고 보아야 합니다. 동식물은 우리 인간들을 위해서 어떤 면에서는 희생하고 봉공하고 있는 거지요. 그렇듯이 우리도 식물이나 동물들을 위해서 어느 정도 봉공을 하고 동시에 사랑을 하고 그러면서 상부상조하는 그런 세계가 되어야 한다는 윤리학이 신합리주의 윤리학이라는 것입니다. 그런 것도 이제 생태학적인 문제와 관련해서 새로 일어나고 있는 사상들이죠.

예측하기 어려운 그런 불확실한 시대에 우리들이 살고 있는 게 사실입니다. 왜냐하면 자연은 일정한 하나의 법칙 속에 존재하는데 그 법칙이 무너질 때는 상상할 수 없는 일이 일어날 수 있는 것이기 때문에 우리 인간들의 불장난에 의해서 정말로 수억년 수십억년 다른 생명들과 더불어 공생공존해야 할 지구를 우리 한 세대에 망칠 수도 있다는 사실을 알아야 합니다. 우리가 누구로부터 그런 권리를 부여받았느냐 이거죠. 우리의 후세대들이 살아남기 위해서는 우리가 희생을 해서라도 덜 먹고 생명들이 다 함께 살아남을 수 있는 그런 지구를 남겨줘야 하는 것이 현재 살아있는 사람들의 도덕성이고 또 어떻게 보면 하늘의 명령이죠. 그런데 그 하늘의 명령을 어기고 지금 인간이 불장난하고 있는 거 아니냐, 이렇게 생각하지 않을 수 없습니다.

유기농법이라는 게 다른 게 아니죠. 과학시대에 있어서 정말로 모든 생명체가 살아남는 가장 기초적인 조건인 것입니다. 그러니까 아마 앞으로 21세기는 제아무리 우리가 어떤 주장을 해도 유기농법 이외에 다른 대안이 없습니다. 지금 우리는 알약 하나만 먹으면 1년을 살 수 있는 그런 물질을 만들어낼 수도 있어요. 우주인들이 우주로켓을 타고 갈 때는 그런 고에너지 식품을 먹습니다. 방귀만 한번 뀌면 가스로 나가버리게. 그런데 그런 물질을 만들려면 어마어마한 재력이 필요하게 되고 우리가 농토에서 농사를 짓는 노력에 수십만배의 노력이 더 들어가야 됩니다. 그리고 또 그렇게 되면 아까 말씀드린 대로 그 자체가 자연의 법칙을 어기는 것이기 때문에 특수한 경우를 제외하고 그런 식품을 개발해서 먹을 수는 없는 것이죠.

요새는 혼돈의 과학이라는 게 또 나왔습니다. 어떻게 보면 일찍이 옛날 사람들은 이 우주를 혼돈이라고 했는데요. 우리들이 생김생김이 다 다르고 성격이 다 다르고 차별 즉 평등, 평등 즉 차별이라고 하는데요. 버드나무와 소나무, 소나무와 참나무 각기 다 형태도 다르고 모양도 다르고 서로 다르다고 하는 데서 독립성이 있고 다양성이 있고 재미가 있고 우주 삼라만상이 조화가 있습니다. 전부 소나무만 있거나 미루나무만 있거나 하면 얼마나 재미가 없겠습니까. 그런 것을 일종의 악평등이라고 합니다만 그렇기 때문에 혼돈이라는 문제가 새로운 과학의 문제가 되었습니다. 일종의 철학적인 반성이죠.

눈이 내릴 때 눈송이를 하나하나 놓고 보면요, 절대로 똑같은 눈송이는 하나도 없어요. 그럼 왜 눈송이가 다 다르냐. 모양이 겉으로는 비슷한 것 같아도 다 달라요. 이 눈송이가 빗방울에서 눈송이로 결빙이 되어 내릴 때에 그 눈송이나 비가 내리는 궤적이 다 다르거든요. 다를 수밖에 없죠. 그런데 그 눈이 내리는 길, 즉 궤적마다 다 기온의 차가 있어요. 그 말은 우주공간의 어느 한 점도 다른 점과 똑같은 공간점으로 존재할 수 없다는 것이죠. 궤적이 다르니까 얼음으로 형성될 때에 눈송이의 모양이 다 다르게 형성되는 것이에요. 알고 보면 균일한 법칙이 아니에요. 혼돈의 법칙이에요. 하나도 같은 게 없으니까.

그러니까 어떠한 과학이라도 정확한 기상예보를 해낸다는 것은 불가능한 거예요. 왜냐하면 방송하는 도중에도 벌써 바람의 각도나 온도나 태양과 지구의 각도가 순간순간 달라지고 있기 때문이지요. 예를 들면 지금 이 지구가 시속 10만8천킬로미터의 속도로 달리고 있거든요. 시속 100킬로미터로 자동차를 달려도 지축이 흔들리는 것처럼 느껴지는데, 이 지구 같은 큰덩어리가 시속 10만8천킬로미터예요. 그걸 우리가 객관적으로 본다면 얼마나 빠른 속도입니까. 다른 별들과 서로 상호작용을 하면서 그렇게 빠른 속도로 달리고 있어요. 제가 여기, 같은 장소에 앉아있지만 순간순간 다 다른 공간이에요. 말하자면 눈송이의 궤적이 다르기 때문에 눈송이의 모양이 다르듯이 우주 삼라만상이 태어난 날짜가 다 다르고 일시가 다 다르고 장소가 다 달라요. 그리고 어머니 아버지가 다 다르고 그렇기 때문에 우리는 서로 다르게 생기고 다른 성격을 가질 수밖에 없고 오히려 그렇게 다르게 됨으로써 정말로 커다란 조화를 자연은 만들어가고 있거든요.

그런데 현대는 모든 것을 똑같이 상품화, 일률화하려고 해요. 그래서 민주주의란 말을 잘못 생각해서 똑같은 인간, 똑같은 분배 이런 식으로 생각하게 되면 이거야말로 가장 무지한 경우가 되지요. 오늘날의 현대과학은 부정적인 측면도 굉장히 많지만 이렇게 긍정적인 측면에서는 세계를 바로 밝혀내는 그런 작업도 하고 있는 것입니다. 인간은 하나하나 탄생의 과정에 따라서 다 다르게 형성됨으로 해서 그 한 사람 한 사람이 다 우주고 그 한 사람의 개성이 갖는 아무도 침범할 수 없는 유일절대의 존재입니다.

현대과학이 관심을 갖는 분야 중에는 뇌과학이라는 것도 있습니다. 뇌는 세포들이 전두엽이다 후두엽이다 해서 약 1,500그램, 우리 식으로 말하면 두근 조금 넘습니다. 젤리처럼 찐득찐득하면서 말랑말랑한 그런 덩어리로 되어있는데 이게 두 조각으로 되어있어요. 그래서 보통 우뇌, 좌뇌 그렇게 얘기하는데요. 그런데 좌뇌는 논리적이고 분석적이고 시간적인 그런 일을 하는데 주로 생각을 논리적으로 전개하는 능력은 이 좌뇌가 갖고 있다고 해요. 그리고 예술가들이 음악을 하고 그림을 그리며 공간적인 통합을 하고 직관을 하는 능력은 이 우뇌가 한다고 합니다. 처음에는 쉐페리라고 하는 사람이 그렇게 주장을 했는데 최근에 와서는 좌뇌나 우뇌나 전혀 기능이 다른 게 아니라 좌뇌가 못할 때는 우뇌가 그 기능을 한다든가 하는 이론이 나오고 있습니다.

뇌의 구조를 신경세포니 대뇌피질이니 분자의 구조니 해서 연구를 해보면 예를 들어 웃을 때 그 웃음을 일으키게 하는 피질 내지 세포가 있어요. 그런데 우리가 만약에 이러한 과학을 나쁘게 이용하면 공포를 느끼는 세포가 있는데 그걸 없애버린다든가 해서 세상을 무법천지로 만들어버릴 수도 있겠지요. 그러니까 정서 어느 하나가 무너질 때 얼마나 무서운 일이 일어날 것인지 예상할 수 있습니다. 그런데 중요한 사실은 그러한 전체 정서들이나 우리의 인지작용들을 통괄해서 최초의 명령을 내리는 세포는 결코 발견이 안된다고 합니다. 여러분들이 기독교 신앙을 가지고 계시니까 드리는 말씀인데 이 우주를 최초에 하느님이 창조했다고 할 때 최초의 명령자는 하느님이죠. 그렇듯이 그런 뇌세포를 가정해볼 수 있는데 우리 뇌의 조직을 연구해보면 다른 세포는 다 있는데 이걸 통합해서 최초의 판단을 내리고 무엇을 어떻게 해야 한다고 하는 종합판단을 하는 뇌세포는 없어요.

유기체 즉 생명체라는 게 분자를 하나 떼어놓고 보면 이런 무기체나 똑같아요. 그런 무기체인 분자들이 여러개가 모이면 이렇게 사람과 같은 생명체가 되지요. 그렇듯이 뇌세포가 약 4백억개의 무슨 신경세포로 되어있다고 합니다. 그런데 그것이 모이면 놀랍게도 본래는 그 자체들이 갖지 못했던 그런 창발성이 일어난다는 것입니다. 이 말씀은 꼭 기억해두실 필요가 있습니다.

즉 우리들이 개인 개인으로 있을 때는 어떤 힘이 발생하지 않아요. 그런데 정농회라는 조직을 만들어가지고 한 사회단체를 구성하게 되면 즉 하나의 그룹이 이루어지게 되면 개인 개인에겐 존재하지 않았던 새로운 힘이 발생한다는 것입니다. 그걸 창발성이라고 합니다. 우리 인간이라는 존재를 사회적 동물이라고 하듯이 그러니까 절대로 나 개인만으로 살아갈 수 없고 또 개인만으로는 우리가 어떤 초능력을 발휘할 수 없어요. 한 단체를 구성해 그것이 단결할 때 개인간에는 전혀 없던 제3의 힘이 발생한다는 것입니다.

그러니까 여전히 인간에게는 어떠한 과학으로도 해결할 수 없는 즉 과학이 아닌 철학이나 종교로 이해할 수밖에 없는 그런 영역이 있습니다. 물론 종교나 철학이 과학적 세계가 도래하기 이전에는 세상을 잘못 이해를 했던 것들도 많이 있었어요. 그렇지만 여전히 과학은 과학이 할 수 있는 국경선이 있습니다. 오늘날 환경문제와 관련해서도 제아무리 우리가 오염된 환경을 과학적 방법으로 개선한다 하더라도 그건 불가능합니다. 본래의 자연의 원리를 따르는 것 이상 자연을 보호하는 다른 방법이 없어요.

끝으로 우리가 동양인들이니까 동양의 전통이 현대의 한 지혜가 될 수 있는 단면을 말씀드리겠습니다. 공자사상은 한마디로 지(智)·인(仁)·용(勇)을 삼덕(三德)이라 합니다만, 서양사람들은 기독교의 믿음·소망·사랑, 그리고 플라톤이 말한 지혜·용기·절제·정의를 합해서 7덕이라고 합니다. 삼덕 중에서도 측은지심(惻隱之心), 인지단야(仁之端也) 해서 인(仁)을 근본으로 삼아 하나의 출발점으로 삼습니다. 그런데 공자는 인이라는 것이 뭐냐 그럴 때 다른 말로 극기복례(克己復禮)라고 했어요. 나를 이기고 예로 돌아간다는 뜻이죠. 그런데 중국사람들이 우리를 동이족이라 하면서도 우리나라를 동방예의지국이라 했어요. 그때 이 예(禮)자는 어떤 글자냐 풀어 보면 제사상이란 뜻입니다.

예를 들면 제사상에 생선이나 돼지머리를 희생의 제물로 올려놓습니다 만 그러면 다른 동물을 죽였으니까 여기서 피가 흐르겠죠. 시(示)자가 원래 제사상입니다. 희생의 제물을 올려놓아서 양쪽으로 피가 흐르는 것을 뜻합니다. 예수님이 골고다 산상에서 피를 흘리며 결국은 희생한 게 아닙니까? 우리 인류를 위해서 대속하셨다는 점에서 똑같아요. 어머니 아버지가 돌아가시고 내 사랑하는 사람이 세상을 떠났는데 내가 살아있다는 것은 어불성설이죠. 나도 같이 죽어야지요. 그런데 내가 죽는 대신 다른 동물을 희생시키는 것입니다. 사실 인류도 예수를 이렇게 희생시킨 것이라 볼 수 있죠. 자기 죄를 깨닫지 못하고 하니까 독생자 예수를 보내서 인류로 하여금 깨닫게 하고 우리 죄를 갚기 위해서 골고다 산상에서 돌아가셨다 그러지 않습니까? 이걸 대속설이라 하지 않습니까? 그러니까 모두 똑같아요. 단지 내가 제물이 된 게 아니고 다른 동물을 희생의 제물로 상징적으로 이렇게 한 거지요.

그런데 예라는 글자에는 이렇게 곡(曲)자도 있죠. 노래 곡자인데 곡자는 바구니에 곡물들을 담은 거예요. 농민들은 대개 가을에 오곡백과가 무르익고 풍년이 들면 저절로 콧노래가 나지 않습니까. 이 노래라는 것과 농사의 수확은 같은 맥락이에요. 곡물을 수확해서 먹을 게 있어야 노래가 나오지 아무 때나 노래가 나오겠습니까? 그러니까 이 노래 곡자는 모든 오곡백과를 먼저 조상 앞에 갖다 올리는 제사상이에요. 이것과 똑같이 그 아래 콩두(豆)자도 마찬가지입니다. 이 콩이라는 것은 가장 에너지가 풍부한 식물이거든요. 그런데 여기선 콩을 의미하는 게 아니고 에너지액을 의미하는 것입니다. 즉 이것은 술잔입니다. 술이라는 것은 어떤 곡물로도 만들 수 있는데요. 하여튼 오곡백과로 술을 담아가지고 곡물 에너지의 원액을 조상 앞에 올리는 것이죠.

여기가 이렇게 제사 자리면 여기는 사자가 있고 이쪽에는 생자가 있죠. 이걸 우리가 초혼이라 합니다만 사자의 혼을 불러내서 생자의 혼과 사자의 혼이 만나는 자리가 곧 예라는 것입니다. 알고 보면 한평생 감옥생활을 하고 나온 사람도 제일 먼저 가고 싶은 데가 자기 조상의 무덤입니다. 어머니나 아버지 무덤에 가서 통곡을 하죠. 인간이 가장 경건할 때가 언제인가. 자기를 낳아주고 키워준 부모나 자기 형제들이 죽었을 때 죽은 사람 앞에 가서 서있을 때는 악인이 없답니다. 아버지! 그러면서 정말 제가 착하게 살아야죠 합니다. 그런 심정이 가장 경건한 상태를 이룰 수 있는 시간과 장소가 사자 앞에 가 섰을 때라는 것이죠. 우리가 잠시 살다가 곧 떠나는 하나의 나그네인데 어떻게 죽음이라는 걸 생각하지 않고 살 수가 있어요. 인간이 가장 진실할 때는 죽음을 생각할 때라고 하죠.

그러니까 나를 이기고 예로 돌아간다는 것은 한편으로 생각해보면 이 인간존재가 큰 문제가 있는 존재라는 말입니다. 무엇이 제일 문제냐 하면 바로 욕구예요. 이것 때문에 우리 인류가 엄청난 고통 속에 휘말려들어가 있는 것이지요. 그럼 이 욕구를 진정시켜주는 철학, 이것을 선으로 전향케 하는 철학이 뭐냐, 그게 바로 예입니다. 어째서 인이 극기복례가 되느냐 하면, 그러니까 이걸 우리가 드라마라고 생각하면 보통 연극이나 영화라는 건 사람이 인위적으로 만든 것이지만, 이건 정말로 사람이 죽었을 때 내가 죽은 사람 앞에 가 선 산 드라마죠. 그 산 드라마를 통해서 사람을 한쪽으로 바꿔놓는 것 그것이 예입니다.

우리가 도덕교육을 통해 착하게 살아라 도둑질하지 말아라 아무리 해도 인간을 정말로 선한 쪽으로 돌려놓는 것은 어떤 충격적인 자각입니다. 그래서 예컨대 사람이 세상을 떠날 때는 어른이 된 사람이면 반드시 그 사자의 임종에 참여를 해야 합니다. 우리의 조상들은 그것이 우리 인간사에 있어서 인간을 정말로 선한 쪽으로 인도해내는 유일한 방법이라고 생각을 했던 거죠. 특히 인간의 가장 원초적이고 최후적인 그런 일에 종사하시는 여러분들이기 때문에 우리 선현들이 지녔던 지혜에 이런 것이 있었다는 말씀을 드리면서 제 이야기를 끝내겠습니다. 감사합니다.

과학기술로 환경문제가 해결 가능한가

이필렬

과학기술의 한계, 환경관련 과학기술의 범위

과학기술이 아무리 발달해도 뛰어넘을 수 없는 한계가 존재하는가?

우선 과학기술이 과학의 근본법칙을 뛰어넘을 수는 없다. 예를 들어서 우주의 에너지의 총량은 일정하다는 열역학 제1법칙과 우주의 엔트로피는 항상 증가한다는 열역학 제2법칙을 넘어설 수 없다. 그러므로 에너지를 마음대로 만들어낼 수 없으며, 에너지를 가하지 않고 하등한 에너지로부터 고급에너지를 얻어내는 것은 불가능하다.

또 한 가지 언급될 만한 근본적인 한계 중의 하나는 예측불가능성이라는 한계이다. 예를 들어서 사용된 후에 버려진 플라스틱은 썩지 않기 때문에 환경문제가 유발된다. 그런데 이 문제는 유전공학자들이 플라스틱을

이필렬 — 방송통신대 교수. 과학사. 《석유시대, 언제까지 갈 것인가》 등 저자. 이 글은 《환경논의의 쟁점들》(환경연구회 지음, 도서출판 나라사랑, 1994)에 실린 글 〈과학기술의 발달과 환경문제〉를 그 첫 부분과 각주 부분을 제외하고, 필자의 허락을 얻어 재수록한 것이다.

부식시키는 박테리아를 대량으로 배양해서 땅에다 뿌리면 해결될 수 있을 것이다. 그렇지만 이 박테리아들이 생태계에 퍼졌을 경우 지구 전체에 어떤 피해를 입힐 것인가에 대한 예측, 또는 아무런 피해를 끼치지 않을 것이라는 예측은 불가능하다는 것이다. 그리고 이 예측불가능성은 새로운 과학기술이 거대한 규모로 — 예를 들면 원자력발전이라는 거대 발전시설, 비행기라는 거대 운송수단, 거대 화학공단 등과 같은 규모로 — 도입될 경우에는 규모가 작을 경우보다 훨씬 커진다.

환경문제의 해결과 관련된 과학기술의 범위를 어떻게 보아야 하는가?

인류가 현재 지구상에서 일어나는 각종 환경파괴를 해결하기 위해서 의존하는 수단은 거의 대부분 과학기술이다. 각 나라 정부는 말할 것도 없고 지구와 인류의 장래를 걱정하는 소수의 순수한 집단을 제외한 대부분의 이익집단들은 과학기술을 가지고 환경문제를 해결하려 한다. 그리고 해결할 수 있다고 믿는다. 그 결과 환경과학, 환경기술이라는 새로운 학문분야가 생겨났으며, 그밖에 이러한 학문과 밀접한 관계가 있는 환경관련 과학기술 — 예를 들면 생태학, 분석화학, 해양학 등과 같은 — 연구가 크게 부각되었다. 이러한 분야에서 일하는 학자들은 대부분 환경문제의 원인과 현황을 조사하고, 그것을 해결하기 위한 과학기술적 방법을 고안하기 위해서 노력한다. 그렇다면 환경관련 과학기술이 극도로 발달해서 그러한 노력이 모두 성공을 거둔다면 어떤 환경문제라도 해결될 수 있다는 생각도 해볼 수 있다. 이 경우에 우리는 탐구대상인 과학기술을 환경관련 연구와 관련된 것으로 제한해야 한다.

그러나 우리가 환경문제를 해결하기 위해서 사용하는 과학기술은 그러한 목적과는 상관없다고 할 수 있는 물리학, 화학, 생물학 등의 순수 자연과학과 지금까지 환경을 파괴하는 데 일익을 담당한 여러가지 기술의 연구성과를 바탕으로 한 것이다. 그리고 이러한 환경관련 과학기술은 그 스스로 독립해서 발전할 수 있는 것이 아니고, 다른 순수과학 또는 공학들의 지원, 즉 그것들의 연구성과를 끊임없이 공급받지 못하면 존립할 수 없다. 예를 들어서 화학산업에서 나오는 독성폐기물을 소각해서 처리하는 경우, 환경공학자들은 높은 온도에서 화학물질을 소각할 수 있는 장치를 설계하고 건설할 수는 있지만, 소각시에 일어나는 폐기물의 열분해 과정에서 생성되는 물질들이 어떤 것인지는 분석화학의 도움 없이는 알아낼 수 없다. 또한 폐기물을 어떤 온도 이상에서 태워야만 다이옥신과 같은 독극물이 생기지 않는가라는 문제도 화학 열역학과 분석화학의 도움 없이는 밝히기 어려운 것이다. 물론 열역학이나 분석화학 등을 통합해서, 환경화학이란 학문을 만들 수 있다. 뿐만 아니라 환경생물학, 환경물리학 등이 생겨날 수도 있다. 이러한 학문분야들은 기초과학으로부터 독립해서는 존재할 수 없고, 또 기초과학의 도움을 계속해서 받아야만 발전해갈 수 있다.

환경문제를 해결하기 위해서 수행되는 연구가 물리학, 화학, 기상학, 생물학 등 여러 학문의 협동연구인 경우도 볼 수 있다. 수처리나 대기정화 같은 분야에서는 정도가 덜하지만, 오존층 파괴와 지구온난화 같은 문제를 해결하기 위한 연구에는 다양한 학문분야가 참여한다. 예를 들어서 성층권의 오존층이 엷어진다는 사실은 기상학자들이 발견했지만, 그 이유는 화학자들이 밝혀냈고, 오존 파괴물질인 염화플루오르화탄소(CFC)의 대체 물질의 개발도 화학의 연구분야이다. 생물학자들과 의학자들도 중요한 역할을 하는데, 그들은 오존층의 파괴가 생물체에 미치는 영향을 탐구함으로써 어떠한 피해가 올 것인지를 예측한다. 그리고 성층권에서 오존층이 적정한 두께로 유지되기 위해서는 지구상에서 배출되는 오존 파괴물질이 얼마만한 양으로 억제되어야 하는가라는 문제는 물리학과 수학의 도움이 있어야 해결될 수 있는 것이다.

지금까지의 논의를 통해서 환경관련 과학기술은 환경과학이나 환경기술만을 가리키는 것이 아니라 과학기술 전체라는 것이 분명해졌다. 그런데 여기서 또 한 가지 해결해야 할 문제가 발생한다. 과학기술은 전체적으로 그것이 대규모 상품생산에 응용되기 시작한 이래 환경문제를 해결하는 데 기여한 것이 아니라, 그것을 유발하는 주요한 요인으로 작용해왔기 때문이다. 그렇다면 과학기술의 발전으로 환경문제가 해결될 수 있는가라는 물음은 그러한 역사적 경험에 비추어볼 때 성립할 수 없는 물음이라고 할 수 있다. 우리가 이 글의 주제를 명확하게 다루기 위해서는 다음 두 가지 물음을 던지고 그 답을 구해야 한다.

1) 현대 과학기술은 환경문제를 유발한다. 그러나 그것을 계속 발전시키고 그 성과를 환경문제 해결에 응용한다면 이 문제가 해결될 것인가?

2) 현대 과학기술 전체를 환경문제를 유발하지 않는 다른 과학기술로 변화(발전)시키면 문제는 완전히 해결된다. 이것이 과연 가능한가?

그러면 먼저 첫번째 물음에 대해서 지구온난화, 오존층 파괴, 숲의 죽음이라는 세 가지 사례를 들어서 살펴보겠다.

과학기술과 지구온난화, 오존층 파괴, 숲의 죽음

지구온난화가 일어나는 주된 이유는 대기중의 이산화탄소 농도가 급격히 증가하고 있기 때문이다. 현재 대기중 이산화탄소의 농도를 증가시키는 데 가장 커다란 역할을 하는 것은 자동차, 화력발전소, 대규모 공장 그리고 비행기이다. 발전소에서는 전력생산을 위해서, 공장·자동차·비행기에서는 동력을 얻기 위해서 석탄이나 석유와 같은 화석연료를 태우는데, 이 과정에서 이산화탄소가 대규모로 발생하는 것이다. 대기중에서 이산화탄소는 햇빛이 지구표면과 충돌한 결과 생기는 열선을 우주공간으로 날아가지 못하도록 붙잡아두는 역할을 한다. 따라서 대기중 이산화탄소의 양이 증가할 경우, 지구가 받는 햇빛의 양이 줄어들지 않는 한 지구는 뜨거워질 수밖에 없다.

지구가 뜨거워진다는 것은 지구의 에너지 총량이 증가하는 것을 의미하는데, 지구는 이에 대해서 어떠한 형태로든 반응을 할 수밖에 없다. 우리가 물을 가열하면 물이 열을 받아 수증기로 변화하는 반응이 일어나듯이 지구도 반응을 하는 것이다. 이러한 반응의 결과로서 나타날 수 있는 현상으로는 태풍, 가뭄, 홍수, 이상 저온, 이상 고온 등의 극심한 기상이변과 해수면 상승으로 인한 해안지역의 황폐화가 있다. 그렇다면 과학기술에 의존하는 사람들은 이러한 현상을 막기 위해서 어떠한 연구를 내놓으려 할 것인가? 과학기술을 발전시키면 지구온난화도 막을 수 있다고 생각하는 사람들은 현재 두 가지 방향에서 대기중 이산화탄소의 농도를 줄이기 위한 연구를 진행하고 있다. 한 방향은 이산화탄소를 적게 방출하거나 전혀 방출하지 않는 에너지원을 찾는 것이고, 또하나의 방향은 방출되는 이산화탄소를 모아서 대기가 아니라 다른 곳에 버리거나 재활용하는 것이다.

이산화탄소를 방출하는 에너지원으로서 우리가 현재 가장 많이 사용하는 석탄이나 석유와 같은 연료는 대체로 탄소와 수소로 구성되어 있기 때문에, 불에 타면 물과 이산화탄소를 생성한다. 바로 이러한 이유 때문에 이산화탄소의 방출을 줄이거나 없애기 위해서는 화석연료가 아닌 다른 에너지원을 찾아야 한다. 이산화탄소를 전혀 배출하지 않는 대체 에너지원으로서 주로 발전에 사용할 수 있는 것으로는 지열, 풍력, 조력, 태양열, 원자력 등이 있다.

연소할 때 석유나 석탄과 비슷한 열량을 내지만 이산화탄소를 적게 방출하는 물질로는 알코올이 있는데, 이것은 휘발유나 경유의 대체물로서 자동차 연료로 사용될 수 있다. 이것을 연료로 사용하면 자동차의 이산화탄소 배기량을 절반 정도로 줄일 수 있다. 그런데 만일 원자력전기를 자동차의 동력원으로 사용하면, 즉 전기 자동차를 개발하고 그 전기를 원자력발전소에서 공급하면 이산화탄소 방출을 완전히 막을 수 있다.

이산화탄소를 모아서 다른 곳에 버리는 방법으로는 주로 공장이나 화력발전소에서 나오는 기체를 압축해서 지하 깊숙한 동굴에 묻거나 깊은 바다 속으로 펌프질해서 바닷물에 녹이는 방법, 또는 금속산화물과 반응시켜서 금속탄산염의 형태로 만들어 땅에 묻는 방법 등이 있다. 이산화탄소의 재활용이란 이산화탄소를 여러가지 공정을 통해서 가공하여 알코올과 같은 새로운 연료물질을 만드는 것이다. 이 방법은 촉매를 이용하여 이산화탄소와 수소를 반응시켜서 알코올을 합성하는 것으로 현재 전세계적으로 가장 많이 연구되고 있다.

그렇다면 위의 두 가지 방향의 연구가 성공을 거둔다면 지구온난화 문제가 과연 해결될 수 있을까?

우선 자동차 연료를 이산화탄소 배출량이 적은 알코올로 바꾸는 것은 궁극적으로는 문제를 해결하지 못한다. 왜냐하면 이러한 단순한 대체에 의한 이산화탄소 농도 감소라는 효과는 계속되는 자동차 수의 증가로 인해 단기간에 상쇄되어버릴 것이기 때문이다. 그리고 화력발전소나 공장에서 배출되는 이산화탄소를 수거해서 알코올을 만드는 재활용이 널리 실현된다고 해도, 그 생산에 막대한 양의 에너지가 소모되며 그것을 또다시 연료로 사용해야 하기 때문에, 이산화탄소의 재활용은 이산화탄소의 대기 중 농도를 줄이는 데 그다지 효과를 발휘하지 못할 것이다.

과학기술을 이용해서 이산화탄소 배출량을 줄이려고 할 때 가장 효과적인 것처럼 보이는 방법은 발전소에서는 화석연료를 사용하지 않고 전력을 생산하고, 전기 자동차를 개발하여 그 동력원으로서 석유가 아니라 전기를 사용하는 것이다. 그런데 이 경우 우리가 현재와 같이 대량의 에너지를 집중적으로 필요로 하는 산업구조와 생활양식을 그대로 유지한다면, 지열·풍력·태양열에 의한 발전만 가지고는 에너지 수요의 극히 일부분만 충족될 것이기 때문에 전력생산의 대부분은 원자력에 의존할 수밖에 없다. 원자력으로는 현재 이미 널리 사용되고 있는 핵분열과 실용화를 위한 연구가 진행중인 핵융합을 이용할 수 있다. 우리가 원자력발전을 전력생산의 중심으로 삼고 전세계의 거의 모든 에너지를 원자력발전소에서 공급한다면 지구온난화라는 문제는 해결될 수 있을지 모른다. 그러나 이 경우 한 가지 문제는 해결되지만 막대한 양의 핵폐기물 처리라고 하는 새로운 문제가 발생한다. 따라서 핵분열을 이용한 원자력발전은 아무리 개량·발전시킨다고 하더라도 문제를 근본적으로 해결하는 데에는 큰 도움을 줄 수 없다.

그렇다면 '꿈의 에너지'라고 하는 핵융합을 실용화하여 핵융합 발전소에서 전력을 생산한다면 문제는 해결될 것이 아닌가라는 생각을 해볼 수 있다. 사실 핵융합을 이용해서 에너지를 생산하면 이산화탄소가 방출되지 않으며, 핵폐기물도 발생하지 않으므로 방사능 오염의 우려도 없다. 또한 바닷물 속에 무진장 포함되어 있는 중수소를 연료로 사용하기 때문에, 화석연료나 우라늄을 사용하는 경우와 달리 연료고갈이라는 걱정도 할 필요가 없다. 그렇기 때문에 현재 세계 각국에서는 이 '꿈의 에너지'를 얻기위해서 막대한 연구비를 투입하여 고온과 저온에서 조종가능한 핵융합을일으키려는 연구에 열을 올리고 있다.

핵융합이 실용화되면 지구온난화 문제가 완벽하게 해결될 수 있을까?

핵융합이 실용화되어 산업생산, 난방, 냉방, 자동차의 동력 등에 모두핵융합 전기가 사용된다면 이산화탄소가 방출되지 않을 것이 분명하다. 눈에 보이지 않기 때문에 우리에게 더욱 커다란 공포를 주는 방사능 오염이란 문제도 발생하지 않는다. 그렇다면 지구온난화도 방사능 오염도 일어나지 않으므로 문제는 근본적으로 해결된 것이 아닐까? 과학기술의 발전으로 결국은 환경문제를 극복하는 데 성공한 것이 아닐까?

그러나 이 경우에도 지구가 뜨거워지는 것은 막을 수 없다. 값싸고 깨끗하며 고갈될 염려를 할 필요도 없는 핵융합 발전이 도입되면 에너지 소비가 더욱 크게 증가할 것이기 때문이다. 그렇게 되면 시간이 갈수록 더욱 많은 핵융합 발전소가 건설되어야 할 것이고 이에 의해서 생산되는 막대한 양의 에너지로 인해 우리 땅덩어리는 뜨거워질 수밖에 없기 때문이다. 물론 지구온난화의 정도는 이산화탄소에 의한 것보다 약하겠지만 국지적으로는 강한 온난화 효과를 가져올 가능성이 크다. 예를 들어 한반도의 모든 에너지가 핵융합 발전에 의해서 공급되고 에너지 소비가 해마다 크게 증가한다면 전력이 집중적으로 소비되는 도시와 발전소가 들어선 해안의 온도가 그전보다 크게 올라갈 것이 분명하고, 그에 따라 기상변화가 일어날 것이다. 그렇기 때문에 핵융합 발전도 지구의 온난화란 문제를 해결할 수 없는 것이다. 핵융합이 실용화되어 발전소가 세워질 경우, 또 한가지 크게 우려할 문제는 그것이 거대 과학기술이기 때문에 그밖에 어떤대규모 환경파괴를 낳을지 예측할 수 없다는 점이다.

핵융합 발전이 지구온난화를 해결하지 못한다면, 전통적인 방식으로 에너지를 생산하고, 이때 배출되는 이산화탄소를 탄산염의 형태로 고정하거나 재활용하는 방법을 택하는 것은 어떻겠는가?

우선 이산화탄소의 고정은 발전소나 대규모 공장에서 실현될 수 있는 것이지 자동차나 비행기, 가정에서는 이루어질 수 없기 때문에 이산화탄소의 배출량을 어느 정도만 감소시킬 뿐이다. 그리고 재활용을 위한 이산화탄소의 회수도 가정이나 자동차, 비행기에는 적용할 수 없다. 그렇다면 가정난방과 자동차의 동력에 전기를 사용하고 화력발전소에서 그 전기를 생산하면 된다고 생각할 수 있다. 그러나 전통적인 방식으로 에너지를 생산할 때의 근본적인 문제는 화석연료의 양이 한정되어 있다는 데 있다. 따라서 아무리 과학기술을 발전시키더라도 화석연료를 사용해서 에너지를 생산한다면 결국은 한계에 도달할 것이며, 그 대체물로 원자력을 도입할 수밖에 없기 때문에 환경문제는 해결될 수 없는 것이다.

오존층의 파괴는 냉장고의 냉매(冷媒), 분무식 깡통 기체, 그리고 플라스틱 단열재의 성형기체로 사용되는 염화플루오르화탄소(CFC, 프레온이라는 상표명으로 불리기도 함)에 의해서 일어나는 것으로 알려져있지만, 오존층 파괴에 가담하는 기체는 그밖에도 산화질소, 메틸클로로포름 등 십여 가지 물질이 있다. 이 중에서 나머지 물질들은 합성화학물질이지만 산화질소는 고온에서 공기 중의 질소가 산소와 반응해서 생성된다. 그렇기 때문에 산화질소는 자동차나 비행기의 엔진이 작동할 때면 항상 생성되는 것이다.

그러면 과학기술을 신봉하는 사람들 ― 소위 과학기술주의자들 ― 은 오존층 파괴를 막기 위해 어떠한 해결책을 모색하고 있는가. CFC를 처음으로 개발한 미국의 듀폰사에서는 현재 그 대체물질로서 HCFC(CFC의 염소나 플루오르 하나 또는 둘을 수소로 대치한 것) 또는 HCF(CFC에서 염소를 모두 수소로 대치한 것)란 물질을 합성해서 실용화에 성공했다. 이 물질들은 CFC보다는 덜 안정하기 때문에 오존층 파괴 정도가 CFC의 10%밖에 되지 않는다. 그러나 이 물질들이 CFC를 완전히 대체할 수 있는 것은 아니다. 즉 그 용도가 CFC보다 제한되어 있다는 것이다. 그리고 그것이 오존층 파괴는 어느 정도 줄일 수 있겠지만, 화학적으로 CFC보다 반응성이 강하기 때문에 대량으로 사용될 경우 지상에서 어떠한 피해를 가져올지 예측할 수 없다. 따라서 이 물질이 오존층 파괴를 막는 데는 기여한다 하더라도 다른 부작용을 가져올 위험은 여전히 존재하는 것이다.

그렇지만 더 나아가서 CFC의 완전한 대체물질을 개발할 수 있고, 이 대체물질이 어떠한 환경파괴도 일으키지 않는다고 가정하자. 그렇다면 CFC는 오존층 파괴물질의 대열로부터 제거할 수 있겠지만, 다른 십여종의 물질까지도 전부 제거하여 오존층 파괴물질을 완전히 없앤다는 것은 불가능한 일이다. 비행기의 엔진이나 로케트가 날아갈 때 생성되는 산화질소는 비행기와 로케트가 없어지지 않는 한 계속해서 배출될 것이고(자동차에서는 촉매를 사용하면 상당한 정도는 줄일 수 있다), 화학공장이나 실험실에서는 그것들이 폐쇄되기 전까지는 여러가지 오존 파괴 화학물질을 끊임없이 배출할 것이기 때문이다. 결국 오존층 파괴라는 환경문제는 과학기술이 발달하더라도 해결될 수 없는 것이다.

1970년대 말부터 독일에서는 숲이 대규모로 죽어가기 시작했다. 독일 정부에서는 이러한 추세를 막기 위해 여러가지 조처를 취했고, 과학기술자들은 그 원인을 규명하기 위해 십수년 동안 연구를 했다. 그러나 독일의 숲은 지금도 여전히 죽어가고 있다.

숲이 죽는 원인이 대기오염, 특히 산성비에 있다는 연구가 나오기 시작한 1980년대 중엽에 독일 정부에서 취한 중요한 조치는 저유황 연료를 사용하도록 하고 자동차에 배기가스를 정화하기 위한 촉매장치를 부착하도록 한 것이었다. 자동차 배기가스에는 보통 일산화탄소, 산화질소, 탄화수소, 이산화황 등이 포함되어 있다. 이 중 산화질소나 이산화황은 비에 녹으면 아질산, 질산, 또는 아황산, 황산 등의 산을 만들기 때문에, 이러한 기체의 방출을 막기 위한 조처로서 촉매장치와 저유황 연료가 도입되었던 것이다.

이산화황은 연료 속에 포함되어 있는 유황성분이 타면서 발생하기 때문에 저유황 연료를 사용하면 자연히 줄어든다. 그러나 나머지 물질은 촉매를 통해 후속반응을 시켜야만 제거할 수 있다. 즉 일산화탄소와 산화질소는 촉매의 존재하에서 산소와 반응시켜 이산화탄소, 질소, 그리고 물이라는 생물체에 해가 없는 물질로 만들어주어야 하는 것이다. 독일 정부에서는 이 조치를 통해 숲 사이로 거미줄처럼 얽혀있는 고속도로의 대기 오염도를 크게 줄일 수 있을 것이고, 그에 따라 숲도 되살아날 것이라고 생각했다. 그러나 현재 독일에서 달리고 있는 거의 모든 자동차는 촉매장치를 부착하고 있지만 숲이 죽는 추세는 조금도 줄어들지 않고 있다. 독일의 숲은 여전히 대규모로 죽어가고 있는 것이다.

독일에서 새 기술을 도입하고 오랫동안 많은 연구를 했으면서도 숲의 죽음을 막지 못했다는 사실은 지금도 많은 양의 유해물질이 대기중으로 방출된다는 것을 뜻한다. 그 원인은 두 가지 방향에서 추적할 수 있다.

첫번째 방향은 촉매장치가 제대로 작동할 수 있었는가 하는 것이다. 촉매는 자동차에만 설치되었을 뿐, 석유를 때서 동력을 얻고 난방을 하는 산업체와 가정에서는 여전히 유독 기체가 배출되었다. 그리고 자동차에 촉매장치가 설치되기는 했지만, 그것은 생산자와 운전자들에게 알리바이만을 제공하는 역할을 한 측면이 강하다. 다시 말하면 촉매장치를 설치하면 유해기체가 배출되지 않는다는 선전은 자동차 생산자와 운전자에게 매우 커다란 위안을 줄 수 있었는데, 그 결과 생산자들은 아무 거리낌없이 자동차를 대량으로 생산했고 운전자들은 조금도 양심의 가책을 받지 않고 마구 자동차를 몰고 다녔던 것이다. 결국 그들은 촉매장치가 모든 유해가스를 제거해줄 것이라는 알리바이만을 내세우고 다음과 같은 진실, 즉 촉매장치를 부착한다 하더라도 유해기체의 90%만 제거될 뿐 나머지 10% 정도는 제거되지 않고 배출된다는 사실과 이산화탄소는 전보다 더 많이 배출된다는 사실을 무시함으로써 전보다 결코 적지 않은 유해가스를 방출했던 것이다.

두번째 방향은 숲이 죽는 것을 방지하기 위해 그 정확한 원인을 찾는 연구 자체가 알리바이성 또는 전시효과적 성격을 갖지 않았는가 하는 것이다. 과학자들은 숲이 죽는 원인을 십여년 동안 연구를 했으면서도 그것을 아직도 명확하게 밝혀내지 못하고 있다. 물론 많은 개별 연구자들은 숲이 죽는 원인을 계속해서 연구하고 수많은 연구논문을 발표하고 있다. 그러나 이러한 논문에 나온 연구결과가 서로 일치하는 것이 아니라 상반되는 경우가 종종 나타난다. 어느 과학자는 산성비의 성분 중에서 질산이 숲에 가장 큰 피해를 준다고 주장하는데, 반면에 다른 과학자는 황산 성분이라고 말한다. 또 어떤 과학자는 산성비가 흙을 산성으로 만들기 때문이라고 주장하지만, 다른 과학자는 질산성분이 흙 속에서 변형되어 다른 양분들이 나무에 흡수되는 것을 방해하기 때문이라고 주장한다. 그리고 산성비와 유독기체가 공기 중에서 나무의 잎을 공격해서 말라죽게 하는 것이 숲의 죽음의 주된 원인이라고 주장하는 과학자도 있다. 연구결과가 이러하니 이를 핑계로 정부에서 분명한 대책을 세우려 하지 않을 것임은 말할 것도 없다. 결국 정부에서는 명확한 연구결과를 기다린다는 구실로 대책을 수립하지 않게 되고, 과학자들은 연구를 오래 하면 할수록 더 많은 연구비가 나오니 숲의 죽음에 관한 연구를 한다는 것 자체가 전시효과로 작용한다는 것이다.

이와 같은 상황 속에서 독일에서는 숲을 살리기 위해 현대 과학기술에 의존하지 않고 전혀 다른 방향에서 직접 실천을 하는 사람들이 나오기 시작했다. 그들이 취한 방법은 숲 자체를 바꾸는 일이었다. 그들은 독일의 숲이 대부분 단일 수종의 인공림이고, 그 결과 환경오염, 병충해, 태풍 등의 재해에 약할 수밖에 없다고 생각한다. 따라서 그들은 숲을 다양한 수종으로 이루어진, 될 수 있으면 자연상태에 가까운 것으로 되돌리려는 작업을 하고 있는 것이다.

과학기술의 특성과 그 변화 가능성

지금까지 살펴본 세 가지 사례를 통해서 우리는 첫번째 물음, 즉 현상태의 과학기술이 계속 발전한다면 환경문제가 근본적으로 해결될 것인가에 대한 답을 찾아보았다. 세 경우 모두 결론은 매우 부정적인 것으로 나왔다. 그러면 두번째 물음, 즉 과학기술 전체를 환경문제를 유발하지 않도록 변화시키는 것이 가능한가에 대해서 살펴보겠다.

우리가 만일 현대사회에서 환경오염을 유발하는 생산시설, 연구기관, 운송수단을 완전히 없애고, 농약과 비료를 사용하지 않는 농업을 사회유지의 기본 토대로 하는 대변혁을 이룩하고, 이러한 사회를 유지하기 위한 과학기술만을 발전시킨다면 문제는 간단히 해결된다. 그러나 현재 이러한 혁명적인 변화는 거의 불가능하고 또 바람직하지도 않다. 그렇다면 과학기술을 환경문제를 유발하지 않도록 변화시키는 것은 점진적인 것일 수밖에 없다. 그러면 이러한 점진적인 변화가 과연 가능한지 살펴보자.

현대 과학기술의 발전방향을 결정하는 요인으로는 외적인 것과 내적인 것이 있다. 외적인 요인이란 정부나 산업체의 과학기술 연구전략을 말하며 내적인 요인은 과학기술 연구자들의 의지와 과학기술 속에 내재해 있는 논리로 볼 수 있다. 여기서는 우선 내적인 요인 쪽에만 초점을 맞추어서 변화가능성을 진단해보겠다. 몇가지 이유에서 과학기술을 환경문제를 유발하지 않도록 변화시키는 것은 거의 불가능한 것처럼 보인다. 첫째 이유는 과학기술자 집단이 그러한 변화를 받아들이려 하지 않거나 또는 무관심하다는 것이다. 두번째 이유는 현대 과학기술 자체가 그러한 변화와는 근본적으로 모순되는 성격을 가지고 있다는 것이다.

과학기술자 집단은 하나의 거대 이익집단이다. 이 집단은 전체적으로 볼 때 끊임없이 자기 유지와 팽창을 추구한다. 그들은 외부 또는 내부의 비판을 받아들여 진행방향을 조금씩 수정하기는 하지만 추구하는 바를 근본적으로 바꾸지는 않는다. 즉 하나의 생명체와도 같이 자기 보존을 위해서 투쟁하거나 적응할 뿐이지 완전히 다른 생존방식을 찾으려 하지는 못한다는 것이다. 과학자들 중에서 화학자를 예로 들면, 그들은 화학계 내부에서는 지식의 팽창을 위해 그 지식이 어떤 의미를 가지고 있는가에 대한 문제제기 없이 온갖 화학약품과 실험기기를 이용해서 실험을 한다. 그들이 실험을 할 때 필요한 유기용매, 중금속, 방사성 물질, 산과 염기 등이 외부로 유출되어 환경오염을 일으킨다는 비판을 받으면, 그들은 단지 이것들을 따로 모아서 처리하는 방법을 취할 뿐이다. 즉 자기들의 연구가 근본적으로 어떤 의미를 갖고 있으며, 또한 유독성 물질을 사용하거나 생산하지 않는 연구를 할 수는 없는가 하는 고민이나 그러한 연구방향을 찾으려는 시도는 거의 하지 않는다는 것이다. 만일 그러한 화학자가 나와서 기존의 연구 관행에 대해서 비판을 던지고 근본적인 변화를 추구하면 그는 결국 그 집단으로부터 추방되고 만다. 그는 화학계의 이단자 취급을 받으며, 그의 주장은 학계 내부에서는 거의 효력을 발휘하지 못한다.

물리학자들과 유전공학자들도 마찬가지다. 물리학자들은 소립자 연구를 통해 물질의 근원을 찾기 위해서 거대한 입자 가속기가 필요하고 따라서 막대한 연구비와 연구인원이 필요하다고만 역설할 뿐 전체 사회에서 그 연구의 의의, 잠재되어 있는 위험 등에 대해서는 고민하지 않는다. 유전공학자들도 유전자 변이기술에 의해서 만들어진 생물체의 유용성에 대해서만 선전할 뿐 그것이 가져올 피해에 대해서는 심각하게 염려하지 않는다. 비판에 대해서는 변이 유전자 운반 미생물의 안전관리 강화와 같은 조치로 대응할 뿐이며, 결코 연구방향을 완전히 바꾸려 들지는 않는다.

기술자들에게서도 똑같은 현상을 찾아볼 수 있다. 이 점은 발전소가 일으키는 환경오염에 대한 그들의 견해에서 아주 잘 드러나고 있다. 그들은 "기술이 유발하는 문제는 기술이 해결한다"는 과학기술계의 생존신념을 바탕으로 모든 문제를 해결하려 든다. 예를 들어서 화력발전소에서 이산화황 등의 유독기체와 이산화탄소가 배출됨으로써 발생하는 문제는 화력발전소를 원자력발전소로 대체함으로써 해결하려 한다. 그리고 원자력발전소에서도 핵폐기물이 배출되기 때문에 현대사회의 에너지 소비에 대한 사고 전환이 필요하다는 비판자들의 주장에는 귀를 기울이지 않고 핵융합발전이 실용화되면 궁극적으로 모든 문제가 해결될 수 있다고 생각하는 것이다.

근대과학과 현대의 과학기술은 그 자체의 성격 때문에 환경문제를 유발하지 않는 방향으로 변화할 수 없다. 17세기에 형성되었던 근대과학의 중요한 특성 중의 하나는 그것이 그리스 과학에서는 찾아보기 힘들었던 실험적 방법 - 근본적으로 자연을 있는 그대로 보는 것이 아니라 그것을 조작하고 기만하는 행위 - 을 사용했다는 것이다. 바로 이 방법의 도입에 의해서 이미 자연을 조작과 지배의 대상으로 보는 생각이 근대과학에 내재하게 되었는데, 이 생각은 19세기 중엽부터 과학과 기술이 결합되기 시작하면서 과학기술 자체의 일부분이 되었다.

케플러나 갈릴레오와 같은 17세기의 과학연구자들은 이러한 생각을 분명하게 하지는 않았겠지만, 동시대인으로서 '새로운 세상' - 궁극적으로 인간이 자연으로부터 해방되고 자연 위에 군림하는 - 을 꿈꾸었던 베이컨은 과학과 기술을 그 세상으로 진입하기 위한 근본 동력으로 생각했다. 베이컨의 "아는 것(과학)이 힘이다"라는 말은 앎으로써 힘을 갖는다는 의미도 내포하고 있지만, 이 과학 자체가 바로 힘의 형태라는 의미도 갖고 있다. 즉 과학은 자연 위에 존재하면서 그것을 다루는, 자연에 대한 지배 학문이라는 것이다. 자연을 지배하지 않는 학문은 자연과학이 될 수 없다. 아리스토텔레스의 물리학, 아르키메데스의 역학, 프톨레마이오스의 천문학과 같은 고대의 과학은 자연기술(自然記述)의 학문이고, 따라서 자연을 어떠한 방식으로도 조작하지 않았다. 그렇지만 근대과학은 실험과 이론을 결합함으로써 자연을 자기 방식대로 다루기 시작했다. 실험은 자연을 조작함으로써 자연에 대해서 힘을 행사하는 것이다.

과학에 내재해 있는 자연을 지배하는 성격은 현대 과학기술에서 가장 분명하게 나타난다. 현대의 과학기술이 존재하는 곳에서는 언제나 자연지배·자연파괴가 일어나기 때문이다. 과학기술 연구 즉 실험이 행해지는 곳, 과학기술 연구결과를 응용하는 곳에서는 항상 자연이 파괴되고 환경 문제가 유발될 수밖에 없는 것이다. 대학의 실험실, 연구소, 공장, 대규모 농장 등에서 자행되는 자연조작과 자연파괴만 생각해보아도 우리는 현대 과학기술이 그 근본성격 때문에 환경문제를 일으키지 않는 방향으로 나아갈 수 없다는 것을 알 수 있는 것이다.

과학기술의 개혁과 소비주의 생활양식의 극복

앞의 논의를 통해서 우리는 과학기술의 발달이 환경문제를 해결할 수 없으며, 또 과학기술자들과 과학기술 자체의 특성 때문에 그것을 환경문제를 유발하지 않도록 변화시킬 수 없다는 것을 알게 되었다. 그렇다면 환경문제의 해결을 위해서 무엇을 해야 할 것인가? 과학기술을 현재상태 그대로 발전시킬 수도 없고 그렇다고 해서 폐기할 수도 없는 상황에서 우리가 한 가지 선택할 수 있는 마지막 방법은 현대 과학기술을 근본적으로, 그렇지만 점진적으로 개혁하는 길밖에 없다.

그렇다면 어떠한 것으로, 그리고 어떻게 개혁할 것인가?

과학기술은 자연을 지배하는 것이 아니라 자연의 일부인 인간이 자연 속에서 생존하는 데 기여하는 성격을 가진 것으로 바뀌어야 한다. 따라서 거대 과학기술과 생산기관들은 자연지배, 더 나아가 인간지배를 필연적으로 수반하기 때문에 해체되어야 한다. 그 대신 각 개인 또는 소규모의 공동체가 그 내용을 이해할 수 있고, 환경문제를 유발한다는 것이 드러났을 때에는 즉시 폐기하거나 제어할 수 있는 적정규모의 연구, 적정규모의 생산시설이 들어서야 한다. 예를 들어 한 마을에 발전소가 세워질 경우, 이 발전소는 마을사람들이 관리하고 주로 그 주민들에게만 전력을 공급하는 것이어야 한다. 이런 점을 충족시키기 위해서는 거대 화력발전소나 원자력발전소가 아니라 풍력, 소규모 수력·태양력발전소를 세워야 하며, 더 바람직한 것으로는 마을에서 나오는 유기 쓰레기를 이용하는 발전소가 있다. 이 경우 공동체에서는 누구나 어떤 과학기술을 연구해야 하고 그것을 어떻게 이용해야 하는가를 전문가나 국가에 의존하지 않고도 결정할 수 있기 때문에 환경오염 문제가 발생하지 않거나 발생하더라도 즉시 제어될 수 있다. 그런데 앞의 논의를 통해 과학기술자 집단에 의해서 이러한 개혁이 이루어질 수 없기 때문에 그 원동력은 외부로부터 와야 한다. 이제 문제는 이 원동력을 제공할 외부가 무엇이 되어야 하는가이다.

수년 전까지만 해도 동유럽과 구소련에서는 서방세계의 환경문제가 자본주의에 내재하는 것이므로 공산주의 체제에서는 발생할 수 없다는 주장을 했다. 통일이 되기 전 동독의 호네커 정부에서는 원자력발전소의 방사능 오염에 대해, 자본가들의 원자력 기술은 인민을 착취하는 수단으로서 '나쁜' 것이기 때문에 인민에게 방사능 오염이란 고통을 줄 수밖에 없지만, 동독의 원자력 기술은 인민을 위한 '좋은' 것이기 때문에 오염을 유발하지 않는다고 선전했다. 그들은 과학기술 자체의 특성은 전혀 고려하지 않고 그것을 누가 사용하느냐에 따라 '좋은' 것이 될 수 있고 '나쁜' 것이 될 수 있다고 주장했던 것이다. 그렇다면 현재의 자본주의 체제가 공산주의 체제로 변혁된다면 환경문제가 해결될 수 있을까? 우리는 이 주장의 타당성을 다음 두 가지 측면에서 반박할 수 있다.

첫째, 역사적인 경험은 공산주의 국가에서 훨씬더 심각한 환경문제가 일어났다는 것을 보여준다. 소련의 체르노빌 원전사고, 우랄산맥 첼랴빈스크 지방의 방사능오염, 동독 그라이프스발트 원전의 방사능오염 그리고 그밖에 체코슬로바키아, 폴란드, 헝가리 등에서의 대규모 공업단지의 심각한 환경오염은 공산주의 사회가 도래하면 환경오염도 사라진다는 공산주의자들의 주장이 허구라는 것을 보여준다.

둘째, 공산주의 이념은 자본주의 사회의 생산구조와 분배구조를 부정할 뿐이지 발달한 과학기술을 부정하지는 않는다. 오히려 공산주의자들은 과학기술이 제공하는 높은 생산력에 기초해야만 자본주의 다음 단계로서의 공산주의 사회가 제대로 기능할 수 있다고 생각한다. 혁명 후 소련 사회가 과학기술을 얼마나 찬양했는지 살펴보면 이러한 점이 더 분명하게 드러난다. 따라서 앞에서 논의했듯이 과학기술의 이용자가 아니라 현대 과학기술 자체가 환경에 적대적인 것이기 때문에, 생산과 분배체제만의 변혁을 통해서는 환경문제를 해결할 수 없는 것이다.

공산주의 체제가 과학기술 개혁의 원동력을 제공하지 못한다면 어디에서 이 원동력이 나올 수 있는가?

대규모 조직으로부터는 그러한 힘이 나올 수 없다. 왜냐하면 거대집단과 거대조직은 처음에 순수한 동기에 의해서 생겨났다고 하더라도 자기유지와 팽창이라는 논리에 따르지 않을 수 없기 때문이다. 그렇다면 이 힘

은 현대 과학기술에 내재한 자연지배적, 인간파괴적 특성을 자각한 개인
과 소규모 집단으로부터 나올 수밖에 없다. 이 집단들은 하나의 생명공동
체와 같은 것을 형성해서 현대 과학기술의 지배를 받지 않는 새로운 생활
양식을 영위하는 집단일 수도, 기존 과학기술계의 논리로부터 자신을 해
방하고 자각한 개인의 입장에서 현대과학의 대안을 찾으려고 노력하는 과
학기술자들의 집단일 수도 있다. 그리고 단순히 후손에게 물려줄 환경의
파괴를 막으려고 노력하는 시민들의 소규모 모임일 수도 있다.

집단의 규모가 작아야 하는 또 한 가지 이유는 그 속에서만이 직접민주
주의가 가능하기 때문이다. 환경파괴를 수반하지 않는 과학기술의 창출과
소비사회를 극복할 새로운 생활양식의 실천을 위해서는 기본적으로 개인
들간의 직접적인 만남과 교류가 전제가 되어야 한다. 이와 같이 건강하고
순수한 움직임이 곳곳에서 나타날 때 이들의 노력과 압력에 의해서, 그리
고 직접적인 실천에 의해서 과학기술도 점차 환경문제를 유발하지 않는
것으로 변화되어갈 수 있을 것이다. 물론 이러한 집단들도 시행착오를 저
지를 수는 있다. 그러나 거대집단이라면 시행착오를 수정하기가 아주 어
렵거나 시행착오로 인한 문제점을 상당히 야기하겠지만, 작은 집단에서는
시행착오를 즉시 수정할 수 있고, 수정을 못해서 본래의 목적에 역행하는
방향으로 나간다 하더라도 전체의 방향에는 아무런 영향을 주지 않는다.
그렇기 때문에 직접민주주의 원칙에 따라 운영되는 다양한 모임들이 현대
과학기술의 개혁에 필요한 원동력을 제공할 수 있는 것이다.

유전공학의 위험성

제레미 리프킨

유전공학이 단지 산업생산품이나 기술문제라고 생각하는 사람이 많다. 역사적으로 볼 때 이 기술혁명에 비교될 수 있는 유일한 것은 불의 이용이다. 우리는 프로메테우스적 생물이며, 그리하여 우리는 수천년 동안 불이라는 기술을 사용해왔다. 우리는 지구의 껍질로부터 활성이 없는 물질들을 끄집어내어 그것들을 태우고, 땜질하고, 벼리고, 녹임으로써 원래 자연에 존재하지 않던 강철, 유리, 합성물 따위의 온갖 물건들을 변용시켜 왔다. 실제로, 불이라는 기술 혁명의 최종적 정점은 원자탄이다. 수천년 동안 불의 힘을 효과적으로 이용하려 한 나머지 이제 우리는 마침내 단 한 개의 생산품에 너무나 강력한 힘을 집어넣을 수 있게 되었다. 그리하여 그 생산품을 간단히 떨어뜨리는 것으로써 우리는 지구를 우주역사의 시초에서처럼 하나의 불로 된 공(火球)으로 만들어버릴 수가 있다.

제레미 리프킨 (Jeremy Rifkin) ─ 미국의 저명한 환경운동가이자 저술가. 《엔트로피》 등 많은 저서가 있다. 산업주의 생활양식이 내포한 치명적인 위험에 대한 분석적인 저술을 계속해서 발표해왔다. 《녹색평론선집1》에 실려있는 〈쇠고기를 넘어서〉의 필자이다. 이 글은 원래 *East West Journal* (1984)에 발표된 대담기록을 정리한 것이다.

1970년대에 두 사람의 과학자가 그 중요성에 있어서 불의 기술에 비교될 만한 어떤 일을 살아있는 물질세계에서 행하였다. 그들은 두 가지의 전혀 아무런 관계가 없는 종(種)들로부터 유전물질 조각들을 떼어내어 그것들을 결합시킴으로써 자연에 존재하지 않는 새로운 형태의 생명을 분자 수준에서 얻었다. 재조합(再組合) DNA는 과학자들로 하여금 모든 종(種)의 경계들을 가로지르도록 허용하는 하나의 기술이다. 비유적으로 말하면, 이제 우리는 살아있는 물질들을 그 모든 경계를 무시하고 함께 가열하고, 땜질하고, 녹이고, 버림으로써 일찍이 자연 속에 존재하지 않았던 새로운 조합물들을 갖가지 모양과 형태로 창조할 수 있게 되었다. 3년 전에 오하이오대학의 토머스 와그너 박사는 헤모글로빈 생산을 돕는 토끼의 유전자를 생쥐의 수정란에 이식하였다. 몇몇 생쥐들이 성장하였고, 그 토끼의 유전자를 자기들의 새끼들에게 전해주었다. 그리하여 그들의 유전적 청사진 속에 토끼의 물질이 항구적으로 통합되어버린 어느 생쥐의 혈통이 생겼다.

유전자기술은 모든 종(種)들간의 경계를 무시할 수 있게 한다. 우리는 자연 속에서 토끼의 일부분을 한 마리의 생쥐와 섞어놓을 수는 없다.

이 실험이 있은 지 수년 후에 펜실베이니아대학 수의과의 과학자들이 랄프 린스터의 지휘 아래에서 비슷한 실험을 행하였는데, 그것은 굉장히 인상적이었다. 그들은 쥐의 호르몬 유전자를 채취하여 그것들을 생쥐의 수정란에 집어넣었다. 그 생쥐들이 태어났는데 그들은 쥐의 유전인자를 표현하였다. 그들은 정상적인 생쥐보다 두배나 큰 몸집으로 성장하였고, 그 쥐의 유전자를 자기들의 새끼들에게로 전하였다. 그러자 과학자들은 한층더 인상적인 업적을 세웠다. 일년 뒤 그들은 인간의 성장호르몬 유전자를 채취하여 그것을 생쥐의 수정란 속에 이식했던 것이다. 인간의 유전자물질을 나타내는 생쥐들이 태어났다. 이 생쥐들은 보통 생쥐보다 두배나 크게 자랐고, 인간의 유전자를 그들의 자손에게로 전했다.

이것은 내가 '생명연금술'이라고 부르는 일이다.

생명연금술사는 모든 살아있는 유기체들을 그들의 DNA와 핵산 속에 암호화되어있는 정보로 환원시키고자 하는 사람이다. 그 기본정보를 가지고, 생명연금술사는 완전한 유기체를 찾아내려는 노력 속에서 살아있는 것들의 새로운 조합을 다시 설계하고, 편집하고, 프로그램화한다.

여러분이나 내가 한 마리의 생쥐를 볼 때 우리는 그것을 하나뿐인 알아볼 수 있는 실체로서 취급한다. 그러나 우리의 아이들의 아이들의 아이들이 생명연금술의 세계 속에서 자라난다면 그들은 한 마리의 생쥐를 단지 그걸 구성하고 있는 수천 개의 유전자명령 체계로서 바라볼 가능성이 높다. 그들은 여러 특징들을 마음대로 생쥐 속으로 넣기도 하고, 뽑아내기도 할 수 있을 것이다. 또는 생쥐로부터 어떠한 유전자적 특징이라도 쉽게 뽑아내어 그것을 다른 어떠한 유기체로부터 채취한 물질과도 결합시킬 수 있을 것이다. 바로 그것을 지금 이미 우리가 할 수 있다. 이것은 과학소설이 아니다.

일단 생물종들 사이의 경계를 마음대로 없앨 수 있게 되면 생물의 신성성이라는 생각은 전적으로 케케묵은 것이 되어버린다. 우리는 지금 그것을 재조합 DNA를 가지고 할 수 있다. 지금까지 신성한 것의 단위는 유기체, 생물종이었다. 이제 신성한 단위는 유전자이다. 실제로, 신성한 것은 더이상 유전자도 아니다. 컴퓨터에 의한 합성기술과 더불어 신성한 것은 이제 유전자 속에 암호화되어 있는 정보의 단위이다. 이 최신의 기술로 인하여 우리는 새로운 형태의 '생명의 탈신성화'를 목격하고 있다.

살아있는 것들의 유전자적 형성을 어떻게 사전에 계획하고 집행할 것인가를 결정하는 문제는 유전공학의 철학적 날개라고 할 수 있는 우생학이라는 망령을 떠올리게 한다. 우생학은 보다 나은 유기체나 보다 나은 종족, 또는 심지어 지배종족을 만들어내기 위해 유전자조작을 이용하는 철학이다.

우생학에 관해 생각할 때 우리는 보통 나치독일을 생각한다. 그러나 내가 여기서 얼른 덧붙이지 않을 수 없는 것은, 미합중국이 1900년에서 경제공황기까지 엄청난 우생학운동을 지원했다는 사실이다. 허다한 미국의 여론 형성자들과 정치가들이 우생학을 기꺼이 받아들였던 것이다. 여러

주에서 단종(斷種)법이 통과되었고, 7만명의 미국인들이 생물학적으로 부적합하다는 이유로 단종수술을 받았다. 식물이나 동물이나 미생물 또는 한 사람의 인간 속에 공학적인 변화를 일으키려 할 때 거기에는 단계마다 권장되어야 할 좋은 유전자가 무엇이며, 제거되어야 할 나쁜 유전자가 무엇인가에 대한 의식적인 결정이 있다. 좋고 나쁜 유전자를 정하기 위하여 우리가 세우는 평가기준은 무엇인가? 효율성, 건강, 이윤, 유용성 또는 국가안보인가? 이것은 매우 곤란한 사회적·정치적 문제를 야기한다.

내가 우려하는 것은 사회우생학의 재출현이 아니라 새로운 상업적 우생학의 출현이다. 여기에는 어떤 구체적인 악마가 존재하지 않는다. 기업이 사악한 것도 아니고, 과학자들도 자본가들도 사회주의자들도 사악한 것이 아니다. 문제는 우리 인간들이 완전한 아기들을 원한다는 사실이다. 우리는 완전한 식물, 완전한 동물을 원하고, 우리의 삶에서 모든 것이 완전히 예측가능한 것이 되기를 원한다. 우리는 우리의 미래를 우리 자신이 통제할 수 있기를 바란다. 이 행성(行星) 위에 마지막 한 가지 자발적이고, 오류가 있을 수 있으며 예측불가능한 활동의 영역이 남아있는데, 그것은 살아있는 생명체계인 것이다.

사회생물학이라고 알려진 학문활동은 바로 전통적인 우생학이론의 좀더 세련된 최신판이다. 그들은 당신은 당신의 유전자에 지나지 않는다라고까지는 말하지 않을 것이다. 그러나 그들은 행동을 결정짓는 보다 우세한 요소는 당신의 유전자이며, 보다 약한 요소가 환경이라고 말한다. 실제로 E. O. 윌슨의《자연에 대하여》라는 퓰리처상을 받은 책의 마지막 부분을 읽어보면 그는 이렇게 말하고 있다. "조만간 사회행동의 유전자적 토대에 관련하여 많은 지식이 축적될 것이며, 분자공학과 클로닝을 통한 신속한 선택에 의하여 유전자 복합체를 변형시키는 데 필요한 기술이 주어질지도 모른다. 인간은 자기자신의 본성을 바꿀 수 있다. 무엇을 택할 것인가? 부분적으로 낡은, 빙하시대에 적응하기 위해 형성되었던 엉성한 토대 위에서 비틀거리는 지금과 같은 상태로 계속 남아있을 것인가? 또는 다소간 더 커진 감정적 반응 능력이 수반된 좀더 높은 지성과 창조성으로 향하여 나아갈 것인가? 새로운 형태의 사회성이 자리잡을 수도 있다. 흰 팔원숭이의 것과 같은 보다 완전한 핵가족 관계나 꿀벌과 같은 조화로운 자매관계를 유전자적으로 모방하는 것도 가능할지 모른다."

나로서는 이것을 믿을 수 없다.

나는 설령 그것이 가능하다 하더라도 우리가 실제로 복잡한 기분이나 행동의 특질들을 인위적으로 재형성할 수 있기까지에는 오랜 세월이 걸릴 것이라고 생각한다. 그러나 문제는 이것이 가능하냐 가능하지 않느냐 하는 것이 아니다. 특정한 감정적 행동을 하도록 하는 명령체계가 유전자에 포함되어 있다고 사회가 믿느냐 않느냐 하는 것이 문제이다. 일단 사회가 양육과정보다 자연을 더 중시하고, 사람이란 그의 유전자와 다른 것이 아니라고 확신하게 될 때, 우리는 엄청난 재앙을 맞이할 수밖에 없다.

과학자들은 이제 점점더 알츠하이머나 헌팅턴병과 같은 질병의 원인이 되는 어떤 유전자적 특성들을 확인할 수 있게 되었다. 그것을 본인에게 말하느냐 마느냐? 이것이 그 개인과 가족에게뿐만 아니라 그의 고용주에게 무엇을 의미하는가를 생각해보라. 어떤 사람의 의료기록이 그가 어떤 병에 걸릴 것이고, 그리고 심지어는 언제 죽을지도 알려준다고 할 때 그 사람을 고용하려고 하는 고용주가 있을까? 보험회사는 이걸 어떻게 다룰까? 정부는?

우리가 이러한 유전자적 특성들에 관해 더 많이 알게 될 때, 인류의 유전 청사진에서 어떤 유전자를 선택하고 어떤 유전자를 제거해야 할 것인지를 누가 결정할 것인가? 이미 국회의 어느 곳에서 제안되고 통과되었던 것처럼 우리는 이러한 권한을 대통령 직속의 어느 위원회에 위임해야 하는가? 국회가 인류를 위한 좋고 나쁜 유전자가 무엇인지를 정하는 대리인이 되어야 하는가? 아니면, 국립보건연구소가? 아니면, 제네랄 일렉트릭이나 듀퐁이나 몬산토사(社), 또는 경제적 시장이 정해야 하는가? 아니면, 개별 환자가?

기억해야 할 것은, 유전자 변화로써 우리는 미래의 모든 세대에 영향을 끼친다는 사실이다. 현재 우리가 처한 것과 근본적으로 다른 환경에서 생존해야 할지도 모르는 미래 세대들을 위한 청사진을 마련할 만큼 우리가 충분히 지혜롭고 총명한가?

점점더 공공정책이 인성(人性)과 사회행동의 변화는 오로지 내부로부터만 이루어질 수 있다는 생각을 반영할 가능성이 높다. 사회변화를 위해서는 환경이나 제도를 변화시키는 것보다 개별적인 종(種)의 내적 청사진을 변화시키는 것에 더 많이 주목하는 것이 낫다는 생각 말이다. 이것은 사회정책에 있어서 하나의 극적인 변화이다. 나는 그러한 변화를 두려워한다. 나는 그런 일이 일어나지 않기를 희망하지만, 모든 징조로 보아 그런 일이 일어날 것 같다.

우리가 다른 생명체들과 관계하는 방식은 우리가 인간에 관계하는 방식을 반영하게 된다. 만약에 우리가 공리적이거나 생산적 목적을 위한 조작대상으로서 식물과 동물들을 본다면, 그때는 우리가 그와 같은 일을 유전자공학을 가지고 인간에게 적용할 것이라는 것은 의심의 여지가 없다.

한 가지 예를 들어보자. 최근에 로스앤젤레스에서 최초의 수정란 전이(轉移) 아기가 태어났다. 기증된 정충이 사용되어 한 여성에게서 수태가 이루어졌고, 그러고는 4~5일 동안 수정란이 분열되고 난 뒤에 그 여성의 자궁으로부터 어떤 대리자궁으로 옮겨졌다. 대리자궁이 아기를 낳은 것이다. 흥미로운 것은 이 과정을 완성시킨 회사가 그 기술의 많은 부분을 가축의 육종에서 배웠다는 사실이다. 그러니까 인간과 다른 형태의 생명 사이에 어떠한 마술적인 경계선도 그을 수 없다는 것이 중요한 점이다.

모든 종(種)은 그 자신의 유전자가 오염되지 않고 침해되지 않은 상태로 있을 내재적인 권리를 가지고 있다. 동물과 식물에 대한 가장 잔인한 형태의 행동은 그들의 유전적 구성에 관련이 없는 종(種)들의 유전자적 특성을 뒤집어씌움으로써 그들의 본성을 변화시키려는 기도이다. 윤리적 관점에서 이것은 용서할 수 없는 것이라고 나는 생각한다. 생태학적 관점에서 이것은 잠재적으로 엄청난 재앙을 불러들이는 것이다.

만약 우리가 단기적인 공리적 이득을 위해서 유전자 특성들을 채취하고 종(種)간의 경계를 가로지르기 시작한다면 우리는 생태계에 있어서 종

(種)들 사이의 미묘한 관계들을 붕괴시킬 가능성이 높다. 그 과정은 돌이킬 수 없고, 장기적으로 엄청나게 파멸적일 것이다. 올해 초에 영국에서 사람들은 양의 세포와 염소의 세포를 채취하여 한 마리 성숙한 양-염소를 만들어내었다. 양과 염소는 자연에서 전혀 관련이 없는 종(種)들이다. 이것은 진실로 생명연금술이 아닌가? 우리는 한 종(種)의 정체를 벗겨내어서 그때 그때의 우리의 이해관계를 위해서 그것을 변경시킬 수 있는 권리를 가지고 있는가? 나는 그런 권리가 우리에게 있다고 생각하지 않는다.

워싱턴에서 공화당 행정부는 이러한 산업에 어떠한 심각한 제동도 걸기를 원하지 않고 있다. 그들은 미국이 21세기에 최초의 생명기술문명이 되기를 바라고 있다. 그들은 이 분야에서 일본인들이나 유럽인들이 앞서지 않을까 불안해하고 있다. 그래서 그들은 환경과 인간의 건강 및 안전을 보장하는 통제규정 때문에 새로운 유전공학 생산품에 대한 자본투자가 방해를 받지 않도록 가능한 모든 행동을 취하는 것이다.

생물학의 시대를 우리는 어떻게 조직해야 하는가? 가장 합당한 접근방식은 생태계의 다른 부분들과 파트너가 되는 것이다. 우리의 예산을 자연과 균형되게 하여야 하고, 자연이 재생산하는 만큼의 속도로만 소비하는 방법을 배워야 한다. 우리의 생존이 의존하고 있는 자연체계의 리듬과 순환의 맥락 속에 우리의 사회적·경제적 생산이 자리잡아야 할 필요가 있다.

생물학의 시대에 대한 생태학적 접근방식은, 우리가 모두 하나의 커다란 유기체, 즉 가이아의 일부이며 우리의 경제적 필요와 욕망들은 마땅히 생태적 현실이라는 맥락 속에 제약되지 않으면 안된다라고 하는 가정에 기초하고 있다. 생물학의 시대에 대한 생태학적 접근방식은 지구자원의 좀더 평등한 재분배에 관심을 두고, 분권화된 삶의 형태와 좀더 단순한 삶의 양식, 그리고 자연체계에 대하여 수탈적인 것이 아니라 친화적인 기술을 이용하는 문제에 관심을 기울일 것이다.

다른 접근방식, 즉 유전공학적 접근방식은 생태학적 접근방식과 완전히 반대이다. 유전공학적 접근방식은 재생가능한 자원이 좋기는 하지만, 그러나 그 재생과정이 너무 느리다라는 생각에 기초하고 있다. 태양열의 생산이 사회적 소비를 결정한다면 우리는 끊임없이 팽창하는 성장곡선을 가지지 못할 것이다. 그러므로 우리는 살아있는 자원을 공학적으로 이용하여 좀더 효율적이고 좀더 생산적인 것으로 만드는 방법을 발견해야 한다는 것이다.

그러나 태양에너지에 따르는 방식에서 너무나 불균형하게 벗어나도록 생산을 가속화한다는 것은 우리가 자연의 재순환과정에서 벗어나서 움직이고 있다는 것을 의미한다. 만약 우리가 생명물질의 생산을 가속화한다면 그 결과는 더 빠르게 토양을 고갈시키고, 미래에 생명이 유지되는 것을 더욱 어렵게 만들 것이다.

이것은 21세기의 정치적·문화적 투쟁이 될 것이다. 우리는 생물공학의 시대에 생태학적 접근방식을 지지할 것인가, 아니면 유전공학적 접근방식의 편을 들 것인가? 많은 사람들은 이 두 가지 접근방식을 우리가 함께 가질 수 있다고 생각하는 것 같다. 그러나 그럴 수는 없다. 왜냐하면 궁극적으로 그것들은 기본적인 철학적 전제에 있어서 너무나 어긋나기 때문이다. 우리는 자연 그 자신의 생산과 재순환에 따라 자연과 더불어 살아가든가, 아니면 자연을 거역하여 우리 자신의 보조와 속도를 고집하면서 살아가든가, 둘 중의 하나가 있을 뿐이다.

한편에는 기업과 대학과 거대정부가 있다. 그러나 다른 한편에는 생명의 거룩함을 옹호하려는 이제 막 태어난 소수의 운동이 있다. 이 운동에 에콜로지, 페미니스트, 기독교청지기운동, 그밖의 다른 사람들이 포함된다.

나는 이러한 다양한 운동들이 새로운 문맥을 창조할 수 있기를 희망한다. 그러나 그렇게 하기 위해서는 현재의 위기를 초래한 계몽사상의 세계관에 대한 매우 조심스러운 비판이 필요할 것이다. 그것은 베이컨과 데카르트, 뉴튼, 로크, 아담 스미스, 그리고 다윈과 칼 맑스의 세계관이다. 그 세계관은 2백년 동안은 통용될 수 있었던 것처럼 보이지만, 이제 더이상은 통용될 수 없다. 만약 우리가 그 세계관의 근간에 있는 몇몇 원칙들을 물어보고, 그것을 환경과의 공감이라는 기초 위에 선 새로운 문맥으로 대체할 수 있다면, 그때 이 운동들은 우리의 공통한 열망이 자리잡을 수 있는 새로운 비전과 철학과 맥락을 가질 것이다.

많은 미래학자들은 우리가 탈산업 정보사회로 이동하고 있다고 말한다. 이것은 미래를 잘못 읽는 일이라고 나는 생각한다. 컴퓨터는 기초적 자원이 아니다. 그것은 다만 커뮤니케이션의 한 형태일 뿐이다. 구석기시대에 우리는 구비언어를 가지고 있었다. 그런데 그때 우리는 구비경제를 가지고 있었던가? 컴퓨터는 하나의 임시적인 관리양식으로서 산업과정에 접목되고 있지만, 그러나 그것은 컴퓨터의 진정한 역할이 아니다. 컴퓨터는 생명기술 혁명을 위한 관리양식이다. 그것은 생명기술 혁명을 위한 커뮤니케이션 언어이다.

미래학자들은 두 가지의 위대한 고도기술 미래가 있다고 말한다. 한편으로는 컴퓨터이고, 다른 한편으로는 유전공학이다. 즉, 정보과학과 생명과학이라는 것이다. 그러나 그것들은 실은 오직 하나의 생산양식이다. 컴퓨터는 생명과학을 조직하는 데 이용될 것이다. 왜냐하면 역사의 다음 시대의 생산품들은 생물학적인 것이 될 것이기 때문이다. 지난 수백년 동안 대부분의 생산품들이 화석연료로 만들어졌던 것과 꼭 마찬가지로 그것들은 살아있는 것들로써 구성될 것이다. 유전자 구조가 너무나 복잡하고, 또 정교한 컴퓨터 관리가 요구될 만큼 많은 특징들을 가지고 있기 때문에 컴퓨터는 유전공학 생산품들을 조직하는 방법이 될 것이다.

생명이 단지 정보의 흐름으로 환원된다면 생명의 어디에 거룩한 것이 있겠는가? 생명이 인위적으로 편집, 변경, 첨가, 삭제될 수 있는 프로그램의 문제가 된다면 어떻게 될까? 내가 자랄 때 어떤 사람에게 찬사를 보내려면 곧잘 그가 매우 식견이 있는 사람이라고 말하곤 하였다. 오늘날 우리는 그러한 때 그가 매우 정보에 밝은 사람이라고 말하기 쉽다. 우리가 우리 자신을 보는 방식에 그렇게 큰 혁명이 일어난 것이다. 식견이 있다는 것은 무엇인가 불변하는 진리가 있다는 것을 가정한다. 정보에 밝다는 것은 단지 끊임없이 첨단을 간다는 것, 그리고 조건이 변함에 따라서 변화할 수 있다는 것이다. 거기에는 아무런 참조점도, 가치의 방향도 또는 숨어있는 기본원칙도 없다. 사회 전체가 스스로를 단지 정보에 밝은 존재로서만 보기 시작한다면 어떤 일이 일어날까? 무엇이 중요하고, 무엇이 거룩한 것이라는 판단을 위한 참조점은 어디 있겠는가?

"어떻게 하면 테크놀로지를 악용하지 않고 선용할 것인가?"라는 물음 대신에, 우리는 "얼마나 큰 힘이 과연 적당한가?"라는 새로운 질문을 할 필요가 있다. 역사상 모든 기술이 자연에 대한 점증하는 영향력과 힘을 나타내는 것이라면, 그것이 생명개념을 붕괴시키거나 생명의 존속을 불가능하게 하기 때문에 보다 많은 힘이 부적당한 것으로 되는 지점이 있지 않을까? 그 힘이 너무나 규모가 크고, 지구와 우주에 대한 우리의 관계에 너무나 어울리지 않기 때문에 그것을 쓴다는 것 자체가 바로 잘못이 되는 그러한 지점이 있지 않을까?

어떤 기술들은 그 내재적인 성질로 인하여 사람들에 의해 통제되건 않건 간에 부적절한 것이 있다. 유전공학은 생명이 무엇인가라는 것에 관한 우리의 정의(定義)에 철학적으로 부적절한 것이다. 그것은 사용되지 말아야 한다.

과학의 녹색화

제임스 러브로크

내가 이야기하고자 하는 것은 과학과 녹색운동에 관해서이다. 우리는 흔히 우리 자신을 에콜로지스트라고 부르지만, 내가 보기에는 에콜로지라는 것이 하나의 과학이며, 그렇기 때문에 싫든 좋든 녹색운동은 과학적 기초를 가진다는 사실을 많은 사람들이 잊고 있는 것 같다. 녹색운동의 기원에는 유기농 농민이나 마녀도 있고, 또 화학 및 핵산업에 대한 혐오감도 포함되어 있지만, 레이첼 카슨과 같은 과학자들도 포함되어 있다.

거의 일년쯤 전에 나는 브리스톨의 슈마허협회에서 강연을 하였는데, 거기서 과학과 녹색운동이 단기적인 이익을 위하여 서로 이용해먹으려 할 뿐 세계의 진짜 문제를 소홀히 하고 있는 위험에 처해있음을 보여주려고 하였다. 오늘 나는 이러한 주제를 발전시켜, 화해와 재통합의 기회가 없는지 검토해보고 싶다. 나는 과학의 녹색화가 지금 몹시 필요하고, 녹색운동가를 포함하여 누구에게나 과학은 필요하지만, 그러나 그 과학은 지

제임스 러브로크 (James Lovelock) ― 영국 과학자, 왕립협회의 회원. 가이아(Gaia) 가설의 창시자이다. 여기 소개하는 글은 1989년에 영국의 환경단체 '지구의 친구들'을 위한 강연 내용을 옮긴 것인데, 출전은 *Resurgence* 1990년 1-2월호이다.

금 우리가 가지고 있는 그러한 종류의 과학은 아니라는 것을 굳게 믿고 있다. 우리는 과학이 자연철학으로 되돌아가기를 바라며, 다시 한번 우리 문화의 저 낯익고 친근한 일부가 되기를 바란다. 과학은 고상한 척 거드름 피우는 태도를 그만두고, 문자 그대로 또다시 땅바닥으로 내려와야 한다. 이것은 쉬운 일이 아니다. 이것을 위해서는 과학이 이미 뚱뚱하고, 게으르고, 부패해졌으며, 그리하여 비만한 동맥경화증 환자처럼 더욱 많은 풍부한 음식이 자기의 상태를 치유해줄 수 있을 것이라고 상상하고 있다는 사실을 과학자들 자신이 먼저 깨닫지 않으면 안된다.

과거 어느 때보다도 우리에게 지구에 대한 분명한 이해와 확실한 안내가 더욱 필요한 이때에 과학이 이러한 상태에 있다는 것은 재난이다. 나는 어떻게 이런 일이 일어났는지를 이제 말해보고, 과학을 또다시 녹색적으로 만들기 위하여 무엇을 해야 할 것인가를 제안해보겠다.

18세기에 과학은 자기 주변의 세계에 대하여 관심을 가진 사람 누구에게나 열려있는 하나의 자연철학이었다. 다윈의 할아버지인 에라스무스 다윈과 같은 과학자들은 이미 자연선택에 의한 진화의 이론의 토대를 놓고 있었고, 지질학의 아버지인 제임스 허턴은 이미 지구를 하나의 거대한 유기체라고 부르면서 이것은 생리학의 탐구대상이라고 생각하였다. 그는 사실상 가이아의 존재를 인식한 최초의 사람이었다. 이들 과학자들은 서로 이야기를 나누었고, 우리가 지금 "위로부터 아래로"라고 부르는 세계관을 공유하고 있었다. "위로부터 아래로"라고 하는 것은 전체 체계를 보는 관점을 말하는데, 이것은 살아있는 유기체와 복합적인 체계들은 항상 그 부분들의 단순한 합계 이상의 것이라는 것을 인식하는 것을 말한다.

근년에 와서 이러한 세계관은 더욱 큰 의의를 갖게 되었는데, 왜냐하면 오늘날 우리가 너무나 잘 알고 있는 외계로부터 본 지구가 바로 그러한 관점에서 가능하였기 때문이다. 과학은 19세기를 통해서 이러한 계몽된 관점을 포기하고, 세계와 생명을 아래로부터 위로 보기 시작하였다. 이것은 환원주의적 접근인데, 과학이 몇개의 미끈한 분과로 나뉘어져서 그 속에서 전문가들이 자기만족적으로 자신들의 전공분야를 열심히 파고들게 되었을 때 당연히 수반되었다. 우리는 환원주의적 접근을 모조리 나쁜 것이라고 비난하는 잘못을 범해서는 안된다. 그것은 필요한 탐구의 한 방법이다. 즉, 망원경 대신에 현미경을 사용하는 방법이다. 그러한 방법으로 얻어진 가장 위대한 승리는 DNA의 발견이다. 그리고 그런 방법으로 이루어진 가장 수치스러운 일은 실험자의 팔꿈치까지 피투성이로 얼룩지게 하는 생체 해부이다.

용서할 수 없는 것은 환원주의가 바로 오늘날까지 과학을 지배해왔고, 저마다의 케케묵은 언어와 부족적 관습을 가진 상호대결적인 영역들로 세분화되는 과학의 봉건적 분리를 정당화해온 방식이다. 얼마나 많은 물리학자들이 자기들이 '부드러운 과학'이라고 부르는 것에 대하여 무지한 것을 부끄럽게 생각하는가? 얼마나 많은 생화학자들이 자기 나라의 시골에서 볼 수 있는 들꽃들의 이름을 부를 수 있는가? 이러한 풍토에서 오늘날 대부분의 과학들이 가이아 이론, 즉 하나의 살아있는 유기체로서의 지구에 대한 이론을 매우 소박한 것으로 간주하는 것은 놀라운 일이 아니다. 그러나 그러한 과학자들 가운데 하나의 실체 또는 하나의 과정으로서의 생명에 대한 만족스러운 정의를 내릴 수 있는 사람은 거의 없다. 생명은 시스템 현상이며, 환원주의적 시각을 훨씬 넘어있다.

녹색운동가들 사이에 현대과학에 대하여 공통된 혐오감이 있는 것은 정당한 것인데, 그것은 경이로움을 느끼는 감각, 과학의 영성체적 면이 거의 사라져버렸음을 그들이 본능적으로 인식하고 있기 때문이다. 그들은 과학이 더이상 양식있는 자연철학자들의 천직도, 친절한 마음을 가진 교수, 박사들의 일도 아니라는 것을 느낀다. 그들은 오늘날 과학을 있는 그대로 본다. 즉, 종신제와 연금이라는 전망을 갖고 있으며, 노동조합에 의해 보호되어있는, 범용한 재능을 소유한 사람들의 안락한 생애를 보장하는 수단으로서의 과학 말이다.

부와 권력을 위해 파편화된 과학

복합적인 사회적 문화적 영향들로 인해서 과학은 소수의 재능있는 개인들의 창조적 활동으로부터 범재(凡才)들의 비생산적인 출세수단으로 바꾸어졌다. 이러한 전략은 학교나 대학의 교육수준의 쇠퇴를 조장하고, 또 그 쇠퇴에 의해 조장되었다. 1938년에 학생으로서 내가 겪었던 경험을 이야기함으로써 구체적인 보기를 들어보겠다. 그 당시 열여덟살이었던 나는 물리, 화학 그리고 두 개의 수학에서 A레벨을 획득하고 학교를 막 떠나려고 하였다. 그때 교장선생이 나에게 말했다. "러브로크, 네가 과학을 하기를 바란다면 바보짓이야. 과학이란 오직 천재들이나 큰 부자들이나 할 수 있는 건데, 내가 알기에 너는 어느 쪽도 아니란 말이야. 지금은 그렇게 열성적일지 몰라도, 나중에 결혼할 때에는 네가 지금 내린 결정을 쓰라리게 후회할 거야." 물론 그가 옳았다. 30년대의 대공황 이후 여러해 동안 과학자들은 산업적 체험을 얻는다는 근거로 봉급 한푼 받지 않고 기업에 고용되었다. 그러나 나는 고집을 부려 내 인생을 과학을 하면서 보내기로 결심하였으며, 낮에는 어떤 약제사의 도제로 일하고, 저녁에는 버크벡의 야간강좌에 다니면서 완전히 만족하였다.

나는 학위과정이 너무나 힘들다고 불평하고 있는 것으로 〈선데이 타임스〉에 보도된 학생들에게 동정을 느낀다. 그들은 대학에 들어가지 말았어야 한 것이다. 나는 시험들이 더욱 어려워져서 과학을 천직으로 할 만한 사람들만이 감히 그 시험들에 도전할 수 있게 되었으면 하고 바란다. 그렇게 되면 과학은 각기 범재(凡才)들을 위한 안전한 피난처 또는 출세지향적인 사람들의 야심을 만족시키는 제국(帝國)으로 기능하는 방대한 전문영역들로 파편화되지 않게 될 것이다. 이런 종류의 과학은 막대한 희생을 치르고도 거의 아무것도 성취하지 못하며, 자기자신에게도 일반공중에게도 모두 닫혀져있다. 곧 다가올 싸움에서 그것은 무용지물이 될 것이다.

불행하게도 여러 세대에 걸쳐 학생들은 오직 방대한 돈을 소비하고, 많은 사람들을 고용하면서 그들을 과학자라고 부름으로써 우리가 앞으로 나아갈 수 있다는 거짓을 믿도록 지도되어왔다. 이들을 채용한 나이 많은 과학자들은 지난 세기에 왕립천문대 대장을 지냈던 과학자에 관한 이야기를 잊어버린 것 같다. 네덜란드 여왕이 그리니치 천문대를 방문한 적이 있었다. 천문대장이 천문대의 여기저기를 안내하고 있을 때 여왕은 이 과학자의 옷이 매우 낡은 것을 보고 물었다. "당신의 봉급이 얼마나 됩니까?" "연봉 오십 파운드입니다"라고 그는 대답했다. 그러자 여왕은 말했다. "그건 불명예스러워요. 어떻게 빅토리아여왕 폐하께서 자기의 천문대 책임자에게 그렇게 작은 급료를 지불할 수 있을까요? 당신이 당신의 중요한 직책에 합당한 방식으로 지원을 받을 수 없는지 알아보시도록 여왕께 부탁드리겠어요." 천문학자는 다음과 같이 대답하였다고 한다. "정말 제발 그렇게 하지 마시기 바랍니다. 이 직책에 좀더 나은 급료가 지불된다면 과학자가 이 일을 맡게 되지는 못하게 될 겁니다."

그는 물론 옳았다. 과학자들에게 지불되는 봉급은 50년대 초기에 실질적으로 인상되었고, 그때부터 과학적인 직책에 대한 지원자들 중에는 갈수록 경력과 출세를 추구하는 사람들이 많아졌다. 이제 더이상 과학은 나와 같이 인생을 다른 방식으로 보낼 생각을 하지 못하는 미친 사람들의 천직이 아니었다. 하나의 천직이 되기를 그만둠으로써 과학은 갈수록 전문영역으로 세분화되었다. 과학의 일반적 실천자가 되기보다는 은화(隱花)식물생화학 또는 중간층대기물리학에서 전문가가 되는 것이 쉽고 훨씬더 안전하다. 이런 현상은 너무나 만연되어, 이제 내가 아는 한 이 나라에서 내가 거의 유일한 일반과학자이다. 이것은 참으로 어처구니없는 상황이다. 일반의(一般醫) 없이 전문의만으로 의료를 운영할 수 있는가? 산부인과 의사가 당신의 부풀어오른 코를 진단하거나 안과 의사가 막연하지만 진정 고통스러운 갱년기 장애를 진단한다고 상상해보라. 그럼에도 불구하고, 지구의 건강을 위해서 심각하게도, 지금 지구가 처한 문제들이 각기 자기의 전문분야만이 유일하게 중요하다고 생각하는 전문가들에 의해 따로따로 다루어지고 있다.

전문가들의 수효가 일정하게 머물러있다 하더라도 좋지 않겠지만, 현대 과학의 구심적 경향은 너무나 막강해서 그렇게 머물러있을 수도 없다. 나는 한번 두 사람의 네덜란드 전자기사 사이에서 통역을 해주는 기묘한 경험을 한 바가 있다. 두 사람은 대부분의 네덜란드 사람들처럼 거의 완벽한 영어를 말했지만 그러나 서로서로에게 상대방의 전자언어는 불가해한 것이었다. 한 사람은 아날로그식 커뮤니케이션 시스템 전자공학에서 훈련을 받고 라디오 송신기를 설계하였고, 다른 한 사람은 디지털식 컴퓨터 전자공학에 숙달된 기사였다.

제2차 세계대전 이후 환경운동과 과학 모두에게 불행한 사건은 미국의 헤게모니가 확립된 것이었다. 전쟁은 유럽 국가들을 빈곤하게 만들면서 미국을 엄청나게 부유하게 하였다. 미국이 놀라운 너그러움을 가지고 전후 시기에 균형을 바로잡는 데 많은 공헌을 한 것은 사실이다. 그러나 권력의 중심이 이동하였고, 그와 더불어 사상과 철학의 성장을 위한 중심도 이동하였다. 유럽은 자신의 상처를 핥고, 회복하는 데 너무나 분주하였으므로 저 순진하지만 순전히 물질적인 신세계의 철학에 어떤 쓸모 있는 견제력을 발휘할 수 없었다.

과학을 망치는 논문심사제도

영국의 '의료연구위원회(Medical Research Council)'는 아마도 전쟁 동안 생리학자들이 중심이 되어있었으며, 생리학은 여전히 위에서 아래로의 관점을 가진 몇 안되는 과학의 하나이기 때문에 아직도 좀더 오래된 전통을 지키고 있었다. 그 위원회는 여전히 번창하고 생산적인 과학적 사업이었다. 그러나 의료분야에서 일어나는 새로운 발견을 특허화하지 않는 것이 이 위원회의 관습이었다. 의학적 발견들은 공공기금의 지원을 받아 나온 것인 만큼 일반 공중의 이익을 위해 자유롭게 이용될 수 있어야 한다는 것이었다. 이러한 찬탄하리만큼 순진무구한 영국의 정책은 미국의 기업가들로 하여금 특허 가능한 아이디어들을 공짜로 획득할 수 있는 공급처로서 '의료연구위원회'를 이용하게 만들었다. 미국 기업인들은 자기들이 알고 있는 엄혹한 세상에서 그러한 어리숙한 풋내기들이 존재한다는 사실에 경악하였다. 그리하여 우리는 우리 자신들이 만들었던 페니실린과 같은 발견, 발명물들을 위하여 미국 기업들에 로얄티를 지불해야 했던 것이다.

미국적 생활의 활기와 경쟁감각은 추천할 만한 것이 많지만, 그러나 과학을 위해서는 재앙이다. 그것은 제1세계 전역을 통해서 하나의 윤리를 만들어냈는데, 거기에서 상을 타고, 부자가 되거나 권력을 갖는 것이 과학생활의 목표가 되어버린 것이다. 과학을 천직으로 하는 삶에서는 속임수는 무의미한 것이고, 실제로 잘 일어나지도 않는 법이다. 그러나 이 새로운, 승자가 모든 것을 차지해버리는 과학에서는 속임수는 그것이 들키지 않는 한 좋은 것이 된다. 이제 과학은 올림픽 경기의 야비한 게임 같은 것이 되어버렸다.

미국적 지배는 또한 과학 속에 임무수행식 접근방법을 도입시켰다. 이제 더이상 호기심만으로 어떤 아이디어를 탐구해보는 것만으로는 충분치 않게 되었다. 연구가 행해지기 전에 반드시 명확한 행동계획이 서면상으로 작성, 제출되어야 했다. 과학자들은 입법자들로부터 질문을 받을 때, 어떠한 확실성이 가능하지 않다는 것을 확신하는 경우에도, 예 아니오라고 분명하게 대답하지 않을 수 없게 되었다.

창조적인 과학자가 아닌 사람에게는 이러한 일은 지각있고, 질서정연하며, 책임감있는 것으로 여겨질 것이다. 그러나 실제로 이것은 한 사람의 작곡가, 화가 또는 소설가에게 그러한 조건 밑에서 가치있는 예술작품을 생산하라고 주문하는 것만큼이나 어리석은 일이다. 창조성의 본질은 직관이다. 창조적인 사람은 자신에게 어떻게 영감(靈感)이 떠오를지 전혀 알지 못한다. 한 사람의 창조적인 과학자가 다음번의 창조작업을 설명하는 계획서를 작성한다는 것은 불가능한 일이다. 그리하여 실제로 그는 거짓말을 할 수밖에 없으며, 지난번의 작업에 대한 계획서를 쓸 수밖에 없는 것이다.

신세계로부터 건너온 수입품 가운데는, 그 질에 관계없이 과학자들이 쓴 논문의 수효에 의해서, 또는 그러한 논문들이 인용되는 횟수에 의해서, 과학자들을 평가한다는 것과 같은 미치광이 짓들이 있다. 과학을 이류로 만드는 데 이보다 더 효과적인 방법을 찾아보기는 어려울 것이다.

내 생각으로는 현대과학에 가장 치명적인 악영향을 끼치는 것은 논문심사 제도이다. 이 제도가 태어난 것은 한때 교회가 지식과 가르침의 원천으로서 행했던 역할을 과학이 떠맡았을 때였다. 그리고 그것은 도그마와 권위주의의 지배를 받던 중세교회를 그 모델로 하였다. 그 교회처럼 과학은 크게 갈라지고 종파주의적으로 되었으며, 지식의 강화와 우리 모두의 계몽을 위해서라기보다는 과학을 한다는 사람들의 개인적 이익을 위해서 더 많이 존재한다. 그것은 심지어 심문제도까지 가지고 있는데, 이른바 논문심사 제도라는 것이 바로 그것이다. 한 과학자가 연구비를 받기 전에, 그리고 그 사람이 자신의 연구결과를 발표할 수 있기 전에, 그것은 이른바 동료과학자들이라고 하는 익명의 그룹에 의해서 검토되고 인정을 받아야 한다. 이러한 심문제도는 아직 이단자를 교수형이나 화형에 처할 수는 없지만, 그러나 이단자들이 자신들의 연구를 발표하거나 그 연구에 대한 보조금을 지급받을 수 있는 능력을 부정해버릴 수 있다. 그것은 반항하는 과학자 그 누구라도 그 경력을 파멸시킬 수 있는 충분한 권력을 갖고 있다. 물론 일상적인 연구, 특히 그 연구가 기술적인 문제에 관한 것일 때 논문심사는 왕겨로부터 밀알을 체로 쳐서 가린다는 주변적인 가치를 갖는 것은 사실이다. 그러나 그러한 논문심사 제도는 창조성을 심각하게 저해한다. 예술의 세계에서 비평가들이 익명으로 존재하면서, 자기들이 인정하지 않을 때 어떤 작품이 씌어지고 발표되는 것을 중지하게 하는 힘을 갖고 있다면 예술이 어떻게 될지 상상해보라. 그러한 세상에서 전화번호부나 기술교본들은 괜찮겠지만, 그러나 《파리대왕》이나 《동물농장》은 어디에 있을 수 있겠는가? 아마도 과학은 단지 새로운 종류의 검열의 최초의 희생자일지도 모른다. 어느 계관시인이 언젠가 내게 말하기를 실패한 시인들이 비평가가 되는 것이 보통이라고 하였다.

미국은 지금 성숙해지고 있다. 그러나 미국인들은 아직 관료주의와의 투쟁에서 벗어나지 못하고 있다. 때때로 그 싸움에서 과학 쪽이 승리하기도 한다. 예를 들어, 우주 속으로 놀라운 여행을 하면서 우리의 가정으로 행성들의 기막힌 모습들을 보내주고 있는 우주선 보이저호라든지, 12년 전 화성에 착륙했던 바이킹호를 생각해보라. 그 착륙은 나에게 가이아 이론에 내포된 한 예측, 즉 화성은 죽어있다라는 사실을 확인시켜 주었다.

이러한 것들은 진정한 과학과 완벽한 공학의 산물이었다. 그러나 이 위대한 성취들은 미항공우주국 전체 경비의 극히 작은 일부를 대변하는 것이었고, 그것도 힘들게 끌어낸 비용으로 이루어낸 성과였다. 돈을 쓴 결과 우주 공간에 남자나 여자가 가볼 수 있게 된 것이다. 최초의 우주항공사들의 전율과 성취, 그리고 우주로부터 본 지구의 기막힌 모습을 우리들과 함께 나누어 가진 그들의 능력을 그 어느 누구도 부정하지 못할 것이다. 그러나 우주의 개척자들이 우리를 위해서 만들어낸 저 기막히게 훌륭한 공학과 과학이 지금 극단적으로 천박한 목적, 즉 위성 텔레비전에 의한 쓰레기 오락의 확산과 같은 것에 이용되고 있다는 사실에 나는 개인적으로 구역질을 느낀다. 랜드새트와 그밖의 인공위성에 의해서 수집된 귀중한 정보가 그 정보를 제대로 보존하는 데 필요한 기금의 결핍으로 지금 썩어가고 있다는 것은 기막힌 일이다.

틀림없이 다가올 환경재난

나는 방금 내 직업인 과학에 대하여 거친 비판을 가하였다. 내가 어떤 치유책을 가졌느냐고 여러분은 묻고 싶을 것이다. 나는 어떠한 만병통치약도 가지고 있지 않다고 대답해야 할 것이다. 설사 과학을 재조직하고, 과거에 있었던 것과 같은 창조적 핵을 재확립하는 일이 실제적이라고 하더라도 여러 기관으로부터, 또 방대한 수효의 과학 분야의 졸업생들과 Ph.D들로부터 엄청난 저항이 있을 것이다. 치유책은 사태의 자연스러운 전개과정으로부터 올 것이다. 곧 닥쳐올 지구적 규모의 재난에 직면하여 정확한 예측을 제공하고, 지각있는 행동을 권장하도록 하는 압력이 있을 것이다. 이것은 아마도 굴레를 깨고 과학을 다시 자유롭게 만드는 데 충분할지도 모른다. 그러한 희망을 내가 갖고 있는 것은 오늘의 세계와 우리 역사의 50년 전의 시기, 즉 제2차 세계대전 전의 시기 사이에 유사성이 있다고 나는 오랫동안 생각해왔기 때문이다. 1938년에 우리는 모두 전쟁이 필연적이라는 것을 알고 있었다. 우리가 알지 못한 것은 전쟁이 언제 터질 것인가, 일단 시작되면 무슨 일이 일어날 것인가 하는 것이었다.

지금처럼 그때도 무엇을 해야 할 것인가에 대해 커다란 혼란이 있었다. 그 무렵 많은 사람들은 히틀러가 스탈린보다는 덜 위협적이라고 생각하였다.

오늘날 우리는 환경재난이라고 하는, 그때와는 다르지만, 그러나 그때처럼 확실한 위협에 직면해있다. 1938년에 서로 어긋나는 행동을 요청하는 혼란된 목소리들이 난무했던 것처럼, 지금도 그렇다. 환경을 단지 인간중심으로만 보면서 화학 및 핵산업을 유일한 적으로 간주하는 사람들이 있다. 그들의 행동은 마치 뮌헨협약 이후 군축을 소리높여 요구했던 좌익진영의 사람들처럼 자기모순적이고 부정적이다. 또다른 사람들은 야생동물의 보존을 유일한 문제는 아니라 해도 가장 주요한 문제로 보고 있다. 그들은 러시아를 유일한 위협으로 보았던 우익진영의 사람들처럼 제한된 시야를 갖고 있다. 보헤미아와 폴란드가 침공을 받음으로써 누가 적인가, 무엇이 진짜 문제인가 하는 것이 분명해졌던 것이다. 50년 전에 그랬던 것처럼 곧 닥쳐올 커다란 재난에 기습당하고서야 우리들이 깨어날 수 있을지도 모른다.

그러나 착각을 해서는 안된다. 우리가 지금 땅 표면을 훼손하고, 공기 중에 온실효과 가스를 유례없는 비율로 방출함으로써 세계에 대하여 행하고 있는 것은 지구의 경험으로 전혀 새로운 것이다. 그 결과는 예측할 수 없는 것인데, 다만 그것이 틀림없이 기습적일 것이고, 그 가운데는 인간으로서는 너무나 끔찍한 일도 있을지 모른다는 사실은 말할 수 있다.

1939년의 전쟁에서 과학자들은 좋은 시민으로서 자신들의 지식과 경험과 생명을 기꺼이 바쳤다. 그들은 전쟁으로 말미암아 과학이 없어지고, 전쟁이 지속되는 동안 그들 자신은 혼이 없거나 심지어 부도덕한 군사적 연구와 개발분야말고는 어디에도 고용될 데가 없음을 기대하면서도 그렇게 하였다. 적성이 맞는 사람들에게는 그러한 일자리가 풍부했던 게 사실이지만, 그러나 일반적으로 비관론자들의 판단이 잘못되었음이 드러났다. 이론화와 발견, 발명의 보조가 빨라졌고, 전쟁을 승리로 이끄는 데 기여하였을 뿐만 아니라 뜻밖에도 라디오 망원경을 통해서 우주를 보고 이해할 수 있는 우리의 능력을 넓혀주고, 생명의 화학구조에 대한 좀더 깊은 성찰을 통해서 생명을 이해할 수 있는 우리의 능력을 확대시켜 주었다.

전투를 부각시키고, 전쟁의 고통과 비극을 극화하는 과정 속에서, 대부분의 시간 동안 전장이 조용한 장소라는 사실은 쉽사리 잊혀진다. 미래의 평화로운 세계에 대해서 생각하고, 궁리하고, 이야기하는 데 필요한 모든 시간이 있는 곳이 전장이었다. 그것은 평화시 판에 박은 생활의 압력이 더이상 작용하지 않는 장소이다. 거기에서 누가 집세를 지불할 일에 대해서 걱정하거나 소화불량에 대해서 과민한 걱정을 하겠는가? 전쟁중의 바로 이러한 고요한 장소와 고요한 시간 가운데에서 사회 및 건강 서비스를 위한 위대한 계획들의 초안이 마련되고, 나중에 물리적 우주와 그 시공간적 한계에 대한 보다 깊은 이해를 가능하게 하고, DNA의 이중나선구조를 발견하는 데로 나아갈 생각의 씨앗들이 뿌려졌던 것이다.

天職으로서의 과학

내가 희망하는 것은 곧 닥쳐올 보다 치명적인 기습적인 재난들, 대폭풍과 가뭄과 일찍이 보지 못한 기상현상 사이에서 생각할 시간과 행동할 의지가 있었으면 하는 것이다. 존슨 박사가 말했듯이 "임박한 교수형에 대한 생각만큼 마음을 집중케 하는 것은 없다." 나는 곧 대규모의 위협적인 변화가 눈에 뜨일 것이라고 믿는다. 그렇게 되면 우리는 보다 큰 필요를 인식하게 될 것이며, 과학은 하찮은 짓거리를 그만두고, 이것보다는 정도가 덜한 전쟁의 압력 밑에서 전에 그랬던 것처럼 결속하게 될 것이다. 과학은 아마도 40년대처럼 마치 플로렌스 나이팅게일 시대의 간호원들과 같이 성실하고 진지한 마음으로 임하는 빛나는 천직이 될지도 모른다.

내가 왜 과학이 부와 권력 때문에 부패해왔다고 그토록 격렬하게 느끼는지 잠깐 말해보겠다. 대개 1960년까지 과학은 초교파적인 성격을 가지고 있었다. 생물학자들과 화학자들과 물리학자들이 서로 만나서 조리있게 이야기를 나누고 새로운 아이디어들을 촉진하는 것이 가능하였다. 오래 전에 지나가버린 그러한 시절에는 과학을 위해 마련된 돈은 거의 없었지만, 그럼에도 불구하고 영국은 핵심적인 과학의 중심으로서 세계적으로 인정되고 있었다. 기묘하게도 우리가 갖춘 장비는 너무나 초라한 것이어서 연구진행상 꼭 필요한 경우에는 그 장비를 마련하기 위해 우리의 급료의 일부를 쓰지 않을 수 없었다. 나는 지금도 내가 레스터 광장 근처 라일가(街)에 있는 가게에서 전쟁 잉여물로 나와있던 먼지 쌓인 전자기어를 사던 일을 기억하고 있다. 그 가게들은 마사지 전문 미용실과 음란서적들이 전시된 공간과 나란히 있었다. 나는 가끔 그 거리를 배회하는 여자들이 우리들 중 누가 자기네의 잠재적인 고객인가를 어떻게 틀림없이 알아보는지 의아스럽게 생각했다. 여자들은 전자기기를 찾는 사람들과 쾌락을 구하는 사람들을 혼동하는 일이 없었다.

바로 그러한 라일가에서 구한 잡동사니들을 가지고 1957년에 나는 나의 첫 전자포획탐지기를 만들었는데, 이것은 나중에 레이첼 카슨으로 하여금 《침묵의 봄》을 쓰게 한 자료를 제공하고, 또 처음으로 염화불화탄소($CFCs$)를 대기중에서 발견하게 한 장치였다.

오늘날 거의 모든 연구실에 들어가서 과학자들에게 그들이 사용하는 기구들의 작동방법을 아는지, 또는 그들 자신들이 그 기구들을 만들거나 수리할 수 있는지를 물어본다면 과학자들은, 만약 진실한 사람들이라면, 아니오라고 대답할 것이다. 오늘날 과학적 기구를 이용하는 것은 마치 자동차 운전을 하거나 텔레비전을 켜는 일과 같다. 우리 모두는 이러한 것들을 이용하면서도 그것들이 어떻게 작동하는지에 대해 전혀 알지 못하고, 그것들을 만들거나 수리하지도 못한다. 이러한 일은 자동차나 텔레비전의 경우에는 받아들여질 수 있는 일인지 모르지만, 과학에서는 그것은 과학자들이 더이상 자기들이 무슨 일을 하는지 모른다는 것을 뜻한다.

이런 식으로 행해지는 과학이 끼치는 손상의 한 예는 70년대 말에 일어났다. 그때 세계 전체를 통해서 많은 실험실들은 대기중의 염화불화탄소를 측정하려고 노력하고 있었다. 논문심사 제도 때문에, 또 연구비를 받기 위해서 연구계획서를 제출해야 할 필요 때문에, 연구제안자들은 자기들이 염화불화탄소를 정확히 측정할 수 있다고 주장하지 않으면 안되었다. 그들은 정직해질 수 없었고, 자기들이 아무런 독립적인 측정기준을 가지고 있지 않다는 사실을 시인할 수 없었다.

만약 정직했더라면 그들에게 연구비가 지불되지는 않았을 것이다. 사태를 더 악화시킨 것은 그들 중 현명치 못한 사람들이 불과 몇 퍼센트 정도의 정확도를 내세움으로써 새로운 내기를 걸었다는 점이다. 그 당시 염화불화탄소는 150 내지 300ppt(part per trillion) 수준으로 나타나 있었다. 훌륭한 화학자들은 ppb(part per billion) 수준으로 어떤 기구를 측정한다는 것은 매우 어려운 일이고, ppt 수준으로 측정한다는 것은 영웅적인 과업이라는 것을 알고 있다. 그럼에도 불구하고 18개의 연구소가 연구계획을 제출하였고, 대기중의 염화불화탄소 측정을 위해서 연구비를 받았다. 그들 대부분은 측정을 위해서 전자포획탐지기가 장치된 상업용 가스 크로마토그래프를 사용하였다. 정확성에 대한 그들의 주장이 옳다면 그 결과는 모두 몇 퍼센트 내에서 일치되었어야 했다. 그러나 실제로 그들은 그들이 가진 기구를 측정할 아무런 정확한 기준이 없었으므로 그 결과들은 300퍼센트 범위에 걸쳐 분포되었다. 뿐만 아니라 독립적으로 수행된다고 했던 측정 작업들이 조사자들 사이에 공모가 있었음을 강하게 암시하는 증거를 보여주었다.

우리가 대기중에 얼마나 많은 염화불화탄소 물질들이 있는지를 정확하게 알기까지는 오랜 시간이 걸렸을지도 모른다. 내가 디본에 있는 우리집의 헛간을 희석실로 바꾸고, 미국의 레이 바이스 박사가 대안적인 방법에 의해서 기준을 만들어냄으로써 비로소 정확한 측정기준이 주어지게 되었다. 염화불화탄소의 경우에서 보듯이, 압력이 닥쳐오면 다수의 과학자들은 자기자신들이 감당하지도 못할 주장을 하도록 몰리는 것으로 보인다. 다음번에 어떤 과학적인 새로운 사업을 위해서 시간과 돈이 필요하다고 주장될 때 우리는 그러한 사실을 명심해야 한다. 과학자들이 자기들이하는 일이 지구상의 모든 생명을 구제할 것이라고 주장할 때 우리는 특히 조심해야 한다.

이 모든 것이 사실이라면 대체 어떻게 해서 과학이 계속하여 성공하고,

많은 업적을 이루고 있는지 의문스럽게 생각될 것이다. 하나의 기막힌 상투성이나 낡은 철학으로서 과학이 망각으로부터 구제될 수 있게 하는 것은 그 내적인 자기교정력이다. 과학은 항상 실험에 의해서 평가되므로 대개 최종적으로는 진실이 나타나는 법이다.

대규모 과학의 부적절성

그러나 대규모 과학은 환경문제를 다루기에 부적합하다. 지금 지구에 대한 통합적 관점을 갖는 것이 몹시 필요하지만, 과학의 단편성 때문에 그러한 관점을 얻을 가능성은 적다. 환경을 위한 가장 특권적인 국제적 과학 프로그램은 처음에 국제 지구생물권 프로그램으로 불렸다. 이 이름 자체가 내가 말하고자 하는 바를 잘 예시하고 있다. 이것은 지구적 환경 위기를 다루려는 심각한 기도에 대하여 붙여진 이름치고는 바보 같고 혼란스러운 이름인 것이다. 처음 그 프로그램에 참가하였던 존 켄드류 경으로부터 내가 들은 바에 의하면, 이 가망없이 매력없는 이름을 붙이기로 한 것은 준비위원회에 있던 생물학자들이 '생물'이라는 말이 제목에 포함되지 않으면 생물학은 빠져야 한다고 생각했기 때문이라는 것이다. 이제 그 프로그램은 고맙게도 지구변화 프로그램이라고 일컬어지고 있다. 대규모 과학은 가이아를 거부하고, 심지어 지구생리학도 거부하지만, 그러나 그 자신은 전처럼 뒤섞인 이름말고는 어떤 대안도 내놓은 게 거의 없다.

신학자들은 환경에 대한 올바른 관심을 '창조의 재통합'이라는 문제로서 이야기하고 있다. 우리의 과제는 한결 더 쉽다. 그것은 단순히 에콜로지와 과학을 재통합하면 되는 것이다. 그러면 우리는 무엇을 해야 하는가?

나는 '지구의 친구들'이 자연에 대한 올바른 공경의 방식에 있어서 과학에 베풀어줄 것이 많다고 생각한다. 진정한 과학은 지구에 대한 보다 깊은 이해를 제공함으로써, 또 흔히 에콜로지스트들을 조작하는 데 이용되고 있는 사기적인 과학을 폭로함으로써 에콜로지스트들에게 베풀어줄 것이 많다.

우리들 대부분은 이런 저런 방식으로 건강문제에 과민하고, 그래서 환경 속에 있는 어떤 화학물질이나 방사성물질에 대처하도록 입법을 해야한다는 과학자들의 호소에 영향을 받기 쉽다. 그러한 호소는 과학자들이 암의 위험이 있다고 경고할 때 특히 유혹적이다. 보통 사람에게는 저 고통스럽고 불명예스러운 질환으로 인한 죽음을 생각하는 것보다 더 겁나는 것이 없다. 나는 부패한 과학자들이 자신들의 단기적인 개인적 이익을 위하여 사람들의 이러한 공포심을 이용하는 것보다도 더 경멸할 만한 행동은 드물 것이라고 생각한다.

정당들은 지금 환경에 대하여 일반 대중이 갖는 관심을 잘 알고 있다. 우리는 정치가들이 정적(政敵)을 공격하고 그들 자신의 이해관계를 신장시키는 데 환경문제를 이용할 것이라는 것을 명심할 필요가 있다. 환경훼손을 그렇게 이기적으로 이용하는 한 예는 몇해 전에 내가 거주하는 지방에서 일어났다. 영국 남서부 지방에서 막 번창하고 있는 관광산업을 위해서 새로운 저수지가 필요하였다. 저수지를 설치하기에 분명히 알맞은 장소는 다트무어였다. 그러나 이 계획은 환경운동의 극우파를 포함한 많은 사람들의 결속된 반대에 부딪혔고, 그래서 그 대신 저수지는 울프강 계곡을 막는 것으로써 만들어졌다. 그런데 그 계곡은 잉글랜드에 마지막으로 남아있는 전통적인 농촌마을 세 개를 포함하고 있다. 진짜 생울타리로 둘러쳐져 있는 작은 목초지들과 숲과 개울들이 곧 물에 잠기게 될 운명이다. 이 오래된 구식의 농토는 비효율적인지 모르지만 야생생물의 좋은 서식처이다. 이제 야생지를 원하는 우익 엘리트들을 위해서 남겨진 것은 작은 툰드라지대뿐이다.

다른 한편, 좌익은 다국적 화학산업에 대하여 달가워해본 적이 없다. 흔히 그들은 그러한 산업을 본질적으로 사악한 것인 양 보는 것 같다. 이것이 사실이라 하더라도 그러한 견해는 이들 다국적 기업들이 오랫동안 미래에 대해서 장기적인 전망, 20년 정도의 전망을 가지고 행동해온 지구상의 유일한 기관이라는 사실을 무시하고 있다. 다국적 기업들은 그렇게 할 수밖에 없다. 고객이 없는 세상에서 그들이 무슨 이득을 취할 수 있겠는가? 좌익의 이러한 기업들에 대한 본능적인 부정적 반응은 우리가 환경

위협에 마주쳐있을 때 그다지 도움이 되지 않는다. 때때로 다국적 기업에 속해있는 과학자들의 반응이 좀더 효과적이다. 예를 들어, 우리 모두가 우리의 냉장고에서 염화불화탄소를 사용하고 있다. 그 대안으로서 안전한 냉장고를 만드는 것은 어떤 가내공업이 아니라 다국적 화학기업이 할 수 있을 것이다. 마찬가지로, 발전소에서 사용하는 석탄 연소로 인한 오염물질의 방사를 줄이는 데 있어서 내가 들은 가장 실용적인 제안은 다국적 기업인 쉘사(社)로부터 나온 것이었다. 그들의 제안은 석탄을 순수 산소 속에서 연소시킴으로써 발전소에서 나오는 전체 폐기가스가 액화 탄산가스로 응축되게 하고, 이것을 유황이나 기타 오염물질들과 함께 펌프질을 통해 오래된 가스층으로 되돌려놓자는 것이었다.

살아있는 체계로서의 지구공동체

좌익과 우익 정치는 모두 순전히 인간중심으로 특정 사회집단의 이해관계를 반영하는 경향이 있다. '지구의 친구들' 또한 지구 자체의 이해관계를 대변하고 있다. 만약 우리가 우리 자신만을 생각하고 지구를 훼손한다면 가이아는 새롭고 보다 유순한 종(種)이 인간을 대신하도록 반응할 것이다. 이것이 가이아의 법칙이다. 가이아는 계속 살아있을 것이지만 우리는 죽을지도 모른다.

내가 가이아를 위해서 말해야 하겠다는 것은 이 인간중심의 세계에서 그 일을 하는 사람이 거의 없기 때문이다. 가이아 이론은 살아있는 지구를 대변하는 과학이며, 그것을 통해서만 우리가 이 행성 위에 살고 있는 우리의 모든 동반자들과 올바른 대화를 가질 수 있다.

그래서 나는 가이아의 과학이 지금 어디에 위치해있으며, 그것이 어떻게 과학의 녹색화에 기여할 수 있는가에 대하여 이야기함으로써 결론을 내리고자 한다.

진정한 과학의 진보는 오랜 기간 느리게 움직이다가 갑작스러운 도약으로 전진하면서, 비틀거리면서, 나아간다. 이러한 사정은 "한 과학자의 뛰어남은 그가 자기 분야의 진보를 얼마 동안이나 멈추게 하고 있느냐에 따라 측정된다"라고 하는 말에 예시되어 있다. 이런 기준에서 볼 때 뉴튼은 매우 뛰어난데, 왜냐하면 그의 우주관이 아인슈타인의 상대성이론에 의해 대치되기까지 거의 200년이나 걸렸기 때문이다. 이러한 역설은 위대한 이론이란 흔히 오직 불완전한 정보로부터 산출되고, 그 과학자가 죽은 뒤에야 흔히 그의 이론의 타당성 여부가 확실해지기 때문이라고 설명할 수 있다. 이론이 나왔을 때 그 이론을 이해할 능력이 있는 제자들은 별로 없다. 다음 단계의 발전을 내다볼 수 있기 위해서는 뉴튼이 필요한 것이다. 물론 뉴튼이 틀렸던 것이 아니다. 다만 그의 이론이 불완전하고, 극단적인 조건 밑에서의 우주의 행동을 설명하지 못했을 뿐이다. 오늘날의 과학풍토는 제자들에게는 풍요롭지만, 변화의 필요를 보는 사람들에게는 거칠고 메마르다.

녹색인들에게 훨씬더 알맞은 예는 다윈이다. 그는 우리가 일찍이 가져보았던 가장 뛰어난 생물학자이다. 《자연선택에 의한 종의 기원》이 발간된 지 백년이 훨씬 넘었지만 다윈의 제자들, 신다윈주의자들은 마치 그것이 돌덩이에 새겨진 것인 것처럼, 궁극적인 생물학적 진리를 대변하는 것인 것처럼 여전히 그 텍스트를 사용하고 있다. 나는 다윈도 뉴튼처럼 틀렸다고는 생각하지 않는다. 그러나 다윈이 말했던 것이 불완전하다는 것은 점점더 분명하게 되어가고 있다.

다윈의 제자들은 물질적 환경을 마치 그것이 생명과는 독립적인 어떤 것인 양 취급하고 있다. 마치 물질적 세계가 전적으로 물리와 화학의 법칙에 의해 규정되고, 거기에 살아있는 유기체들은 단지 적응하기만 하는 것처럼 말이다. 그러나 생명체들이 그들의 환경을 자신들에게 유리하거나 불리하도록 변화시킬 수 있다는 것을 하나의 종(種)으로서 우리 자신이 너무나 잘 알고 있다. 이것은 진화가 유기체들 자신들이 만들어온 환경 속에서 이루어져야 한다는 것을 뜻한다. 만약 유기체들이 환경을 자신들에게 유리하도록 변화시킨다면 그들은 번창할 것이며, 환경을 악화시킨다면 그들은 쇠멸해버릴 것이다.

방금 마지막 몇 문장에서 내가 이야기한 것은 가이아를 말하는 한 가지

방식이다. 가이아는 다윈의 위대한 비전을 보강하는 새로운 진화이론이다. 그것은 종(種)의 진화와 그 물질적 환경의 진화를 단일한 과정 속에 긴밀히 통합시킨 것이다. 이제 현대과학이 어째서 가이아를 거부하는지 이해하는 것은 쉬운 일이다. 가이아 이론은 생물학자들과 지질학자들과 기후학자들이 별종처럼 따로 떨어져있는 대학의 분리 고립된 건물들 속에서는 결코 태어날 수 없는 어떤 것이다.

우리에게는 우리의 환경 손상을 치유하기 위해서 과학뿐만 아니라 의학과 같은 경험적 접근도 필요하다. 19세기에 생화학과 미생물학에 관한 지식이 크게 발전했지만 그런 지식이 질병의 예방이나 치료에 있어서는 거의 쓸모가 없었다는 사실을 우리는 기억할 필요가 있다. 실제로 도움이 되었던 것은 공중보건에 관한 상식적인 조치였던 것이다. 콜레라나 티프스를 예방하기 위해서 그 병을 일으키는 세균들을 발견할 필요는 없었다. 그러한 질병들은 불결한 물과 관계되어 있다고 보는 상식이 있었고, 깨끗한 물을 공급함으로써 치유가 가능했다. 마찬가지로, 열대삼림이 전면적으로 파괴되면 그 지역들이 황폐하게 되고 마치 본격적인 핵전쟁과 같은 죽음의 재앙이 우리에게 닥칠 것이라는 것을 기후학자들이 말해주기를 우리가 기다릴 필요는 없는 것이다. 아프리카와 파키스탄 하라판 사막에서 보았던 경험들은 나무가 없어지면 비가 내리지 않고 비가 없으면 나무가 없다는 것을 우리에게 알려주고 있다.

훌륭한 기후과학자들은 이산화탄소의 배증(倍增)이나 모든 열대삼림의 파괴가 끼칠 영향이 어떤 것이 될지 자기들이 대답할 수 없다는 것을 솔직하게 시인한다. 그들은 분별있는 추측은 할 수 있지만, 이 문제에는 불확실성이 크다는 것을 인정한다. 예를 들어, 구름은 기후에 커다란 영향을 끼치지만, 구름이 기온 상승에 반응하여 변화하는지, 또는 이산화탄소의 증가에 반응하여 변화하는지 그들로서는 알 길이 없는 것이다.

가이아가 과연 지구를 진정하게 묘사하고 있는가 어떤가 하는 것은 중요한 문제가 아닐지도 모른다. 곧 원정(遠征)조사로부터, 또 우리가 행한 환경파손의 결과로부터 나타날 증거가 대답을 해줄 것이다. 지금 중요한 것은 지구 전체를 위로부터 아래로 한눈에 보는 과학인 지구생리학이야말로 하나의 지각있는 지구과학이며, 행성의 질병을 다룰 수 있는 경험의료의 기초가 된다는 것이다.

이런 식의 사고로 인해 이미 온실효과에 대한 우리의 이해가 넓어졌고, 이 효과가 바다의 규조류에 의해서, 또 바위에 풍화작용을 행하는 살아있는 유기체들에 의해서 어떻게 조절되는가 하는 것이 밝혀졌다. 지구생리학으로 인해 우리는 하나의 새롭고 위대한 자연적 기후조절자, 즉 해조류로부터 방출되는 유황가스가 어떻게 구름을 조절하는가를 발견하게 되었다.

그러나 과학을 넘어서 우리는 하나의 살아있는 체계로서의 지구에 대한 믿음을 가질 필요가 있다. 대부분 열에 녹고 빛나는 바위로 된 우리의 행성을 살아있는 것으로 보기 어렵다면 미국 서쪽 해안지대에서 자라고 있는 저 거대한 붉은 삼나무들을 생각해보라. 그들은 살아있지만 어떤 것은 나이가 3천년이 넘는다. 그들은 2천 톤이 넘는 무게를 가진 리그닌(木質素)과 셀룰로스(纖維素)로 이루어져 있으며, 그 97퍼센트는 죽어있다. 안쪽의 목질과 바깥쪽의 껍질이 나무 둘레에 살아있는 세포조직으로 구성된 얇은 피부를 지탱하고 보호하고 있다. 그것은 마치 지구 둘레에 살아있는 유기체들이 얇은 피부를 형성하고 있는 것과 같은 것이다.

우리가 지구를 살아있는 것으로 알아본다면 우리는 우리가 결코 지구의 청지기가 될 수 없다는 것을 깨달을 것이다. 하물며 지구의 주인이나 임차인이 될 수 없다는 것은 더 말할 필요가 없다. 청지기라는 개념은 특별히 우리의 이익을 위하여 하느님으로부터 주어진 행성이라고 하는 구약의 믿음보다는 나은 것이다. 그렇지만 그 개념은 여전히 소유관계를 함축하고 있다. 본래 청지기는 돼지우리를 지키는 사람이라는 말에서 나왔다. 우리가 가이아를 우리 속의 돼지로 보는 것은 아니지 않는가? 내 친구인 샘 베리 교수는 우리의 역할을 가리키는 용어로 수탁자(受託者)라는 말을 도입했는데, 이것은 미래 세대에 대한 책임을 함축하고 있기 때문에 좀더 나은 용어이다. 그러나 여기서 미래 세대라고 할 때 대부분은 오직 사람들만의 세대를 염두에 두고 있는 것이다.

나는 우리가 우리 자신을 매우 민주적인 행성공동체의 구성원들로서 보고, 민주주의에서는 만약 우리가 힘을 가지고 있으면서 우리의 행성을 나쁘게 다룬다면 우리가 끝내는 투표에 의해서 쫓겨나게 될 수 있다는 사실을 기억하는 것이 더 좋을 것이라고 생각한다. 만약 우리가 정말로 심각하게 우리의 보금자리를 더럽힌다면 우리가 지구상의 생명을 파괴하는 것이 아니라 다른 생명체들이 자기들에게 알맞은 환경 속에서 번창할 것이며, 우리는 우리 자신을 파괴할 뿐일 것이다.

사회정의와 공생의 기술

나린다 싱

 과학에 기초하면서 에너지 소모적인 현대기술은 오늘의 지배적인 질서의 불가결한 구성요소이다. 기술은 수동적이고 중립적인 것이 아니다. 따라서 새로운 질서가 기술을 전폭적으로 껴안으면서 동시에 자기자신의 독립성을 별도로 유지한다는 것은 있을 수 없는 일이다. 조금 도식적으로 말해본다면, 처음에 기술을 선택하는 것은 정치적인, 즉 인간적인 일인지 모른다. 그러나 일단 기술이 선택되고 나면 기술은 저 나름의 논리에 따라 움직이는 경향이 있다. 극단적으로 환원주의적인 기술적 효율성의 개념이 생존의 조건이 되어있는 상황에서 그보다 다른 것은 기대할 수 없다. 자크 엘륄이 말한 바와 같이, 현대기술에 내재된 동력학은 휴머니즘에 내재된 동력학을 압도하는 것이기 때문에 (명분상으로) 우리 자신의 생존을 확대하기 위해서 창조된 기계들이 실제로는 우리를 새로운 노예상태로 끌고가는 것이다. 이것은 정체(政體)의 형식적 법적 구조와 관계없이

나린다 싱 (Narindar Singh) ─ 인도의 경제학자. 여기 옮겨 실은 글은 현대경제학과 에콜로지와의 관계에 대한 선구적인 학문적 성찰의 하나로 볼 수 있는 그의 저서 *Economics and the Crisis of Ecology* (1978)의 마지막 장에서 발췌한 것이다.

이루어지는 일이다.

이러한 의미에서, 오로지 특권과 양립할 수 있을 뿐인 에너지 다소비형 테크놀로지는 다양한 사회구성체 — 평등한 사회든 아니든 — 와 완전히 양립이 가능했던 에너지 절약형 테크놀로지와 근본적으로 상이한 것이다. 예를 들어, 지금 많은 나라에서 중세 이전 천년 동안이나 존재했던 것으로 알려져있는 손절구나 물레방아는 역사적으로 봉건주의와 관계되었던 것이라고만 할 수 없다. 그러므로, 맑스의 생각과는 달리, 물레방아로 인하여 '봉건영주들의 사회'가 우리에게 '주어졌던' 것이라고 할 수 없을 것이다. 그와 대조적으로, 증기공장은 우리에게 '산업자본가들의 사회'를 우리에게 준 것이 확실한데, 이들은 무엇보다 심화되어가는 특권의 소유자이자 화신이며, 이제는 '핵 공장'에서 안전성을 추구하고 있다. 허버트 마르쿠제에 의하면, 기술의 적용뿐만 아니라 기술 그 자체가 자연과 인간을 지배한다. 마르쿠제는 어떤 구체적인 지배의 목적과 이해관계가 '사후적으로' 외부로부터 기술에 추가되는 것이 아니라 기술적 장치의 설치 속에 이미 들어가 있는 것이라고 한다. 사회주의적 계획가가 새롭고 정의로운 사회를 창조하면서 동시에 증기공장을 움직일 수 있게 하는 비신진대사 에너지를 '광범위하게' 계속적으로 이용한다는 것은 있을 수 없는 일이다.

다른 말로 하여, 에너지 집약적 기술은 사회체제에 대하여 중립적이지도 중립적일 수도 없다. 서로 다르게 설계된 사회체제라 하더라도 하나의 기술이 적용되면 그 기술은 자기자신의 논리를 주장하여 사회체제들을 획일화시키고 만다. 그러므로 기성질서와의 단절을 추구하는 사회질서의 재편은 고도기술사회를 회피하지 않으면 안된다.

급진적 사회변혁운동들이 석탄과 석유와 우라늄에 응결되어 있는 '권력' 그 자체가 비민주적이고 분열적이라는 것을 인식하지 못한다는 것은 적잖게 놀라운 일이다. 그러한 권력은 극단적으로 또 돌이킬 수 없이 비민주적인데, 왜냐하면 그러한 기술의 혜택을 누리는 일에 다수 대중이 참여하는 것은 필연적으로 부정되기 때문이다. 설사 대중적 참여가 보장될 수 있고, 그 결과로 지금 소수에게만 국한되어 있는 높은 수준의 소비생활을 공유할 수 있을 만큼 다수 대중이 비교적 안정되고 보수가 괜찮은 일자리를 얻는 것을 기대할 수 있다 하더라도 거기에 따르는 자원고갈과 혼잡은 지구의 생명부양체계를 파괴해놓을 것이다. 이렇게 말하는 것은 소수에게 독점적인 일자리와 과잉소비를 향유하는 일이 계속적으로 허용되어야 한다는 이야기가 아니다. 이것은 적어도 변혁운동가들이 의제(議題)를 다시 설정하도록 노력하지 않으면 안된다는 것을 강조하는 이야기이다. 이러한 과제에 가장 기본적인 것은 개발계획들이 기술이 허용될 수 있는 다소간 좁은 한계를 구체적으로 명시하지 않을 때 그 결과는 불평등을, 그것도 극단적으로 분열적인 불평등을 피할 수 없다는 사실을 깨닫는 일이다.

생산수단을 사회화한다고 해서 기술의 내재적 유해성이 중화될 수 있으리라고 보는 것은 어려운 일이다. 또, 예컨대 오늘날에 있어서 반문화의 상징인 자동차가 중앙계획화된 사회주의 사회의 생산체제에 통합되었다고 해서 환경적으로 더이상 유해하지 않게 되었다고 말할 수도 없다. 청산가리가 사회주의하에서 생산되었다고 해서 강장제가 될 수 없는 것이다. 자본주의하에서의 악덕이 사회주의하에서 미덕이 되는 것이 아니다. 자본주의는 내연(內燃)기관과 같은 주요 기술적 혁신을 엄격히 공공영역에 한정시키지 못하고 그 대신에 그러한 기술의 사적인 오용을 ― 그것도 폭발적으로 ― 장려할 수밖에 없기 때문에 그 자신의 존명에 기념비적 위협을 만들어내는 것을 회피할 수 없다. 따라서 사회주의는 자동차를 이어받음으로써 필연적으로 그 위협도 계승하고, 자신의 정당성을 파괴한다고 말해도 잘못이 아니다. 자본주의는 자동차가 만들어내는 불평등성을 배제하지 않는다고 할 수 있는 반면에 사회주의는 만약 그 상황을 역전시키지 못하면 그 자신의 존재이유가 부인당하게 될 것이다.

자동차는 공간적 거리를 가로지르는 힘에 완전히 대응하여 사람들 사이의 거리를 넓히는 힘을 가지고 있다. 막대한 에너지를 소수가 이용하게 함으로써 자동차는 자동차 없는 사람들에게 결정적인 불이익을 강제한다. 자동차 없는 사람들의 물리적 및 사회경제적 기동성은 절름발이가 되고, 또 이들은 치명적인 폐기 가스를 흡입하지 않을 수 없는 것이다. 다른 말로 하여, 끊임없이 심화되는 교통체증에 직면하여 자동차가 아무리 빨리 물리적인 거리를 통과할 수 있는 능력을 가진다 할지라도 사회적 영역에서는 그것은 오직 후진기어로써만 움직이는 것이 가능할 뿐이다. 바로 이러한 이유로 자동차는 정의와 평등의 죽음 위에서만 번창할 뿐인 악마의 자식이 되는 것이다.

이러한 설명은 자명한 것이며, "고에너지 정량은 물리적 환경을 파괴하는 것과 마찬가지로 반드시 사회적 관계를 타락시킨다"라고 한 이반 일리치의 지적에 내재되어 있다. 고에너지 기술에 의해서, 그것을 이용하는 사회가 자본주의로 명명되건 사회주의로 명명되건 그러한 것과는 상관없이, 어째서 사회적 관계가 파괴되는가 하는 것은 모든 가용(可用)에너지를 결국은 특권적 소수가 필연적으로 독점한다는 사실에 있다.

이런 종류의 에너지 이용이 공평하게 된다는 것은 기술적으로 불가능할 것이다. 단적인 예를 든다면, 인구 가운데 극소수 이상이 비행기라는 보다 복잡한 여행수단을 이용할 수 있게 되기를 희망한다는 것은 불가능하다. 기업 임원들과 국제적 공무 집행자들과 학자들이 지극히 쉽게 움직일 수 있는 것은 걸어다니면서 치솟아오르는 세금과 인플레이션을 (또한 오염과 고갈을) 모두 감당해야 하는 나머지 사람들의 희생 때문인 것이다. 그러나 이러한 새롭고 극단적으로 소비적인 시스템의 정당성을 물어볼 만큼 충분히 의식화된 재벌이나 외교관은 매우 드물 것이다. 하기는, 서섹스나 그밖의 다른 도시에서 병원시설을 이용하는 것과 같은 개인적 이득은 직접적이고 즉각적인 것이지만, 오존층 고갈과 같은 사회적 비용은 그것이 인지된다 하더라도 멀리 떨어져있고 산재되어 있는 것이다.

콩코드 비행기에 관한 이야기는 본질적으로 비신진대사 에너지를 대규모로 이용하는 다른 형태의 수송 및 생산수단에도 해당될 것이다. 따라서 이런 종류의 에너지 이용이 엄격히 선택적으로 '공적인' 목적에만 국한되지 않는다면 그것은 공정한 것이 될 수 없다. 다시 말하여, '재산'을 '권력'으로부터 분리시켜 놓는다고 해서 그것이 기술을 통제할 수 있게 되는 것도 아니고, 하물며 무한한 잠재력을 가진 사실상의 풍요를 약속해주는 것도 아니다. 기술이 비신진대사 에너지를 가속적으로 이용하게 되면 그 결과는 생태계의 자기재생 능력을 파괴시켜 놓을 수 있을 뿐이다.

오늘날 진보라고 말해지는 것에는 무엇인가 내재적으로 그릇된 것이 있다. (핵융합과 같은) 미래주의적 에너지 계획이 실제로 실현되었을 때 그 결과 일어날 일보다도 거침없는 성장의 내재적 지탱불가능성을 더 잘 보여줄 수 있는 것은 없을 것이다. 인간에 의한 자연정복을 보증하는 것으로 보이지만 그러한 에너지의 실현은 실은 인간과 자연을 모두 제거해 버리고 마는 결과가 될 것이다. 오늘날 인간의 기술적 가능성은 옛 유토피아 몽상가들이 꿈꾸었던 것을 몇배나 더 능가하고 있지만 이러한 가능성들은 파괴의 힘으로 변화하였고, 따라서 인간적으로 제한된 구원을 가져오기보다는 오히려 총체적 파멸을 이끄는 것으로 보인다.

소수 지배집단은 현대적 산업화의 광휘에 현혹된 나머지, 그리고 또한 (그것이 얼마나 반생산적이고 궁극적으로는 자멸적인 것인가 하는 것에는 상관없이) 적어도 당분간은 그들이 권력과 특권을 유지할 수 있도록 해주는 생산구조를 공고히 하는 데 열중한 나머지, 대안의 필요성을 알아볼 능력도 실제로 대안을 설계해야 할 능력도 전적으로 결여하고 있다. 이것이 바로 어째서 다양한 국민국가의 지배층들이 거의 예외없이 극단적인 산업화를 발전과 동일시하는가를 설명해준다. 그러므로 동구세계가 서구세계와 오직 피상적으로만 다를 뿐이라는 것은 별로 놀라운 일이 아니다. 어떻든 양쪽 모두의 지배층은, 사람들에게 변화에 관해 말할 수 있도록 허용 또는 장려하든 아니하든, '현상체제'에 대한 심각한 도전은 결코 용납하지 않는다.

'자유사회'와 '전체주의사회' 어디에서든 사람들이 제약을 받거나 제약을 받음이 없이 말해온 것들은 그것이 무슨 내용이건 간에 근원적인 것에 관계하는 것이 아니라는 것은 이제 분명해졌을 것이다. 인간의 삶터 자체에 대하여 수미일관 초점이 놓여있을 경우에만 비로소 뜻있는 대화가 진행될 수 있는 것이다. 세계를 해석하는 것으로써는 충분치 않다. 그러나 세계를 의미있는 방향으로 변화시키기 위해서는 생존의 물리적 법칙에 대한 이해가 필수적인 것이다.

맑스가 보았듯이, 자본주의는 최후의 계급 적대적이며 선사(先史)적 사회구성체가 되어야 했다. 그러나 만약 사회주의가 단순히 자본주의를 능가하려고만 한다면 그것은 낡은 체제의 모순 — (a) 주변화하는 대중과 동화된 소수 사이의 모순과 (b) 자원에 대한 폭발적 수요와 위축되어가는 생태계의 토대 사이의 모순 — 을 폐기시키지 못하고 영속화하게 된다. 이러한 의미에서 모든 사람의 기초적 필요를 충족시킨다는 입장에서의 장기적 의제를 설정하지 않는 사회주의는 오직 자본주의의 '연장'을 의미하게 될 것이다.

다시 말하여, 그렇게 되면 인간은 '됨'으로부터 '있음'으로, '성장'으로부터 '성숙'으로의 비약이 아니라 실제로 '인간'으로부터 '동물'로의 후퇴를 경험하게 될 것이다. 루이스 멈포드의 용어로, 기술화된 '역복리(逆福利, illth)'의 세계에 흠뻑 잠기게 됨으로써 인간은 자기자신의 미래의 종언만을 설계하게 될 것이다. 이러한 의미에서 인간이 직면하는 본질적 과업은 외부 자연이 아니라 자기자신의 본성을 변화시키는 일이다. 이것은 신비주의를 불러들이자는 말이 아니다. 이것이 내포하는 의미는 진정으로 근본적인 사회변혁은 자본주의가 영속화하려고 하는 삶의 양식과 풍습으로부터 자기자신을 분리시켜놓아야 하고, 인간의 인간다움을 증진시키고 동시에 자연의 섬세한 균형을 해치지 않는 삶의 양식을 주의깊이 창조해내야 한다는 것이다.

놀랍게도, 위기의 심각성을 정말로 알아볼 수 있는 사람이 여태까지 별로 없었다. 실제로 '좌파'건 '우파'건 대부분의 사람들에게는 테크놀로지야말로 긍정적인 목적에 이미 봉사하고 있거나 앞으로 봉사할 수 있을 막강한 힘이다. 좌파 쪽의 전형적인 사례는 피델 카스트로이다.

어떤 나라들에서는 산아제한만이 문제해결책이라고 말한다. 오직 자본가들, 착취자들만이 그렇게 말할 수 있다. 인간이 과학과 기술의 도움으로 성취할 수 있는 것이 어떤 것인가를 아는 사람은 지구 위에 살 수 있는 인간들의 수효에 제한을 가하고 싶어하지 않을 것이다. 그것은 모든 혁명가들의 깊은 신념이다. 아무리 많은 인간이 있더라도 지나치지 않을 것이다.

산아제한만이 문제해결책일 것이라는 생각에 내가 동의하는 것은 아니다. 지배계급과 그 동아리들은 언제나 민중의 비참을 인구 탓으로 돌려왔고 오늘날 신 맬더스주의자들도 예외가 아니다. 그러나 과학기술이 인구제한의 필요성을 없앨 수 있다고 상상하는 것은 지체없이 떨쳐버려야 할 심각한 혁명적 무지를 나타낸다.

그러나 이러한 무지에 있어서 카스트로는 썩 좋은 동료를 갖고 있는 것이 아니다. 과학기술의 신비적이고 신화적인 힘에 기초한 어리석은 행복감은 '우파' 쪽에서도 찾아볼 수 있다. 사실상 과학기술의 힘에 대한 오해에 있어서는 좌파와 우파의 구별은 무의미하다. 우리가 선택하는 곳 어디로든지 과학기술이 우리를 데려다줄 것이라고 하는 혼란된, 혼란을 일으키는 '합의'만이 있을 뿐이다. 하나의 그럴듯한 미래상을 그려내면서 허만 칸은 이렇게 썼다.

200년 전에는 거의 모든 곳에서 인간은 상대적으로 숫자가 적었고 가난했으며 자연의 힘에 좌우되었다. 그러나 지금부터 200년 후에는 거의 모든 곳에서 인간은 그 수효가 많고, 부유하며 자연의 힘을 제어하고 있을 것이다. 거의 모든 나라들이 결국은 초산업사회 내지 탈산업사회의 특징을 발전시켜 나갈 것이라고 우리는 기대한다. 세계 인구는 적어도 당분간은 150억으로서 지구 전체에 고르게 퍼져있을 것이다. 세계 총생산은 약 300조 달러가 되고, 일인당 생산은 약 2만 달러가 될 것이다.

일인당 세계총생산(Gross World Product)이 6천 내지 6만 달러가 된다고 하는 것은 종이 위에서는 완전히 가능할지 모른다. 우리가 알 필요가 있는 것은 150년 동안 연간 3퍼센트의 성장을 이루어나간다는 것은 지금보다 100배나 큰 규모가 되고, 그 다음 150년 이후에는 1만배가 된다는 것을 의미한다는 것이다. 이것을 현실의 세계에 적용하는 순간 그러한 성장은 완전히 불가능한 것임을 우리는 깨닫는다. 그런 식으로 진척되는 성장에서 자원의 소모는 지탱할 수 없는 것인 만큼 그 성장은 거의 아무런 가치가 없는 것이다.

그러므로, 통상적으로 이해되고 있는 성장은 추상적인 탐욕 속에서만 정당화될 수 있는 것이지, 실제로는 완전히 맹목적인 것이다. 거의 모든 나라가 초산업사회가 되어서 그 혜택이 대다수에게 미칠 것이라고 하는 것은 기괴한 주장일 뿐이다. 비신진대사 에너지의 과잉소비를 뜻하는 '현대화' − 특히 다수 대중이 그들의 정당한 몫을 차지하는 권리를 부인당하지 않는다면 − 를 거의 모든 나라가 어떻게 경험할 수 있겠는지 상상하기가 힘들다. 또한, 이러한 종류의 현대화가 '현상체제'의 틀 속에서 어떻게 중지될 수 있겠는지 생각하는 것도 쉽지 않은 일이다. 실제로, 소수 인간이 갈수록 층이 두꺼워지는 대다수 인간에 대하여 독점적인 특권을 누리는 것이 어떻게 '발전'이라는 말로 표현될 수 있는지 이해하는 것도 힘든 일이다.

사정이 이러하다면 몇몇 인간들에게 허용되는 그러한 종류의 풍요라는 것은 과학과 기술의 진보를 나타내는 지표가 될 수 없다. 지금 그것이 그러한 지표가 되어있는 까닭은 '풍요'의 수혜자들 또는 그 대변자들이 스스로를 인류 전체와 동일시하고, 그리하여 그들 자신의 부서지기 쉬운 '풍요'를 인간의 진보와 자연정복을 나타내는 충분한 증거라고 비약적인 결론을 내리기 때문이다. 그러나 이제 그것은 본질적으로 자기파멸적인 것으로 드러났고, 대다수 인류가 결코 그것을 향수하기를 기대할 수 없다는 것이 드러난 만큼 '발전'과 '성장'과 같은 개념들은 재정의(再定義)되어야 할 것이다.

그러한 재정의를 향한 첫걸음은 비신진대사 에너지의 대규모 이용은 극히 제한된 소수의 인간에게만, 그것도 매우 일시적으로만 가능할 수밖에 없다는 사실을 인식하는 일일 것이다. 이렇게 말하는 것은 뒤떨어진 기술 속에서 사회진보를 찾자는 것이 아니라 진보적인 기술을 그 파괴력과 고갈력이 아닌 봉사와 보존능력이라는 기준으로 정의하자는 것이다. 다시 말하여, 이것은 인간진보가 오직 '자연으로의 회귀' — 이른바 현체제의 수혜자들이 소박하게 이해하고 있는 — 속에 있다는 것도, 또는 세계적 규모로 '청동기시대'를 다시 시작해야 한다는 이야기도 아니다. 실제로, 인간은 자연상태에 있은 적이 없고, 있을 수도 없었다. 인간이 자신의 인간성에 눈떴을 때는 이미 '문화' 속에 있었다. 그것이 — 그것만이 — 생각하는 인간, '호모 사피엔스'를 모든 다른 생명형태와 구별짓는 것이다. 그러나 문화는 자동적으로 또 반드시 과잉문화를 배제하지는 않는다. 그리고 이러한 과잉문화를 추구함으로써 인간은 이미 생각하지 않는 인간, '호모 인시피엔스'로 진화하였던 것으로 보인다. 만약 '자연으로의 회귀'가 '과잉문화로부터의 철수'를 의미하는 것이라고 한다면 생태적으로 의식화된 급진주의자는 그러한 비난을 부끄러움 없이 받아들여도 좋을 것이다. 그런데, 나로서는 생태적으로 의식화되지 않은 진정한 급진주의자가 있으리라고는 생각할 수 없다. 그러나 이미 '거기에' 도달해 있는 압도적인 대다수 인간이 어떻든 자연으로 되돌아갈 필요는 없는 것이다. 현대기술이 이러한 대다수를 끊임없이 '중세기'로 몰아가고 있다는 사실을 인식하기 위해서 그다지 힘든 노력이 필요하지 않을 것이다.

사회적으로 기술적으로 또 이데올로기적으로 재편된 시대가 어떤 이름이 필요하다면 그것은 또다른 '청동기시대'가 아니라 '자전거시대'로 표기되는 것이 좋을 것이다. 자전거는, 로봇들의 통근을 위한 고속도로와 입체교차로들의 미로가 아니라 '사람들'이 일하고 살아가는 인간다운 환경을 만들어내는 적정기술을 상징할 뿐만 아니라 그것을 몸으로 구현한다. 이렇게 자전거를 강조하는 것은 현대기술을 완전히 제거해야 한다는 것이 아니다. 따져보면 강철과 고무는 자전거 제조에 필수적인 것이다.

사회발전 전체가 관계되어 있는 한, 이것은 본질적인 것이다. 이반 일리치는 "우리는 자전거로써만 사회주의에 다다를 수가 있습니다"라고 했다는 아옌데 대통령 정부의 어떤 인물의 말을 인용한 바 있다. 우리는 여기에 덧붙여, 자전거를 타는 것으로써만 사회주의를 유지할 수 있다고 말해도 좋을 것이다. 왜냐하면 일리치가 말한 바와 같이, 어떤 사회도 개인적 수송 목적으로 자전거보다 더 높은 속력을 추구한다면 진정으로 평등주의적이라는 의미에서 사회주의적인 사회일 수는 없기 때문이다.

뿐만 아니라 그것은 인간생활의 기초적 필요의 충족이 아니라 인위적인 욕망의 생성과 자극을 중심으로 조직되는 것인 만큼 결코 합리적인 사회가 될 수도 없다. 하찮은 물건들의 증폭이라는 점에서 크게 성공하면 할수록 자원보존에 있어서는 엄청난 실패가 있는 것이다. 그러나 그러한 물건들이 오직 소수인들을 위한 것인 만큼 그와 같은 발전은 결코 인류의 진보를 나타내는 것이 아니다. 루이스 멈포드가 말한 바와 같이, 어떤 사악한 요정(妖精)이 신석기시대 이후 인간에게 계승되어온 유산 ─ 벽난로, 장롱, 침상, 의자, 요리기구, 실로 짠 옷, 담요 같은 것에 육화되어 있는 ─ 을 죄다 없애버리고 오직 진공청소기와 전기세탁기, 설거지 기계 같은 것만을 남겨둔다면, 우리는 더이상 집을 지킬 수 없게 될 것이다. "실은, 우리가 지킬 집마저 없게 될 것이다."

그러므로 진정한 사회진보는 '욕망'에 기초한 경제로부터 일차적으로 '필요'에 기초한 경제로 옮겨갈 수 있는 인간의 능력에 달려있다. 이러한 의미에서 나는 자동차로부터 자전거로의 비약적 전진이 있어야 한다고 호소하는 것이다. 오직 자전거와 자전거가 대변하는 기술만이 갈등에 대하여 공생공락(共生共樂)을, 낭비에 대하여 근검을, 피라미드에 대하여 고원(高原)을 대체할 수 있다.

아닌 게 아니라, 사회를 재조직하는 데 필요한 어떠한 창조적인 계획을 위해서도 그 패러다임으로서 이제 피라미드는 철폐되어야 할 것이다. 오늘날에 있어서 피라미드는 삶을 구성하는 모든 것에 대하여 극도로 파괴적인 것이 되었다. 물론, 피라미드 구조는 언제나 저변의 다수 대중에게 통제와 빈곤과 마음을 우둔하게 하는 노역과 소외노동을 강요해왔고, 그렇게 함으로써 상층부의 기생집단인 소수가 번영과 여가를 즐길 수 있게 하였다. 그러나 아직, 그것은 인간의 삶터 그 자체를 완전히 파괴할 만큼 위협적이지는 않았다. 피라미드 구조를 장악한 권력이 아직은 심히 제한적인 것이었기 때문에 그러한 위협을 제기한다는 것은 불가능했다.

그러나 오늘날의 피라미드는 대중 통제력에 있어서나 파괴력에 있어서나 엄청나게 효율적이다. 지금 피라미드의 상층부에 있는 사람들은 석유를 삼키고 매연을 내뿜으면서 다수 대중을 참여적 생존으로부터 배제하고 있다. 그와 동시에 판매촉진과 전자제품의 증폭을 통해서 통합된 소수를 마비시킨다. 그들이 행사할 수 있는 사회통제는 역사적으로 전혀 선례가 없는 것이며, 또한 유례없이 파괴적이고 비지속적인 것이다. 따라서 인간이 취할 수 있는 선택은 이제 피라미드가 아니라 고원(高原)을 기초로 하는 사회구조의 모델밖에 없으며, 이러한 선택의 논리를 삶의 양식으로 확대시키는 것밖에 없다. 그리고 이것은 구체적으로 또 무엇보다도 에너지가 쓰여져야 할 방식에 적용되어야 할 것이다. 자전거를 중심으로 스스로를 조직할 수 있을 만큼 현대적인 사회만이 인간화되고 거주가능한 삶의 터전을 전개해나갈 수 있다.

삶과 죽음의 신비

삶과 죽음

소기얼 린포체

죽음과 죽어감에 대한 티베트인의 이해가 서구의 생각과 어떻게 다른지 설명할
수 있습니까?

서구에서는 삶과 죽음을 하나의 전체로서 보도록 가르침을 받지 않습
니다. 죽음을 따로 떼어 봅니다. 이것은 우리가 삶에 몹시 집착하여, 죽음
을 거부하고 부인하게 되었다는 것을 의미합니다. 그래서 죽음은 우리의
궁극적인 두려움이며 우리가 가장 바라보고 싶지 않은 것이 됩니다. 그런
데 중요한 것은 죽음이 그저 비참한 종말이 아니라는 것을 깨닫는 것입니
다. 그것이 삶의 의미 전체에 대한 열쇠를 쥐고 있습니다. 왜냐하면 죽음
을 들여다보는 것에 대한 두려움의 밑에는 우리 자신을 들여다보고 우리
자신을 대면하는 데 대한 두려움이 있기 때문입니다. 만일 우리가 그렇게
한다면 우리가 정말로 누구인지를 알아내고, 하늘과도 같이 삶 전체를 감

소기얼 린포체 (Sogyal Rinpoche) — 티베트의 지도적 승려의 한 사람으로 《삶과 죽음에 관
한 티베트의 책 The Tibetan Book of Living and Dying》의 저자. 여기서 소개하는 것
은 이 책의 출판을 기념하여, 영국에서 간행되는 잡지 Kindred Spirit의 편집자와 린포체
가 나눈 대담이다. 출전은 같은 잡지 1993년 봄호이다.

싸안고 있는 마음의 본성을 발견하게 될 것입니다. 나는 또 우리가 죽음을 들여다볼 때, 혹은 실제로 죽음이 하는 일을 받아들일 때, 그것은 우리의 삶을 섬세하게 하고 살아있는 시체처럼 그저 생존만 하는 하찮은 상태로부터 우리를 해방시킨다고 생각합니다. 그것은 우리가 생활을 단순하게 하고, 의미를 찾아내고, 진정한 우선순위를 가려내도록 도와줍니다. 그렇지 않으면 우리는 하찮은 활동과 사소한 관심거리로 삶을 가득 채우고 삶의 중요한 문제들을 대면하지 않게 됩니다. 우리의 삶은 열에 들떠 있습니다. 우리 자신을 깊이 들여다볼 위험은 조그만 것이라도 우리는 제거하고 있습니다.

우리가 우리의 육체를 떠나게 될 것이라는 사실을 인식한다면 그것은 우리에게 우리의 내면을 들여다보고, 우리의 삶을 최선의 것으로 만들도록 자극을 주겠지요?

바로 그렇습니다. 우리가 죽을 것이라는 한 가지 사실은 확실합니다. 그러나 언제 어떻게 죽는지는 확실치 않고 그래서 우리는 약간 느슨하게 됩니다. 우리는 영원히 살 것으로 생각을 해서 삶의 진정한 의미에 대한 통찰력을 잃어버립니다. 실제로 죽는 것은 아주 간단합니다. 숨을 내쉬고 들이쉬지 못하면 그것이 죽음입니다. 죽음의 임박성을 의식하면서 살기 시작할 때 당신은 이렇게 말하게 됩니다. "만일 내가 내일 죽을 것이라면, 그렇다면 내게 제일 중요한 것이 무엇인가?" 불행히도 오늘날 많은 사람들은 늦게, 실제로 그들이 죽어가고 있을 때에만 죽음에 대하여 생각합니다. 나에게 아주 특이하게 보이는 것은 그들에게는 갑자기 삶이 더 분명해진다는 것입니다. 그들은 다른 관점에서 삶을 이해하기 시작합니다. 그때에는 불행히도 후회할 일이 많습니다. 그런 종류의 통찰력을 가지고 살 수가 없었기 때문이지요. 그래서 우리가 배워야 하는 것은, 죽을 때까지 기다려서 엄청난 후회를 하는 대신에 죽음이 오기 전에 죽음을 들여다봄으로써 우리의 삶을 순화해야 한다는 것입니다. 티베트의 위대한 성자이자 요기였던 밀라레파가 말한 대로입니다. "죽음에 대한 공포에서 나는 산에 올라가 죽음의 불확실성과 죽음의 시간에 대하여 명상했다. 그리하여 불멸의 요새와 끝없는 마음의 본성을 파악함으로써 이제 죽음에 대한 온갖 두려움은 사라져버렸다."

죽음이 임박해 있다는 것에 대해 생각하고 그런 생각을 가지고 사는 것은 우리에게 더 중요한 것을 가려내고 더 의미있게 살고 더 큰 비전을 가지고 삶을 볼 수 있게 해줍니다. 또 죽음은 삶에서 한번만 일어나는 일이 아닙니다. 삶은 변화일 뿐입니다. 이 모든 불연속성은 삶 속에 항상 죽음이 있다는 사실을 깨우쳐줍니다. 그것은 우리에게 만물이 영속하지 않는다는 진리를 깨닫게 하고 집착이 얼마나 헛된 일인지를 인식하도록 도와줍니다. 사실 고통은 주로 집착에서 옵니다. 죽음의 임박성과 더불어 삶을 성찰한다면 우리의 삶은 순화될 수 있으며 또 만물이 무상하다는 사실을 인식하면 우리는 덜 집착하게 됩니다. 따라서 더욱 삶의 진리 속에서 살게 되지요.

당신은 서구세계가 죽음에 대한 태도를 바꾸는 것이 개인을 위해서뿐만 아니라 지구를 위해서도 중요하다고 느끼시지요?

그렇습니다. 왜냐하면 죽음의 부정이 함축하고 있는 것은 그것이 장기적인 어떠한 안목도, 우리의 행동의 결과에 대한 어떠한 생각도, 그리고 어떠한 진정한 자비심도 없는 세계로 연결될 수 있다는 것이기 때문입니다. 이것은 많은 영향을 미칩니다. 예를 들어 그것은 환경파괴에 대한 우리들의 무책임성에 간접적으로 기여합니다. 우리는 죽음이 무엇인지, 어떻게 죽을지를 배우지 못할 때, 또 우리 자신에 대한 진실이나 우리가 곧 죽을 것이라는 사실에 직면하지 않을 때, 우리의 정서적이고 심리적인 성장은 막혀버립니다. 뿐만 아니라 우리 자신이나 이 다음 생(生)에 대한 좀 더 큰 통찰력을 갖는 데 실패함으로써 참다운 정신적 발전을 위한 기회가 모두 차단되는 것이지요.

서구인들이 죽음을 대면하기를 회피하는 것이 환경훼손의 주요 원인 중의 하나라고 말씀하시겠습니까?

어떤 면에서 다분히 그렇습니다. 우리가 장기적인 안목을 갖고 있지 못하기 때문입니다. 현대세계에서, 특히 서구에서는 우리는 오직 지금의 생(生)만 생각합니다. 그 결과로 우리는 지구를 약탈하고, 우리가 갖고 싶은 것을 위해서 무엇이든지 해치웠습니다. 그러나 다행히도 이제 우리가 행한 짓에 대하여 대가를 치러야 한다는 것을 우리는 깨닫기 시작했습니다.

내가 서구에서 또 한 가지 발견한 것은 우리는 젊음에 너무나 몰두하여 나이든 사람들이 외롭게 죽어가도록 내버려둔다는 사실입니다. 또한 우리에게 죽음을 상기시킨다는 이유로 불치병이나 에이즈로 고통을 겪고 있는 사람들을 수치스럽게 다루고 있습니다. 우리는 죽어가는 사람이나 죽은 사람을 어떻게 도울지 모릅니다. 죽음을 들여다보지 않을 때 우리가 영위하는 삶은 진정한 삶이라고 할 수 없습니다.

불교의 스승들은 인간의 삶이 희귀한 기회라고 말합니다. 그러나 많은 사람들은 그들의 삶이 고통과 좌절을 계속 경험하는 것밖에 아무런 기회를 갖고 있지 않는 것으로 봅니다.

스승들의 가르침은 삶을 다른 방식으로 이해하는 방법을 제공합니다. 그런 종류의 시각을 갖고 있지 않을 때에는 삶은 그저 괴로움과 고통으로만 보입니다. 당신들은 다른 방식으로 보는 법을 배워야 합니다. 한편으로, 우리가 그렇게나 많은 고통과 괴로움을 가지고 있다 하더라도 정말로 자신의 내면을 들여다볼 수 있다면 괴로움과 고통조차도 변화를 위한 커다란 기회가 될 수 있습니다. 우리가 깨달음의 잠재력, 또는 깨달음으로 향하는 진보의 잠재력을 가지고 있기 때문에 삶은 소중합니다. 예를 들어 구름이 때때로 하늘을 흐리게 하지만 그렇다고 해서 거기에 하늘이 없는 것은 아닙니다. 하늘과 같은 본성을 보려면 구름을 넘어서기만 하면 됩니다.

간단히 말하여, 깨달음이란 괴로움을 끝내는 것을 뜻합니다. 괴로움은 어디에서 오는가? 그것은 무지에서 옵니다. 불교가 말하는 진리 속에서, 첫번째의 진리는 괴로움에 관한 것입니다. 두번째는 괴로움의 근원, 세번째는 괴로움을 멸(滅)하는 길에 관한 것입니다. 삶을 보면 괴로움과 고통이 너무나 많지만 그러나 그것을 진정으로 대면하면 고통은 무지에서 온다는 것을 알게 된다고 불교는 가르칩니다. 그러면 "여기에서 벗어날 길이 있는가?" 하고 당신은 묻겠지요. 네, 길이 있습니다. 괴로움은 소멸될 수 있습니다. 수행을 하면 그리로 인도됩니다. 한편으로 이 삶에는 괴로움과 고통이 있지만 우리가 '가르침'을 따르면 그 괴로움을 변화시킬 수 있고, 또한 우리의 근원적인 잠재력을 깨달을 수 있습니다.

우리가 우리의 삶과 우리의 죽음을 선택할 수 있다는 당신의 말씀은 무슨 뜻입니까?

붓다의 말씀처럼, 그것은 당신이 현재 어떤 사람인가 하는 것은 바로 과거에 당신이 어떤 사람이었는가 하는 것이며, 미래의 당신은 지금 당신이 행하는 바에 달려있다는 의미입니다. 사실 《티베트 死者의 書》의 저자 파드마삼바바는 이렇게 말합니다. "당신의 과거의 삶을 알고 싶으면 현재의 당신의 행동을 들여다보아라. 당신의 미래를 알고 싶으면 현재 당신의 행동을 들여다보아라." 죽음의 순간에 우리가 어떻게 죽는지, 우리가 어떻게 되는지가 죽음 이후뿐만 아니라 미래의 환생에서 우리가 어떻게 될지를 결정한다는 뜻입니다. 그러니까 우리가 어떻게 살아왔는지 하는 것이 우리가 어떻게 죽을지 그 방식 속에 들어있을 것입니다. 《삶과 죽음에 관한 티베트의 책》에 붙인 머리말에서 달라이 라마는 이렇게 말합니다. "우리 대부분은 평화롭게 죽기를 바란다. 그러나 우리의 삶이 폭력에 차 있고 우리의 마음이 대체로 분노와 집착과 두려움과 같은 감정으로 동요하고 있다면 우리가 평화롭게 죽기를 바랄 수 없다는 것이 분명하다. 우리가 잘 죽기를 원한다면 잘 사는 방법을 배워야 한다. 평화로운 죽음을 바라면서, 우리는 마음과 삶의 방식 속에서 평화를 가꾸어 나가야 한다."

많은 서구인들은 사후(死後)의 삶에 대한 믿음은 그저 그랬으면 하는 소망일 뿐이며, 죽음을 강조하는 것은 삶의 충실한 영위로부터 주의(注意)를 돌리게 한다고 말할 겁니다.

나는 그것이 죽음을 대면하지 않기 위해서 하는 주장이라고 생각합니다. 실제로는 그 반대가 사실입니다. 실제로 죽음에 직면할 때에만 ─ 죽음에 직면한다는 것은 우리 자신의 진실에 직면하는 것이므로 ─ 우리는 온전하게 살아갈 수 있는 것입니다. 죽음은 우리가 대면하지 않는 우리 자신의 진실을 대변합니다. 우리가 그것을 온전히 대면할 때 우리는 삶을 더 온전하게 더 즐겁게 사랑할 수 있게 됩니다. 때때로 사람들은 어째서 불교도들은 괴로움과 고통에 대해서 그렇게 많이 말하면서도 그토록 훌륭한 유머감각을 가지고 있는지 내게 묻습니다. 그런 것에 대해서 웃는다는 거지요! 그 까닭은 우리가 실제로 죽음을 대면하기 시작하면 밀라레파가 말하듯이 "죽음에 대한 모든 공포는 소멸되어버리기" 때문입니다.

환생에 관해 말한다면, 서구인들은 때때로 환생에 대한 믿음으로써 그들 자신이 얼마간 구원될 것이라고 느끼고 있습니다. 그러나 그것이 중요한 것이 아닙니다. 가장 중요한 점은 환생에 대한 믿음이 현재에 우리가 어떻게 사느냐 하는 것에 미치는 영향입니다. 그것은 훌륭한 삶을 살도록 고취할 것입니다. 왜냐하면 우리는 우리의 행동이 어떤 영향을 미치는지를 알고, 우리의 생각과 말들이 미래의 삶에 옮겨진다는 것을 알기 때문입니다. 그러므로 좋은 삶을 살고 올바른 일을 행하기만 한다면 환생을 믿고 안 믿고는 상관이 없습니다. 걱정하지 마세요.

우리의 죽지 않는 부분과 우리는 어떻게 접촉할 수 있습니까? 그리고 죽어가면서 의식을 유지하도록 우리 자신을 훈련시키는 것이 왜 중요합니까?

그 중요한 이유 중의 하나는, 만일 모든 것이 죽는다면 우리가 의지할 수 있는 것이 무엇이 있느냐는 것입니다. 만물이 무상하다고 하지만 그것은 정말로 별 희망을 주지는 않습니다! 그러나 '가르침'에 의하면 보통의 마음의 '구름'의 수준은 항상 변하고 계속해서 죽어가지만, 마음의 '구름' 수준을 넘어가면 태어남과 죽음을 넘어선 하늘 같은 마음의 본성이 있습니다. 하늘에는 영토도 경계도 없으므로 우리가 경계를 만나는 것은 오직 이곳 지상에서뿐입니다. 그러니 어떤 의미에서 삶과 죽음 ─ 그리고 모든 것 — 은 마음의 하늘 같은 본성 속에 존재합니다.

내 생각에 현대세계에서 우리는 마음이 무엇인가에 대해 아주 작은 피상적인 지식만을 가지고 있습니다. 우리는 의식의 보다 깊은 수준까지 들어가지 않았습니다. 그런데 특히 티베트 불교는 마음의 과학에 대한 아주 풍요로운 정신적 기술을 가지고 있다고 말할 수 있습니다. 만일 당신이 정말로 마음의 본성에 통달하면, 당신은 죽음의 여러 다른 상태들과 죽음 이후의 상태까지도 알 수 있습니다. 당신이 살아있을 때에도 그것들을 알 수 있게 됩니다. 예를 들면, 어떤 승려가 달라이 라마의 스승인 쿠누 라마께 죽음의 다양한 모든 상태에 대해 물었는데 그는 마치 마법에 흘린 것처럼 그 대답을 들었다고 내게 말했습니다. 그것은 너무나 생생하고 너무나 자세해서 마치 켄싱턴 거리를 찾아가는 방법을 일러주는 것 같았다고 합니다. 그와 같은 능력을 가진 수행자가 모든 실재의 차원을 여행한 바가 있습니다. 정말로 수행을 하면, 지금 이곳에서 의식의 보다 깊은 상태를 이해할 때, 당신이 죽어서 무엇을 만날지를 알게 되고, 따라서 죽음에 대한 두려움은 없습니다.

죽음의 순간은 굉장한 기회입니다. 무엇이 일어나고 있는지 분명하게 이해한다면, 그리고 그것을 위해 살아가는 동안 준비가 잘 되어있다면, 개아(個我)의식은 본질 속으로 소멸합니다. 그리고 이러한 진리 속에서 깨달음이 일어납니다. 그러므로 우리가 아직 살아있는 동안 수행을 통해 마음의 진정한 본성과 친숙하게 되면 죽음의 순간에 그 본성이 자연스럽게 드러날 때 우리는 더 잘 준비되어 있게 됩니다. 그러니까, 깨달음은 아이가 어머니의 무릎 속으로 달려들어가듯이 자연스럽게 따라옵니다. 보통의 마음과 그 미망(迷妄)은 소멸하고, 그 간격에 경계가 없고 하늘 같은 마음의 본성이 드러납니다. 이 마음의 본질적인 성질이 온 우주를 품에 안고 있는 하늘처럼 삶 전체의 배경입니다. 늘 깨어있으면 그것을 인식하는 데 도움이 될 것입니다.

우리가 죽을 때, 우리 존재의 두 가지 국면이 또한 드러납니다. 하나는 우리의 감추어진 본성이며, 다른 하나는 우리가 우리의 삶에서 어떻게 존재해왔는가라고 하는 우리의 상대적 조건입니다. 바로 이 후자(後者)의 결과가 사후(死後) 다시 깨어난 우리를 환생으로 이끌어갑니다. 그러므로 여기에 명백한 선택이 가능합니다. 만일 우리가 우리의 본성을 인식하도록 살아왔다면, 우리는 죽음에 임해서 그 본성을 의식적으로 선택할 수 있는 것입니다.

죽어가는 사람과 함께 있는 사람에게 어떤 충고를 하시겠습니까?

가장 중요한 것은 의사소통과 이해라고 생각합니다. 그저 거기에 머물러있고, 무슨 일이 일어나든 조용히 귀를 기울이며, 때로는 당신으로서는 뜻밖에도, 죽어가는 사람이 당신을 모든 노여움과 비난의 대상으로 삼을 수 있다는 사실을 아는 것 – 그러한 것이 중요합니다. 그래서 그런 일이 일어나면 이 노여움이 정말로 당신을 향한 것이라고 생각하지 마십시오. 당신을 죽어가는 사람의 위치에 놓고, 노여움이 솟아나는 근원인 공포와 슬픔을 들여다보십시오. 그렇게 하면 서로의 관계를 손상시킬 수도 있는 방식으로 그에게 반응하지 않게 됩니다. 그 대신 당신은 커다란 연민을 느낄 것입니다. 정말로 중요한 것은 죽어가는 이가 너무나 많은 외상(外傷)을 겪고 있다는 것을 인식하는 것입니다. 죽어가는 사람은 집도, 일자리도, 인간관계도, 몸도 마음도 모두 잃어버립니다. 그러니 이해할 만한 일이지요. 내 생각에는 그러한 이해와, 자신을 다른 사람의 위치에 놓는 것이 중요합니다.

불교의 가르침에는 자비행이라는 아주 도움이 되는 수행이 있습니다. 당신의 앞에 있는 죽어가는 사람을 당신의 형제나 자매, 아버지나 어머니가 아니라 또하나의 당신으로 보는 것입니다. 당신을 그 사람의 위치에 놓고 "만일 내가 죽어가고 있다면 어떻게 느낄까?" 하고 물어보는 것입니다. 그렇게 할 때 당신의 마음은 진정으로 그 사람을 향해 열리고 자비심이 생깁니다. 그러면, 어쩌면, 이해가 생깁니다. 나는 그것이 필요한 일 중에서 가장 중요한 것이라고 생각합니다. 어떤 때는 자비심은 기실 이해라고 느낍니다. 당신이 그렇게 할 때 죽어가는 사람은 그의 마음을 열 수 있고 당신은 그 사람이 진정으로 미련을 버리고 더 순수한 마음의 상태로 들어가도록 도와줄 수 있습니다.

내가 이번 책에서 제공하고자 하는 것은 어떻게 하면 죽어가는 사람에게 죽음이 두려워할 비극이 아니라 변신의 기회라는 것을 알도록 도와줄 수 있느냐 하는 것입니다. 그렇게 해서 말기의 환자나 죽어가는 사람이 죽음의 순간에 성취와 평화를 발견하도록 돕자는 것입니다. 그것은 또 그들에게 괴로움이 정화과정의 자연스러운 한 부분임을 알고 죽음에 대한 분노와 비참한 기분을 없애고 죽음에 의미와 목적이 주어질 수 있다는 것을 발견하도록 도와줄 수 있습니다. 죽음의 과정이 자비행으로 바꾸어질 수 있습니다. 나는 책 속에서, 보살피는 사람이 병들어 죽어가는 이들을 돕기 위해 필요한 사랑과 연민의 원천을 찾는 방법을 말하고, 그것들이 병들었거나 죽어가는 이에게 얼마나 중요한지를 말했습니다. 어떻게 그들에게 정신적인 도움을 제공할 수 있는가, 죽음 전의 분위기와 환경이 얼마나 결정적으로 중요한가를 언급했습니다.

책 속에서 나는 두 가지의 수행을 제시합니다. 첫째로 당신 앞에 있는 죽어가는 사람을 바라보고 그 사람을 당신과 똑같은 사람, 똑같은 요구를 가지고 있고, 행복해지고 괴로움을 피하려는 똑같은 근본적인 욕망, 똑같은 외로움, 알지 못하는 것에 대한 똑같은 두려움, 똑같은 은밀한 슬픔, 똑같은 무력감을 가진 사람으로 보십시오. 만일 당신이 정말로 그렇게 한다면 당신의 마음이 그 사람을 향해 열리고 당신들 사이에는 사랑이 생겨난다는 것을 발견할 것입니다.

두번째 방법은, 나는 이것이 더 강력한 방법이라는 것을 알았는데, 당신 자신을 직접, 조금도 움츠리지 말고 죽어가는 사람의 위치에 놓는 것입니다. 당신이 당신 앞의 그 침상에서 죽음을 마주하고 있다고 상상하십시오. 당신은 고통을 느끼고 있고 혼자라고 상상하십시오. 그리고는 진실로 당신에게 물어보십시오. 무엇이 가장 필요한가? 무엇을 가장 원하는가? 당신의 앞에 있는 친구에게서 정말로 무엇을 바라는가?

당신이 이 두 가지 수행을 한다면 당신은 죽어가는 사람이 원하는 것은 당신이 가장 원하는 것, 즉 진정으로 사랑받고 받아들여지는 것임을 알게 될 것이라고 나는 생각합니다.

어떤 사람이 죽은 후에 그를 돕는다는 생각은 현대 서구적 사고방식에는 생소한 것입니다. 왜, 그리고 어떻게 그것을 해야 합니까? 또, 죽은 지 오래된 사람을 돕는 것이 가능합니까?

그것은 가능합니다. 사실 내 스승 가운데 한분은 어떤 사람이 죽은 지 백년이 되었어도 여전히 그를 도울 수 있다고 말씀하셨습니다. 그리고 그 사람이 부처가 되었다 해도 역시 당신은 그를 도울 수 있습니다. 부처로서 그 사람이 도움이 필요하다는 것이 아니라 존재들을 돕는 그의 일에서 당신이 줄 수 있는 모든 도움이 필요할 수 있는 것입니다. 그러나 서구에서 내가 주로 발견하는 것은 죽음이 무엇인가에 대한 지식, 특히 죽음 이후의 상태에 대한 지식이 거의 없다는 것입니다. 나는 이것이 티베트의 가르침의 독특한 공헌이라 생각합니다. 그리고 그것이 내가 이 책을 쓴 주된 이유 중 하나입니다.

현대세계에서는 누군가가 죽을 때 남아서 슬퍼하는 이들의 가장 깊은 고뇌는 가버린 사랑하는 사람을 위해서 할 수 있는 일이 이제는 없다는 믿음에서 나오는 경우가 많습니다. 그러나 그것은 사실이 아닙니다. 죽은 사람을 돕고 그래서 그들이 없어도 살아갈 수 있도록 우리 자신을 도울 수 있는 방법이 많이 있습니다. 삶과 죽음에 대한 티베트 불교의 관점은 생각할 수 있는 모든 상황에 있는 사람들을 돕는 방법이 있다는 것을 우리에게 보여줍니다. 우리가 '삶'이라고 부르는 것과 우리가 '죽음'이라고 부르는 것 사이에는 아무런 장벽도 없기 때문입니다.

그 사람이 죽어서 육신의 몸을 떠났어도 그들의 마음, 그들의 의식은 여전히 계속됩니다. 또 아주 특이한 것은 임사체험(臨死體驗)에 대한 연구가 여러 면으로 그에 대한 증거를 보여주었다는 것입니다. 임사체험에 대한 연구를 처음 발견했을 때 나는 그것이 《死者의 書》를 새로운 종류의 언어로 말하고 있다고 느꼈습니다.

당신이 보기에 죽음에 대한 서구인의 태도가 변하고 있는 것 같습니까?

네, 그렇습니다. 70년대 초 내가 처음으로 서구에 왔을 때 죽음은 아주 금기였습니다. 어떤 의미에서는 아직도 그렇지만, 호스피스운동이라든지, 임사체험의 연구, 불경이 많이 보급된 것, 그리고 이제는 에이즈와 암 때문에 사람들은 그러고 싶지 않아도 죽음을 들여다보도록 강요되고 있습니다. 선택의 자유가 없습니다. 이번에 내가 쓴 책이 미국에서 나왔을 때 초판을 2만부 인쇄했는데 한 엿새 만에 다 팔려나갔습니다. 9월 30일부터 나왔는데 출판한 지 한달 뒤에는 이미 3쇄에 들어가 있었습니다. 지금 사람들은 어느 때보다도 더 죽음을 들여다보도록 강요되고 있다는 것을 뜻하는 일이지요.

내가 말하려고 하는 것은 몸이 죽어도 의식은 지속된다는 것입니다. 티베트 불교의 가르침은 사람이 죽은 후의 의식은 투시력이 있고, 살아있는 사람이 줄 수 있는 모든 도움에 대해서 매우 민감하다고 말합니다. 나는 내 책의 14장에 자세하게 묘사되어 있는 포와(phowa)라는 영적 수행을 권장합니다. 우리가 누구든지 죽은 사람에 대해 생각할 때마다 그것은 그 사람에게 도움이 됩니다. 어떤 죽은 사람에 대해서 생각할 때마다 당신이 할 수 있는 또 한 가지 일은 당장 '옴 마니 받메 훔' 같은 진언(眞言)을 외는 것입니다. 이것은 환생의 원인이 되는 부정적인 정서들을 순화시키는 진언입니다.

그러나 당신이 망자(亡者)인 사랑하는 이를 돕기 위해 이런 수행들을 하든 하지 않든 간에, 그들의 의식이 예리한 투시력을 가지고 있음을 잊지 마십시오. 그저 좋은 생각을 그들을 향해 보내는 것이 아주 도움이 될 것입니다. 만일 당신이 평화 속에, 마음의 본성 속에 머물러있을 수 있다면, 당신이 이 빛을 보낼 수 있다면, 그들은 당신의 마음상태에 의해 영향을 받을 수 있습니다.

나는 언젠가 한 위대한 스승이 하신 말씀을 기억합니다. 우리가 스승들에게 죽은 이를 위해 기도를 해달라고 청하는 까닭이 있다는 것입니다. 그 까닭의 하나는 깨우친 스승이 명상의 상태에, 즉 마음의 본성의 상태에 머물러있게 되면 그것은 투시력이 있는 죽은 이의 의식이 그의 마음을 보러 오도록 초대한다는 것입니다. 그것을 보면 당장에 죽은 이의 마음은 변화될 수 있습니다. 그들은 육신의 몸을 갖고 있지 않기 때문에 몹시 민감하게 영향을 받습니다. 죽은 이의 마음은 깨우친 스승의 마음처럼 깨달음의 상태로 변화되는데, 그렇게 함으로써 그들은 도움을 받을 수 있습니다.

서구인들은 흔히 영혼과의 교류를 비교적(秘敎的)이고 불길한 것으로 생각하는데요.

물론 한도를 넘어서는 일이 있을 수 있습니다. 그래서 생겨나는 일들이 많이 있지요. 그러나 내가 말하는 것은 거기에는 타당성이 있다는 것입니다. 다만 죽는다고 해서 사람의 의식이 의사소통이 불가능하게 되는 것이 아닙니다. 그것은 가능합니다. 그렇지만 '어떻게' 의사소통을 하느냐가 중요합니다. 서구에서는 그것이 일종의 취미놀이가 되어있지 않은가 하는 생각이 들 때가 있습니다. 살아있는 사람은, 더 연구를 하기 위해서나 자신을 위한 메시지를 얻기 위해서 분명히 죽은 사람과 어떤 종류의 접촉을 갖기를 원합니다. 어떤 점에서 그것은 요점을 벗어난 일입니다. 중요한 것은 어떻게 우리가 자비심과 지혜를 가지고 그 사람을 '도울' 수 있느냐 하는 것이기 때문입니다.

당신의 책과 《死者의 書》의 차이와 유사점은 무엇입니까?

이 책은 삶과 죽음에 대한 완전한 조망을 제시합니다. 《死者의 書》는 그 속의 중요한 한 부분을 이루고 있습니다. 내 책은 파드마삼바바의 책 배후에 있는 '가르침'의 전후관계와 배경과 의미를 설명하고, 그럼으로써 《死者의 書》의 이해를 위한 열쇠를 제공합니다. 《死者의 書》가 훌륭하긴 하지만, 전후관계 속에서 보지 않을 때에는 충분히 이해하기가 조금 어렵습니다. 서구에서 그 책이 대단히 존경받고 있고 전세계의 사람들이 그것을 읽고 있는 줄 알지만, 나는 때때로 구술(口述) 전승되어 오는 지침이 없이는 사람들이 그 의미를 잘 이해하지 못하는 게 아닌가 생각합니다. 또

한 그것은 삶과 죽음에 대한 '가르침' 전체의 한 작은 부분일 뿐이라는 것을 이해해야 합니다. 그리고 《死者의 書》에서는 당신들이 이 가르침들을 이미 알고 있다는 전제가 어느 정도 들어있습니다. 그래서 내가 하려는 일은 파드마삼바바의 말들을 전후관계 속에 놓을 수 있도록, '가르침'의 완전한 모습을 보여주려는 것입니다. 나는 《死者의 書》나 죽음에 대한 전통적인 가르침에 관한 많은 책들이 서구에서 이미 번역되어 있지 않았으면 이 책을, 특히 죽어가는 과정과 죽음에 대한 부분을 쓰지 않았을 것입니다. 나는 이러한 비전 속에 들어있는 '가르침'을 실제적인 것으로 만들고 싶었고, 또 전체적인 개념을 갖고 있지 않을 때 일어날 많은 오해를 없애고 싶었습니다.

나의 오래된 학생 한 사람이 이렇게 물었습니다. "이 책이 출판되었을 때 그것을 통해서 어떤 일이 일어나기를 진정으로 바라십니까?" 나는 이렇게 대답했습니다. "나는 모든 인간이 평화롭게, 가장 현명하고 가장 맑고 가장 다정한 보살핌 속에서 죽기를 바라고, 그들이 마음의 본성과 실재에 대한 이해로부터만 올 수 있는 궁극적인 행복을 발견하기를 바란다."

아흔살의 관점

헬렌 니어링과의 대담

헬렌 니어링과 스코트 니어링은 스코트가 백살에 죽을 때까지 53년간 함께 살았다. 그들의 생활양식은 "땅으로 돌아가자"라는 운동을 50년 앞선 것이었으며 수천명의 사람들이 그들의 모범에서 영감을 얻었다. 아흔살인 헬렌은 메인 주의 하버사이드 농장에서 지금도 건강하고, 아름답게 현명하며, 탁월한 삶의 기술을 실천하며 살고 있다.

성장과정에 대해서 조금 말씀해주십시오.

나는 아주 운이 좋았어요. 나는 좀 평범하지 않은 가정에서 태어났어

스코트 니어링 (Scott Nearing, 1883~1983) ― 미국의 급진적 사회비평가 및 평화운동가. 자신의 신념을 굽히지 않아 대학교수직을 박탈당한 이후, 40대 중반에 만난 평생의 반려자 헬렌 니어링(Helen Nearing)과 함께 시골로 가서 자족적인 삶을 영위하였다. 헬렌과 함께 시골생활의 경험을 바탕으로 여러권의 책을 저술하였다. 그 중 *Loving and Leaving the Good Life* (1992)는 《아름다운 삶, 사랑 그리고 마무리》라는 제목으로 우리말로 번역되어 나와있다. 여기 소개하는 것은 헬렌의 90회 생일을 맞이하여 태미 사이먼(Tami Simon)이라는 저널리스트가 헬렌과 나눈 회견 기록의 일부이다. 출전은 *Whole Earth Review* 1994년 겨울호이다.

요. 우리 가족들은 지식인이었고 음악적이고 예술적이었어요. 뉴욕 교외에서 살았는데, 그들을 만나러 오는 유럽사람들과 많은 접촉이 있었어요. 채식주의자였고 ─ 1800년대 말에 말이지요 ─ 동양의 종교에 관심이 있었고 시민단체들의 회원이었고 대단히 박애주의적이었어요. 나는 내가 그 집안에 태어날 것을 선택했다고 생각해요. 내가 그들을 골라냈다는 거지요. 어려서 바이올린을 공부하기 시작했는데 얼마간 재능이 있는 것으로 드러났어요. 대학에 ─ 바사르나 웰레슬리 ─ 가는 것과 바이올린을 공부하러 유럽에 가는 것 중에 선택을 해야 됐는데 유럽을 선택했어요. 열일곱살에 집을 떠나서 여러해 동안 외국에서 살았어요.

미국에 돌아와서 스코트 니어링을 만났고 새로운 삶이 전개되었지요. 다소 음악이 결핍된 삶이었는데 그건 스코트가 전혀 음악적인 사람이 아니었기 때문이에요. 나는 연주를 계속했지만 음악가로서의 경력에 대한 희망은 사라졌어요. 그걸 후회한 일은 없어요. 이 세상에 훌륭한 바이올린 연주자는 많지만 스코트와 내가 함께 한 일, 숲속에서 살며, 우리가 먹을 음식을 기르고 우리가 살 집을 짓고, 우리가 쓸 나무를 베고 전반적으로 자급자족하며 사는 것을 하는 사람은 많지 않아요. 그러면서도 우리의 지적인 관심과 노력도 계속하고 말이에요.

그를 만났을 때 나는 좀 경박했어요. 그렇지만 나는 그가 제안하는 것에 즉각 반응을 했고 그와 같은 사람과 함께 사는 것을 통해서 훈련이 되었어요. 그는 삶을 어떻게 살아야 하는가에 대해 신념이 굳은 사람이었어요. 나는 그전에 누구에게서도 그것을 느껴본 일이 없어요.

우리는 아주 충만한 삶을 살았어요. 우리는 그것을 좋은 삶이라고 불렀지요. 우리에게는 정말 좋은 삶이었어요. 누구에게나 그렇지는 않았을는지 모르지만 우리에게는 그랬어요. 나는 지적이고 음악적이고 예술적인 세계를 떠나서 숲속에서 살러 간 것에 대해 아무런 후회도 없어요. 풍성한 삶이었고 만족스러웠고 충족감을 주는 것이었어요.

스코트 니어링을 만난 적이 없는 사람에게 그 사람을 어떻게 묘사하시겠습니까?

외부 사람들에게 그는 자기의 지적 육체적 일에만 관심이 있는 엄격한 사람으로 보일 거예요. 그러나 그는 아주 드문 인간적인 면을 가지고 있었어요. 그는 특히 이상주의자였고 돈이나 출세나 지위에 관심이 없었어요. 그는 배우고 기여하는 데 관심이 있었고 세상이 사람들이 살 만한 좋은 세상이 되도록 돕는 데 관심이 있었어요.

버몬트로 이사하기로 한 결정에 대해서는요?

스코트는 너무나 '급진주의적'이었기 때문에 여러 대학에서 쫓겨났어요. 펜실베이니아대학에서는 9년 동안 재직했는데 공장과 광산에서의 어린이 노동에 반대한 것 때문에 쫓겨났고, 오하이오의 톨레도대학에서는 전쟁(제1차 세계대전)에 대해 공공연히 반대했기 때문에 해고되었어요. 그는 그것이 이상주의적인 전쟁이 아니라 상업적인 전쟁이라고 생각했거든요. 스워스모어대학에서도 해고되었어요. 내가 그를 만났을 때 스코트는 아무 일자리도 없었어요. 어떤 학교에서도 그를 받아들이려 하지 않았어요.

우리는 뉴욕에서 빈민지역에 살면서 뉴욕 공립도서관에서 스코트의 책들을 위한 연구를 하고 있었어요. 음식은 거리의 수레에서 샀어요. 스코트는 우리가 시골에서는 우리 자신을 더 잘 보살필 수 있고 더 값싸고 쉽게 살 수 있다고 느꼈어요. 그래서 버몬트 주에 가서 잘 돌보지 않아 무너져가는 오래된 농장을 찾아냈어요. 그것을 1,100달러 주고 사서 — 우리 둘이 가진 돈이 그만큼 됐어요 — 1932년에 숲속으로 살러 갔지요.

나는 채소 가꾸기, 나무 자르기, 집짓기, 요리, 집 돌보기와 일반적으로 쓸모있는 사람이 되는 것을 배웠어요. 그전에는 평생 한번도 해보지 않은 일이지요. 나는 그저 바이올린을 연주하고 책이나 읽고 나 자신에게만 살아있는 허황된 삶을 살아왔어요. 여기서 나는 세상에 쓸모있고 나 자신에게 쓸모있고 스코트에게도 쓸모있게 되었어요. 그에게 비서 노릇을 해주었고 타자도 치고 글 쓰는 것도 도와주었고, 우리는 예외적으로 만족스럽고 생산적인 삶을 함께 이루었어요.

당신과 스코트가 부유한 가정에서 자라났기 때문에 그러한 소박한 삶을 받아들일 수 있었다고 생각하십니까?

그래요. 우리는 모든 것을 가졌었지요. 여행도 해보았고 어느 정도까지 학교교육도 받았지요. 아마도 우리는 우리의 새로운 삶을 받아들이고 우리 자신을 보살피기에 특별히 잘 갖추어져 있었을 거예요. 가난했던 사람들은 사치를 좀 맛보기를 원하고 시골에 가서 힘들게 일하는 데에 관심이 없지요.

당신은 버몬트에서 단풍시럽 사업을 하셨지요.

자작농을 하는 사람들도 어디선가 돈을 구해야 돼요. 세금을 내고 트럭을 사고 창고에 지붕을 새로 이고 씨앗을 사고 할 돈 말이죠. 주위의 농부들 거의 모두가 단풍시럽과 설탕을 만들어서 현금을 벌었어요. 그래서 우리는 가까이 있는 농부에게 가서 그를 도와주고 배웠지요. 스코트가 우리 농장에서도 사업을 시작했어요. 우리는 꽤 이익이 남는 사업을 이룩했어요. 버몬트에 머물러있으면서 단풍시럽 사업으로 돈을 상당히 벌 수도 있었을 거예요. 그렇지만 우리는 메인 주로 와서 블루베리를 환금작물로 삼고 다시 시작하기로 했어요. 블루베리를 가지고는 돈을 훨씬 적게 벌었지만 자유로운 시간이 훨씬 많았고 우리는 돈보다도 자유로운 시간에 관심이 더 많았지요. 블루베리가 우리의 세금과 지출을 충당해주었어요.

그리고 당신은 수맥을 찾아서 이 장소를 골랐지요?

버몬트의 우리 농장에서 수맥을 찾는 사람을 불러서 물을 찾게 했었어요. 나는 그 사람이 수맥을 찾고 있을 때 뒤에 있었어요. 그 사람이 막대기를 던져버리길래 내가 그것을 주웠어요. 그런데 그 사람의 막대기가 내려갈 때 내 막대기도 내려가는 거예요. 그래서 나는, 그래, 나도 수맥을 찾을 수 있는 사람인지 몰라 하고 생각했지요. 그래서 나는 그 사람 앞으로 달려갔는데 내 막대기가 내려갈 때 그의 막대기도 내려갔어요. 그래서 나는 내가 수맥을 찾을 수 있다는 걸 알았어요.

우리가 메인 주에 와서 자리를 찾을 때 우리는 물 옆에 있고 싶었어요. 좋은 땅을 갖고 싶었고 그저 여름을 지내는 장소가 아니라 농장을 갖고 싶었어요. 그래서 나는 커다란 메인 주 지도 위에서 수맥을 찾고 이 세 가지 요구를 했지요. 지도 위에서 수맥을 찾는 막대기가 골라낸 곳에 결국 우리는 와서 살았어요. 물이 옆에 있고, 땅도 좋고 여름을 지내는 곳이 아니라 농장을 가졌어요. 그러니까 나는 그 장소를 지도 위에서 수맥을 찾아서 찾아낸 거예요.

이 집을 지으셨을 때 당신과 스코트는 나이가 얼마였습니까?

나는 일흔이 넘었고 스코트는 아흔이 넘었었어요. 그렇지만 우리는 내가 30대 40대이고 스코트가 60대였을 때 버몬트 주에서 아홉 채의 돌집을 지었어요.

70대이고 90대인 사람들이 이 돌들을 운반하는 것을 상상하니 좀 놀랍군요.

스코트는 손수레에다 콘크리트를 섞고 내가 돌 하나하나를 놓았어요. 잘라낸 돌은 하나도 없어요. 어디에나 좋은 얼굴을 한, 편편한 좋은 면을 가진 돌들이 무더기로 쌓여있었어요. 못생긴 돌 무더기도 많이 있었고 모퉁이 돌도 무더기로 있었어요. 마치 목수가 목재를 갖추고 있는 것처럼 우리는 집을 짓기 시작하기 전에 돌들을 모두 갖추고 있었어요.

노년에 대한 일반적인 개념과는 맞지 않는 일입니다.

나는 사람들의 인식에 거스르기를 좋아해요. 그리고 손님방이나 작업실이나 헛간이나 온실 같은 것이 필요하다면 무엇 때문에 다른 사람에게 그 일을 하게 하나요? 주위에 돌이 많이 있으니 돌로 집을 짓는 건 자연스런 일이지요. 나는 돌일하는 데 선수가 됐어요. 톱은 별로 만지지 않아요. 나는 목수일은 별로 잘하지 못해요. 그렇지만 바위는 다룰 수 있어요.

이 집에 쓰인 돌이 몇개나 된다고 생각하세요?

아이구, 수천도 넘을 걸요. 이 돌들은 바닷가의 돌이라 잘아요. 버몬트에서는 화강암이 많았어요. 메인 주에서 돌을 더 많이 만졌지요. 돌이 작으니까. 건물은 버몬트에서 더 많이 지었지만.

《요리에 반대하는 책》이라는 것을 쓰셨는데, 왜 그런 책을?

사람들은 음식에 대해서 생각하고 음식을 준비하고 음식을 먹는 데 시간을 너무 많이 보내요. 나는 음식에 그만큼 주의를 기울이고 싶지 않아요. 그리고 내 생각에는 익히지 않은 채소와 과일들이 더 생명력이 있고 더 건강한 식품이에요. 음식을 익히는 것은 부자연스러워요. 식품은 본래 익어서 먹을 수 있는 상태로 있는 거예요.

나는 가든클럽 회원들에게 날감자 샌드위치를 대접했어요. 감자를 아주 얇게 져몄는데 사람들은 그것이 날감자인 줄 알기 전에는 아주 맛있다고 생각했어요.

당신과 스코트는 어떻게 해서 단식을 하기 시작했습니까? 그것이 좋은 일이라고 확신하셨습니까?

글쎄요. 사람들은 자기가 좋아하는 것을 실컷 하려는 경향이 있지요. 그런데 우리에게는 뭔가 성글고 내핍을 좋아하는 면이 있는 모양이에요. 우리는 둘이 한꺼번에 단식을 하면 무슨 일이 일어날지 몰랐어요. 죽을지 안 죽을지! 그래서 내가 물만 마시며 열흘 동안 단식을 하고 스코트가 집과 방문객 등을 돌보며 계속 식사를 했어요. 내가 그걸 아주 좋아했기 때문에 그 사람도 단식을 하게 되었지요. 그리고 나서는 함께 했지요. 그렇지만 즐거운 일이에요. 시간이 더 많지요. 일하고 놀고 걷고 수영하고 채소를 가꾸고 할 시간이 충분해요. 스코트와 나도 음식에 시간을 좀 내기는 하거든요. 그렇지만 음식에 쓰는 시간을 점점더 줄였고 그건 좋은 일이에요.

나는 세상에 있는 온갖 요리책을 생각하고 거기다가 한권을 더 보탤 만큼 내가 뻔뻔스러운 것이 이상했어요. 하지만 출판사에서 요청을 했고 나는 단순한 사람들을 위한 단순한 요리책을 써주겠다고 말했지요. 그 사람들 말이 고객을 모욕할 수는 없다는 거예요. 그래서 제목을 '좋은 생활을 위한 단순한 음식'으로 하기로 했지요. 그 책의 반 가량이 음식과 식이와 요리에 대한 이야기예요. 요리처방을 만들어내기가 어려웠어요. 나는 가능한 한 단순하게 만들었어요. 3×5인치 카드에 써넣을 수 없는 요리는 사용하지 않았어요.

당신과 스코트는 음식과 관련이 깊은 휴일들인 추수감사절과 크리스마스에 단식을 했다는 것을 읽었습니다. 왜 그렇게 하셨습니까?

내가 부모님을 플로리다까지 태워다 드렸는데 부모님이 친구집에 추수감사절 저녁식사를 하러 가자고 하셨어요. 나는 그러고 싶지 않았어요. 그래서 오렌지주스 한 갤런을 사가지고 해변에 가서 수영과 일광욕을 하며 오렌지주스를 마시며 추수감사절을 지냈어요. 그 일을 스코트에게 편지로 써보냈는데 그는 언제나 그렇게 하자고 말했어요. 다른 사람들이 잔치를 하고 많이 먹을 때 우리는 단식을 하자, 주스만 마시거나 전혀 먹지 말거나 하자고 말이지요.

당신과 스코트는 의사를 자주 보았습니까? 대부분의 사람들은 가족의(家族醫)가 있고 규칙적으로 그들을 만나고 건강진단을 하는데요.

우리는 의사에게 자주 가지 않았어요. 지금도 안 갑니다. 15년 전에 한 유명한 의사가 반고르에서 우리를 보러 와서 ― 블루베리를 샀던 것 같은데 ― 우리가 열심히 일하고 있는 것을 보았어요. 그는, "당신들 나이는 이런 일을 할 때는 지난 나이입니다. 병원에 오시겠습니까? 건강진단을 하고 잘못된 데가 없는지 알아보도록 해주십시오. 그 나이에 그렇게 건강할 수는 없으니까요"라고 했어요. 우리는 "좋아요. 주사는 거절합니다. 하지만 다른 방법으로는 조사를 해도 좋습니다" 하고 말했지요. 그는 우리한테서 잘못된 것을 아무것도 찾지 못했어요. 혈압도 좋았고 모든 것이 훌륭했어요. 그렇지만 우리가 비타민 B12는 부족하다는 걸 알아냈어요.

(그는 B12 전문가였어요.) 스코트는 그에게 "당신의 B12 테스트는 우리와 다르게 사는 사람들, 고기를 먹고사는 사람들에 대한 겁니다. 그러니까 당신의 테스트가 우리에게 적용되어야 할 이유가 없지요. 그리고 우리는 분명히 아주 건강하고 튼튼하고 불편한 데가 없어요"라고 말했어요.

우리를 진찰한 그 의사는 스코트보다 먼저 저세상으로 갔어요. 그가 우리에게 B12가 부족하다고 했기 때문에 우리는 여행을 하느라고 집에서 먹는 좋은 음식을 먹지 못할 때에는 B12를 보충하는 음식을 먹었어요. 지금은 그런 걸 먹지 않아요. 필요하지가 않아요. 집에서 살면서 좋은 음식을 먹으니까요.

그후에 의사를 만난 일이 있습니까?

예, 노안이 되어 시력이 나빠져서요. 전화번호부를 보면 8자와 3자가 구별이 안돼요. 뉴욕에서 전화박스 속에 있었는데, 지나가는 사람을 불러서 전화번호를 읽어달라고 했어요. 그래서 안과의사에게 가서 안경을 맞추었는데 그걸 쓰는 걸 늘 잊어버려요. 가까운 것을 읽을 때 쓰는 안경을 가지고 있어요. 스코트도 가지고 있었어요.

그럼, 혹시 두통이 있으면 …

나는 머리가 아픈 일이 없어요. 나는 사실 두통이 어떤 것인지 몰라요.

감기가 걸리거나 복통이 있거나 하면, 약국에서 파는 약을 사지는 않으시겠지요?

몸이 그걸 보살필 기회를 주기 위해서 당장 먹는 것을 중단하지요. 물이나 사과즙이나 사과주스를 많이 마시고요. 먹지 않으면 어떤 감기라도 사흘이면 떨어져요. 그리고 그것은 어쨌든 몸에 아주 좋은 휴식이 돼요.

스코트의 죽음은 주목할 만한 행동이었습니다. 신체조직의 과정이 그의 죽음을 정하도록 두지 않고 그는 죽을 시간을 스스로 선택했습니다.

그는 쇠퇴하는 것을 원하지 않았어요. 100살이 되기 두어달 전에 그는

이렇게 말했어요. 이제 됐어. 이제 그만 먹고 가야겠어. 그리고 그는 정말
로 갔어요. 먹기를 그쳤고 한달 반 동안 액체만 마시다가 마지막에는 물
만 마시고 갔어요. 그런데 괴로움도 없었고 통증도 없었고 특별히 잘못된
건 아무것도 없었어요.

무엇이 그런 결정을 하게 했을까요?

그의 삶의 충족성이지요. 그리고 — 내가 땔나무를 가져오는데 그가 이
렇게 말한 일이 있어요. 당신을 위해서 땔나무를 가지고 올 수 없게 되면
나는 가는 게 좋아, 라고요. 우리는 단식을 많이 했고 그래서 단식을 시작
하고 끝을 내는 건 쉬웠어요.

스코트의 이 마지막 단식에 대한 당신의 반응은 어떠했습니까?

"아주 좋은 생각이에요"였어요. 내가 그때에 도달하면 나도 똑같이 할
거예요. 그것은 짐승들이 하는 방법이에요. 떠나가서 물만 먹고 지내다가
끝을 내는 거예요. 조용히 혼자 죽지요. 그것이 자연스러운 방법이에요.
나는 무슨 일이 있어도 병원이나 노인요양소 같은 곳은 피할 생각이에요.
그런 것은 내게는 필요없어요.

"맙소사, 스코트를 잃어버리는구나. 그가 내게서 떠나가는구나" 하는 느낌을 가
지셨습니까?

그렇지만 그를 잃어버린 게 아닌 걸요! 그는 여전히 내 의식 속에 많이
있어요. 그리고 나는 그가 계속 존재한다고 생각해요. 연속성이 있고 그
는 다른 일, 다른 관심사를 돌보고 있다고 생각해요. 나중에 그를 만날 거
예요. 그리고 혹시 만나지 않아도 그가 잘 있고 어디 다른 곳에서 살며 배
우고 있다는 것을 알 거예요.

당신은 남편이 숨을 거둘 때 함께 있었습니까?

그럼요. 그는 이 방에서 간이침상에 있었어요. 그리고 그가 가려고 한

다는 걸 알아채고 그를 격려해주었어요. 가세요. 해치우세요. 당신은 이곳에서 할 수 있는 일을 다했어요. 이제 가서 저쪽에는 무엇이 있는지 보세요. 당신은 운이 좋아요, 라고 말했어요.

기분이 어떠셨습니까? 방안의 느낌은요?

커다란 정적과 커다란 확신의 느낌이었어요. 그리고 그것이 그에게 또 하나의 기회라는 인식이 있었어요. 그것이 '나'를 위한 기회라고는 생각하지 않았어요. 그렇지만 어떤 의미에서 그것은 내가 그를 도와서 계속 나아가게 해줄 기회였어요. 나는 더 많은 사람들이 그처럼 기꺼이, 쉽게, 그리고 가식 없이 갈 수 있기를 바래요. 그는 숨을 조금씩 덜 쉬더니 떠났어요. 떠나가는 좋은 방법이지요. 그는 삶에서나 죽음에서나 나에게 모범이었지요.

대부분의 사람들은 — 우리의 문화는 죽음에 대하여 당신과 같은 태도를 가지고 있지 않습니다. 죽음은 대개 정신적인 충격으로, 비극으로 생각되고 있습니다.

나는 죽음을 즐겁게 기다리고 있어요. 흥미로울 거예요.

여기서 90세의 나이에 모든 것을 스스로 돌보고 계십니까? 채소밭도 집도 혼자서요?

그렇게 하고 싶지만, 오는 친구들이 있어요. 처녀아이 하나가 일주일에 한번 와서 채소밭일을 나와 같이 해요. 또다른 친구가 서류일 같은 것을 도와주어요. 타이핑도 해주고, 대부분의 타이핑은 내가 스스로 하지만. 나는 모든 일을 직접 하고 싶은데 이 친구들이 오고 다정하고 친절해요. 나는 기쁘게 그들이 하는 일을 받아들이지요.

그렇지만 아무런 접촉 없이 혼자서 사는 것을 상상할 수 있어요. 그리고 정말 혼자서 해나갈 수 있어요. 약간 움츠려야 되겠지요. 어쩌면 채소밭을 조금 줄여야 될지 몰라요. 그리고 병조림 같은 것도 덜 만들고. 생활이 더 간결하고 느슨해지겠지요. 나는 간결하고 느슨한 생활을 좋아해요.

나는 혼자 있기를 좋아해요.

혼자 있음으로써 어떤 집중이나 긴장이 내면에서 생겨나는 것을 느끼십니까? 아니면 … 어떻게 묘사하시겠습니까?

아주 잘 말했어요. 혼자 있으면, 다른 사람들의 생각이나 그들이 함께 있는 것 때문에 변형되거나 흐트러지지 않는 어떤 집중이 가능해요.

많은 사람들이 그런 종류의 집중을 갈망합니다. 그러나 그러면서도 그들은 텔레비전에서 큰 사건들을 보고 인기있는 영화를 보러 가고 하면서 문화의 한 부분이라고 느끼는 것에 애착을 느낍니다. 중독이 되어있다고 할까요? 그런 일들의 한 부분이 되지 못하는 것, 상황을 공유하고 있다는 느낌을 갖지 못하는 것을 애석히 여긴 일은 없습니까?

그것의 한 부분이 되지 못한다는 느낌은 있어요. 그렇지만 그걸 애석히 여긴 일은 없어요. 화면이나 소리상자에서 발생하는 자극은 내게는 전적으로 불필요해요. 스코트나 나에게 지상의 지옥은 라디오나 텔레비전의 끊임없는 소음일 거예요. 그리고 그걸 피할 수가 없지요. 일단 그 기계를 켜고 나면 거기에 대해 아무것도 할 수가 없어요. 그 목소리, 그 생각, 그 사람들이 있어요. 나는 그들과 아무런 유사점을 느끼지 않고 기꺼이 그 소음을 꺼버려요. 그리고 기쁘게 그 소음 없이 살아요.

그렇지만 사람들은 그러한 소음의 원천으로부터 떨어져나오기가 어렵습니다.

사람들이 시골에 있고 정적과 침묵 속에 오래 있으면 아마 그것에 익숙해질 거예요.

침묵은 많은 사람들을 불편하게 만듭니다.

소음은 나를 불편하게 만들어요.

사람들이 보다 단순한 삶을 살지 못하는 하나의 이유는 아드레날린에 대한 애착입니다.

가지들이 공중에서 흔들리고 있는 저 나무들을 내다보는 것은 굉장히 흥분된 경험이에요. 그리고 나무는 무엇인지, 나무는 왜 여기에 있는지, 또 나무의 삶은 어떠한지에도. 자연의 모든 것에 흥분이 있어요. 사람에도. 우리는 막대한 가능성을 가지고 있지만 그걸 의식하는 사람은 별로 없어요. 우리는 삶을 우리 자신에게나 다른 사람에게나 천국으로도 지옥으로도 만들 수 있어요.

해를 끼치지 않는다는 당신의 원칙은 인간 생존의 조건 자체와 모순이 되는 것 같습니다.

우리가 풀 위를 걸으면 풀이 구부러져요. 나는 사과나 무를 먹을 때 그것에 사과를 해요. 내가 누구길래 이 아름다운 생명을 베어먹는 건가? 그래요. 우리는 모두 만드는 만큼 망쳐요. 좋은 일은 가능한 한 많이 하고, 해는 가능한 한 적게 끼치자는 자세가 중요하지요.

망치는 것은 우리 삶의 일부예요. 나는 "너의 행동을 의식해라. 그것에 대해 사과를 해라. 가능한 한 해를 적게 끼치고 가능한 한 선을 많이 행하라"라고 말해요. 그 정도밖에 할 수 없어요. 그렇지만 우리의 행동을 의식하고 스스로를 속이지 말자는 거예요.

스코트가 자주 사용한 좋은 말이 있어요. "당신이 있는 곳에서 할 수 있는 최선을 다하고, 친절하라"예요. 그 말은 살아가는 원칙으로 삼기에 괜찮은 말이지요. 올더스 헉슬리는 육십인가 칠십이 넘어서 그의 모든 공부와 작품과 연구를 모두 무색케 하는, 삶에서 정말로 중요한 것은 조금 더 친절해지는 것임을 깨닫고서 느낀 당황함에 대해서 썼어요. 버트란드 러셀도 그와 비슷한 말을 했어요. 그도 그 말을 하기를 난처해 했지요. 사랑이야말로 모든 생명의 기초라고 ─. 한 사람이 숲속에서 농부로 살면서 전혀 세상에 나가지 않았어도 친절과 단순함의 삶을 살았다면 공헌을 한 거예요. 세상을 더 나쁜 장소로 만든 게 아니라 더 좋은 곳으로 만드는 데에 기여한 거지요.

스코트의 백번째 생일에 이웃 사람들이 깃발들을 들고 조그만 행렬을 이루고 왔어요. 그 깃발 중의 하나에 이렇게 씌어있었어요. "스코트 니어링이 백년 동안 살아서 세상은 더 좋은 곳이 되었다."

당신의 삶의 이 마지막 단계에 특별한 목적이 있다고 느끼십니까?

우리가 지상에 존재하는 데에는 모두 목적이 있어요. 우리는 공헌을 하고, 배우고, 돕고, 계속 나아가기 위해서 이곳에 있는 거예요. 나는 이 모든 것에 대해서 또 내가 왜 이곳에 있는지에 대해서 어떤 개념을 가지고 태어났다고 생각해요. 나는 생명의 아름다움과 지구의 모든 배열, 나무들, 동물들 그리고 하늘과 석양 등에 대해 큰 경이감을 가지고 있었어요. 나는 항상 목적이 있다는 것을 알고 있었고 그 목적에 따라 일을 해야 하며, 그것이 무엇인지 알아내고 그와 함께 일을 해야 한다고 늘 느꼈어요.

그리고 우리는 분리된 존재들이 아니에요. 어떤 면에서는 우리가 분리되어 있지요. 그렇지만 우리는 모두 전체의 부분들이라고 나는 생각해요. 나는 하느님이라는 말을 쓰지는 않지만 그 말을 쓴다면 그것은 온전한 전체를 의미할 거예요. 우리를 통해서 배우고 일하고 존재하는 것, 그래서 나는 혼자서 노력하는 것이 아니라 전체를 위해서 노력하는 거예요.

저는 우리가 더 사랑하면 우주가 어떤 식으로 확장된다는 생각을 가지고 있습니다.

그것은 아주 훌륭한 개념이고 아주 명석한 개념이에요. 나는 다른 사람들을 사랑하고 그들의 좋은 점을 인식함으로써 세상의 선(善)에 보탬이 될 수 있다고 생각해요. 포옹을 하고 입맞추고 할 필요는 없어요. 신체적으로 가까울 필요는 없어요. 대륙의 다른 쪽에 살 수도 있어요. 그러나 우리가 그들에게 사랑을 보내면 그것이 실제로 어떤 결과를 가져온다고 생각해요.

사랑을 발산하는 세상에서 사는 것은, 늙었거나 쇠약하고 가난하거나 고립되어 있더라도 우리가 할 수 있는 커다란 일 중의 하나예요. 그래도 사랑을 내보낼 수 있고, 그래도 세상에 영향을 줄 수 있어요. 그리고 그것

은 누구나가 그들이 어디에 있건 자기 자리에서 할 수 있는 일이에요. 그
들의 육체 속에서나 그들이 관련되어 있는 삶 속에서나. 우리는 모두 방
에서 나가지 않고도 우리 몫의 사랑을 보탤 수 있어요.

별이 밝게 빛나는 밤에 하늘을 보면 - 우리가 속해있다는 그 특별한 우
주의 별들만이 아니에요. 밝은 별로 가득 차 있지 않은 하늘은 한 조각도
없어요. 그저 놀라울 뿐이지요. 우주는 거대해요. 그리고 멋지고 장엄해
요. 나는 그것에 경의를 보내요. 이 조그만 점, 유리창에 붙어있는 이 조
그만 파리 한 마리가 우주에 갈채를 보내요. 주제넘게도!

랍비의 선물

M. 스캇 펙

신화라고 여겨지는 이야기가 있다. 대부분의 신화가 그렇듯이, 이 이야기에도 조금씩 서로 다른 여러 변형판이 있다. 여느 신화처럼, 지금 내가 소개하려는 이야기도 어디서 흘러나온 것인지 그 출처가 분명하지 않다. 나는 그 이야기를 언제 어디서 들은 것인지, 또는 읽은 것인지 기억이 나지 않는다. 게다가, 나 자신이 그것을 조금 왜곡시켜서 알고 있는 것인지도 모른다. 내가 확실히 아는 것은 그 이야기에 제목이 있었다는 것이 전부이다. '랍비의 선물'이라는 제목이다.

어려운 시절을 맞아 쇠락해진 어느 수도원에 관한 이야기이다. 17~18세기에 수도원을 박해하는 사조가 일고, 19세기에 세속주의 경향이 일어났을 즈음, 한때 융성했던 한 수도회 교단이 모든 지부를 잃고, 쓰러져가는 본부에 단지 다섯 수사만 남아있을 정도로 몰락해 있었다 — 수도원장과 네명의 수사였는데, 모두 일흔이 넘은 고령이었다. 그것은 정말 죽어

M. 스캇 펙 (M. Scott Peck) — 미국의 정신과 의사이자 공동체 운동가. 여기 실린 짧은 이야기는 그의 책 《평화의 북소리 — 공동체로 가는 길》(김예숙·김예자 옮김, 춘해간호전문대 출판부, 1995)의 머리말 부분이다.

가고 있는 교단이었다.

수도원을 둘러싼 울창한 숲속에는 작은 암자가 하나 있어 근처 마을에 사는 랍비가 가끔 찾아와 칩거하곤 하였다. 그 나이 많은 수사들은 오랜 세월 기도와 사색의 생활을 해왔기 때문에 영의 능력이 다소 발달되어, 언제 그 랍비가 와서 칩거하는지 항상 감지할 수 있었다. "그 랍비가 숲속에 있어. 그가 또 왔어." 그들은 서로 속삭였다. 수도원장은 이제 머지 않아 수도원이 소멸될 것이라고 고민하던 중, 한 가지 생각이 떠올랐다. 암자에 은거하고 있는 랍비를 찾아가서 수도원을 살리기 위한 조언을 청해보자는 것이었다.

랍비는 수도원장을 반가이 맞이하였다. 그러나 수도원장이 찾아온 목적을 말하자 그는 그저 동정만 할 따름이었다. "상황이 어떤지 저도 알겠어요." 그는 안타까이 외쳤다. "사람들에게서 이젠 영이 다 떠나가 버렸지요. 제가 사는 마을에서도 마찬가지랍니다. 이젠 예배에 참석하는 사람이 거의 없어요." 그래서 그 수도원장과 늙은 랍비는 마주 앉아 함께 눈물지었다. 그러고는 토라(유대교 성전)를 펼쳐서 같이 읽고 가슴속 깊은 얘기를 조용히 나누었다. 수도원장이 돌아가야 할 시간이 되었다. 그들은 서로 껴안았다. "그간 오랜 세월이 흐르고 지금이라도 우리가 이렇게 서로 만나게 되어 참 좋군요." 수도원장이 말했다. "그런데 제가 오늘 방문한 목적은 아직 달성치 못했군요. 이 죽어가는 수도회를 살리는 데 도움이 될 어떤 조언이라도 제게 해주실 수 없으신지요?"

"죄송스럽게도, 드릴 말씀이 없군요." 랍비가 대답했다. "조언해드릴 말씀이 없어요. 다만 한 가지 제가 말씀드릴 수 있는 것은, 수도원에 계신 여러분 중에 구세주가 있다는 것이지요."

수도원으로 돌아온 수도원장을 둘러싸고 동료 수사들이 물었다. "랍비가 뭐라고 하던가요?" "그도 도움을 줄 수 없었네." 수도원장이 대답했다. "우리는 다만 함께 울고 토라를 읽었지. 내가 막 떠나려고 할 때 그가 딱 한마디 하였는데, 좀 괴이한 소리였어. 우리 중에 구세주가 있다는 거야. 그가 무슨 뜻으로 한 말인지 난 모르겠네."

날이 가고 주가 가고 달이 바뀌면서, 그 노승들은 랍비가 한 말을 생각하며 그것이 정말 의미있는 말이었을까 하고 궁리하기 시작했다. 우리 중의 한 사람이 구세주라고? 랍비는 정말 이 수도원에 있는 우리 수사 중의 한명을 두고 한 말이었을까? 만일 그렇다면 누구란 말인가? 수도원장을 두고 한 말인가? 그래, 누군가를 두고 한 말이라면 원장 신부님을 의미한 걸 거야. 그는 한 세대가 지나는 긴 세월 동안 우리의 인도자였지. 달리 생각하면, 토머스 형제를 말한 것인지도 몰라. 토머스 형제는 분명히 거룩한 사람이지. 토머스가 빛나는 영을 지닌 사람이라는 건 모두가 알고 있지. 하지만 그 말이 엘럿 형제를 의미한 것은 아니었을 거야! 엘럿은 때로 변덕을 부리곤 하니까. 그러나 생각해보면, 그가 사람들에게 고통을 주곤 하지만 그의 생각이 언제나 옳거든. 정말 옳았을 때가 허다했지. 랍비가 엘럿 형제를 가리켜서 한 말일 수도 있어. 그렇지만 필립 형제를 두고 한 말은 정말 아닐 거야. 필립은 너무 소극적이고 정말 존재하는 것 같지도 않은 사람이거든. 그런데 신기하게도, 그는 누구든 그를 필요로 할 때면 언제나 도움이 되어주는 재능을 지녔지. 그는 요술처럼 나타나서 옆에 있어주거든. 필립이 구세주인지도 모르지. 물론 랍비가 나를 의미하지는 않았을 거야. 나를 염두에 두고 한 말일 수는 없지. 난 그저 평범한 사람이니까. 그래도 혹시 나를 가리킨 것이라면? 내가 구세주라고? 오, 하나님, 전 아니에요. 제가 당신께 그렇게 대단한 사람일 수 없잖아요?

이런 식으로 생각하는 중에, 노수사들은 상대가 혹시 구세주일지도 모른다는 생각에서 각별히 공경하는 마음으로 서로를 대하기 시작했다. 또 각자는 혹시 자신이 구세주일지도 모르기에, 유례없는 공경심을 가지고 자기자신을 대하기 시작했다.

수도원이 있는 곳의 숲이 무척 아름다웠기 때문에 아직도 가끔 사람들이 찾아와서 수도원의 작은 잔디밭에서 소풍을 즐기고, 오솔길을 따라 돌아다니기도 하고, 때로는 황폐한 예배당에 들어가 명상을 하기도 하였다. 이렇게 하는 가운데 사람들은 그 다섯분의 노승들로부터 발산되어 나와서 수도원 전체에 퍼져나가는 것 같은, 그 비상한 공경심의 찬란한 분위기를

420

부지불식간에 감지하게 되었다. 그 빛나는 분위기에는 이상한 매력과 강한 유인력조차 느끼게 하는 무엇이 있었다. 왜 그렇게 되는지도 모르면서 이제 그들은 수도원에 더 자주 찾아와서 소풍을 즐기며 놀고 또 기도하게 되었다. 그들은 이 특별한 장소를 보여주고자 친구들을 데리고 오기 시작했다. 그 친구들은 또 친구들을 데려왔다.

그러자, 수도원을 방문한 젊은이들 중 몇몇이 노승들과 많은 대화를 나누게 되었고, 얼마 후 한 사람이 수도원에 입교하기를 희망하였다. 그러고는 또 한 사람이 들어왔다. 그리하여 몇년 사이에 그 수도원은 다시 전처럼 매우 활기찬 수도회가 되었고, 랍비의 선물 덕분으로 그 지역에서 빛과 영성의 힘찬 중심지가 되었다.

타르코프스키의 日記 (抄)

시간 속의 시간

안드레이 타르코프스키

1970년

4월 30일, 모스크바

사샤 미쉬린과 다시금 도스토예프스키에 관해 이야기를 하였다. 첫째, 물론 그걸 써야 한다. 그걸 어떻게 감독할까 하는 것에 대하여 생각하는 것은 너무 이르다.

소설을 영화화하는 것은 거의 의미가 없는 일이다. 작가 그 자신에 관한 영화를 만들어야 한다. 그의 사람됨에 관하여, 그의 하느님, 그의 악마, 그의 작품에 관하여.

안드레이 타르코프스키 (Andrey Tarkovsky, 1934~1986) — 러시아 영화감독. 〈노스탤지어〉, 〈희생〉 등 작품이 있다. 여기서 소개하는 것은 타르코프스키의 일기 영문판 《시간 속의 시간》에서 발췌한 것인데, 1970년에서 86년 죽음 직전까지 쓴 이 일기는 그에게 깊은 영향을 준 작가, 사상가들에 대한 흥미로운 성찰과 작품계획과 그 일지, 가족관계, 그 자신의 작업환경, 영화당국과의 관계, 현대문화와 사회에 대한 성찰, 자신의 망명 등에 관하여, 풍부하고 매력적인 발언을 담고 있다. 이것은 물론 단편적인 발언이며, 끊임없이 유동적인 개인적 드라마에 관한 얘기이지만, 그 자연스러움과 솔직함과 따뜻한 휴머니티는 독자를 사로잡기에 충분한 듯하다.

톨리야 솔로니친은 도스토예프스키에 관해 굉장한 것을 만들 수 있다. 당분간 나는 읽어야겠다. 도스토예프스키가 쓴 것 전부와 그에 관해 씌어진 모든 것을. 그리고 러시아 철학 — 솔로비요프, 레몬티에프, 베르챠에프 등등.

그런데 〈솔라리스〉 — 현재로서 그 진행이 너무 느리다. '모스필름'에서 일이 어려워지고 있기 때문이다.

5월 10일

1970년 4월 24일에 우리는 미아스노예의 집 한채를 샀다. 내가 바라던 것이다. 무슨 일이 일어나도 이제 나는 개의치 않는다. 그들이 내게 아무 일거리도 주지 않는다면 나는 시골에 주저앉아 돼지새끼와 거위들을 기르고, 채마밭을 보살필 것이다.

여기 사람들은 좋은 사람들인 것 같다. 나는 벌통을 하나 마련하였다. 우리는 꿀을 얻게 될 것이다. 작은 화물차 한대만 있으면 모든 것이 갖추어진다. 가을까지는 집 일을 끝낼 수 있도록 가능한 한 많이 벌어야겠다. 겨울에는 거주할 수 있어야 할 것이다. 모스크바에서 300킬로미터 거리 — 볼일 없이 여기까지 사람들은 오지 않을 것이다.

8월 27일

낡은 서류를 뒤적이다가 〈루블료프〉에 관한 어떤 대학의 토론 기록에 마주쳤다. 그 한심한 수준이라니! 그러나 마닌이라는, 레닌상 수상자로서 서른살이 채 안되는 어느 수학 교수의 발언은 주목할 만하다. 나는 그와 견해를 같이 한다. 자기자신에 관해 그렇게 말해서는 안되지만, 그러나 그건 〈안드레이〉를 만들고 있을 때 바로 내가 가졌던 느낌이다. 그 점에서 나는 마닌에게 감사한다.

"거의 모든 발언자들이 그 영화를 보는 세 시간 내내 자신들이 왜 고통을 받아야 하는지 질문하였습니다. 그 질문에 답하고 싶습니다.

그건 20세기가 일종의 감정 인플레이션의 시대였기 때문입니다. 우리가 신문에서 200만명의 사람들이 인도네시아에서 학살되었다고 읽을 때, 그것은 우리의 하키팀이 시합에서 이겼다는 기사보다도 더 큰 인상을 우리에게 주지 않습니다. 우리는 두 사건 사이의 엄청난 차이를 알아보지 못합니다. 우리의 지각능력은 퇴화해버렸습니다. 그러나 이런 문제에 관하여 제가 도덕적인 설교를 하려는 것은 아닙니다. 그런 지각능력이 없으면 삶은 아마도 불가능해질 것입니다. 제가 말하고 싶은 것은 사물에 대한 진정한 척도를 우리로 하여금 느끼게 하는 몇몇 예술가들이 있다는 겁니다. 그들은 평생동안 그 짐을 지고 갑니다. 우리는 그들에게 감사하지 않으면 안됩니다."

이 마지막 문장 때문에 쓰레기를 뒤적이며 앉아서 보낸 두 시간이 보람 있었다.

지금은 불평을 늘어놓고 분노를 터뜨릴 때가 아니다. 그러기에는 너무 늦었다. 불평은 의미도 없고 위엄도 없다. 우리는 어떻게 살아가야 할 것인지 심각하게 생각해야 한다. 경솔한 움직임은 파멸적인 결과를 가져올 수 있다.

특정한 이익을 지킨다는 문제가 아니다. 지금 걸려있는 문제는 우리의 지식계급, 우리 민족, 우리의 예술의 생명 바로 그것이다. 예술이 쇠퇴하고 있다면 — 사실이 그렇지만 — 그리고 예술은 민족의 영혼이라면, 우리 민족, 우리나라는 현재 매우 심각한 심리적 질환을 앓고 있다.

나는 〈루블료프〉를 솔제니친에게 보여주고 싶다. 쇼스타코비치에게도.

9월 3일

일할 준비가 갖추어져 있지 않다고 느끼는 이른바 예술가들, 시인들, 작가들이 가엾다. 그들이 진정 관심있는 것은 일이 아니라 돈벌이이다.

살기 위해 우리에게 많은 것이 필요한 것이 아니다. 중요한 것은 일 속에서 자유롭게 되는 것이다. 인쇄를 하거나 전시를 한다는 것은 물론 중요하다. 그러나 그것이 가능하지 않다 하더라도 가장 중요한 것이 남아있다. 즉, 누군가의 허락을 구하지 않고 일할 수 있다는 것 말이다.

그러나 영화에서는 그것이 불가능하다. 국가가 고맙게도 허락을 하지 않는 한 우리는 단 한 장면도 찍을 수 없다. 우리 자신의 돈이라 해도 그걸 쓸 수도 없다. 그렇게 하면 그것은 도둑질, 이념적 공격, 국가 전복기도로 해석될 것이다.

한 작가가 타고난 재능에도 불구하고 아무도 작품을 발간해주지 않기 때문에 집필을 포기한다면 그때 그는 더이상 작가가 아니다. 예술가는 창조의 충동 때문에 다른 사람들과 구분된다. 예술가에게 있어서 창조의 충동이야말로 그의 재능의 다른 이름이다.

9월 5일

진리란 무엇인가? 진리라는 개념은? 그것은 너무나 인간적인 그 무엇이어서 객관적이고 절대적인 용어로 표현될 수 없다.

그리고 그건 인간적인 것인 만큼 인간적인 분위기의 틀 속에 엄격히 한정되어 있다. 인간적인 것과 우주 사이에는 어떠한 연결고리가 없다. 이것은 진리에도 해당된다. 우리 자신의 한계 속에서 위대성에 도달한다는 것 — 이것은 무한성에 비추어볼 때 너무나 보잘것없지만 — 은 우리가 단순히 인간이라는 사실을 명확히 하는 것이다. 영혼의 위대성을 갈망하지 않는 자는 무가치하다. 들쥐나 여우만큼 보잘것없다. 종교는 힘있는 것을 규정하기 위하여 인간이 한켠에 마련해놓은 한 구역이다. 그러나 "세상에서 가장 힘있는 것은 보이지도 들리지도 만져지지도 않는다"고 노자가 말하였다.

무한한 법 또는 우리가 도달할 수 없는 무한성의 법칙에 의하여 하느님은 존재하지 않을 수 없다. 저 너머에 있는 것의 본질을 포착할 수 없는 인간에게 있어서, 미지의 것 — 알 수 없는 것 — 은 하느님이다. 그리고 도덕적인 의미에 있어서 하느님은 사랑이다.

다른 사람들을 괴롭히지 않고 살기 위해서는 인간은 하나의 이상을 가지고 있어야 한다. 법에 대한 정신적, 윤리적 개념으로서의 이상.

도덕은 사람 속에 내재해 있다. 윤리적 명령들은 도덕 대신에 마련된 외부적인 것이다. 도덕이 없는 곳에서 윤리적 명령들은 아무 소용이 없다. 도덕이 존재하는 곳이라면 윤리적 지침에 대한 요청이 있을 수 없다. 이상은 도달할 수 없는 것이고, 이러한 현상을 이해하는 데 인간이성의 위대성이 존재하고 있다.

인간은 소외되어 있다. 어떤 대의명분이 새로운 공동체의 기초가 될 수 있을 것처럼 생각되었다. 그러나 그건 오류이다. 사람들은 지난 50년 동안 도둑질을 하고 위선을 행해왔다. 그 대의명분이 도덕에 기초하고, 이상의 영역, 절대적인 것의 영역 속에 존재한다면 그때서야 사람들은 대의명분에 결속될 수 있을 것이다.

이것이 노동 그 자체가 사람들을 들어올릴 수 없는 까닭이다. 이것이 기술적 진보 같은 것이 존재하는 까닭이다. 노동이 도덕적 범주에 속하는 것이라면 진보라는 것은 반동적인 것, 어리석은 것이다.

"노동이 그 자체로 미덕이라고 하는 주장은 인간이 섭취하는 양식이 그 자체로 덕이자 도덕이라고 말하는 것만큼 커다란 왜곡이다"라고 톨스토이는 말하였다.

인간이 신발을 꿰메고 쟁기질을 할 필요가 있었던 것은 전혀 다른 이유 때문이었다. 그것은 인간이 그 자신의 육체를, 특별히 강렬하게, 체험하기 위해서였다. 그는 육체의 기쁨을 노래하는 노래꾼이었다. "포착될 수 없는 것을 포착할 수" 없다면, 인간은 하느님을 떠나서는 자신의 존재를 어떤 식으로도 정당화할 수 없었다.

종교, 철학, 예술 — 세계가 기초하고 있는 세 개의 기둥 — 은 인간이 무한성의 개념을 상징적으로 껴안기 위하여 만들어낸 것이다. 인간은 자신이 어째서 하느님이나 철학이나 예술을 필요로 하는지 이해하지 못하면서도 본능적으로 그것을 발견하였다.

9월 7일

우리의 아이들은 어떻게 될까? 많은 것이 우리에게 달려있다. 그러나 그들에게도 달려있다. 그들에게 살아있지 않으면 안될 것은 자유를 위한 투쟁이다. 그것은 우리에게 달려있다. 노예로 태어난 사람들에게는 그 습관을 버린다는 것이 어렵다.

다음 세대가 평화를 누릴 수 있다면 좋을 것이다. 다른 한편, 평화는 위험한 것일 수 있다. 속물주의와 우리 속에 있는 모든 소시민적인 것이 평화를 향해 무겁게 기우는 경향이 있다. 어떤 일이 있어도 그러한 경향이 정신적 마비로 떨어져서는 안될 것이다.

아이들에게 가르쳐야 할 가장 중요한 것은 덕행과 명예심이다.

어느 누구에게도 아무것도 빚지지 않고 있다고 느끼는 것은 끔찍하고도 무지한 일이다. 그런 일은 있을 수 없기 때문이다. 그것은 굉장한 노력 ― 우리 자신의 눈을 감는 것 ― 을 통해서만 취할 수 있는 태도이다.

요즈음은 그러한 사람들이 많다.

〈솔라리스〉를 끝낼 수만 있다면…. 아직 시작조차 못하였다. 한해가 꼬박 지나갔다. 얼마나 비참한 한해였던가…. 같이 일할 사람이 아무도 없다.

극작가들은 흔히 막이 막 내리려고 할 때 지나치게 재주부리려고 한다. 그것은 예술정신의 결핍을 드러낸다. 훌륭한 연극에서는 그러한 것을 발견할 수 없다.

이상스러운 것은 사람들이 무엇인가를 만들어내기 위한 목적으로 또는 지리적인 이유 때문에 함께 모이게 될 때 서로서로 미워하기 시작하고 상대방을 넘어뜨린다는 점이다. 각자는 자기자신만을 사랑하기 때문일 것이다. 공동체라는 것은 환상이다. 그 결과 조만간 사악하고 치명적인 구름버섯이 대륙 위에 솟아오를 것이다.

한 가지 목표를 ― 자신들의 배를 채운다는 ― 위하여 사람들이 모일 때 그것이 파멸, 쇠퇴, 적대관계로 나아가는 것은 필연적이다.

"빵만으로는 살 수 없다."

인간은 서로 대립하는 특성들로 구성되어 있다. 역사는 자신이 언제나 가장 나쁜 방향으로 움직이고 있다는 사실을 생생히 증명하고 있다. 인간은 역사의 방향을 조정할 능력이 없거나 아니면 역사의 방향을 가장 끔찍하고 잘못된 방향으로만 이끌어올 수 있었을 뿐이다.

이것을 반증할 단 하나의 사례도 없다. 사람들은 다른 사람들을 다스릴

능력이 없다. 그들은 오직 파괴의 능력만을 가졌을 뿐이다. 그리고 물질주의 ― 노골적이며 냉소적인 ― 가 마침내 파멸을 완성할 것이다.

모든 영혼 속에 하느님이 살아계시고, 모든 영혼은 영원한 것, 선한 것을 쌓을 능력이 있음에도 불구하고, 하나의 집단으로서 인간은 파괴밖에 할 수 없다. 왜냐하면 인간은 어떤 이상이 아니라 단지 물질적 개념을 위하여 모였기 때문이다.

인류는 육체를 보호하기 위하여 허둥거려 왔지만, 영혼을 보존하는 데는 아무런 생각도 하지 않았다.

교회(종교와 대립되는 것으로서)는 그것을 할 수 없었다. 문명의 역사 속에서 인간의 영성적 측면은 그 동물적, 물질적 측면과 갈수록 분리되어 왔다. 그리하여 무한한 어둠의 공간 속에서 우리는 마치 사라지는 기차의 불빛처럼 우리 존재의 반쪽이 돌이킬 수 없이, 영원히 사라지고 있음을 간신히 알아볼 수 있다.

영혼과 육체, 감정과 이성은 다시금 하나가 될 수는 없다. 너무 늦었다. 지금 우리는 영성적 결핍이라는 엄청난 질환으로 불구가 되어있다. 이 질병은 치명적이다. 인류는 자기자신을 절멸시키기 위하여 가능한 온갖 짓을 행하여 왔다. 무엇보다 도덕적인 자멸로부터 시작하였다. 물리적 죽음은 단순히 그 결과일 뿐이다.

사람들이 '빵'에 관해 생각하고, 오로지 '빵'만을 생각하면서 그러한 생각이 오직 죽음을 이끌 뿐이라는 사실을 깨닫지 못한다는 것은 참으로 유치하며 가련한 일이다. 인간이성이 이룩한 한 가지 성취는 변증법적 원리에 대한 인식이다. 인간이 일관성이 있고, 자살적인 존재가 아니라면 변증법의 원리에 의해 지도됨으로써 많은 것을 이해하게 될 것이다.

각자가 스스로를 구제할 때만 모든 사람이 구제될 수 있다. 집단적인 노력은 쓸모없다. 집단으로서 우리는 개미와 꿀벌이 갖고 있는 종의 보존 본능을 결여하고 있다. 다른 한편으로, 우리는 불멸의 영혼을 가지고 있다. 그런데 인간은 악의에 찬 기쁨을 느끼면서 거기에 침을 뱉고 있다. 본능이 우리를 구제하지 못한다. 우리는 우리의 영성적, 도덕적 토대를 돌아보지 않는다. 구원은 어디에 있는가? 우리의 지도자들을 바라보는 것은 아무 소용이 없다. 그것은 확실하다.

이제는 천재만이 ─ 절대로 예언자가 아니라! ─ 인류를 구원할 수 있다. 새로운 도덕적 이상을 말하는 천재 말이다. 그런데, 그 천재, 메시아는 어디 있는가? 위엄있게 죽는 것을 배우는 일밖에 우리에게 남아있는 것은 아무것도 없다. 냉소주의가 누군가를 구원한 일은 없다. 냉소주의는 허약한 자들의 운명이다.

인간역사는 동정심을 모르는 어떤 잔인한 존재에 의해서 이루어진 기괴한 실험처럼 보인다. 일종의 해부. 이것은 설명될 수 있을까? 인간운명은 단지 하나의 끊임없는 순환과정에 지나지 않는 것인가? 이런 생각은 끔찍하다. 그러나 모든 것에도 불구하고, 냉소주의와 물질주의에도 불구하고 인간은 무한한 것, 불멸성에 대한 믿음을 가지고 있다. 인간에게 이제 더이상 단 한 사람도 이 세상에 태어나서는 안된다고 말한다면 인간은 자신의 머리에 총알을 넣어버릴 것이다.

사람은 일시적인 존재라는 생각이 계속하여 인간에게 주입되어왔다. 그러나 불멸성에 대한 자신의 권리가 정말로 위협받는다면 인간은 온몸으로 저항할 것이다.

인간은 단지 타락을 거듭해왔을 뿐이다. 또는, 점진적으로 사람들은 서로서로를 타락시켜왔다. 그리고 바로 지금까지 오랜 세월에 걸쳐 영혼에 관하여 생각해왔던 사람들은 물리적으로 제거당해 왔고, 지금도 제거당하고 있다.

우리를 구원할 수 있는 한 가지는 우리의 저주받은, 야만적인 세계의 모든 이념적 제도를 넘어뜨릴 수 있는 새로운 이단이다.

현대인의 위대성은 저항에 있다.

무표정한, 말 없는 군중 앞에서 스스로의 몸을 불태우는 사람들, 처형과 형벌을 무릅쓰고 플래카드를 들고 광장으로 걸어 들어가는 사람들, 그리고 수단꾼들과 신 없는 자들에게 "아니요"라고 말하는 모든 사람들 ─ 이들을 주신 데 대하여 하느님께 감사한다.

기회주의적 삶을 넘어서는 것, 미래의 이름으로, 불멸성의 이름으로 우리의 육체의 유한성을 실제로 알아보는 것….

인간이 아직 이러한 능력이 있다면 모든 것이 가망없지는 않다. 아직 기회가 있다.

인간은 너무나 고통받아왔고, 고통에 대한 감각이 마비되었다. 이것이 위험스럽다. 왜냐하면 그것이 뜻하는 것은 피와 고통을 통하여 인간을 구제한다는 것이 이제 더이상 가능하지 않다는 것이기 때문이다. 아, 기막힌 시대이다!

9월 12일

모든 빚을 갚고, 가장 기본적인 물건들 ─ 소파, 가구, 타자기, 책들 ─ 을 살 수 있을 만큼 돈을 벌 수 있을지 모르겠다. 시골집 수리도 해야 한다. 그것도 돈이다.

오랫동안 아버지를 보지 못했다. 오래 보지 못하면 못할수록 아버지를 보러 가는 일이 더 마음 무거운 일이 된다. 내가 양친에 관하여 콤플렉스를 가지고 있음이 분명하다. 나는 부모님과 함께 있을 때 내가 어른이란 기분을 느끼지 못한다. 그분들도 나를 어른으로 여기지 않으신다. 우리의 관계는 좀 복잡하고 고통스러우면서 말로 표현되지 않는다. 직설적인 관계가 아니다. 나는 부모님을 몹시 사랑하지만, 그분들과 함께 있으면 편하지 않다. 또는 동등한 느낌이 안 든다. 부모님도 나를 사랑하시지만, 나를 거북해하시는 것 같다.

특이한 일이다. 이라와 나는 헤어졌고, 나는 새로운 생활, 전과는 다른 생활을 갖고 있다. 그런데도 부모님은 그걸 못 본 것처럼 행동하신다. 안드류쉬카가 태어난 지금도. 부모님은 거기에 관해 말을 자유롭게 못 하신다. 나도 그렇다. 이런 식으로 언제까지나 계속될 것이다.

9월 20일

전쟁 이후 문화가 붕괴해버렸다. 전세계적으로. 정신적 기준들도 무너졌다. 이것은 수미일관된 야만적인 문화절멸의 결과이다. 문화가 결여될 때 사회는 당연히 사나워진다. 이것이 어떤 것으로 귀결될지 아무도 모른다. 무지가 이처럼 짐승스럽게 활개친 적이 일찍이 없었다. 정신적인 것의 거부는 오직 야만을 낳을 뿐이다.

《유리알 유희》 속에서 헤세는 중국의 음악에 관하여 멋진 말을 하고 있다. 여러 차례 중국의 음악에 언급한 뒤 마지막에 이렇게 말한다. "진리는 사는 것이지 가르칠 수 있는 것이 아니다. 싸움을 준비하라!"

《유리알 유희》 — 뛰어난 책이다. 헤세의 또다른 말 "우리의 전체 삶은, 물리적인 것과 정신적인 것 모두, 하나의 역동적 현상이다. 그러한 역동성의 충만성으로부터 '유희'는 오직 심미적 측면만을, 그것도 대부분 리듬이라는 형태로만, 붙잡을 수 있을 뿐이다."

이것은 보편적인 것, 모든 지식과 모든 발견의 경험에 기초한, 예술의 높이이다. 삶의 정신적 상징. 천재의 소설이다. 이런 것을 읽은 지가 오래되었다. 균형잡히고 너그러운 태도는 훌륭한 교육을 받은 흔적이다.

11월 17일

솔제니친에 관하여 크게 열광하고 있다. 노벨상 수여가 모든 사람을 놀라게 하였다. 그는 훌륭한 작가이다. 그리고 무엇보다도 훌륭한 시민이다. 솔제니친의 분노는 그를 일차적으로 작가로서 생각할 때는 조금 이해하기 어렵지만 인간적으로 생각할 때 전적으로 이해될 수 있다. 그의 제일 좋은 작품은 〈마트료나의 집〉이다. 한 사람의 인간으로서 그는 영웅적이다. 고결하고 금욕적이다. 그의 존재는 내 삶에도 지침을 준다.

1971년

8월 14일

문화는 인간의 가장 위대한 성취물이다. 그러나 문화의 건설에 참여하는 사람은, 그가 예술가라면, 자부심을 느낄 이유가 없다. 그의 재능은 하느님으로부터 주어진 것이다. 그는 하느님에게 감사해야 한다.

부유한 집안에 태어났다는 단순한 사실이 사람의 값을 정하는 것도 아니고, 타인들로부터의 존경을 보증하는 것도 아니다. 정신적, 도덕적 문화는 개인이 아니라 ― 개인의 재능은 우연적인 것이다 ― 민족이 만들어낸다. 재능은 공통의 재산이다. 재능의 소유자는 식민농장의 노예나 약물중독자나 룸펜프롤레타리아트의 일원처럼 미미한 존재이다.

재능이란 불운이다. 그것은 그 사람에게 아무런 이점도 가져다주지 않으면서 그에게 엄청난 책임을 지운다. 재능있는 사람은 마치 자기에게 맡겨진 보물을, 자기는 전혀 이용하지 못하고, 지켜야만 하는 정직한 청지기와 같다.

자존심은 누구에게나 가능하다. 나는 어째서 명성이 예술가들의 가장 높은 갈망이 되어야 하는지 이해할 수 없다. 허영심은 범용한 재능의 표시이다.

9월 14일

도스토예프스키는 두 자루의 촛불 밑에서 독서를 하였다. 그는 램프를 좋아하지 않았다. 그는 일하는 동안 많은 담배를 피웠으며 이따금 진한 차를 마셨다. 그는 단조로운 생활을 영위하였다. 그가 좋아한 빛깔은 바다의 파도빛이었다. 그는 흔히 자신의 여주인공들에게 바로 그 빛깔의 옷을 입혔다.

1972년

2월 15일

아무 토론도 없이 영화가 '위원회'로 넘겨졌다. 시조프가 오늘 전화하고 영화가 좀더 나아지고 조화롭게 되었다고 말하였다. 그러나 그는 좀더 삭제가 있을 것이라고 암시했다. 나는 저항해야 할 것이다. 길이는 실제로 중요한 미학적 고려사항이다.

나는 지쳤다. 4월이면 마흔이다. 그러나 내게는 평화도 고요도 주어지지 않았다. 푸슈킨은 자유 대신에 '평화'와 '의지'를 가졌었다. 그러나 나는 그런 것들도 없다.

사람들이 〈루블료프〉를 보고 내게 편지를 보내오고 있다. 어떤 것들은 매우 흥미롭다. 물론 관객들은 내가 그러리라고 믿었던 대로 영화를 완전히 이해한다.

2월 16일

우리의 영화 산업은 현재 가장 지옥 같은 상황에 있다. 돈을 제공한다는 이유 때문에 국가는 새로운 아이디어를 깔아 뭉개버린다.

화려한 명성으로 치장한, 두 개의 단어를 연결시킬 능력도 없는 고관들이 우리의 영화를 망쳐놓았다. 그러나 여기저기 폐허 사이에서 어떤 종류의 건설적인 연기가 피어오르고 있다. 나는 최근에 전전(戰前) 이탈리아의 영화사를 읽었다. 소비에트 영화사를 상기시켜 주는 이야기였다. 일찍이 이처럼 저조한 때가 없었다.

〈솔라리스〉를 끝냈다. 〈루블료프〉보다 더욱 조화되고, 더 목적이 분명하고, 덜 간결하다. 하긴 비교될 만한 것이 있는 것은 아니다. 어쨌든 끝났고, 이제 〈밝은 날〉에 대해 생각해야 할 때이다.

2월 28일

오늘 저녁 늦게 하늘을 올려다보며 별들을 보았다. 별들을 본 게 처음인 것 같은 느낌이었다.

나는 충격을 받았다.

별들은 내게 비상한 감명을 주었다.

8월 19일

라리싸와 나는 스위스로부터 돌아왔다.

스위스는 믿을 수 없을 만큼 깨끗하고 잘 가꾸어진 나라이다. 소란 잡담에 지친 사람들에게 매우 좋은 곳이다. 조용하고, 부드러운 간호원들과 미소가 있는⋯ 정신요양원 같은 곳이다.

9월 17일

〈밝은 날〉에 관해서 예르마쉬의 새 사무실에서 모임이 있었다. 그 사람과 나를 제외하고 시조프와 캄샬로프와 바스카코프와 나우모프가 있었다.

슬프게도 가장 나쁘게 행동한 것은 바스카코프였다. (나는 〈솔라리스〉와 관련하여 라리싸와 함께 파리로 갈 허락을 얻기 위해 전에 그를 만난 일이 있다. 그는 선례를 만들어서는 안된다는 근거로 거부하였다. 그것은 악의에 찬 무책임한 논리였다. 왜냐하면 같은 종류의 여행목적으로 파리에 다녀온 선례가 이미 있었기 때문이다.) 그는 심지어 불안스런 태도로 주위를 돌아보면서 공산주의에 관해 무엇인가 뇌까렸다. 바스카코프에 관해서는 그만하자.

나는 그들에게 내가 이 영화를 어떻게 보고 있는지 설명하였다. 나는 〈인물들과 나라 사이의 연관〉, 또는 차라리 〈나라의 생명〉 등에 관하여 말하지 않으면 안되었다. 그들은 모두 내가 과학 기술적 진보를 포함한 무엇인가 새롭고 중요한 작업을 나라를 위해 해줄 것을 원했다. 나는 그들에게 그것은 전혀 나의 노선이 아니며, 나는 인도주의적인 물음들을 다루는 게 더 적합하다고 말하였다.

어떻든 결론은 내가 영화의 상세한 계획을 써야 한다는 것이었다. (그것은 이미 내가 했다.) 물론 그 글은 그들이 이해하지 못하였다. 그들은 한달에 두번 봉급명세서를 읽는 것 이상의 어떤 것도 읽을 능력이 없는 사람들이다.

1973년

2월 7일

"… 두번째의 화살을 갖지 말라. 두번째의 화살에 의존하면 첫번째 화살을 아무렇게나 써버리게 된다. 오직 한번만의 기회가 있을 뿐이라고 매번 믿어야 하고, 단 하나의 유일한 화살로써 과녁을 맞추어야 한다고 생각해야 한다." (켄코-코시 《권태를 벗어나는 방법》)

2월 18일

나는 점점더 통일성의 원리가 영화에서는 굉장히 중요하다고 느끼게 된다. 아마도 어떤 다른 예술형식에서보다도 더욱더. 말하자면, 같은 지점을 때려야 한다는 말이다. 예를 들어, 《죄와 벌》이 구조적으로 이상적이라면 《백치》는 많이 풀어져있다.

"…그 무렵 그의(도스토예프스키의) 헤르젠에 대한 태도는 매우 우호적이었다. 그러나 생애의 말년에 이르러 그는 러시아 인민 또는 러시아 인민의 생활방식의 어떤 면들을 이해하는 데 있어서 헤르젠이 보여준 무능력에 대하여 종종 노여움을 표현하곤 하였다. 교육에 대하여 갖는 그의 자부심, 단순 소박한 방식에 대한 그의 까다로운 경멸감 ― 이러한 헤르젠의 특징들은 도스토예프스키의 격분을 샀다."

"도스토예프스키는 여행을 즐기는 사람이 아니었다. 그는 자연이나 역사적 기념물이나 예술작품들에 대하여 특별한 흥미를 느끼지 않았다. 그의 모든 주의력은 사람들에게 향해 있었다. 그가 섭취하려고 한 것은 사람들의 본성과 특성, 그리고 가능하다면 거리에서 보는 삶의 일반적인 인상이었다. 그는 언젠가 나에게 자신은 명승지를 찾아다니는 상투적인 방식을 멸시하노라고 감정이 섞인 말로 설명하였다." (스트라코프, 회상록)

"…도스토예프스키는 술에 있어서 비상히 절제를 지키는 사람이었다. 나는 20년 동안 한번도 그가 자신이 마신 술의 영향을 조금이라도 드러내는 것을 본 기억이 없다. 단 것이라면 그가 무척 좋아했는지 모르지만, 그러나 대개 그는 먹는 데 절도를 지켰다." (같은 책)

4월 6일

내가 〈루블료프〉의 대본을 어떻게 잃어버렸는지 ― 그때 나는 초고를 갖고 있지 않았다 ― 방금 기억이 났다. 나는 고리키가(街)의 모퉁이에서 그걸 택시에 놓고 내렸다. 택시는 가버렸다. 나는 몹시 비참한 기분이 되어 술을 취하도록 마셨다. 한 시간 뒤 국립극장에서 나와 연극노동자연맹협회 쪽으로 갔다. 그 두 시간 뒤, 내가 그 원고를 잃어버린 모퉁이로 다시 내려오고 있을 때 한 대의 택시가 (법을 어기고) 섰고, 운전사가 창을 통해 내게 그 원고를 건네주었다. 기적이었다.

4월 14일

영화는 보잘것없는 것이 되어버렸다. 기본적으로 이렇게 된 것은 이른 바 영화인들이 자기자신들의 내면 세계로부터 영화를 절연시켜왔기 때문이다. 그들이 보기에 영화는 돈을 벌고, 이름을 얻는 방법의 하나이다.

나는 내 영화가 아주 생생한 것이 되어 하나의 행동과 같은 것이 되기를 원한다. "물론 그들은 몹시 감정이 상할 것이고 나를 십자가에 올려놓으려고 온갖 짓을 다할 것이다."

6월 17일

스웨덴에서 〈루블료프〉가 상영되고 있다. 비비 안데르슨에 의하면 베르히만은 〈루블료프〉를 자신이 지금까지 본 가장 좋은 영화라고 했다.

10월 20일

불쾌한 생각 — 아무도 나를 필요로 하지 않는다. 나는 나 자신의 문화로부터 전적으로 소외되어 있다. 문화를 위하여 나는 아무것도 하지 못했다. 나는 아무것도 아니다.

그러나 유럽이나 또는 어디에서든 소련의 가장 좋은 영화감독이 누구냐고 물으면 그 대답은 — 타르코프스키이다.

그런데 여기서는 — 단 한마디도 없다. 나는 존재하지도 않는다. 나는 텅빈 공간이다. 아무에게서도 필요치 않는 존재가 된다는 것은 괴로운 일이다. 열등한 어떤 것 덕분에 내 존재를 유지한다는 것은 가증스럽다. 내가 원하는 것은 누군가의 삶, 또는 몇 사람의 삶을 전면적으로 채우는 것이다.

나는 구속을 느낀다. 내 영혼은 나의 내부에서 얽매여있다. 내겐 다른 살아있는 공간이 필요하다.

11월 7일

무엇인가 굉장히 중요한 것을 적어놓기 위하여 나는 바삐 서둘렀다. 그러나 너무 늦었다. 나는 그걸 잊어버리고 말았다….

그들 모두는 어째서 나를 성자로 만들려고 하는가? 오 하느님! 오 하느님! 나는 일을 하고 싶다. 나를 성자로 만들려고 하지 말라.

12월 2일

《파우스트 박사》를 다시 읽다. 그런데 토마스 만은 헤세의 《유리알 유희》를 굉장히 좋아했다. 그는 그 책이 낭만적이고 막연하며 신경과민적인 것이라고 생각했다. 그러나 그 속에서 그는 자신의 《파우스트 박사》와 같은 본질을 보았다.

껍질을 모두 벗겨버리고 곧바로 접근해야 한다. 자기 나름으로 읽어야 한다. 가장 중요한 것은 예술가의 외로움이라는 비극, 그리고 진실을 이해하기 때문에 치르는 대가이다.

12월 5일

헌법기념일. 텔레비전에서 쉬임없이 산업, 농업, 국제정치에서 이룬 우리의 성취를 찬양하고 있다. 그런데도 식품가격은 무엇 때문인지 오르고 있다. 어란도 생선도 신발값도. 우리의 성취가 크면 클수록 우리는 더 어렵게 살아야 하는 모양이다.

만의 《파우스트 박사》는 저자의 지나간 삶, 그의 산산조각난 희망, 잃어버린 고국에의 그리움, 고통, 예술가가 겪는 고문, 그리고 자신의 '죄악'에 관한 생각들이 정교하게 결합되어 있는 작품이다. 한편으로 그는 평범한 사람이면서, 다른 한편으로 그는 평범할 수가 없다. 그 결과 그는 자신의 재능 때문에 영혼으로 대가를 치른다. 재능은 하느님에 의해서 인간에게 주어진 것이 아니다.

그렇기는커녕 인간은 재능이라는 십자가를 지고 가야 할 운명에 처해졌다. 왜냐하면 예술가는 궁극적인 진리에 이르고자 고투하는 존재인 까닭이다.

어떤 완전한 것, 전체적인 것을 창조할 때마다 예술가는 진리에 이른다.

1974년

6월 27일

지난 밤에 내가 죽은 꿈을 꾸었다. 그러나 나는 내 주위에 무엇이 일어나고 있는가를 볼 수, 아니 느낄 수 있었다. 나는 내 곁에 라라와 내 친구 하나가 있는 것을 느낄 수 있었다.

죽음에 관한 꿈을 꾼 것은 이것이 두번째이다. 그때마다 나는 특이하게 자유의 느낌, 어떤 종류의 보호도 필요하지 않는 느낌을 가졌다. 이것은 무엇을 의미하는가?

7월 27일

어제 예르마취가 〈거울〉을 거부했다. 토론 도중에 그는 쓰레기 같은 발언을 하였고, 그래서 그가 그 영화를 조금도 이해하지 못하고 있다는 것, 무엇 때문에 그가 그 영화를 거부하는지도 모른다는 것이 분명했다.

그들에게 달리 무엇을 기대할 수 있겠는가?

나는 지쳤다. 달리 돈 버는 길을 찾아내어, 시골로 가서 살고 싶다.

12월 25일

내가 원하는 것은 감정적인 요소(자서전적인 서술이 갖는 소박하고 진실한 느낌으로 채워진)를 삶의 의미를 다루는 어떤 철학적, 윤리적 문제를 이해하고자 하는 갈망과 폭발적으로 융합시키는 것이다.

〈거울〉의 성공은 다시 한번 영화를 통한 이야기에 있어서 개인적으로 체험된 감정이 얼마나 중요한 것인가에 대한 나의 추측이 확실한 근거를 가지고 있다는 사실을 증명해주었다.

아마도 영화야말로 가장 개인적인, 가장 친밀한 예술일 것이다. 영화에서는 오직 작가의 내밀한 진실만이 관객이 받아들일 수 있는 설득력을 가질 것이다.

1975년

7월 3일

한 개의 기획은 어떻게 성숙하는가?

그것은 분명히 가장 신비스럽고, 눈에 보이지 않는 과정이다. 우리 자신과 독립적으로, 잠재의식 속에서 그것은 진행하다가 영혼의 벽들 위에서 결정화한다. 그것을 일회적인 것, 독특한 것으로 만드는 것은 영혼의 형식이다. 의식적인 눈으로 볼 수 없는 그 이미지의 숨겨진 '회임기간'은 오직 영혼만이 결정한다.

1976년

2월 18일

"위대한 인간은 사회의 재앙이다." (중국의 격언)

8월 18일

도스토예프스키의 수첩에서 —

"영혼의 고결성은 그 영혼이 얼마나 많이, 어느 정도까지, 존경과 경의와 애정을 표현할 능력이 있는가 없는가에 따라 부분적으로 저울질될 수 있다."

9월 13일

우리 모두는 서로서로를 깎아내리거나 아니면 서로의 미덕을 과장한다. 다른 사람을 공정하게 평가할 수 있는 능력을 가진 사람들이 거의 없다. 그런 능력은 특별한 재능이다. 실제로 나는 위대한 사람만이 그런 능력이 있다고 말하고 싶다.

442

1977년

5월 28일

차다예프의 철학적 편지에서 —

"우리는 우리의 삶을 파괴하고 더럽히는 모든 유치한 호기심으로부터 벗어나야 한다. 무엇보다도 우리는 무엇이든 새로운 것이라면 마음을 빼앗기는 고질적인 경향, 화젯거리를 찾아다니며 그 결과로 다음날엔 어떤 일이 일어날까 기다리면서 늘 들떠있는 그 고질적인 경향을 뿌리뽑지 않으면 안된다.

그렇게 하지 않으면 우리는 평화나 행복이 아니라 다만 실망과 역겨움에만 이를 수 있을 뿐이다. 모든 소음, 바깥에서 진행되는 모든 메아리에 대하여 그대의 문을 꼭 닫아야 할 것이다. 그대가 충분한 결의를 지녔다면 경박한 문학도 피해야 한다. 왜냐하면 그것은 본질적으로 글로 씌어진 소음밖에 아무것도 아니기 때문이다."

6월 23일

우리의 삶은 모두 잘못되어 있다. 사람에게 사회란 필요없다. 사람을 필요로 하는 것은 사회이다. 사회는 하나의 방어기제, 자기보호의 형식이다. 군집동물과는 달리 사람은 고립하여, 자연과 동식물에 가까이, 그들과 접촉하면서 살아야 한다. 나는 갈수록 분명히 우리의 생활방식을 변화시키는 것이 필수적임을 느낀다. 우리는 다르게 살기 시작해야 한다. 그러나 어떻게? 무엇보다도 우리는 자유와 독립을 느껴야 하고, 믿고 사랑해야 한다. 우리는 이 보잘것없는 세계를 거부하고 다른 어떤 것을 위해 살아야 한다. 그러나 어떻게, 어디에서? 그것이 첫째 장애물이다.

7월 21일

많은 일이 일어났다. 총체적인 재난 — 너무나 전멸적인 재난이어서 실제로 전혀 새로운 단계, 새로운 발걸음을 느낄 지경이다. 이것이 희망을 준다.

1978년

4월 9일

이제 나는 회복을 위해 두달간을 보내야 한다.

볼로디야가 의사들을 보내왔고, 심전도를 찍었다.

사람이 죽음에 관해 생각하지 않는 것은 자연스럽다. 그러나 사람이 왜 불멸성을 믿지 않는가?

첫눈에 사람을 평가한다는 문제는 나에게는 끔찍하게 어렵고, 고통스럽기까지한 일로 보인다. 그런 평가가 실제로 가능할까? 어떻든 나는 너무나 자주 사람들을 잘못 본다.

내 삶을 바꾸어야 한다. 멈추어 다시 새롭게 시작하라.

헤세를 읽다. 아름답다!

나는 짜여진 계획에 따라 일을 해보려고 한 적이 없다. 어떤 목표와 전략조차 없이 일해왔다. 전술도 없었다. 그 결과로 많은 시간을 낭비하였다. 이제 ― 무엇보다도 ― 행동계획을 갖기 위하여 정책결정을 해야 할 때가 아닐까? 이것을 팽개칠 여유가 있을 만큼 내게 남은 시간이 많지 않다.

4월 14일

호프만과 헤세와 불가코프 사이에는 놀라울 정도의 분명한 연관성이 있다. 그리고 그들은 모두 얼마나 어린애들인가 ― 순수하고, 믿음에 사로잡혀 있고, 괴로움을 당하고, 명성 때문에 더럽혀지지 않고, 꼼꼼하고, 순진하며, 열정적이며 고결하다.

마르코바가 옮긴 일본 하이쿠 ― 범용하기 짝이 없는 번역, 특히 바쇼의 것이 그렇다. 그녀는 러시아말을 모르는 게 분명하다. 어떻든 ― 하이쿠는 찬미할 만하다. 바쇼 ― "어느 지혜로운 선사가 말하였다. '선(禪)의 가르침은 잘못 이해하면 영혼을 불구로 만든다'" 나는 그와 동감이다. 피상적인 번쩍임에 마음의 동요를 일으키지 않고, 그래서 "그래, 그게 삶이야"라고 말하지 않기 위해서는 비상한 고결성이 필요하다.

잘못 이해된 가르침이 사람을 불구로 만들지 않는 어떤 것이 있는지 알

444

고 싶다.

바쇼가 제자들에게 — "나를 본받지 말라. 그러한 모방이 무슨 쓸모가 있는지 보아라. 수박 한 개의 갈라진 두 쪽."

7월 16일

— 잠들기 전에 먹은 음식이 낮 동안보다 더 잘 소화된다.
— 어린 나무는 밤에 자란다.
— 아이들도, 어린 짐승들도 그렇다.
— 남자의 41퍼센트와 여자의 37퍼센트가 자면서 말한다.

9월 20일

인간은 굉장히 오랫동안 존재해왔다. 그럼에도 불구하고 인간은 가장 중요한 것 — 자기의 존재의 의미에 관하여 여전히 불확실하다. 이것이 우리를 당혹스럽게 만든다.

12월 23일

비극적 시련의 입구, 흔들리는 희망의 가장자리에 서있는 느낌 — 갈수록 더 날카로워지는 느낌에 나는 얼마 동안 휩싸여왔다. 그리고 이런 느낌은 전에 없던 비상한 창조의 충동에 내가 사로잡혀 있는 순간과 일치한다.

내가 〈솔라리스〉에서 하려고 하는 것은 우리가 현재를 바라보는 방식을 내팽개치고, 과거를 향해 보자는 것이다. 오늘날 우리는 일종의 안개 속에서 살 수밖에 없다. 이 영화는 인간 속에 있는 하느님의 존재에 관한 것이며, 우리가 거짓 지식을 소유한 결과로 빚어진 영성의 죽음에 관한 것이다.

나는 미래가 두렵다. 파국과 묵시록적 재앙. 나는 아이들과 라리싸의 장래가 걱정스럽다. 하느님, 제게 미래를 위한 힘과 믿음을 주시고, 당신을 찬양할 수 있는 미래를 주십시오. 저도 또한 거기에 참여하기를 원합니다!

21일에 나는 '세계경제연구소'에서 〈거울〉이 상영되기 전에 강연을 했다. 청중으로부터 몇개의 쪽지가 있었다.

"안드레이 아르세니비치! 톨스토이와 고골리의 수준으로 러시아 문화를 들어올려주신 데 대해 가장 깊은 감사를 드립니다. 이 홀 안에 당신을 찬미하는 사람들이 굉장히 많습니다. 부디 건강하고 기운을 얻어서 성공하시기 바랍니다."

"이것은 질문이 아닙니다. 저는 단지 이 기회를 빌어 당신의 뛰어난 재능과 당신의 영화를 관류하고 있는 저 엄청난 휴머니티에 대해 감사하고자 합니다. 당신의 영화들은 심미적 기쁨의 원천이며, 진지한 성찰의 자극제입니다."

"안드레이 아르세니비치! 몇해 동안이나 저는 〈거울〉에 대해 당신께 감사를 표할 수 있기를 원했습니다. 그것은 내게는 심원하게 여성적인 영화입니다. 감사합니다!"

1979년

2월 7일

가능한 한 빨리 회복하여 작품을 끝내야겠다. 나는 점점더 내가 사는 방식에 무엇인가 잘못이 있음을 확신하게 된다. 내가 하는 모든 것에 무엇인가 거짓된 것이 있다. 내가 무엇인가 좋은 것을 하고 싶을 때도 나는 그것이 다만 좀더 나은 사람으로 비치고 싶어서라는 것을 느낀다.

카스타네다의《돈 후앙의 가르침》을 다시 읽었다. 경탄할 만한 책이다! 그리고 매우 진실한 책이다.

그 이유는 —

1. 세계는 겉으로 드러난 대로의 것이 아니다.
2. 어떤 상황하에서는 세계는 전혀 다르게 될 수 있다.

2월 10일

'주'의 현존을 느낀다는 것은 얼마나 큰 기쁨인가.

토마스 만과 도스토예프스키 사이에 어떤 혈연성이 있는가? 무신론? 아마도 ···. 그러나 그것은 각자에게 다른 의미를 가진다.

2월 12일

만은 하느님에 관해 "지나치게 많이 이해하고 있다." 반면에 도스토예프스키는 하느님을 믿고 싶어하지만 그렇게 하지 못한다 – 믿음에 필요한 기관이 마비되어 있으므로.

4월 16일

새벽 2시. 모든 러시아의 천재들은 자신들의 위대성이 척박한 토양에서 성장해왔을 수는 없다고 생각하였고, 그래서 그들은 그들 자신의 조국을 위대한 나라, 메시아적인 나라라고 불렀다.

그들은 자신들이 '민중의 목소리'라고 느꼈고, '황야에서 울부짖는 소리'가 되기를 원치 않았다. 만일 그들이 자기자신들 속에 한 민족의 정수를 지니고 산다면 그것은 위대한 민족이어야 하고, 그 나라는 위대한 미래를 가져야 했다.

푸슈킨은 다른 사람들보다도 절도가 있었다. 차다예프에게 보내는 편지들 속에서 그는 러시아의 운명을 단지 유럽을 위한 완충지대로 보았다. 이것은 푸슈킨의 천재가 조화를 갖춘 것이었기 때문이다.

톨스토이, 도스토예프스키, 또는 고골리의 천재 속에는 그러한 조화가 없다. 그 천재는 작가와 작가가 갈망하는 비전 사이의 갈등에 연유하는 부조화와 균열로 차 있다.

도스토예프스키는 하느님에 대한 믿음이 없었지만 그러나 그는 믿음을 갖기를 원했다. 그에게는 믿음의 수단이 없었다. 그러면서도 그는 믿음에 관해 썼다. 푸슈킨이 다른 작가들보다도 우월한 것은 그는 러시아에 어떤 절대적인 의미를 부여하지 않았기 때문이다.

6월 20일

내 직분을 나는 어떻게 보는가. 내 기술의 수준을 끊임없이 높이기를 추구하면서 절대적인 것을 성취하려는 것이다.

장인의 위엄. 질적 수준. 아무도 그러한 것을 필요로 하지 않고, 그 대신에 겉치레의 질과 모방이 들어선다면 끝장이다.

나는 질적 수준을 지키고 싶다. 마치 자신의 두 어깨로 지구를 떠받치고 있는 아틀라스 신처럼. 아틀라스 신은 자신이 지치면 지구를 내동댕이쳤을 수도 있다. 그러나 그는 그렇게 하지 않았다. 어떤 까닭에서인지 그는 계속하여 지구를 떠받치고 있었다.

그 점이 이 전설의 가장 주목할 부분이다. 그가 그렇게 오랫동안 떠받치고 있었던 사실이 아니라 그가 결코 환멸을 느끼지 않고, 내동댕이치지 않았다는 사실.

8월 1일

첫 명상 수업. 듣는 것 같다. 저녁에는 (지금) 잘 안된다. 깜박 졸음에 빠져 파란 떨림을 보는 걸 놓친 것 같다.

8월 2일

아침에 명상. 좀더 깊었다. 그러나 가끔 졸음에 빠졌다. 단식일이 명상 첫날과 중복된 것은 유감스러운 일이다. 파란 진동이 없었다.

명상은 저녁에 더 잘 되었다. 엔리카와 로라와 나는 함께 그것을 했다. 그리고 다시금 푸른 떨림이 있었다.

8월 4일

명상의 여덟 단계 —
1. 깨어남
2. 잠
3. 최면
4. 초월상태
5. 우주의식
6. 일치
7. 신적 상태

8. 절대 경지

이 모든 상태들이 명상을 통해 도달될 수 있다.

10월 5일

오늘 오후 한시경 어머니 돌아가시다.

어머니는 굉장히 고통당하셨다. 지난 이틀 동안 어머니는 프로메돌에 계셨다. 나는 큰 고통이 없었기를 바란다. 그렇지만 우리가 죽음에 관해 무엇을 아는가? 삶에 관해서도 우리는 아무것도 모르지 않는가? 무엇인가를 알 때는 우리는 그걸 다시 잊어버리기 위해 온갖 짓을 다한다.

주여! 어머니께 영원한 휴식을 허락해주십시오.

10월 8일

어머니의 장례. 보스트리야코프스키 공동묘지. 이제 나는 완전히 무방비 상태인 것 같은 느낌이다. 세상의 어느 누구도 어머니가 그랬듯이 나를 사랑하지 못할 것이다. 관 속의 어머니는 전혀 어머니 모습이 아니었다. 사랑하는 어머니!

저는 다시 시작할 겁니다! 안녕히, 아니, 우리는 다시 만날 겁니다. 저는 그걸 확신합니다.

12월 12일

사흘 예정으로 카잔으로 갔다. 일곱 차례의 강연. 많은 사람들로 홀이 가득 찼다. 화면은 나빴다. 그러나 관심은 실로 굉장하였다.

청중으로부터의 몇몇 쪽지들 —

"당신의 영화들의 바탕에 있는 철학적 전제는 무엇입니까? 그것은 현대적 시간 개념과 연결되어 있습니까?"

"나는 당신을 위대한 에이젠슈타인의 전통에 서 있다고 봅니다. 당신은 어떻게 생각하십니까? 당신은 사람들을 즐겁게 하는 것이 목표는 아니라고, 적어도 그것은 당신의 관심사는 아니라고 말하였습니다. 관객의 의견에 정말 개의치 않습니까? 그러면 당신은 누구를 위하여 영화를 만듭니까? 당신의 모든 영화에는 어째서 그렇에 많은 물이 나옵니까? 당신의 영화가 다른 모든 사람들의 것과 그렇게 '다르게' 되는 요인이 무엇입니까? 당신은 사후의 삶을 믿습니까? 당신은 흑백영화를 더 좋아하는 것으로 보입니다. 만일 그게 사실이라면 흑백이 컬러보다 더 나은 점이 무엇입니까?"

"우리 소비에트 사회의 가장 나쁜 점이 무엇입니까? 당신이 대답할 수 있다면 말씀해주십시오."

"카잔에는 어떻게 오셨습니까? 당신 작품을 바보 같은 사람들에게 보여주려고요?"

"〈거울〉은 당신의 아버지의 시에 근거한 것으로 제겐 보입니다. 그렇지 않으면, 어째서 그 시와 영화 어느 쪽이든 그렇게 많은 물이 있습니까? 당신은 침례교인인가요?"

"타르코프스키 영화에 대한 상영금지를 어떻게 설명하시겠습니까? — 카잔 대학들"

"〈거울〉은 내 생각에 당신의 가장 좋은 영화입니다. 그건 삶에 관한 영화입니다. 우리가 본 것 중에서 가장 진실되고 현실감 있는 삶에 관한 영화입니다 어떻게 해서 당신은 그 모든 삶의 혼란과 복잡성과 아름다움에 대한 그토록 놀랍고 섬세한 이해를 갖게 되셨는지요?"

"당신의 아버지에 관해 말씀을 해주십시오. 그분의 시가 당신에게 의미하는 것은 무엇입니까? 그분은 당신이 가장 좋아하는 시인인가요?"

"당신의 영화에 감사드립니다! 당신의 영화는 우리들로 하여금 생각을 하게 합니다. — 이것이 무엇보다 가장 중요한 점입니다."

"당신은 러시아 소비에트 문화의 발전에 있어서 당신의 책임을 인식하고 계십니까? 당신의 영화에 많은 사람들이 매력을 느끼고 있는 것을 당신은 어떻게 설명하십니까? 당신의 영화들은 친밀한, 실내악과 같은 작품들입니다. 그 사실에 당신은 경계심을 갖지 않습니까? 당신의 관객 속에서 당신은 어떤 속물주의를 느끼지 않습니까? 유행 따라 가는 태도 같은 것 말입니다."

"당신의 영화가 엘리트주의라고 하는 견해에 어떻게 생각하십니까?"

"언젠가 《외국문학》에 기고한 글에서 당신은 시를 단순히 한 장르로 볼 수 없다고 하였습니다. 우리 주위의 모든 것에 시가 스며들어 있다고 하셨지요. 그것은 말로써는 사물의 본질을 표현할 수 없다는 뜻인가요? 당신의 영화는 흔히 말없는 침묵의 시처럼 내겐 생각됩니다."

12월 21일

"주여, 내 삶의 주인이시여, 저에게서 게으름과 낙담과 자만과 공허한 잡담을 거두어주소서 ─ 제게 순결함과 겸손과 삼가함과 사랑을 허락해주소서." (기도문)

12월 24일

"예술작품의 좋고 나쁨은 예술가가 무엇을, 어떻게 말하는가, 그리고 어느 정도까지 심장으로부터 말하는가에 달려있다." (톨스토이의 편지, 1889년)

1980년

1월 24일

시인들이 다른 사람들보다 우월한 것은 그들이 사람들에 관해 이해하고 있기 때문이다. 물론 많은 시인들은 산문으로 쓴다 ─ 예를 들어 라블레나 디킨즈가 그렇다. 속물들이 다른 사람들보다 우월한 것은 그들이 사람들에 관해 이해하기를 원치 않기 때문이다. 그들에게는 사람들의 취미와 태도는 단지 속악한 편견일 뿐이다. 속물들은 사람들로 하여금 바보 같은 느낌을 갖게 한다. 시인들은 사람들로 하여금 감히 상상할 수 있는 것보다 더욱 지성적인 느낌을 갖게 만든다. 그러나 사람들이 이것으로부터 끌어내는 결론은 전혀 논리적이지 않다. 시인들은 사람들을 찬미하고 두팔을 벌려 껴안고, 그 대가로 십자가에 못박히고 돌팔매질을 당한다. 속물들은 사람들을 멸시하지만, 사람들은 그들에게 월계관을 씌워준다.

5월 16/17일

하루종일 일했다. 소피아가 스톡홀름에서 전화했다. 베르히만이 우리와 함께 영화일을 하는 데 큰 흥미를 느끼고 있다고. 다만 불행하게도 1983년까지 일정이 완전히 짜여져있다는 것이다. 베르히만은 나를 몹시 보고 싶어한다. 소피아 말로는 그는 〈루블료프〉를 열번이나 보았다고.

6월 6일

오늘 로르까가 쓴 근사한 에세이를 읽었다 ─ 열정적이고 깊고 진실로 시적인 아이디어들.

로라와 나는 명상학교로 갔다. 우리는 함께 명상했다.

라라는 나의 체류허가가 2개월이 아니라 3개월이라고, 그러니 걱정할 필요가 없다고 하였다.

저녁에 콕토의 〈오르페우스의 귀환〉을 텔레비전에서 보았다.

모든 위대한 것들은 어디로 갔는가?

로셀리니, 콕토, 르노아르, 비고는 어디에 있는가? 시는 어디로 갔는가? 돈, 돈, 돈, 그리고 두려움…. 펠리니도, 안토니오니도 두려워하고 있다. 겁내지 않는 유일한 사람은 브레송이다.

깐느영화제에서 신문들은 펠리니의 마지막 영화는 완전한 실패작이라고 말했다. 그리고 그는 끝장났다고. 끔찍한 일이지만 사실이다. 그의 영화는 무가치하다.

6월 9일

우리가 영화를 만들고, 책을 쓰고, 기타 다른 일들에 있어서 일반적으로 받아들여진 방법들과 모든 규칙을 완전히 무시할 수 있다면 굉장히 근사한 것들을 창조할 수 있지 않을까. 우리는 '관찰'하는 법을 잃어버렸다. 관찰 대신에 우리는 패턴에 따라 일을 하고 있다.

내가 카스타네다와 그의 〈돈 후앙〉을 자주 기억하는 것은 놀라운 일이 아니다.

어젯밤 나는 내가 모스크바에 있는 꿈을 꾸었다. 자동차와 사람들로 꽉 차있는 폴리인스카 거리였다고 생각된다. 갑자기, 도시의 소음과 번잡함 한가운데서 나는 한 마리 소를 보았다. 몹시 아름다운 암소. 짙은 초콜리트 빛깔의 깊디 깊은 사람의 눈 같은 눈을 가진 암소.

그 암소가 내게로 다가왔다. 나는 암소를 쓰다듬었다. 그러자 암소는 거리를 가로질러 인도를 따라 내려갔다. 그 암소가 내 손바닥에 남기고 간 냄새가 아직 생생하다. 부드럽고 정겨운 생명과 행복의 내음.

6월 21일

러시아인이 여기서 사는 것은 정말 불가능하다. 러시아인의 향수를 가지고서는.

이별은 그 둘을 모두 삼켜버릴 것이다.
슬픔이 그들의 뼈를 갉아먹을 것이기에…

전면적인 파괴에 저항할 수 있는 유일한 것은 사랑과 … 아름다움이다. 나는 사랑만이 세계를 구원할 수 있다고 믿는다. 사랑 없이는 모든 것이 끝장이다. 그런데 이미 그런 일이 시작되고 있다.

지안니(안토니오니의 친구)가 오늘 우리에게 영국에 관해서 끔찍한 이야기를 들려주었다. 2년 만에 본 영국인데 거의 알아보기 힘들 정도로 변하였더라고. 정신적 타락. 정신의 삶 대신에 돈과 위선이 활개를 치고 있었다.

"나는 나 자신보다도 더 나쁜 인간을 알지 못했고, 알지 못할 것이다."

(소로우 《월든》)

7월 7일

하나의 틀 속에 나 자신을 가두는 것이 중요하다. 그것은 나의 세계를 깊게 한다. 세계를 빈곤하게 하지 않는다. 독창적이고자 하는 노력, 주제 넘는 짓을 다 그만두게 하고 나의 창조작업을 돕는다.

11월 10일, 미야스노예

밤.

"괴테에게서조차 우리는 무거운 문장에 마주친다. 그에게도 명증성의 결여, 생각의 천박성이 있다. 그것은 사상의 문제, 색채의 문제, 또는 문학적 법칙에 대한 충실성의 문제가 아니다 ···. 위대한 천재의 작품들은 그 수정 같은 명증성에도 불구하고 때때로 우리들로 하여금 그들의 깊이를 미심쩍스럽게 응시하도록 만든다. 그 깊은 바닥에 무엇이 누워있는지 우리는 모른다." (안드레이 벨리 《예술의 비극》)

1981년

2월 3일, 런던

"철학자 스틸폰은 노년의 중압감에 눌려서, 순수한 포도주를 마심으로 써 고의적으로 자신의 최후를 앞당겼다고 한다. 그렇게 고의적인 것은 아니지만, 철학자 아르게실라우스의 죽음의 원인도 그와 같은 것이었다. 이미 노년으로 인해 훼손되어 있던 그의 생명력이 훅 꺼져버렸던 것이다."

(몽테뉴, 제2권 제2장 '술취함에 대하여')

타이티아나 스토르차크와 나는 어제 늦게 여기로 날아왔다. 몸이 안 좋다. 감기(?). 의사가 왔다. 흐르는 콧물, 두통, 기침, 몹시 편치 않다.

스타일 감각은 분명 영국인들에게 가장 중요한 것이다. 무의식의 수준에서 그건 그들에게 전혀 중요하지 않은 것일지라도.

3월 25일, 모스크바

"많은 지혜 가운데 많은 슬픔이 있다. 많이 알수록 슬픔이 불어난다."

(전도서)

3월 27일

"실은, 철학이란 세련 복잡화된 시일 뿐이다. 이들 고대 철학자들의 권위는 시인들로부터가 아니라면 어디에서 나오겠는가? 실제로 최초의 철학자 자신들이 시인들이었다! 플라톤은 아무도 필적할 수 없는 시인이다."

(몽테뉴, 제2권 제12장)

3월 31일

전력국 사람들이 방금 와서 우리가 요금을 지불하지 않았기 때문에 전기 공급선을 끊어버렸다.

라라는 내가 혼자 스웨덴으로 가서 우리의 사업문제를 이야기해야 한다고 생각한다. 그러나 나는 혼자 간다는 생각이 싫다. 다른 나라에도 이런 일이 있는가? 남편과 아내가 초청을 받아 외국여행을 하는 것을 당국이 금지하는 나라. 아내는 내가 만드는 모든 영화에서 나의 조수이며, 내 작업의 사업적인 면을 전부 처리한다. 이런 사실을 당국자들이 잘 알고 있다. 신물이 난다.

4월 5일

한 권의 매혹적인 책에 완전히 몰입되었다. 구르드지에프의 가르침에 관해 씌어진 우스펜스키의 《기적적인 것을 찾아서》—

5월 4일

우리의 '원칙'이란 것 속에는 얼마나 큰 교만과 맹목이 들어있는가! 사물과 지식과 믿음과 사랑과 희망에 대하여 우리는 무엇을 아는가? 우리는 그런 것에 관하여 너무나 많이 말한다. 실은 마음속에는 전혀 다른 것을 우리 각자는 품고 있으면서 말이다. 우리는 보다 넓은 전체적인 맥락 속에 튼튼한 발판을 딛고 서있지 않다. 우리는 문맥에서 벗어난 단어 하나, 개념, 정신상태를 뽑아들고는 그것에 관해 쉴새없이 지껄인다. 이른바 우리의 사유과정이란 것은 단지 심리치료일 뿐이다. 우리는 미치지 않기 위하여, 우리가 정신적 균형을 유지할 권리를 획득하였다는 환상을 계속 갖고 있기 위하여 생각하고 말할 뿐이다. 우리는 얼마나 무가치한가!

5월 8일

마리나가 내게 할머니가 목에 걸치고 계시던 두 개의 조그만 성상(聖像)을 주었다. 오, 할머니!

6월 1일

영화 제작자 회의에서 쿨리자노프가 행한 연설의 발췌 —

"거의 공상과학소설이라고 불리어질 수 있는 또하나의 영화가 있습니다. 내가 말하는 것은 〈안내인〉입니다. 이것은 알레고리와 정교한 상징주의로 가득찬 작품입니다. 이것은 이해하기 어려운 작품입니다. 그렇지만 그것은 그 작가 — 안드레이 타르코프스키가 거둔 성과를 예시해줍니다. 그는 재능있는 감독입니다. 그러기에 나는 솔직히 그가 소위 엘리트 관객을 겨냥하고 있는 것을 유감스럽다고 말하지 않을 수 없습니다. 타르코프스키가 우리 시대나 역사적 시대의 중요한 문제들을 다루는 영화를 만들고, 그것이 수백만의 사람들을 감동시키고 수백만의 사람들이 이해할 수 있는 영화가 된다면 그것은 우리 모두에게 얼마나 큰 기쁨이 되겠습니까?"(?!)

6월 3일

"본인의 의사에 반하여 사람을 구해준다는 것은 살인을 저지르는 것과 마찬가지다." (호라티우스)

6월 4일

"즉각적인 죽음은 인간 삶에서 가장 큰 행복이다." (플리니)

"그 자체 불명예스럽지 않은 어떤 것도 군중이 환호하는 것이 되면 불가피하게 불명예스러운 것이 된다." (키케로)

나는 자유에 강박되어 있는지 모른다. 나는 자유를 갖지 않을 때 육체적인 고통을 느낀다. 자유는 나 자신과 타인들 속에 존엄성의 감각을 존중하게 한다.

6월 5일

자유, 자유!

6월 23일

"하느님은 사람마다에게 각자의 기운에 따라 질 수 있는 십자가를 하나씩 주신다." (몽테뉴, 에세이 제3권 제6장)

"우리는 한 방향으로 움직이지 않는다. 그렇기는커녕 우리는 뒤로 갔다가 앞으로 갔다가, 이리로 향하다가 저리로 향한다. 우리는 우리가 왔던 길을 되돌아간다 …. " (몽테뉴)

몽테뉴의 이런 생각은 비행접시와 인간을 닮은 우주인, 그리고 어떤 고대 유적지에서 발견된 믿을 수 없을 정도로 진보된 기술의 잔재에 관련하여 내가 생각했던 것에 관하여 상기시켜주는 것이 있다. 외계인의 존재나 고대 유적들과 같은 현상들에서 우리가 마주치는 것은 실은 우리 자신들이다. 다시 말하여, 우리의 미래, 시간 속을 여행하고 있는 우리의 자손들을 우리가 만나는 것이다.

7월 8일

증오, 어리석음, 이기심과 파괴에 둘러싸여 있다면 너는 어떻게 살고, 무엇을 노리고, 무엇을 바랄 수 있는가? 네 집이 폐허가 된다면 어디로 도망가고, 어디에서 너 자신을 구할 수 있으며, 어디에서 너는 평화를 찾겠는가?

7월 10일

또하나의 기적. 모든 것에도 불구하고 기이하고 근사한 기적이 이따금 내게 일어난다.

오늘 나는 공동묘지로 어머니의 무덤에 갔다. 좁고 작은 울타리 속에 작은 벤치와 나무로 된 십자가가 있는 소박한 무덤. 야생딸기가 새싹을 내밀고 있었다. 나는 하느님께 기도하고, 울고, 어머니께 불평하였다. 그리고 어머니가 나를 위해 기도해주시도록 부탁드렸다.

정말 내게 삶이 견딜 수 없게 되었기 때문이다. 안드류쉬카가 없다면 죽음이 유일한 해결일 것이다.

어머니에게서 떠나면서 어머니의 무덤에서 나는 야생딸기 잎사귀를 하나 집어들었다. 집으로 오는 도중에 그것이 축 늘어졌고, 그래서 나는 그걸 따뜻한 물에 넣었다. 그랬더니 그 잎이 다시 살아났다. 나는 내 영혼이 보다 진정되고 순수해지는 것을 느꼈다.

그러자 갑자기 로마로부터의 전화가 울렸다. 그건 노르만이었고, 이탈리아인들이 20일에 여기로 온다는 전갈이었다. 이건 물론 어머니였다. 나는 조금도 그걸 의심치 않는다. 사랑하는, 착한 어머니 … 감사해요. 그러면서도 저는 당신께 대하여 얼마나 큰 죄인이란 느낌인지요!

7월 15일

나는 아마 불가지론자이다. 나는 세계에 관한 새로운 지식이라고 인간이 내놓는 모든 것을 거부한다. 그것은 그 이용된 방법들이 부적절한 것이기 때문이다. $E=mc^2$이라는 공식은 옳지 않다. 왜냐하면 실증적 지식 같은 것은 있을 수 없기 때문이다.

우리의 지식은 땀이나 연기 같은 것이다. 지식은 우리의 존재와 불가분리적인 유기체의 한 기능이며, 그것은 과학적 진리 따위와는 아무런 관계가 없다.

의식의 유일한 기능은 무엇인가를 만들어내는 일이다. 진정한 지식은 가슴과 영혼 속에서 도달될 수 있다.

7월 20일

"자신의 보다 높은 또는 시적인 자질을 진실로 최상의 상태로 보전하려고 했던 사람들은 모두 동물성 음식을 삼가고, 또 어떤 종류의 음식이든 과식을 특히 삼갔다." (소로우 《월든》)

7월 25일

"모든 땅의 끝에서 끝까지 여행한다고 하더라도 우리는 세상 어디에서도 우리에게 낯선 고장을 발견하지 못할 것이다. 어디서나 우리의 눈을 들어 하늘을 보는 것이 가능할 것이다." (세네카)

8월 4일

"느낌과는 다르게 말한다는 것은 수치스러운 일이다. 그러나 그보다 더 수치스러운 것은 느낌과 다르게 쓰는 일이다!" (세네카)

오늘 마침내 〈향수〉의 번역을 끝냈다.

8월 11일, 미야스노예

기둥과 철조망이 있는 울타리를 만들었다. 물탱크 안쪽에 페인트를 칠하고 싶다.

연기 냄새가 난다 — 이탄(泥炭) 늪에 불이 났을 것으로 짐작된다. 어떻든 불타는 이탄 냄새다. 우리는 아직 이 집을, 목욕탕도, 보험에 넣지 않았다. 여기서 사는 건 불가능하다. 이 아름다운 시골이 완전히 더러워졌다. 그들은 시골을 궁핍하고 천한 무법천지로 만들었다 ….

8월 13일

내 생활은 이탈리아 문제로 꽉 차 있다. 실패한다면?

그들이 허락하지 않는다면? 생각하기가 두렵다.

몇주일 동안의 더위 끝에 오늘 이른 아침부터 비가 왔다. 좋은 일이다.

모든 것에도 불구하고, 균형잡혀 있고 독립적이며 외로운 생활방식은 결정적으로 중요한 평화를 줄 수 있다. 나는 평화를 찾아야 한다. 진지하게 명상을 시작해야 하겠다 — 이렇게 어느새 또 이탈리아식으로 나는 생각한다 — 그리고 불교도.

무슨 까닭인지 나는 계속하여 안토니오니에 대하여 생각하고 있다. 따져보면 그는 오늘날 이탈리아 최고의 감독이다. 펠리니는 개방적이고 너

그러운 기질을 가지고 있다. 그것이 그의 본질이다.

8월 14일, 미야스노예

사람들이 그 속에서 가장 큰 승리를 거둔 플롯들이 문학과 연극과 영화에서 가장 흔한 까닭은 무엇일까? 물론 그런 종류의 발전은 사람들이 영웅의 경험을 통해서 어떻게 살아가느냐 하는 문제와 대응한다. 그러나 영웅이 완전히 패배한다 하더라도 사람들은 여전히 살아가야 한다. 실패의 이야기는 예술의 새로운 출발이 될 수 있다.

진리는 그 자체로 존재하지 않는다. 진리는 그 방법 속에 있다. 진리는 ─ 방법(길)이다. 길 ─ 道.

8월 18일

집에 왔다. 피곤하다. 나 자신의 침대에서, 그리고 혼자서가 아니고는, 잠을 제대로 잘 수가 없다.

8월 20일

미래의 관객들에 대한 믿음, 그리고 그들에 대한 성실성 ─ 이것이야말로 단 하나의 기준이다. 다른 것은 없고, 있을 수도 없다.

8월 22일

라리싸가 굉장히 염려스럽다. 우리는 한푼도 없다. 안드류쉬카 때문에도 정말 고민이다. 그 아이는 이제 곧 학교에 가야 한다. 준비해야 할 것들이 있다. 그 아이의 방, 바지. 물론 라라가 모든 걸 처리할 것이라고 생각한다. 라라가 건강하기만 하다면! 그녀는 너무나 지쳐있다. 가엾은 사람.

8월 23일

"그리스도가 없었다면, 어떤 우주적인 영웅주의를 수행할 운명이라고 믿는 슬라브족의 감각은 인종주의적 열망으로 바뀌었을 것이다."

(비야체슬라프 이바노프)

9월 3일

세네카의 〈루실리우스에게 보내는 편지〉는 영화 〈마녀〉(아직 정해지지 않은 제목)의 시작에 나오는 철학자의 인물을 만드는 데 기초가 될 수 있다.

"가장 좋은 방법은 당신을 닮지 않은 사람들, 다른 욕망에 사로잡혀있는 사람들을 피하는 것이다." (세네카)

"우리의 시야에서 사라진다고 해서 없어지는 것은 아무것도 없다. 그것은 모두 자연 속에 숨어있다가 다시 나타난다. 잠시 쉬는 기간이 있지만 파괴는 없다. 우리가 두려워하는 죽음은 삶을 간섭하지만 삶을 끝장내지는 않는다. 우리가 또다시 세상 안으로 나타나는 날이 올 것이다. 전생을 잊어버리지 않았다면 되돌아오기를 거부하는 사람들이 많겠지만 ―." (세네카)

또다시 '영원 회귀'에 관한 글 ―

"갓난아이도 어린아이도 이성능력이 훼손된 사람들도 죽음을 두려워하지 않는다. 그러나 어리석음이 허용하는 이러한 마음의 평정함을 우리의 이성은 우리에게 허락하지 않는다. 부끄러운 일이다." (세네카)

1982년

1월

오늘 라리싸가 타티아나 알렉세예브나 때문에 당혹스러움을 느꼈던 일을 상기시켜주었다. 라라는 순전히 선의에서 아버지의 이사를 도와드리려고 달려갔었다. 라라는 아버지와 내가 화해하기를 몹시도 원했다. 왜냐하면 우리는 아버지를 깊이 사랑했으므로. 타티아나는 안나 세미요노브나에게 전화를 걸어 알료샤가 모든 것을 상속받게 될 거라고 했다. 하느님 맙소사! 유산에 대하여 생각하고 있었던 사람이 있기라도 했던 것처럼!

그런 생각은 우리들 중 어느 누구의 머릿속에도 들어온 적이 없었다. 그 백치 같은 여자는 사람의 진정한 감정을 이해할 능력이라고는 없는 것이다. 오랜 세월 동안 그런 여자와 참고 살아가지 않을 수 없었던 아버지는 하느님으로부터 벌을 받고 계신 것이다. 이제 알료샤는 죽었다. 타티아냐 알렉세예브나는 아버지보다 먼저 죽을 것이다. 그렇게 되어있다.

1월 7일

표 사정이 썩 좋지 않다. 침대칸은 12일에나 가능하다. 다토 에리스타 보가 로젠버그의 책 《불교철학의 문제들》의 사진 복사판을 내게 주었다. 나는 그걸 읽기 시작하였다.

그가 본 유일한 영화 〈안내인〉에 대하여 다토는 말했다.

"그건 영화가 아니라 말씀이더군요."

1월 9일

수천년 동안 인간은 행복을 추구해왔다. 그러나 그는 행복하지 않다. 어째서? 그는 그걸 성취하지 못했고, 그 성취의 방법을 모르기 때문이다. 그러나 무엇보다 우리의 이 세상에서의 삶에는 궁극적인 행복이란 존재하지 않으며 오직 그 행복을 향한 열망만이 있기 때문일 것이다. 고통이 있을 수밖에 없는 것은 고통을 통하여, 선과 악 사이의 투쟁 속에서, 인간정신이 형성되기 때문이다.

2월 13일, 모스크바

"내 삶은 즐거운 이야기가 아니다. 그것에는 만들어진 이야기가 갖는 부드러운 조화가 없다. 스스로를 속이기를 포기한 사람들 모두의 삶처럼 내 삶은 넌센스와 혼돈, 광기와 꿈으로 뒤섞여있다." 헤세의 《데미안》의 에피그라프로 이용된 이 말은 〈거울〉의 에피그라프로도 쓸 수 있었다. 내가 원한 모든 것은 내 속에서 나오고 싶어하는 것들에게 생명을 부여하는 것이었다. 그것이 어째서 그다지도 어려웠던가? 영화의 실질적인 에피그라프가 된, 말더듬이 소년의 장면이 정확히 그것을 설명해준다.

"현실이란 우리가 걱정할 필요가 없는 것이라고 나는 생각한다. 왜냐하면 권태롭게도 그것은 언제나 거기 있을 것이고, 다른 한편 보다 아름답고 보다 필요한 것들이 우리의 주의와 보살핌을 요구하기 때문이다. 현실은 어떤 상황에서도 우리를 만족시켜서는 안된다. 그것은 어떤 상황에서도 숭배되거나 존경받는 것이어서는 안된다. 그것은 우연적인 것이며, 삶의 찌꺼기인 까닭이다. 영원히 좌절을 불러일으키고 기쁨을 모르는 이 맥빠진 현실을 변화시킬 유일한 방법은 그것을 부정하고, 그렇게 함으로써 우리가 그것보다 더 강하다는 것을 증명해보이는 것이다." (헤세)

헤세를 다시 읽는다. 그와 나는 공통점이 많다.

"구원에 이르는 두 개의 길이 있다. 의인을 위한 의로움의 길, 그리고 죄인을 위한 은총의 길. 나는 한 사람의 죄인이다. 나는 또다시 의로움을 통한 구원을 시도하는 잘못을 저질렀다." (헤세)

2월 23/24일

숨쉬기가 정말 불가능해지고 있다. 요즈음 신문이나 영화나 텔레비전에 관계하고 있는 사람은 누구나 아무 의미도 없는 말들을 엄청나게 듣거나 읽지 않으면 안된다. 그 결과 조금이라도 깊이가 있는 사람이라면 누구든 실제로 굶주림을 경험한다. 그런 반면에, 들을 귀를 가진 사람들에겐 모범적인 행동과 단순한 말 속에 인간정신이 스스로 드러날 수 있다.

"너 자신의 혀의 주인이 되거라. 죄가 불어나지 않도록 말을 불리지 말라. 네가 너의 혀를 보호하는 한 주께서 너의 영혼을 지켜주실 것이다. 주의 눈에는 모든 죄가 가증스럽지만, 가장 가증스러운 것은 교만심이다."

(성 안토니 《교부들의 생애》에서)

"가난은 절제밖에 다른 것이 아니며, 자신의 운명에 대한 만족이다."

(성 안토니)

"자기자신이 이미 행한 바가 없는 어떠한 것도 다른 사람에게 권하거나 가르치지 말라." (성 안토니)

2월 27일

"우리가 머물도록 부름을 받은 장소에서 유혹에 맞서야 할 시련에 직면할 때마다 우리는 딴 곳으로 옮겨간다. 악마가 들어있지 않은 장소가 어디에 있기라도 하듯이." (성 안토니)

3월 3일

"말을 시작하기 전에 무엇을 말하려는지를 잘 생각하라. 필요하고 적절한 말만 하라. 너의 사고능력을 뽐내지 말라. 다른 이들보다 네가 더 많이 안다고 생각하지 말라. 수도생활의 핵심은 자기부정이며, 너 자신이야말로 가장 무가치한 존재라는 확신이다." (아바 이삭)

3월 5일

"어느날 파바라는 이름의 피반다 출신의 노수도승이 시든 나무 하나를 집어들고서는 산으로 올라가 그것을 땅에 꽂았다. 그러고는 존 콜로가더러 그 시든 나무에 열매가 열릴 때까지 날마다 거기에 물을 주라고 일렀다. 그 근처 아무데도 물이 없었다. 그래서 아침에 물을 길어 거기까지 갔다가 저녁에 되돌아오지 않을 수 없었다. 3년이 끝날 무렵 그 나무는 싹을 틔우고 열매를 맺었다. 노수도승은 그 열매를 따서 교회로 가 회중들에게 보여주며 말하였다. '이리로 와서 순종의 열매의 맛을 보십시오'"

《교부들의 생애》

3월 15일, 로마

"나는 내 주위를 응시하였다. 내 영혼은 인간이 겪는 고통으로 인하여 상처받았다." (라디쉬체프 《페테스부르그에서 모스크바로의 여행》)

3월 18일

부닌을 읽다. 한 작품을 시적으로 짜 엮어가는 데 허위가 있다면 그것이 아무리 사소한 것이라 해도 작품의 생명력을 파괴해버릴 것이다. 라스푸틴을 보라. 어중간한 정당성, 어중간한 사랑, 어중간한 진실뿐이다. 그러나 부닌은 온전한 하나다. 그의 산문은 부드럽고 힘차다.

"어떤 불행한 사람들이 얼마나 아름답게 될 수 있는가? 그들의 얼굴, 그들의 눈을 통해 드러나는 그들의 영혼." (부닌 《리카》)

"나는 교회로 들어갔다. 외로움과 슬픔 때문에 교회는 습관이 되었다."

(같은 책)

나는 부닌에게서 형제 같은 느낌을 갖는다. 그의 향수, 그의 희망, 그의 엄격한 요구 — 분별력 없는 사람들은 이러한 것에 대하여 화를 낸다.

3월 20일

나는 라리싸를 위해서도 우리가 편안한 아파트에서 살았으면 한다. 그녀는 우리 생활의 참기 어려운 짐을 지고, 내가 옳은 길을 선택하였다고 내게 자신감을 불어넣어주면서, 고단하게 살고 있다. 게다가 나는 물론 성격상 부드럽지도 달콤하지도 않다. 이런 삶을 아무나 살 수 있는 건 아니다. 내가 한 가지 확신하는 것은 나는 라라 없이 살 수는 없다는 사실이다.

수학에서 표현되는 것은 세계의 객관적 법칙이 아니라 인간심리의 법칙, 논리 및 인간정신의 법칙이다. 그것은 일종의 정신적 유희이다. 그러나 이른바 정밀 과학은 비상히 존경할 만하다 — 물리학, 천문학, 기타.

가장 중요한 것, 그리고 가장 힘든 것은 믿음을 갖는 것이다. 왜냐하면 믿음이 있으면 모든 것이 사실이 되기 때문이다. 다만 진지하게 믿는다는 것은 불가능할 정도로 어려운 일이다. 열정적이고 진지하며 고요한 믿음보다도 더 도달하기 힘든 것은 아무것도 없다.

3월 30일

모스크바에 전화. 안드류쉬카가 아프다. 아침 체온이 39도라고 한다. 가엾은 녀석.

그들은 라라가 나와 합류하는 것을 원치 않는다. 라라가 몹시 보고 싶다. 주여, 우리가 함께 있도록 허락해주소서.

4월 3일, 로마

내일, 아니 오늘, 두 시간만 지나면 나는 쉰살이다. 맙소사, 내 인생이 이리도 빨리 지나갔다니 ….

4월 6일

"위대한 예술은 흔히 그때그때의 현실에 직접 관계한다. 소포클레스는 국가의 상태를 사람들에게 보여줌으로써 자신의 비극을 본 수많은 사람들을 눈물과 절망으로 이끌었다는 이유로 재판을 받고 벌금을 물어야 했다."

(빅토르 슈클로프스키 《레프 톨스토이》)

4월 7일, 로마

오늘 나는 단식을 하고 있다. 굉장히 힘들다.

4월 15일, 로마

"안드레이, 아무것도 두려워하지 말라! 너는 강하고, 모든 것을 다 할 수 있다."

4월 16일, 로마

때때로 나는 내 영혼을 흔들어놓는 숨막히는 행복감에 충만할 때가 있다. 그런 조화의 순간 내 주위의 세계는 참모습을 드러내기 시작한다. 균형잡히고 목적을 가진 모습을. 그리고 나의 내면적 정신구조 또는 체계는 외부적 환경, 우주의 구조와 상응한다.

나는 라리싸가 안드류쉬카를 데리고 여기로 오는 데 성공할 것으로 믿는다. 우리는 카페 리로이에서 오렌지주스를 마시고 아이스크림을 먹게 될 것이다.

거의 모든 사회적, 개인적 문제는 사람이 자기자신을 싫어하고, 자기자신을 존경하지 않는 데 근거하고 있다. 사람들은 타인들의 권위를 훨씬더 믿는 경향이 있다. 모든 것은 무엇보다 자기자신에 대한 사랑에서 시작된다. 그것 없이는 어떤 다른 누구도 이해하고, 사랑하는 것이 불가능하다.

"너 자신을 사랑하듯이 네 이웃을 사랑하라 …."

4월 21일, 로마

"작품의 개요는 나로서는 생각도 할 수 없는 것입니다. 왜냐하면 만약에 전반부가 이미 출판된 다음에, 후반부는 그것이 최종적으로 인쇄되기 전까지는 완성된 것이라고 볼 수 없는 것이라면 나는 아직 그것을 변경시킬 수 있고, 또 그걸 변경시킬 기회를 갖기를 나는 원하기 때문입니다. 내가 작품의 개요를 집필하는 것에 반대하는 것은 나의 오만 때문이 아닙니다. 그것은 한 사람의 작가로서 나의 소명은 집필이라는 정신활동을 어떤 종류이든 실용적 고려에 종속시켜서는 안되는 것이라는 것을 내가 인식하고 있기 때문입니다. 작품의 사전계획서를 제출한다는 것은 참으로 기괴한 발상이고, 내 영혼은 그러한 생각에 구토를 느낍니다." (《부활》의 발간에 앞서 그 작품의 개요를 보내 달라는 어떤 미국인 출판업자의 요청에 대한 톨스토이의 답변)

대사(大使)와 만났다. 그는 매우 예의바르다. 약간 우둔하고 …. 그는 여러 나라를 돌아다녔다. 여기 한 영화관은 내 영화를 전부 연속적으로 보여주고 있다. 대사와의 대화가 영화와 관객으로 옮겨갔다. 나는 사람들이 내 영화를 보러 영화관을 찾는다는 것을 생각하니 부끄러워졌다. 내가 한 것은 그 어느 것도 실제로 영화가 아니다. 내 영화를 사람들이 보아서는 안된다. 사람들은 나와 함께 살아보지 않으면 안된다. 그러나 누가 그럴 수 있겠는가?

톨스토이가 자신의 책들에 대한 소유권을 포기한다고 언명한 유언장은 야스나야 폴랴나 근처 숲속에서 씌어지고 서명되었다.

"시인과 예술가는 자신의 진실한 작품 속에서 언제나 민족적이다. 그가 무엇을 하든지, 작품 속의 그의 목표나 아이디어가 무엇이든지, 그는 원하든 아니든 민족적 요소를 표현한다 …." (헤르젠 《나의 과거와 생각들》)

4월 27일, 로마

참된 시는 종교감각과 나란히 간다. 믿음이 없는 자는 시인이 될 수 없다.

"어떤 과학자가 기독교인이라는 사실 때문에 그가 과학자로서 더 훌륭하거나 더 나쁘게 되는 것은 아니다. 과학연구로 종교적 믿음이 파괴된다면 그때 파괴된 것은 그릇된 믿음이거나 또는 더 정확히 말하여, 그릇된 종교이다." (반 메르셀 (홀란드 라이덴대학 실험동물학 교수))

"과학은 신비를 풀면 풀수록 더 큰 신비에 부닥치게 될 것이다."

(링컨 바네트 (미국 과학자))

"과학이 물리적 세계에서 많은 발견을 하면 할수록 우리는 더욱더 믿음으로만 해결될 수 있는 결론에 직면한다." (아인슈타인)

하느님을 믿느냐는 내 질문에 고(故) 란다우(소련의 노벨물리학상 수상과학자 – 역주)가 깊이 생각에 잠겼던 모습이 생각난다. 크리미아에서였다. 해변이었다고 생각된다. 콕테블에서 그가 비극적인 사고를 겪기 얼마전이었다. 한참이나 침묵 끝에 그가 말했다 – 아마도 믿지 않을 수 없다고.

나는 그때 젊고, 희망에 차 있었지. 태양은 빛나고, 바다 물결 소리, 갈매기 울음소리가 있었다 ….

"우리는 무한한 진리의 바닷가에서 놀고 있는 아이들과 같다." (뉴튼)

"지난 세기 동안 과학은 좀더 겸손해졌다. 한때 과학이 무한하거나 미지의 모든 것을 발견할 수 있을 것이라고 생각되었다. 그러나 현대과학은 사물을 좀더 겸허하게 바라보게 되었다. 왜냐하면 인간은 최종적인 해답을 주거나 완전히 만족스러운 결론에 이를 수 없다는 것을 과학이 발견하였기 때문이다. '인간 자신'은 지식의 추구에 있어서 제약되어 있다. 과학이 그 자신의 한계를 인식하고 있는 이제 과학자는 50년 전보다 그가 하느님을 믿어야 할 더 많은 이유를 가지고 있다." (오트룸, 뮌헨 (자연과학자))

"과학은 신의 문제를 완전히 열어둘 수밖에 없다. 과학은 이 문제에 대하여 판단할 자격이 없다." (막스 보른 (물리학자, 노벨상 수상자))

"과학이 더이상 갈 수 없는 지점이 언제나 온다. 우리가 단순한 형태로부터 더욱 단순한 형태로 돌아간다면, 마침내 이런 질문에 맞닥뜨리게 된다 – 수소 원자는 어디로부터 오는가? 이 질문에 대하여 과학은 아무런 대답이 없다." (와일드 (생리학자, 미국 노벨상 수상자))

"가장 큰 잘못의 하나는 대부분의 사람들이 그러하듯이 과학적 방법이 진리에 이르는 믿을 수 있는 길이라고 상상하는 일이다." (우드 (과학자, 미국))

4월 30일, 로마

라리싸는 한푼도 없이 모스크바에 앉아있다. 가엾은 사람. 이게 새로운 일도 아니다. 이러고서야 사람이 어떻게 사는가?

5월 20일, 로마

'소유'라는 제목의 말할 수 없이 역겨운 영화를 하나 보았다. 공포영화에다가 악마주의, 폭력, 스릴러 그밖의 온갖 것이 뒤섞인 미국식 영화. 기괴하기 짝이 없다. 돈, 돈, 돈⋯. 진정한 것이라고는 아무것도 없다. 아름다움도, 진실도, 성실성도, 아무것도 없다. 오직 관심있는 것이라고는 돈벌이이다⋯. 볼 수가 없다. '아무것'이라도 팔릴 수만 있다면 아무것이라도 가능하고, 아무것이라도 허용된다.

1983년

5월 22일, 로마

깐느에서 방금 돌아왔다. 거기서 일어난 일을 기록할 만큼 아직 충분히 기력을 회복하지 못했다. 모든 게 끔찍했다. 상세한 것들은 신문에 다 났다. 매우 피곤하다. 〈향수〉는 큰 반향을 일으켰고, 세 개의 상이 주어졌다. 나는 본다르추크가 줄곧 내 영화를 공격하면서 지냈다는 것을 이본느 바비에게서 들었다. 그가 끊임없이 내 영화에 적대적인 것은 그가 깐느에 온 목적이 내 작품을 깎아내리기 위해서였기 때문이다. 깐느에 온 소비에트 영화당국자들은 모두 본다르추크는 적어도 믿을 수 있는 사람이라고 내게 말하였다. 그들이 하도 그 이야기를 열심히 하는 것으로 보아서 내가 어떤 상이라도 받는 것을 방해하기 위하여 계획적으로 그가 여기에 오게 된 것이 명백하였다. 내가 상을 받으면 그것은 내가 해외에서 일할 수 있는 기회가 더 많아진다는 것을 의미하니까.

5월 23일, 로마

21일치 '소비에트 문화'에 깐느축제에 관한 기사가 나온 모양이다. 내용인즉슨, 매우 수준낮은 영화제였다고. 몇몇 좋은 인도영화와 터키영화가 있었고, 가장 좋은 것은 일본영화였으며, 타르코프스키와 브레송이 특별감독상을 공동수상하였다고.

　모스크바의 가족과 친구들과 안나 세미요노브나는 모두 기절초풍한 모양이다. 나는 그럴 필요없다고 얘기했다. "나쁘면 나쁠수록 더 좋으니까."

　나는 종종 우리가 예술적 창조가 영혼의 한 상태라고 주장할 때 과연 우리가 옳은지 의아스럽게 생각한다. 왜? 인간이 창조주를 모방하려고 들기 때문이다. 인간이 그렇게 해야 하는가? 우리가 섬기는 창조주를 모방한다는 것은 우스꽝스러운 짓이 아닌가? 우리는 창조주께서 우리에게 주신 자유를 행사하여 우리 내부에 있는 악에 맞서 싸우고, 하느님께로 가는 길을 방해하는 것들을 극복하고, 영적으로 성장하여 우리 내부에 있는 모든 야비한 것들을 넘어가려고 노력함으로써 창조주 앞에서 우리의 죄를 보상할 수 있다. 주여 저를 도와, 제게 스승을 보내주소서. 저는 오랫동안 기다려왔습니다. 이제 지쳤습니다.

5월 25일, 로마
　나는 길을 잃었다! 나는 러시아에서도, 여기서도 살 수가 없다.

5월 26일, 로마
　모스크바에 맴도는 소문은, 내가 깐느에서 완전히 실패했다는 것이다. 맙소사, 그게 마지막 지푸라기였구나!

6월 5일, 로마
　굉장히 피곤하다. 안젤라를 보러 시골로 갔다. 그녀는 우리의 계획에 절대적인 지지를 보낸다. 우리의 장래를 위해 계획을 기꺼이 짜려고 한다. 현재 그녀는 열세살에서 스무살 사이의 젊은 남자 열두명의 도움을 받고 있다. 이들은 신통력을 가진 젊은이들이다. 그들은 외계의 행성들과 접촉하고, 그리고 신비스러운 '스물넷의 회의'와도 접촉하고 있는 중이라고 한다. 이 모든 것이 순전히 환상임이 분명하다. 그러나 안젤라는 모든 것을 철저히 점검했고, 모두가 사실로 드러났다고 말한다.

1984년

산 그레고리오

모스크바로부터의 소식 — 고스키노가 〈루블료프〉와 〈거울〉을 일본에서 열리는 영화제에 보낸 것 같다고. 그게 사실이라면 그것은 그들이 스캔들을 피하려고 하였음이 분명하다.

모스크바 가족이 돈 문제로 끔찍히 고생하고 있다. 도울 방법을 생각해내야 한다. 돼지 같은 놈들! 자신의 가족에게 돈을 보내는 것을 허락하지 않다니! 이것은 가족을 죽이는 일과 다름없다. 무고하기 짝이 없는 아이들에게 위해를 가함으로써 그들은 우리에게 복수하고 있는 것이다. 어째서 땅이 그런 자들을 삼켜버리지 않는가?

11월 8일, 스톡홀름

어젯밤 끔찍하게도 슬픈 꿈을 꾸었다. 나는 또다시 러시아 북쪽 어딘가의 호수에 대해 꿈을 꾼 것이다. 새벽이었다. 먼 호숫가에 놀랍도록 아름다운 벽과 성당이 있는 두 개의 정교회 수도원이 서있었다.

나는 굉장한 슬픔, 굉장한 고통을 느꼈다!

1985년

3월 6일

스웨덴인들은 게으르고 느리다. 그리고 규칙과 규정을 지키는 데만 관심이 있다. 촬영은 오전 9시에 시작되어야 한다. 일분이라도 늦어서는 안 된다! 그것도 야외촬영을! 아마 이곳은 영화촬영을 사무보듯이 하는 유일한 나라일 것이다. 몇시에서 몇시까지. 그러면서 영화라는 것은 '창조'해야 하는 것이라는 점에 대해서는 전혀 생각이 없다. 예술적 작업에 관한 한 시간표에 대한 고려가 들어갈 여지는 없다. 그 반대도 진실이다.

다시 스톡홀름으로 돌아왔다. 심한 기관지염으로 고통스럽다. 영화의 소년역을 할 아이를 아직 구하지 못했다. 정말 걱정이다.

3월 8/9일, 스톡홀름

베를린은 끔찍한 도시이다. 마침내 우리는 막스밀리언 셸과 가까스로 접촉할 수 있었다. 그는 몹시 편찮다. 나와 같이 그도 기관지염을 앓고 있다. 그는 모스크바의 가족에게 10,000루불을 주었다. 적어도 그 돈이면 전당포와 당장 급한 빚은 해결될 것이다. 그가 우리에게 빌려준 돈과 함께 라리싸가 베를린으로 가져온 큰 옷꾸러미들도 막스밀리언은 우리 가족에게 전하는 데 성공하였다. 그는 일을 처리하는 데 극히 사심이 없고, 자연스럽다. 깊이 생각해보지 않아도 나는 세상에서 아무리 훌륭한 감정도 단 하나의 선행보다 못하다는 것을 깨닫는다. 선물을 주는 사람을 보는 것은 선물을 보는 것만큼이나 큰 기쁨인 까닭에 나는 그를 보면서 조금도 부끄러운 기분을 느끼지 않는다. 내 생애에서 처음으로 나는 진정한 도움을 경험하였다.

3월 9일, 스톡홀름

"정직한 사람은 부유하지 않으며, 부유한 사람은 정직하지 않다." (노자)
"네 자신이 할 수 있는 일을 다른 사람에게 부탁하지 말라." (톨스토이)

한 가지 중요한 것은 '시간' 속의 '시간'을 발견하는 것이다 …. 그것은 지극히 어렵지만, 하지 않으면 안된다!

6월 10일

모스크바에 있는 안드류쉬카에게 오늘 전화했다. 이제 키가 1미터 68이라고 ─ 나와 꼭같다. 그 애의 신발 사이즈는 43, 내 신발은 42이다.
라라는 우리가 플로렌스로부터 여기로 돌아온 이후 몹시 몸이 편치 않다. 여행은 끔찍했다. 고속도로는 숨이 막힐 지경이었다.

9월 29일

너무나 힘들다. 피곤하다. 안드류쉬카 없이 지내는 생활은 더이상 견딜 수 없다. 살고 싶지 않다.

11월 10일

〈성 안토니〉를 만들어야겠다. 포르미고니를 통해 교황의 지원을 부탁할 수 있을 것이다.

안드류쉬카 문제는 아무 진전이 없다. 라리싸와 함께 로마의 '외무성'에 갔다. 그들은 우리를 돕고 싶어한다. 그러나 어떻게?

11월 18일

아프다. 기관지염 ─ 그리고 후두부와 근육에 괴상한 것이 느껴진다. 그 때문에 신경에 압박이 느껴지고 목과 어깨가 참을 수 없이 아프다. 한기와 기침. 영화에 화면과 음성을 일치시키는 작업을 해야 한다. 시간은 간다.

11월 19일

의사에게 갔다. 오른쪽 어깨뼈 옆으로 조그만 수술을 받아야 할 모양이다. 그는 그대로 두면 위험하다고 말한다.

11월 24일

아프다. 실은 심각하게 아프다. 영화의 길이 ─ 2시간 10분에 관하여 제작자와 나 사이에 끔찍한 긴장이 있다.

11월 30일

영화 길이에 대하여 끔찍한 논쟁.

아프다. 피 검사와 흉부 엑스레이 촬영을 해야 했다. 결과는 아직 모른다.

12월 10일, 스톡홀름

헌사

"어른도 아니면서 무고하게 고통당하고 있는 내 아들 안드류쉬카에게 이 영화를 바친다."

12월 12일

며칠 전 침대에 누워있었다. 잠이 든 것은 아니었다. 갑자기 나는 내 폐를 안으로부터 볼 수가 있었다. 폐 전체라기보다 폐의 한 부분 — 피투성이의 구멍, 스며나오는 피. 전에 그런 환상을 본 적이 없다.

지독하다. 걷잡을 수 없는 기침과 찌르는 듯한 폐의 고통. 두통.

12월 13일

정말 오늘은 음울한 금요일이다. 의사를 보러 갔다. 모두들 지극히 친절하였다. 실은 좀 지나치게 친절하였다. 왼쪽 폐에 무엇인가가 있다. 의사는 염증일 것 같다고 말했지만, 그건 물론 사실이 아니다. 왜냐하면 내가 항생제를 먹어도 그 검은 조각이 사라지지 않기 때문이다. 결핵인가? 종양? 그는 최악의 사태가 온다면 내가 어디에서 수술을 받겠느냐고 물었다. 수술을 받지는 않을 것이다. 아무 소용없는 고문을 왜 겪는가? 이건 폐가 아닌가, 여자의 유방이 아니다. 그들은 무슨 까닭인지 한달 전에 내 머리 꼭대기에 나타난 이상한 덩어리의 세포를 검사하고 있다. 결핵검사도 했다.

12월 20일까지는 모든 결과를 알 것이다. 어떻든 최악의 경우에도 나는 준비가 되어있다.

12월 15일

평생을 통해 사람은 언젠가 자신이 죽을 거라는 것을 알고 있지만, 그 때가 언제인지는 모른다. 좀더 편한 삶을 위하여 그는 그 순간을 미래의 어떤 불특정한 지점으로 보내놓고 산다. 그러나 이제 나는 그 순간을 막연히 미룰 수 없게 되었음을 알고 있다. 이것은 고통스럽다. 그러나 가장 나쁜 것은 — 라리싸에게 어떻게 말해야 하나? 내가 어떻게 내 손으로 그녀에게 끔찍한 타격을 가할 수 있단 말인가?

12월 21일

나날이 상태가 나빠지고 있다. 보리스 레오니도비치 파스테르나크는 내가 네편의 영화를 더 만들 것이라고 했는데 그가 옳았다.

1986년

6월 10일, 오쉘브론

6월 10일 저녁부터 나는 바덴바덴에서 멀지 않는 서독 인지학회소속 병원에 있게 되었다. 고열, 감기, 기침, 모든 것이 훨씬더 나빠졌다. 의사들은 내가 일시적인 고통완화 상태에 있다고. 절대로 화학요법을 받아서는 안된다고 말한다. 지독하다.

7월 12일

여기 의료진은 우수하다. 특히 엘리자베스 수녀. 그녀는 이탈리아말을 하고, 다정하고 너그럽다. 그녀는 평화의 분위기를 발산한다.

어제 나는 밖으로 나가 산책을 했다. 그러고는 갑자기 설명할 수 없는 충동에 사로잡혔다. 나는 신발을 벗고, 맨발로 차가운 땅 위를 걸었다 ….

12월 5일, 빠리

심한 통증.

어제(매주 수요일) 세번째로 화학요법을 받았다. 끔찍하다. 침대에서 나올 생각도, 심지어 앉을 생각도 할 수가 없다.

영화는 영국에서 성공적으로 상연되었다. 미국에서도. 영화평은 믿을 수 없을 정도로 좋다.

일본인들이 일종의 구호기금을 조직하고 있다. 그들은 그렇게 저명한 감독이 어떻게 그토록 가난한지 이해할 수가 없다고 한다.

12월 6일, 빠리

안드류쉬카에게 영화와 문학에 관해 얘기하고, 그 아이가 무엇을 알고 있는지 알아봐야겠다.

12월 15일, 빠리

햄릿 …. 침대에서 온종일 일어나지 못했다. 배 아랫부분과 등쪽이 고통스럽다. 신경도. 발을 움직일 수 없다. 화학요법 때문에 묵은 류머티즘이 발동한 것이라고 생각된다. 팔도 고통스럽다. 신경통 같다. 기운이 거의 없다. 나는 죽는가?

(1986년 12월 29일 안드레이 타르코프스키는 숨을 거두었다. 소련당국이 그의 아들의 출국을 허락한 지 몇주일 뒤였다.)

편자

김종철(金鍾哲)

1947년 경남 출생
서울대학교 영문과 졸업
전(前) 영남대학교 영문과 교수
격월간《녹색평론》발행·편집인
저서《시와 역사적 상상력》(문학과지성사, 1978년)
　　《시적 인간과 생태적 인간》(삼인, 1999년)
　　《간디의 물레》(녹색평론사, 1999년)
　　《땅의 옹호》(녹색평론사, 2008년)
　　《비판적 상상력을 위하여》(녹색평론사, 2008년)
역서《경제성장이 안되면 우리는 풍요롭지 못할 것인가》
　　(녹색평론사, 2002년)
　　《正義의 길로 비틀거리며 가다》(녹색평론사, 2007년)

녹색평론선집 2

초판 제1쇄 발행 2008년 5월 15일
    제8쇄 발행 2021년 12월 22일

편자 김종철
발행처 녹색평론사

주소 서울시 종로구 돈화문로 94 동원빌딩 501호
전화 02-738-0663, 0666
팩스 02-737-6168
웹사이트 www.greenreview.co.kr
이메일 editor@greenreview.co.kr
출판등록 1991년 9월 17일 제6-36호

값 16,000원
ISBN 978-89-90274-44-3 03300